Psychological Types

심리유형

『심리 유형』은 칼 융이 1921년에 발표한
『Psychologische Typen』을 융의 친구이자 번역자였던
영국의 분석 심리학자 H. G. 베인스(Helton Godwin Baynes: 1882-1943)가
영어로 옮긴 『Psychological types』를 번역한 책이라는 점을 밝힙니다.

심리 유형

초판 1쇄 발행	2019년 2월 10일
초판 2쇄 발행	2022년 6월 15일
원제	Psychological Types
지은이	칼 구스타프 융
옮긴이	정명진
펴낸이	정명진
디자인	정다희
펴낸곳	도서출판 부글북스
등록번호	제300-2005-150호
등록일자	2005년 9월 2일
주소	서울시 노원구 공릉로 63길 14(하계동, 청구빌라 101동 203호) (01830)
전화	02-948-7289
전자우편	00123korea@hanmail.net
ISBN	979-11-5920-099-1 03180

Psychological Types

심리 유형

이 책은 내가 실용 심리학 분야에서 20년 가까이 연구하면서 얻은 결실이다. 그 기간에 나의 생각 속에서 조금씩 성장하면서 맺어진 결실이 바로 이 책인 것이다. 정신과 의사로서 신경증 환자들을 치료하면서 얻은 무수한 경험과 인상, 모든 사회 계층의 남녀들과의 교류, 친구들과 반대자들을 접한 개인적 경험, 마지막으로 심리학자로서 나 자신의 비판적 안목 등이 조금씩 축적되어 한 권의 책으로 엮어지게 되었다.

견강부회식 궤변으로 독자 여러분을 힘들게 만들 생각은 없다. 나의 관심은 나 자신이 실제 활동을 통해서 끌어낸 개념들이 역사적으로나 용어의 측면에서 기존의 지식과 어떤 식으로 연결되는지를 확인하는 데에 있다. 이런 작업을 벌이게 된 것은 역사적인 측면에서 정당성을 확보하려는 욕구보다는 의료계의 전문가로서 얻은 경험을 전문 영역 밖으로 전파하고 싶은 욕망 때문이었다. 그 경험을 보다 일반적인 맥락 속으로 끌어내기만 하면, 교육을 받은 사람이라면 누구나 나의 경험에서 무엇인가 이로운 것을 끌어낼 수 있을 것이라는 판단에서였다. 만약 이 책에 제시된 심리학적 견해들이 광범위하게 적용될 수 있고 또 폭넓게 의미를 지닐 수 있다는 확신이 서지 않았다면, 나는 다른 영역에 대한 침범으로 쉽게 오해받을 수 있는 이 작업을 절대로 시작하지 않았을 것이다. 나름대로 나의 경험을 전문적인 과학적 가설로 남겨두지 않고 일반화하여 많은 사람들이 활용할 수 있는 기준틀을 제시하는 것이 바람직하다는 판단이 섰기 때문에 이 작업에 착수할 수 있었다.

이 같은 목표를 염두에 둔 가운데, 나는 이 분야에 관심을 보인 비교적 작은 수의 사람들의 아이디어들을 검토하는 것으로 작업을 국한시켰으며, 이 문제와 관련해서 이미 공개된 내용에 대해서는 가급적 언급을 삼갔다. 관련 자료나 의견들을 모두 나열하는 것은 나의 능력을 훨씬 능가하는 작업이기도 하지만, 그런 편집물은 문제의 논의와 전개에 근본적인 기여를 별로 하지 못한다.

그래서 나는 오랫동안 수집한 자료 대부분을 과감히 배제하고 가능한 한 본질적인 요소에만 초점을 맞추기로 했다. 그러다 보니 나에게 엄청난 도움을 준 소중한 자료까지 희생시키지 않을 수 없게 되었다. 내가 유형 문제와 관련해서 바젤에 있는 친구 한스 슈미트(Hans Schmid) 박사와 나눈 꽤 많은 분량의 편지가 바로 그런 자료이다. 나는 그와 편지로 아이디어를 서로 주고받으면서 나의 이론을 더욱 명료하게 다듬어낼 수 있었다. 물론 수정을 대폭 거치긴 했지만, 이 서신 교환에서 얻어진 것들이 나의 책에 많이 담겼다. 이 서신은 기본적으로 이 책의 준비 단계에 해당하는 것으로서,

아마 책에 실렸다면 내용을 명료하게 전달하는 데 도움을 주기보다는 오히려 혼란을 일으켰을 것이다. 그럼에도, 내가 이 책을 통해 나의 친구에게 감사의 뜻을 전할 기회를 누릴 수 있게 된 것은 그의 수고 덕분이다.

1920년 봄, 취리히에서
칼 융

의료계에서 신경증 환자들을 치료하면서, 나는 오래 전부터 인간의 심리에 개인적인 차이뿐만 아니라 유형적 차이도 있다는 사실에 강한 인상을 받았다. 두 가지 유형이 특히 분명해 보인다. 나는 그 유형에 내향적 유형과 외향적 유형이라고 이름을 붙였다.

인간의 삶이 전개되는 과정을 한번 고려해 보라. 그러면 어떤 사람의 운명은 그 사람이 관심을 둔 대상에 더 많이 좌우되는 것 같고, 또 어떤 사람의 운명은 그 사람의 내면적 자기, 즉 주체에 더 많이 좌우되는 것처럼 보일 것이다. 우리 모두는 이쪽 아니면 저쪽으로 조금 치우치고 있다. 따라서 우리는 자연히 세상의 모든 것을 자신의 유형의 틀 안에서 이해하게 되어 있다.

내가 이 같은 상황에 대해 빨리 언급하는 이유는 혹시 일어날지도 모르는 오해를 피하기 위해서다. 오해가 일어날 경우에, 그렇지 않아도 어렵기 마련인, 유형에 관한 대체적인 설명을 더욱 어렵게 만들 것이 분명하다. 여기서 내가 독자 여러분이 유형 문제를 쉽게 이해할 것이라고 기대한다면, 그건 분명 여러분의 선의를 지나치게 많이 기대하는 것임에 틀림없다. 만약에 모든 독자가 자신이 어느 유형에 속하는지를 잘 알고 있다면, 유형을 설명하는 작업이 상대적으로 간단해질 것이다. 그러나 어떤 사람이 이 유형에 속하는지 아니면 저 유형에 속하는지를 파악하는 것이 매우 어려운 때가 종종 있다. 특히 자기 자신이 어느 유형에 속하는지를 판단하는 것은 더욱 어려운 일이다. 자신의 성격에 관한 문제라면, 대체로 판단이 터무니없을 만큼 흐려진다.

자기 자신에 대한 판단이 흐려지는 현상은 아주 흔하다. 어느 유형에나 예외 없이 그 유형의 불균형을 보상하려는 특별한 경향이 있기 때문이다. 생물학적으로 어떤 목적을 띠고 있는 경향이다. 생물학적이라고 하는 이유는 이 경향이 정신적 평형을 유지하려고 지속적으로 노력하고 있기 때문이다. 이 보상이 이차적 특징, 즉 이차적인 유형을 낳으며, 이 이차적인 유형이 해석하기 아주 어려운 그림을 그려낸다. 이 해석이 어느 정도 어려운가 하면, 아예 유형이 존재한다는 사실 자체를 부정하면서 개인적 차이만을 믿는 사람도 있다.

나는 나 자신의 설명에 나타날 일부 특이한 내용을 정당화하기 위해서라도 이 같은 어려움을 강조해야 한다. 2명의 환자를 구체적으로 묘사하면서 그들의 심리를 하나하나 대조하는 것이 가장 간단한 방법처럼 보일 것이다. 그러나 모든 사람이 두 가지 성향, 그러니까 내향성과 외향성을 모두 갖고 있다. 이 중 어느 쪽이 더 우세한가에 따라 유형이 결정되는 것이다. 따라서 그 그림을 더욱 선명하게 보이도록 하려면 거기에 과감하게 손을 델 필요가 있다. 이것이 선의의 기만을 다소 낳을 것이다. 게다가, 한 인간 존재의 심리적 반응은 너무나 미묘하기 때문에 나의 묘사력으로는 완벽한 그림을 절대로 그려내지 못한다. 그러므로 부득이하게 나는 나 자신이 다양한 개인들에게서 관찰한 사실들에서 끌어낸 원칙에 대해 설명하는 선에서 만족해야 한다. 이 점에서 보면, 겉으로 보이는 것과 달리 선험적 추론 같은 것은 전혀 없다. 오히려 경험을 통해 얻은 통찰을 추론적으로 표현하고 있다고 할 수 있다. 이 통찰들이 어떤 딜레마를, 말하자면 분석 심리학뿐만 아니라 과학의 다른 분야에서도, 그리고 특히 개인적 인간 관계에서 지금까지 오해와 불화를 낳았고 또 앞으로도 낳을 그런 딜레마를 명쾌하게 밝히는 데 도움을 줄 것이다. 왜냐하면 이 통찰들이 서로 명백히 구분되는 두 가지 유형이 어떻게 오래 전부터 알려진 하나의 사실이었는지에 대해 설명해줄 것이기 때문이다. 두 가지 유형이 존재한다는 사실은 인간 본질을 관찰하는 사람의 눈이나 사상가의 깊은 성찰의 눈에 이런저런 형태로 이해되어 왔다. 예를 들어, 괴테(Johann Wolfgang von Goethe)의 직관에는 이 사실이 심장의 확장과 수축이라는 포용적인 원리로 보였다.

외향성과 내향성의 메커니즘을 표현한 이름이나 개념은 아주 다양하며, 각각의 이름이나 개념은 이 메커니즘을 관찰한 사람의 관점에 따라 달라진다. 그러나 그 설명이 아무리 다양하게 나타날지라도, 기본적인 인식은 모든 설명에 공통적으로 나타난다. 외향적인 유형의 사람들을 보면 관심이 대상을 향해 바깥쪽으로 쏠리고,

내향적인 유형의 사람들을 보면 관심이 대상보다는 주체로, 즉 자기 자신의 심리 작용으로 쏠린다. 외향적인 유형인 경우에, 대상은 주체의 성향에 마치 자석처럼 영향을 미친다. 또 대상은 주체를 상당 부분 좌우하며 심지어 주체를 그 사람 본인으로부터 소외시키기도 한다. 그러면 주체의 특성들이 대상과의 동화로 인해 심하게 변형된다. 그런 사람을 지켜보고 있으면 대상이 그 사람에게 결정적인 의미를 지니는 것 같다는 인상을 받는다. 대상이 절대적인 요소처럼 보이거나, 인생의 특별한 목표처럼 보이거나, 대상에 자기 자신을 완전히 희생시키는 것이 그 사람의 운명처럼 보일 것이다.

그러나 내향적인 유형의 경우에는 주체가 모든 관심의 중심이다. 모든 생명 에너지가 종국적으로 주체를 추구하면서 대상이 압도적인 영향력을 행사하지 못하도록 지속적으로 막는 것처럼 보인다. 마치 에너지가 대상으로부터 흘러나오고 있는 것처럼 보이고, 주체는 대상을 자기 쪽으로 끌어당기고 있는 자석 같다.

이처럼 서로 대조적인 대상과의 관계를 명쾌하게, 또 알기 쉽게 설명하기란 쉽지 않은 일이다. 그런 설명에는 명료함보다 혼란을 일으킬, 꽤 역설적인 내용이 반드시 따르게 되어 있다. 그러나 대체로 보면 내향적 관점은 자아와 주관적인 심리 작용을 대상과 객관적인 심리 작용보다 더 우위에 놓으며, 어떠한 경우든 대상에 맞서 주도권을 잡으려고 노력할 것이다. 따라서 이 같은 태도는 주체에 대상보다 더 높은 가치를 부여하며, 자연히 대상은 주체보다 낮은 가치를 갖게 된다. 말하자면 대상은 이차적인 중요성을 지니게 된다. 정말이지, 대상이 어떤 주관적인 내용의 외적 상징에 지나지 않을 때도, 그러니까 어떤 관념을 구체적으로 표현한 것에 지나지 않을 때도 간혹 있다. 이때 관념이 근본적인 중요성을 지니게 된다. 만약에 대상이 어떤 감정의 구현이라면, 여기서도 감정이 중요하지 대상 자체는 별로 중요하지 않다.

이와 반대로, 외향적 관점은 주체를 대상에 종속시킨다. 그래서 대상이 더 높은 가치를 지닌다. 이런 경우에 주체는 이차적으로만 중요할 뿐이다. 이때 주관적인 과정이 객관적인 사건들의 불필요한 부속물에 지나지 않을 때가 간혹 있다.

이처럼 대조적인 관점에서 생겨나는 심리는 당연히 서로 완전히 다른 태도로 분류되어야 한다. 내향적인 관점은 자신의 상황을 바탕으로 모든 것을 보고, 외향적인 관점은 객관적인 사건을 바탕으로 모든 것을 본다.

서로 대조적인 태도들은 단순히 상반된 메커니즘에 지나지 않는다. 말하자면 하나는 밖으로 대상 쪽으로 확장하면서 대상을 포착하는 메커니즘이고, 다른 하나는 포착한 대상으로부터 에너지를 분리시켜 안으로 집중하며 수축하는 메커니즘인 것이다. 모든 인간은 타고난 생명의 박동을 표현하는 것으로서 두 가지 메커니즘을 모두 갖고 있다. 절대로 우연의 일치는 아닌 것 같은데, 그 박동을 괴테는 심장의 활동을 바탕으로 생리학적으로 묘사했다. 두 가지 형태의 심리적 활동이 규칙적으로 교체되는 것은 아마 생명의 정상적인 흐름과 조화를 이루기 위함일 것이다. 그러나 우리가 살고 있는 세상의 복잡한 외적 조건, 그리고 그보다 훨씬 더 복잡한 개인의 심리적 구성이 정신 에너지의 순조로운 흐름을 좀처럼 허용하지 않을 것이다. 외부 상황과 내적 성향이 자주 한쪽 메커니즘을 선호하고 다른 쪽 메커니즘을 방해하거나 제한한다. 그러면 자연히 한쪽 메커니즘이 우세할 것이고, 만약에 이 조건이 어떤 식으로든 습관이 된다면 거기서 유형이 생겨날 것이다. 말하자면 한쪽 메커니즘이 영원히 우세하게 활동하게 할 습관적 태도가 나타나는 것이다. 반대쪽 메커니즘도 정신 조직의 일부이기 때문에 완전히 억압되는 일은 절대로 없지만, 어쨌든 어느 한쪽 메커니즘이 우세하게 된다. 다른 메커니즘이 완전히 없어지는 것이 아니라 쇠퇴한다는 점에서 본다면, 그야말로 순수한 의미의 유형은 절대로 있을 수 없다. 전형적인 어떤 태도는 언제나 한쪽 메커니즘의 상대적 우위를 의미할 뿐이다.

　내향성과 외향성의 가설은 무엇보다도 개인들을 심리적으로 2개의 큰 집단으로 나눈다. 그럼에도 이 분류는 대체적인 구분만을 허용하는, 피상적이고 포괄적인 성격이 아주 강하다. 이 집단 아니면 저 집단에 속하는 개인들의 심리를 보다 깊이 들여다본다면, 같은 집단에 속하는 개인들 사이에도 엄청난 차이가 있다는 사실이 금방 확인될 것이다. 따라서 만약에 같은 집단에 속하는 개인들 사이의 차이가 어디에 있는지를 확인하길 원한다면, 우리는 추가 조치를 취해야 한다.

　나의 경험에 따르면, 개인들은 크게 내향성과 외향성으로 구분될 뿐만 아니라 각자의 기본적인 심리적 기능에 따라서도 구분된다. 왜냐하면 앞에서 보았듯이 외적 상황이나 내적 성향이 내향성이나 외향성 중 어느 하나를 두드러지게 하는 원인이 되듯이, 외적 상황과 내적 성향은 또한 개인의 내면에서 어느 한 가지 기본 기능이 우월하도록 만들기 때문이다. 나는 오랜 세월 동안의 경험을 통해서 기본적인 심리 기능들, 말하자면 다양한 기능들과 근본적으로 구별되는 기능들이 사고와 감정, 감각, 직관이라는 것을 발견했다. 만약에 이 기능들 중 어느 하나가 습관적으로 우세해지면, 결과적으로 그에 상응하는 유형이 나타난다. 따라서 나는 사고 유형과 감정 유형, 감각 유형, 직관 유형을 구분한다.

앞에서 말한 바와 같이, 이 유형들 각각은 또 대상과의 관계에 따라 내향적이거나 외향적인 것으로 나눠질 것이다. 나는 심리 유형에 관한 예비적인 논문들에서는 이런 구분을 하지 않았다. 거기서는 내향적 사고 유형과 외향적 감정 유형만 확인했다. 그 문제를 보다 깊이 파고든 결과, 그 같은 단순한 분류가 현실을 담아내지 못한다는 사실이 확인되었다. 오해를 피하기 위해, 나는 독자 여러분에게 이 구분을 머릿속에 담아둘 것을 당부한다.

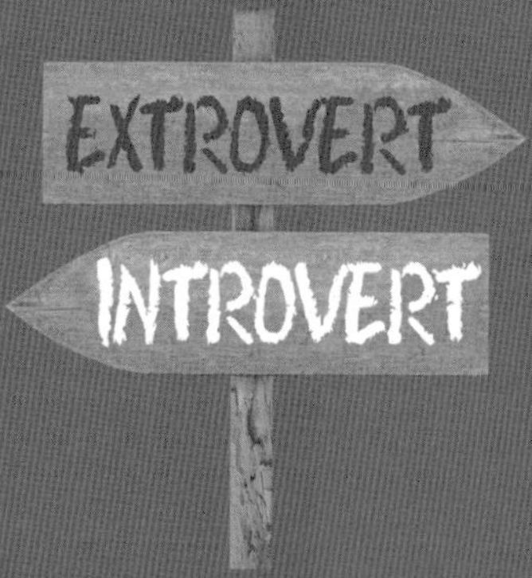
EXTROVERT
INTROVERT

차례

1장

[
고대 그리스 로마와
중세 시대의 사상에 나타난
심리 유형 문제
]

01

고대 그리스 로마 시대의 심리학:
그노시스주의자와 테르툴리아누스, 오리게네스

역사가 존재하는 한, 언제나 심리학은 있어 왔다. 그러나 객관적인 심리학은 최근의 일이다. 옛날의 심리학에 대해서, 우리는 객관성이 결여된 만큼 주관성이 더 강하다고 말할 수 있다. 따라서 고대의 작품들이 심리학으로 가득할지라도, 객관적인 심리학으로 묘사될 수 있는 것은 그 중 극히 일부뿐이다. 이는 고대 그리스 로마 시대와 중세의 인간관계에 나타나는 기이한 특징 때문일 것이다. 말하자면, 고대인들은 동료들에 대해 거의 전적으로 생물학적으로만 평가를 내렸다. 이 같은 사실은 고대인의 법률을 통해서도 뚜렷이 확인되고 생활 습관에도 분명히 드러났다.

그러나 중세인의 가치 판단을 보면 이와 다른 점이 보인다. 중세인은 자신의 동료에 대해 형이상학적으로 평가했다. 이는 인간 영혼이 불멸의 가치를 지닌다는 사상에 그 기원을 두었다. 그보다 앞섰던 고대의 관점에 대한 보상으로 여겨질 수도 있는 형이상학적 평가도 '개인'에 대한 평가에 관한 한, 생물학적 평가만큼이나 바람직하지 못하다. 이상하게 들릴지 모르지만, 심리학에서는 '개인'에 대한 평가만이 객관적인 심리학의 바탕이 될 수 있다.

심리학도 '권위'를 바탕으로 삼을 수 있는 학문이라는 생각을 가진 사람이 적지 않음에도 불구하고, 오늘날 대부분의 사람들은 객관적인 심리학의 경우에는 무엇보다 관찰과 경험이 바탕이 되어야 한다는 확신을 품고 있다. 관찰과 경험을 바탕으로 할 수 있다면, 그것이 가장 이상적일 것이다.

과학의 이상과 목표는 사실들을 최대한 정확히 묘사하는 데에 있지 않다. 그런 작업이라면 과학은 카메라와 축음기 같은 기록 장치와 절대로 경쟁하지 못한다. 과학의 이상과 목표는 어떤 원리를, 즉 서로 관계가 있을 것 같은 다양한 작용들을 압축적으로 표현하는 원리를 세우는 것에 있다. 과학의 이 같은 목표는 개념이라는 수단을 통해서 순수하게 경험적인 영역 그 너머까지 닿는다. 여기서 말하는 개념도 일반적으로 증명된 유효성을 가질지라도 언제나 연구자 본인의 주관적인 심리적 구성의 산물이다.

과학적 이론과 개념을 만드는 작업에는 개인적인 요소와 우연적인 요소가 많이 개입된다. 또한 정신 물리학적일 뿐만 아니라 심리학적이기도 한 개인적 오차도 있다. 색깔은 볼 수 있지만 파장은 눈에 보이지 않는다. 잘 알려진 이 사실을 심리학만큼 절실히 받아들여야 하는 분야도 없다. 개인 오차의 효과는 관찰 행위에서부터 시작된다. 사람은 자신이 가장 잘 볼 수 있는 것을 본다. 그래서 무엇보다도 먼저, 사람은 자기 형제의 눈에서 티끌을 보게 된다. 틀림없이 형제의 눈에 티끌이 있을 것이다. 그러나 본인의 눈에는 들보가 들어 있다. 이 들보가 그 사람의 보는 행위를 위험할 정도로 방해할 것이다.

나는 소위 객관적인 심리학에서도 "순수한 관찰"이라는 원칙을 불신한다. 객관적인 심리학을 연구하는 사람이 크로노스코프(빛의 속도 등을 재는 초(秒)시계/옮긴이)와 순간 노출기, 그리고 이와 비슷한 "심리학" 장치들의 렌즈를 통해 관찰한 것이 아니라면, 절대로 순수한 관찰로 여겨질 수 없다. 그런 방법을 동원한다면, 경험적인 심리학적 사실들이 야기할 수 있는 당혹스런 결론을 사전에 예방할 수 있을 것이다.

그러나 개인 오차는 본인이 직접 관찰한 내용을 발표하거나 남에게 전달할 때 더 분명하게 나타난다. 그러니 경험적 자료를 해석할 때 드러나는 개인 오차에 대해서는 말할 필요조차 없다. 관찰자가 대상을 충분히 알아야 한다는 기본적인 조건이 심리학만큼 절실히 요구되는 분야도 없다. 심리학에서 관찰자는 자신이 관찰하는 대상을 주관적으로도 볼 수 있어야 하고 객관적으로도 볼 수 있어야 한다. 관찰자가 객관적으로만 보아야 한다는 요구는 논외로 해야 한다. 왜냐하면 객관적인 관찰이 사실상 불가능하기 때문이다. 관찰자가 지나치게 주관적으로만 보지 않는다면, 우리는 그 선에서 만족해야 한다. 주관적인 관찰과 해석이 객관적인 사실과 조화를 이루는 것 자체를 그 해석이 옳다는 점을 뒷받침하는 것으로 받아들여야 한다. 그러나 여기에도 제한이 있다. 그 해석이 일반적으로 유효한 것이 아니라 당시 고려되고 있는 대상에 한해서만 유효하다는 사실이다. 어떤 사람이 자기 형제의 눈에서 티끌을 탐지하게 하는 것이 바로 그 사람의 눈에 들어 있는 들보라고 할 수 있다. 이미 말한 바와 같이, 어떤 사람의 눈에 들보가 들어 있다는 것이 곧 그 사람의 형제의 눈에 티끌이 전혀 없다는 것을 의미하지는 않는다. 그러나 그 사람 자신의 시야가 훼손되어 있기 때문에, 모든 티끌은 들보라는 일반적인 이론이 쉽게 생겨날 것이다.

일반적으로 지식이, 보다 구체적으로는 심리학적 지식이 주관적으로 결정된다는 사실을 제대로 인식하고 명심하는 것이 관찰하는 주체의 심리와 다른 심리를 객관적으로 평가하는 데 반드시 필요한 조건이다. 관찰자가 자신의 성격의 본질과 범위에 대한 정보를 충분히 알고 있을 때에만, 이 조건이 충족될 수 있다. 그러나 관찰자가 그런 정보를 충분히 알 수 있는 경우는 무척 드물다. 관찰자는 하향 평준화하는 집단적인 의견의 영향으로부터 거의 완전히 자유로운 상태에서 자신의 성격에 대해 명쾌하게 알 수 있게 될 때에만 비로소 그런 정보를 충분히 갖추게 된다.

역사를 거꾸로 거슬러 올라갈수록, 우리는 인격이 집단성이라는 우산 밑으로 점점 더 많이 사라져 버리는 것을 확인할 수 있다. 만약에 여기서 곧장 원시인의 심리로 돌아간다면, 우리는 개인이라는 개념의 흔적조차 찾지 못할 것이다. 개성 대신에 집단적 관계나 프랑스 사회학자 레비 브륄(Lévy-Bruhl)이 '신비적 참여'(participation mystique)라고 부른 현상만 발견될 것이다. 집단적인 태도는 주체의 심리와 다른 심리를 이해하고 평가하는 것을 방해한다. 왜냐하면 집단 지향적인 마음은 정해진 방식이 아닌 다른 방식으로는 좀처럼 생각하지 못하고 느끼지도 못하기 때문이다. 우리가 "개인"이라는 개념으로 이해하고 있는 것은 인간 정신과 문화의 역사에서 비교적 최근에 이룬 성취이다. 그러므로 인류 초기에 막강했던 집단적인 태도가 개인적 차이에 대한 심리학적 평가나 개인의 심리적 과정에 대한 과학적 객관화를 철저히 막았다고 해도 전혀 놀라운 일이 아니다. 지식이 "심리학화"된 것은, 말하자면 지식이 투사된 심리학으로 가득하게 된 것은 바로 심리학적 사고가 결여되어 있었기 때문이다. 인간이 우주를 철학적으로 설명하려던 시도에서 그런 놀라운 예들이 발견된다. 인간의 심리가 분화되면서 나타나게 된 개성의 발달은 객관적인 과학에서 심리적 성향의 차이에 따른 효과를 배제시키려는 노력과 더불어 이뤄지고 있다.

지금까지 논한 내용은 고대로부터 내려오는 문서들 중에 객관적인 심리학이 극히 적은 이유를 설명해준다. 우리가 고대인들로부터 물려받은 4가지 기질의 구분은 심리학적 유형학으로 여겨지기 어렵다. 왜냐하면 그 기질들이 정신 물리학적 특징이나 다름없기 때문이다. 그러나 이처럼 정보가 부족하다는 사실이 곧 고대의 문헌에서 지금 우리가 논하고 있는 상반된 심리적 짝들의 효과를 말해주는 흔적을 전혀 찾지 못한다는 의미는 아니다.

그노시스주의 철학은 3가지 유형을 확립했다. 아마 기본적인 심리적 기능 3가지, 즉 사고와 감정과 감각에 해당하는 유형이었을 것이다. '영적 인간'(pneumatikoi)은 사고 유형과, '정신적 인간'(psychikoi)은 감정 유형과, '물질적 인간'(hylikoi)은 감각 유형과 비슷했을 것이다. 정신적 인간을 비교적 낮게 여겼던 것은 그노시스주의의 정신과 일치했다. 당시 그노시스주의는 기독교와 달리 인식의 가치를 강조했다. 사랑과 믿음이라는 기독교 원칙은 인식을 멀찍이 떼어놓았다. 따라서 기독교 영역 안에서는 영적 인간이 낮은 평가를 받았을 것이다. 왜냐하면 영적 인간이 단지 그노시스, 즉 영적 인식의 소유로만 두드러졌기 때문이다.

기독교 교회가 초기부터 그노시스주의에 맞서 벌인 그 오래고 위험한 투쟁을 고려할 때에는, 바로 이 유형의 차이를 염두에 둬야 한다. 초기 기독교의 실용적 경향 때문에, 지식인은 논쟁적인 변증론(辨證論)(기독교 진리를 지적으로 옹호하는 것을 말한다/옮긴이)에 몰입하면서 투쟁적인 본능을 따를 때를 제외하고는 자신의 역량을 좀처럼 발휘하지 못했다. 신앙의 계율은 아주 엄격하여 운신의 폭을 조금도 허용하지 않았다. 게다가, 신앙의 계율은 지적 내용이라는 측면에서 아주 빈약했다.

신앙 규칙은 몇 가지 관념을 널리 강조했으며, 이 관념들은 엄청난 실용적 가치를 지녔음에도 불구하고 사고에 장애로 작용했다. 게다가 지식인은 '지성의 희생'에 감정 유형의 사람보다 더 심하게 상처를 입었다. 그러므로 영지(靈智)의 지적인 내용이 교회 안에서 지식인에게 호소력을 아주 강하게 발휘했다는 점은 충분히 이해된다. 영지는 현대를 사는 우리의 정신적 발달에 비춰보아도 당시에 가치를 잃은 것이 아니라 상당히 높인 것으로 보인다. 정말이지, 당시 지식인에게 영지야말로 최고의 유혹이었다. 특히, 가현설 (假現說: docetism)이 교회에 심각한 문제를 안겨주었다. 예수 그리스도는 오직 유령의 몸만을 가졌을 뿐이며, 예수 그리스도의 세속적인 존재와 열정은 환영일 뿐이라는 주장 때문이었다. 이 주장에서, 순수하게 지적인 요소가 인간적인 감정을 누르고 우월한 입장에 섰다.

영지(靈智)와의 갈등은 아마 교부(敎父)로서만 아니라 개인으로서도 아주 중요한 2명의 인물을 통해서 아주 생생하게 전달될 것이다. 2세기 말 쯤에 살았던 테르툴리아누스(Tertullian)와 오리게네스(Origen)가 바로 그 사람들이다. 독일 철학자 볼프강 슐츠 (Wolfgang Schultz)는 그들에 대해 이렇게 쓰고 있다.

어떤 생명체는 자양분을 받아들여서 거의 완벽하게 자신의 것으로 소화시킬 수 있다. 똑같은 인내력을 가진 또 다른 생명체는 그 자양분에 강력히 저항하면서 그것을 제거할 수 있다. 그렇듯 오리게네스와 테르툴리아누스는 그노시스(영지)주의에 정반대의 반응을 보였다. 그들의 반응은 두 사람의 성격적 특징과 철학적 관점을 상징적으로 보여준다. 그들의 반응은 그노시스주의가 그 시대의 정신적 삶과 종교적 흐름에서 차지하고 있던 위치와 관련해서 아주 중요한 의미를 지닌다. 〈Dokumente der Gnosis〉

테르툴리아누스는 A.D. 160년경에 카르타고의 어딘가에서 태어났다. 그는 이교도였으며 도시의 방탕한 삶에 빠져 지내다가 35세쯤 기독교인이 되었다. 그는 많은 저서를 남겼으며, 그의 책들을 보면 우리의 특별한 관심사인 그의 성격이 뚜렷이 드러난다. 가장 분명하게 나타나는 것은 고결한 정신과 뜨거운 열정, 격정적인 기질, 종교적 이해의 심오함 등이다.

그는 자신이 인식한 진리를 방어하는 데 광적으로 매달렸고, 투쟁 정신이 아주 강했으며, 적들의 전멸에서만 승리를 느끼는 그런 무자비한 성격의 소유자였다. 또한 그의 언어는 번득이는 칼날 같이 예리하고 유창했다. 그는 1,000년 이상 이어진 로마 가톨릭교회(라틴식으로 의식을 치르는 교회를 일컫는다/옮긴이)의 창설자였다. 초기 교회의 용어를 만든 인물도 바로 그였다. "그는 어떤 관점을 취하기만 하면 그것을 끝까지 지켜야 했다. 심지어 정의가 오래 전에 자신을 버린 때조차도, 그리고 합리적인 모든 질서가 자기 앞에 산산이 깨어져 있을 때조차도, 그는 마치 지옥의 군대에게 채찍을 맞는 것처럼 자신의 입장을 굳건히 지켰다."

그의 열정적 사고가 너무나 엄격했기 때문에, 그는 자신이 심장의 피를 바쳐 추구했던 것을 거듭 멀리해야 했다. 당연히 그의 윤리 규범도 대단히 엄격했다. 그는 순교를 피하지 말라고 명령했다. 그는 재혼을 허용하지 않았으며 여자들에게 언제나 몸을 가릴 것을 요구했다. 사고와 지식에 대한 열정이나 다름없던 그노시스주의를, 그는 철학과 또 철학과 거의 다를 바 없던 과학을 동원해 불굴의 광기로 공격했다. '부조리하기 때문에 믿는다'라는 거만한 고백이 그가 한 말로 여겨지고 있으나, 이는 역사적 사실과 부합하지 않는다. 왜냐하면 그가 이렇게만 말했기 때문이다. "그리고 신의 아들은 죽었다. 이것은 부조리하기 때문에 믿을 만하다. 그리고 묻혔던 그가 다시 살아났다. 이 일은 불가능하기 때문에 확실하다."

정신이 예리했던 덕분에, 테르툴리아누스는 그노시스주의가 철학적 지식이 빈약하다는 점을 간파하고 그노시스주의를 경멸적으로 부정했다. 그는 그노시스주의에 맞서 자신의 내면세계를, 내면의 실체를 그 증거로 내세웠다. 이런 내면의 실체를 다듬고 발달시키면서, 그는 오늘날까지도 가톨릭교회의 바탕을 이루고 있는 추상적인 개념들을 창조해내기에 이르렀다. 비합리적인 내면의 실체가 그에게는 대단히 역동적인 성격을 지닌 것으로 다가왔다. 그것이 그가 이 세상을 마주할 때 내세운 원칙이자 바탕이었다. 또한 집단적으로 유효하고 합리적인 것으로 통하는 모든 과학과 철학을 직면할 때에도 내면의 신체는 그의 원칙이 되어 주었다. 그의 글을 읽어 보자.

> 나는 새로운 목격자를, 아니 글로 적은 어떤 문서보다도 더 잘 알려진 목격자를, 그러니까 삶의 어떠한 체계보다도 더 깊이 논의되었고 어떠한 선언보다도 더 널리 공표되었고 또 전체 인간들보다 더 위대한 어떤 목격자를 불러낸다. 오, 나의 영혼이여, 그대는 많은 철학자들이 믿는 바와 같이 신성하고 영원한 그 무엇인지 아니면 전혀 신성하지 않은 그 무엇인지, 하늘에서 왔는지 아니면 땅에서 태어났는지, 숫자로 이뤄졌는지 아니면 원자로 이뤄졌는지, 육체와 함께 시작했는지 아니면 뒤에 육체와 결합하게 되었는지 말해주오. 정말로 중요한 것은 그대가 어디서 왔

으며 그대가 인간을 어떻게 지금의 모습으로, 그러니까 지각하고 인식할 수 있는 이성적인 존재로 만들었는가 하는 점이다. 그러나 오, 영혼이여, 나는 그대에게 학교에서 배운 지혜를, 도서관에서 얻은 지혜를, 아티카의 아카데미와 기둥이 늘어 선 홀에서 배운 지혜를 선언해달라고 부탁하지 않는다. 절대로. 오, 영혼이여, 나는 경이로울 만큼 단순하고 배우지 않고 소심하고 경험이 없는 그대와 대화를 나누고 싶다. 오직 그대밖에 갖지 못한 사람들에게 다가서는 그런 그대와, 또 좁은 골목이나 거리의 귀퉁이, 일터에서 막 빠져나올 때의 그대와 말이다. 나에게 필요한 것은 바로 그대의 그 무지의 상태이다. 〈De Testimonio animae〉

테르툴리아누스는 '지성의 희생'이라는 형식으로 자해(自害)를 함에 따라 비합리적인 내면의 실체를, 말하자면 자신의 신앙의 진정한 바탕을 무조건적으로 인정하게 된다. 그는 자신의 내면에서 느낀 종교의 필요성을 '영혼은 원리 기독교적이다'라는 교리로 담아냈다. '지성의 희생' 앞에서, 철학과 과학, 그리고 당연히 그노시스주의까지도 속절없이 무너지고 만다. 테르툴리아누스의 삶의 행적을 더 더듬어보면, 내가 묘사한 특성들이 더욱 심화되는 것이 확인된다. 교회가 일반 대중과 타협해야 한다는 압력을 강하게 받게 되자, 그는 타협에 반기를 들고 프리기아의 예언가로 세속을 전적으로 부정하고 완전한 영성화라는 원칙을 주장하던 몬타누스(Montanus)의 추종자가 되었다. 이제 그는 과격한 내용의 팸플릿을 돌리며 교황 칼릭스투스(Calixtus) 1세의 정책을 공격하기 시작했으며, 이 같은 행동이 몬타누스주의와 함께 그를 교회의 울타리 밖으로 내몰았다. 아우구스티누스(Sanctus Aurelius Augustine)의 어느 보고에 따르면, 테르툴리아누스는 심지어 훗날에는 몬타누스주의와도 갈등을 빚고 자신만의 종파를 창설했다.

테르툴리아누스는 내향적 사고의 전형적인 예이다. 아주 예리하게 발달한 그의 지성은 틀림없이 관능성의 공격에 시달렸다. 우리가 특별히 기독교인이라고 부르는 그 심리적 발달 과정이 그로 하여금 아주 소중한 기능을 희생시키도록 만들었다. 이것은 신의 아들의 희생이라는 그 위대한 상징에서도 발견되는 신화적인 사상이다. 테르툴리아누스에게 가장 중요한 것은 지성과 그 지성을 통해 가능해지는 인식의 명쾌함이었다. 그런데 '지성의 희생'으로 인해 그만 그가 순수한 지적 발달을 이룰 길이 막혀 버렸다. 따라서 그는 자신의 영혼의 비이성적인 역동성을 자신의 존재의 바탕으로 인정하지 않을 수 없게 되었다. 그노시스주의의 지적인 측면, 그러니까 그노시스주의가 영혼의 역동적인 현상을 이성적으로 다듬어 낸 것이 그에겐 불쾌하게 여겨졌을 것임에 틀림없다. 왜냐하면 바로 그것이 그가 감정의 원칙을 인정하기 위해 버려야 했던 길이었기 때문이다.

한편, 오리게네스에게서 우리는 테르툴리아누스와 정반대의 모습을 발견한다. 그는 A.D. 185년경에 알렉산드리아에서 태어났다. 그의 아버지는 기독교 순교자였다. 그는 동양과 서양의 사상이 합류하는, 특별히 정신적인 분위기에서 성장했다. 지식에 대한 강렬한 갈망을 품었던 그는 알아둘 가치가 있는 것이면 무엇이든 흡수

했으며, 알렉산드리아의 비옥한 지적 세계가 제공하는 온갖 것을, 기독교든 유대교든 그리스 문화든 이집트 문화든 가리지 않고 받아들였다. 플로티노스(Plotinus)의 제자로 이교도 철학자였던 포르피리오스(Porphyry)는 오리게네스에 대해 이렇게 말했다. "그의 외향적 삶은 기독교인의 삶이었으며 법에 위반되는 삶이었다. 그러나 물질적인 것들과 신에 대한 견해를 보면, 그는 그리스인처럼 생각했으며 그리스 사상을 외국 동화(童話)로 소개하기도 했다."

오리게네스가 스스로 거세한 것은 A.D. 211년 이전의 일이었다. 거세를 하게 된 내면적 동기는 짐작에 맡기는 수밖에 없다. 역사적으로 그 동기가 전혀 알려져 있지 않기 때문이다. 개인적으로 그는 막강한 영향력을 행사했으며, 청중을 휘어잡는 연설 실력 또한 출중했다. 그는 끊임없이 학생들에 둘러싸였으며, 존경하는 스승의 입에서 나오는 소중한 말들을 기록하려는 일단의 추종자들을 거느렸다. 작가로서 그는 특별히 글을 많이 썼으며 위대한 스승의 반열에 올랐다. 안티오크에서 그는 심지어 황제의 어머니 맘메아(Mammaea)에게 신학을 강의하기도 했다. 카이사리아라는 곳에서는 학교 교장을 지냈다. 학생들을 가르치는 활동은 광범위한 지역을 여행한 탓에 자주 중단되었다. 그는 아주 박식했으며, 세밀한 조사에 탁월한 능력을 발휘했다. 그는 성경 원고를 발굴하러 다녔으며 성경 원문에 대한 비판적인 연구로 이름을 날렸다. 독일 신학자 아돌프 폰 하르나크(Adolf von Harnack)는 "오리게네스는 위대한 학자였다. 교회 초기에 유일하게 진정한 학자였다."고 말한다.

테르툴리아누스와 극명한 대조를 보이면서, 오리게네스는 그노시스주의의 영향으로부터 자신을 고립시키지 않았다. 정반대로, 그노시스주의를 약화시킨 형태로 교회의 핵심 속으로 끌어들였다. 적어도 그렇게 하는 것이 그의 목표였다. 정말로 그의 근본적인 사상과 관점을 바탕으로 판단할 때, 그는 기독교 그노시스주의자나 다를 바가 없었다. 신앙과 지식에 관한 그의 태도는 하르나크에 의해 다음과 같이 심리학적으로 중요한 단어들로 묘사되고 있다.

> 성경은 양쪽 모두에게 똑같이 필요하다. 기독교 신자들은 성경으로부터 자신들에게 필요한 사실들과 계율을 받고, 그노시스주의자들은 성경 안에 담긴 사상들을 해독하면서 성경으로부터 자신들을 신의 계획과 사랑으로 안내할 힘을 끌어 모은다. 따라서 물질적인 모든 것이 영적 해석을 통해 관념들의 우주 속으로 녹아드는 것처럼 보인다. 그러다 마침내 모든 것이 극복되고 뒤에 디딤돌로 남게 된다. 그러면 신과 신이 창조한 영혼 사이의 축복받은 관계만 남게 된다.

오리게네스의 신학은 테르툴리아누스의 신학과 뚜렷이 구별되며 또 기본적으로 철학적이다. 그의 신학은 신(新)플라톤주의 철학의 틀과 아주 매끈하게 연결되었다. 오리게네스에게서, 한편으로는 그리스 철학과 그노시스주의라는 세계가, 다른 한편으로는 기독교 사상이라는 세계가 서로를 관통하면서 평화롭고 조화로운 전체를 이룬다. 그러나 이처럼 과감하고 통찰력 있는 관용과 공정함이 오리게네스로 하여금 교회로부터 유죄 판결을 받는 운명을 맞게 했다. 최종적 파문(破門)은 사실 그의 사후에 이뤄졌다. 데키우스(Decius) 황제 치하에 기독교인들이 박해당할 때, 오리게네스는 늙은 몸으로 고문을 당했으며 결국 그 후유증으로 죽음을 맞았다. 아나스타시우스(Anastasius) 1세 교황이 399년에 그에게 유죄 판결을 내렸으며, 오리게네스의 이단적 가르침은 유스티니아누스(Justinian) 황제가 543년에 소집한 종교회의에서 파문을 당했으며, 이때의 판단은 훗날의 종교회의에서도 그대로 지켜졌다.

오리게네스는 외향적 유형의 전형적인 예이다. 그의 기본적인 성향은 대상을 향했다. 이는 '신의 사랑과 신의 계시'라는 그 궁극의 원칙뿐만 아니라 객관적인 사실들과 조건들에 대한 세심한 배려에도 잘 드러났다. 기독교인으로 발달해 가던 과정이 오리게네스의 내면에서 어떤 유형과 만났는데, 이 유형의 종국적 바탕이 바로 대상과의 관계였다. 상징적으로 언제나 성욕으로 표현되는 그런 관계였다. 이는 오늘날에도 모든 기본적인 정신적 기능들을 성욕으로 설명하려는 이론이 있다는 사실에 대한 설명도 될 것이다. 따라서 거세는 가장 소중한 기능의 희생을 아주 적절히 표현하는 방법이었다.

오리게네스가 '생식기의 희생'을 감수한 반면에 테르툴리아누스가 '지성의 희생'을 실행한 것은 대단히 특징적이다. 기독교인이 되는 과정 자체가 대상과의 감각적 연결을 완전히 포기할 것을 요구하기 때문이다. 바꿔 말하면, 그 과정이 지금까지 가장 중요했던 기능을, 가장 애지중지했던 소유물을, 가장 강력했던 본능을 희생시킬 것을 요구한다는 뜻이다. 생물학적으로 고려한다면, 이 희생은 교회에 길들여지는 효과를 낳지만, 심리학적으로 본다면 그것은 묵은 끈들의 해체를 통해서 새롭게 영적 발달을 이룰 가능성의 문을 열어준다.

테르툴리아누스는 지성을 희생시켰다. 지성이 그를 세속과 가장 강하게 묶어놓고 있던 끈이었기 때문이다. 그가 그노시스주의에 맞서 싸운 이유는 그에게 그노시스주의는 관능성을 수반하는 지성으로의 일탈을 뜻하는 것이었기 때문이다. 이 같은 사실을 뒷받침하듯, 우리는 실제로 그노시스주의가 2개의 학파로 갈라졌다는 사실을 발견한다. 한 학파는 모든 경계를 뛰어넘으면서 어떤 영성을 추구했던 반면에, 다른 한 학파는 윤리적 아나키즘에 빠져 완전히 길을 잃고 말았다. 말하자면 어떠한 외설 앞에서도 움츠러들지 않고 어떠한 타락도 마다하지 않는 그런 절대적인 방탕에 빠져 버렸다는 뜻이다. 금욕을 실천했던 엔크라테이아파(Encratities), 그리고 법과 질서에 반대하며 교의에 따라서 방탕에 몸을 맡겼던 반(反)율법주의자들(Antinomians) 사이에 구분이 가장 극명하게 나타났다. 니콜라당(Nicolaitan)과 아르콘주의자(Archonitics), 그리고 꽤 적절한 이름으로 불린 보르보로스파(Borborites)가 반율법주의에 속했다.

겉보기에 서로 대립했을 것 같은 이 집단들이 실은 서로 얼마나 가까운지는 아르콘주의자의 예에서 잘 드러난다. 왜냐하면 이 종파가 엔크라테이아파와 반율법주의로 갈라졌고, 각 종파는 그렇게 찢어진 가운데서도 논리적으로 일관되게 각자의 목표를 추구했기 때문이다. 만약에 지성주의를 극단으로 몰아붙이며 대규모로 추구할 경우에 그 윤리적 결과가 어떤지를 알고 싶은 사람이 있다면, 그노시스주의 도덕의 역사를 공부하면 좋을 것이다. 그러면 '지성의 희생'이 어떤 것인지를 완벽히 이해하게 될 것이다. 그노시스주의자들은 실천에서 일관성을 보였으며 또 각자의 삶에서 자신의 광적인 사상을 극단적으로 몰고갔다.

오리게네스는 스스로 거세를 함으로써 세상과의 감각적인 끈을 희생시켰다. 그에게 있어서 특별한 위험은 지성이 아니고 자신을 대상과 묶어 놓는 감정과 감각이었음에 틀림없다. 거세를 통해서 그는 스스로 그노시스주의에 수반되었던 감각으로부터 자유로워졌다. 그런 다음에 그는 두려움 없이 그노시스주의 사상의 보물에 자신을 맡길 수 있었다.

한편 테르툴리아누스는 지성의 희생을 통해서 그노시스주의를 멀리했으나 오리게네스에게서 보이지 않는 종교적 감정의 어떤 깊이에 닿을 수 있었다. 볼프강 슐츠는 이렇게 말한다. "한쪽으로 보면 테르툴리아누스가 오리게네스보다 우월했다. 왜냐하면 그가 자신의 깊은 영혼 속에서 자신의 말을 모두 실천하며 살았기 때문이다. 그럼에도 다른 쪽으로 보면 테르툴리아누스가 오리게네스보다 훨씬 뒤처진다. 사상가들 중에서 가장 열정적이었던 그가 지식을 모조리 부정하는 모습을 보였다는 점에서 보면 그렇다. 왜냐하면 그노시스주의를 상대로 한 그의 투쟁이 인간의 사고를 전면적으로 부정하는 것이나 다름없었기 때문이다."

여기서 우리는 기독교화 과정에 원래의 유형이 어떤 식으로 반대 유형으로 변하게 되는지를 볼 수 있다. 예리한 사상가였던 테르툴리아누스가 감정적인 사람이 되는 한편, 오리게네스는 학자가 되고 지성의 세계에 빠져들기 때문이다. 논리적으로, 그것을 거꾸로 돌려 놓는 것도 아주 쉽다. 테르툴리아누스가 언제나 감정적인 사람이었고 오리게네스가 언제나 지적인 사람이었다고 말할 수도 있는 것이다. 기독교화 과정으로 인해 유형의 차이가 없어지는 것이 아니라 그 전처럼 여전히 존재한다는 사실을 논외로 한다면, 그같은 전도(顚倒)는 테르툴리아누스가 지성에서 가장 위험한 적을 보고 오리게네스가 성욕에서 가장 위험한 적을 본 이유를 설명하지 못한다.

여기서 어떤 사람들은 테르툴리아누스와 오리게네스의 삶이 맞은 치명적 결과를 증거로 제시하면서 두 사람 모두가 기만을 당했다고 주장힐 수도 있다. 만약에 그게 시실이라면, 두 사람 모두가 덜 중요한 것을 희생시켰으며 운명과 부정하게 타협했다고 단정해야 할 것이다. 원칙적으로 타당성을 인정할 만한 관점이긴 하지만, 원시인들 중에도 검정 암탉을 안고 물신(物神)에게 다가가면서 "여기 아름다운 흑돼지를 제물로 바치옵니다."라고 거짓말을 할 만큼 교활한 사람은 없을 것이다.

그러나 나의 의견은 이렇다. 평범한 인간이 중요한 무엇인가를 희생시키면서 위안을 느낄 것임에도 불구하고, 얕잡아보는 듯한 설명 방법은 어떠한 상황에서도 정확한 설명이 결코 될 수 없다. 설령 그 설명이 매우 "생물학적"인 것처럼 보일지라도 말이다. 이 위대한 두 인물이 정신의 영역에서 이룬 것에 대해 아는 것을 바탕으로, 우리는 그들의 전체 본성이 아주 정직하기 때문에 기독교로의 개종은 음흉한 계략도 아니고 사기도 아니었으며 진실이었다고 말해야 한다.

만약에 우리가 이들의 예를 통해서 본능의 자연스런 흐름을 단절하는 행위의 심리학적 의미를 파악하길 원한다면, 우리는 지엽적인 문제로 빠지지 말아야 한다. 지금까지 논의한 내용을 근거로 한다면, 개종은 동시에 다른 태도로의 변화를 의미한다는 말도 가능해진다. 이는 또한 개종의 강력한 동기가 나오는 원천까지 분명히 밝혀준다. 아울러 영혼 자체를 기독교적이라고 본 테르툴리아누스의 인식이 얼마나 옳은지도 보여준다. 자연 속의 모든 것들과 마찬가지로, 본능의 자연스런 흐름도 저항이 가장 덜한 길을 따르기 마련이다.

어떤 사람은 이 분야에 재능이 있고, 다른 사람은 저 분야에 재능이 있다. 아니면 어린 시절의 환경에 대한 적응이 환경과 부모의 성격에 따라서 상대적으로 더 많은 자제와 숙고를 요구할 수도 있고 상대적으로 더 많은 공감과 참여를 요구할 수도 있다. 이런 식으로 선호하는 태도가 자동적으로 형성되면서 자연히 서로 다른 유형이 생겨난다. 상대적으로 안정적인 존재로서 모든 사람이 기본적인 심리 기능들을 모두 갖고 있기 때문에, 각자가 완벽한 적응을 위하여 그 기능들을 골고루 활용하는 것이 필수이다. 왜냐하면 다양한 형태의 심리적 적응이 나름대로 존재하는 이유가 분명히 있을 것이기 때문이다.

분명히 말하지만, 한 가지 기능으로는 절대로 충분하지 않다. 예를 들어 어떤 대상이 단순히 생각되거나 느껴지기만 할 때, 그 대상은 부분적으로만 이해되는 것처럼 보이기 때문이다. 한쪽으로 치우친("유형적인") 태도는 적응에 결함을 낳고, 이 결함이 세월을 두고 누적되면 조만간 적응에 장애가 일어나게 된다. 그러면 적응에 나타난 장애가 주체로 하여금 어떤 종류의 보상 쪽으로 움직이도록 만든다. 그러나 이 보상은 그때까지 한쪽으로 치우쳐 있던 태도의 제거(희생)를 통해서만 성취될 수 있다. 이 보상의 성취가 에너지의 일시적 축적을 낳고, 이 에너지가 그때까지 무의식적으로 이용될 준비가 되어 있었음에도 의식적으로 이용되지 않고 있던 경로로 흘러가게 된다. 개종 과정을 촉발시키는 원인인 적응 결함이 주관적으로 흐릿한 불만감으로 느껴진다.

기독교 초기의 전환기에도 이와 비슷한 분위기가 팽배했다. 인류에게 어떤 구원의 필요성이 절실히 느껴졌으며, 이것이 고대 로마에 온갖 숭배가 꽃피게 만들었다. "삶을 최대한 알차게 살자"는 목소리도 결코 낮지 않았다. 그런 목소리를 높인 사람들은 생물학적 주장 대신에 그 시대의 과학에 근거한 주장을 폈다. 그러는 그들도 인류가 왜 그렇게 힘든 상황에 처해야 하는지에 대해서는 답을 제시하지 못하긴 마찬가지였다. 단지 그 시대의 인과론은 우리 시대의 과학과 비교할 때 제약을 꽤 덜 받았다. 당시의 사람들은 어린 시절 그 너머의 우주의 발생까지 거슬러 올라갈 수 있었으며, 아득히 먼 시간의 심연에서 일어난 것들이 인류에게 못마땅한 결과들을 안기는 원인이라는 점을 입증할 체계들이 많이 고안되어 있었다.

테르툴리아누스와 오리게네스가 실천한 희생은 아주 과격했다.

정말로 현대인의 취향에 비춰보면 지나칠 만큼 격렬했다. 그러나 그 희생은 철저히 구체주의적이었던 당시의 시대정신을 따르고 있었다. 이 같은 시대정신 때문에 그노시스주의자들은 자신들의 비전을 철저히 현실적인 것으로, 아니면 적어도 현실과 직접적 관련이 있는 것으로 받아들였으며, 테르툴리아누스에겐 자신의 감정의 실체가 객관적으로 타당한 것으로 느껴졌다. 그노시스주의자들은 태도의 변화에 대한 내면의 주관적 지각을 어떤 우주발생론적 체계로 투사했으며, 그 체계의 심리학적 상징들의 실체를 믿었다.

나의 책『리비도의 변환과 상징』(Wandlungen und Symbole der Libido)에서, 나는 기독교인이 되는 과정에 리비도가 밟는 그 특이한 경로의 기원에 대한 물음에 대해서는 대답을 제시하지 않았다. 나는 단지 리비도가 두 개의 반쪽으로 갈라지고, 그 갈라진 것들이 서로 맞서게 되는 데 대해서만 이야기했다. 리비도가 갈라지는 데에 대한 설명은 한쪽으로 치우친 심리적 태도에서 발견될 것이다. 편향된 심리적 태도가 지나치게 심하게 되면 무의식적 보상이 긴급히 필요하게 된다. 보상의 시기에 일어나는 무의식적 내용물의 움직임을 가장 분명하게 보여주는 것이 바로 기독교가 등장한 후 몇 세기 동안 펼쳐졌던 그노시스주의이다. 기독교 자체는 고대의 문화적 가치, 즉 고대 그리스 로마 시대의 태도의 붕괴와 희생을 의미했다. 현재로서는 지금 우리가 오늘날에 대해 이야기하고 있는가 아니면 2,000년 전의 시대에 대해 이야기하고 있는가 하는 문제는 별로 중요하지 않은 것 같다.

02
고대 교회의 신학 논쟁

초기 교회가 논쟁을 벌이는 과정에 너무나 빈번하게 일어났던 분열과 이단의 역사에서도 유형의 대립이 발견될 것 같다. 초기의 기독교인과 대체로 똑같았던 에비온파, 즉 유대교에 바탕을 둔 기독교인들은 예수 그리스도가 인간이었다는 절대적 믿음을 가진 가운데 예수 그리스도를 마리아와 요셉의 아들로 생각했다. 그들은 또 예수가 성령을 통해 신성을 받았다는 믿음을 가졌다. 이 점에서, 에비온파는 가현설을 주장하는 사람들과 정반대 입장이었다.

이 대립의 영향은 그 후에도 오랫동안 지속되었다. A.D. 320년경에 아리우스파를 둘러싼 이단 논쟁에서 이 갈등이 변형된 형태로 다시 불거졌다. 교리의 측면에서는 다소 누그러졌지만, 교회 정치에는 더 큰 영향을 끼친 갈등이었다. 아리우스(Arius)는 정통파

교회가 제시한, '아버지와 본질에서 같으시다'라는 교리를 부정했다. 그보다 '아버지와 본질에서 비슷하시다'는 쪽을 선호했다. '동일 본질'과 '유사 본질'을 둘러싼 아리우스파 논쟁의 역사를 면밀히 조사해 보면, '유사 본질'은 감각적이고 인간적으로 지각 가능한 것을 강조하면서 '동일 본질'의 관념적이고 추상적인 관점과 대조를 이루는 것 같다는 생각이 든다. 마찬가지로, 단성론자(單性論者: 예수 그리스도의 본성에 신성(神性)과 인성(人性) 중 하나만 존재한다고 주장하는 사람/옮긴이)가 칼케돈 공의회의 양성론(예수 그리스도의 본성은 신의 속성과 인간의 속성으로 이뤄졌다고 주장하는 이론/옮긴이) 교리에 반대하여 일으킨 반란은 추상적이고 지각 불가능한 관점이 감각적이고 자연주의적인 양성론자들의 교리에 다시 맞선 것처럼 보인다.

단성론 논쟁에서와 마찬가지로 아리우스파 운동에서도, 우리의 눈에는 비록 논쟁을 처음 시작한 사람들은 미묘한 교리 문제를 중요한 이슈로 받아들였을지라도 그 논쟁에 가담했던 사람들 대부분에게는 교리가 별로 중요하지 않았던 것이 분명해 보인다. 논쟁이 벌어지던 초기에조차도, 그런 미묘한 문제는 대중을 움직이는 힘을 전혀 발휘하지 못했다. 당시에 대중은 오히려 신학적 견해 차이와는 전혀 아무런 관련이 없는 정치 권력의 문제와 요구에 더 쉽게 동요되었다. 여기서 유형의 차이가 어떤 의미를 지녔다면, 그것은 단지 그 차이가 대중의 거친 본능에 호소할 어떤 구호를 제시했기 때문이다. 그러나 그렇다고 해서 우리가 그 논쟁을 촉발시킨 사람들에게 '동일 본질'과 '유사 본질'이 아주 심각한 문제였다는 사실을 보지 못한다면 곤란하다. 왜냐하면 그 문제 안에 예수 그리스도가 순수한 인간으로서 오직 상대적 신성을 갖는다는 에비온파의 교리와 예수 그리스도는 오직 유령 같은 육체를 가졌을 뿐 신성 그 자체라는 가현설 옹호론자들의 교리가 감추어져 있기 때문이다.

이 논쟁의 이면에 중요한 심리적 분열이 숨어 있다. 한 집단의 입장은 감각적으로 지각 가능한 것에 최고의 가치와 중요성을 부여하고 있으며, 주체는 언제나 인간적이고 개인적이지는 않을지라도 그럼에도 불구하고 언제나 하나의 투사된 인간의 감각이라는 것이다. 반면에 다른 한 집단은 최고의 가치를 추상적이고 인간의 범위 밖에 있는 것에 부여하고, 주체는 기능이라고 주장한다. 바꿔 말하면, 인간의 감각 너머에 있는 자연의 객관적인 과정에 최고의 가치를 둬야 한다는 주장이다. 이 자연의 과정은 개인과 관계없는 어떤 객관적인 법칙에 의해 결정되고, 이 법칙이 인간의 감각의 바탕을 이룬다는 입장을 보이고 있는 것이다.

전자의 관점은 기능 복합체라고도 할 수 있는 인간을 선호하다 보니 기능을 간과하고 있는 반면에, 후자의 관점은 기능을 선호하다 보니 필요불가결한 주체로서의 인간을 간과하고 있다. 각각의 관점은 반대편 관점의 중요한 가치를 부정한다. 각 관점의 옹호자들은 관점과 자신을 동일시하는 경향이 강할수록 자신의 관점을 상대방에게 강요하려는 의지를 더 강하게 보이고 자연히 상대방의 최고 가치를 침범하게 된다.

5세기 초에 일어났던 펠라기우스파 논쟁에서 유형 갈등의 또 다른 양상이 나타나고 있다. 테르툴리아누스가 아주 깊이 느낀 경험,

즉 사람은 세례를 받은 뒤에도 결코 죄를 피할 수 없다는 경험은 테르툴리아누스와 많은 점에서 다르지 않은 아우구스티누스를 통해 더욱 깊어지면서 원죄라는 비관적인 교리로 발전하기에 이르렀다. 원죄의 핵심은 아담으로부터 물려받은, 길들여지지 않은 리비도에 있다. 아우구스티누스에 따르면, 원죄라는 사실 위로 하느님의 구원이라는 은총이 하느님의 은총에 의해서 구원의 수단을 관리하게 된 교회와 함께 우뚝 서 있다.

이 같은 관점에서 보면 인간의 가치는 아주 낮아진다. 인간은 사실 퇴짜 맞은 비참한 생명체에 지나지 않는다. 구원의 유일한 수단인 교회를 통해 신성한 은총에 참여하지 못하게 되면, 어떠한 상황에서도 악의 구렁텅이로 내던져지는 존재가 바로 인간이었다. 인간의 가치만 아니라 인간의 도덕적 자유와 자기 결정도 동시에 허물어졌다. 그 결과, 아우구스티누스가 『신국』(Civitas Dei)에서 명백히 제시한 계획에 따라 하나의 관념으로서 교회의 가치와 중요성이 너무나 커지게 되었다.

그처럼 답답한 인식에 맞서 인간의 자유와 도덕적 가치라는 감정이 언제나 다시 일어나게 되어 있다. 그러나 이 감정은 아주 날카로운 통찰에 의한 억압이든 아니면 아주 예리한 논리에 의한 억압이든 압박을 오랫동안 견뎌내지 못하는 그런 감정이다. 영국 수도사였던 펠라기우스(Pelagius)와 그의 제자 켈레스티우스(Celestius)가 인간적인 가치의 정당성을 옹호하고 나섰다. 이들의 가르침은 인간의 도덕적 자유는 인간에게 주어진 권리라는 인식을 바탕에 깔고 있었다. 박해 받던 펠라기우스 추종자들이 콘스탄티

노플의 대주교 네스토리우스(Nestorius)의 지지를 받을 수 있게 한 것은 펠라기우스의 관점과 양성론의 관점 사이의 심리적 유사점이었다. 네스토리우스는 예수 그리스도를 신성과 인성을 모두 갖춘 존재로 본 키릴(Cyrill)의 교리와 반대로 예수 그리스도가 가진 두 가지 본성의 분리를 강조했다. 또한 네스토리우스는 마리아가 신을 잉태한 존재로 이해되기를 원하지 않고 단지 예수 그리스도를 잉태한 존재로 이해되길 바랐다. 그는 심지어 마리아가 신의 어머니였다는 생각을 비기독교적이라고 지적하기까지 했다. 그로부터 네스토리우스파 논쟁이 비롯되었으며, 이 논쟁은 네스토리우스파 교회로 분리되는 것으로 종식되었다.

03
성변화의 문제

그 시대의 정치적 격변과 로마 제국의 붕괴, 그리고 고대 문명의
쇠퇴와 더불어, 앞의 논쟁들도 마찬가지로 망각의 늪으로 빠져들
었다. 그러나 몇 세기 뒤에 다시 안정을 되찾게 되자, 심리적 차이
가 본래의 특징 그대로 다시 나타났다. 심리적 차이는 처음에는 일
시적인 듯 보였으나 문명이 발달함에 따라 점점 더 치열해지는 양
상을 보였다. 더 이상 초기 교회를 혼란스럽게 만들었던 그런 문제
가 아니었다. 새로운 형식이 등장했다. 그러나 그 바탕에는 똑같은
심리가 숨어 있었다.

9세기 중엽에, 파스카시우스 라드베르투스(Paschasius Radbertus)
수도원장이 성찬식에 관한 논문으로 갈등의 불씨를 다시 지폈다. 이
논문에서 라드베르투스는 성변화(聖變化), 즉 포도주와 빵이 예수

그리스도의 피와 육신으로 변화한다는 주장을 제기했다. 잘 알려진 바와 같이, 이 견해는 하나의 교리로 정착했으며, 이에 따르면, 변형이 '참으로, 실제로 그리고 실체적으로' 성취된다. 비록 "비본질적인 것들", 즉 빵과 포도주가 외형을 갖고 있을지라도, 빵과 포도주는 실질적으로 예수 그리스도의 살과 피다. 상징을 이처럼 극단적으로 구체화하는 조치에 대해, 라드베르투스가 원장을 맡고 있던 수도원의 수사 라트람누스(Ratramnus)가 과감히 반기를 들고 나섰다.

그러나 라드베르투스는 이 수사보다 더 큰 반대자를 만났다. 중세 초기의 위대한 철학자이자 사상가로 꼽히는 스코투스 에리게나(Scotus Erigena)가 그 반대자였다. 독일 신학자 하제(Karl August von Hase)가 쓴 『기독교 교회의 역사』(History of the Christian Church)에 따르면, 에리게나가 당시에 워낙 출중한 인물이었기 때문에 교회도 13세기가 되어서야 그의 교리를 충분히 이해하고 비난할 수 있었다고 한다. 맘스베리의 수도원장이었던 에리게나는 889년경에 자신이 거느리고 있던 수사들에게 살해되었다.

진정한 철학이 곧 진정한 종교라는 믿음을 강하게 품었던 에리게나는 권위나 "받아들여진 것들"을 맹목적으로 추종하던 사람이 절대로 아니었다. 왜냐하면 그는 당대의 대다수 사람들과 달리 스스로 생각할 줄 알았기 때문이다. 그는 이성을 권위보다 더 위에 두었다. 그렇게 하면서 그도 틀림없이 매우 비합리적인 모습을 보였을 테지만, 어쨌든 그 방식은 몇 세기 후에도 그에게 갈채를 안겨줄 만큼 탁월했다. 논의의 대상이 되지 않는 것으로 여겨지던 교부(教父)들에 대해서까지도 그는 그들의 글에 인간의 이성이라는 보물이 들어 있는 한에서만 권위자라는 입장을 보였다. 따라서 그는 성찬식은 예수 그리스도가 자신의 제자들과 가졌던 최후의 만찬을 기념하는 것에 지나지 않는다고 주장했다. 어느 시대 할 것 없이 합리적인 사람이라면 모두 동의할 만한 관점임에 틀림없다.

스코투스 에리게나는 사고에서 아주 명석하고 인본적인 면모를 보이고 또 성찬식의 의미와 가치를 아주 객관적으로 보았음에도 불구하고 당시의 시대정신과 주변 세상의 욕망과 조화를 이루지 못했다. 그가 같은 수도원의 동료들에게 암살당했다는 역사적 기록으로도 충분히 추론할 수 있는 사실이다. 그가 이성적으로, 또 논리적으로 사고할 줄 알았기 때문에, 그에겐 성공이 찾아오지 않았다. 반대로 라드베르투스는 성공할 수 있었다. 라드베르투스는 생각은 제대로 할 줄 몰랐지만 상징적이고 의미 있는 것을 "성변화시켜" 그것을 조악하고 감각적인 것으로 다듬어냄으로써 당시 종교적 경험의 구체화를 갈구하고 있던 시대정신에 부응할 줄 안 사람이었다.

이 논쟁에서도 우리는 앞에서 논한 논쟁에서 이미 접했던 기본적인 요소들을 쉽게 다시 확인할 수 있다. 구체적인 대상으로 오염시키는 것을 혐오하는 추상적인 관점과 대상으로 향하는 구체적인 관점이 격돌하고 있는 것이다.

지적 관점에서 라드베르투스와 그의 성취에 대해 업신여기듯 편파적 판단을 내릴 생각은 추호도 없다. 비록 현대인의 마음에 그 교리가 그저 터무니없어 보일지라도, 우리는 그 같은 설명을 들으면서 그것이 역사적으로 무가치하다고 판단해서는 안 된다. 분명히 그것은 인간의 오류를 모은 컬렉션에 전시될 만한 견본이다. 그러나 그렇다고 해서 그것이 그 자체로 무가치하다는 점이 입증되는 것은 아니다.

판단을 내리기 전에, 우리는 먼저 이 교리가 그 시대의 종교적 삶에서 성취한 것을 주의 깊게 조사하고 우리 시대도 여전히 그 효과와 간접적으로 연결되어 있는 것은 아닌지 돌아봐야 한다. 예를 들어, 순전히 감각적인 것과 정신 과정을 따로 떼어놓게 만든 것이 바로 이 기적의 실체에 대한 믿음이라는 점이 간과되어서는 안 된다. 또 이 같은 믿음은 정신 과정 자체에 반드시 영향을 미치게 되어 있다는 사실도 간과되어서는 안 된다. 감각이 지나치게 높은 역치(閾値: 생물체가 반응하도록 하는 데 필요한 최소한의 자극의 세기를 뜻함/옮긴이)를 갖게 될 때, '방향성 있는 사고'가 불가능해진다. 감각의 가치가 아주 높기 때문에, 감각이 끊임없이 정신을 침투하면서 정신의 세계에서 방향성 있는 사고의 기능을 훼손시키고 파괴하게 된다. 그런데 방향성 있는 사고는 사고와 양립할 수 없는 모든 것들의 배제를 바탕으로 하고 있다.

이 같은 기본적인 고려만으로도 의식(儀式)과 교리의 실질적 중요성이 확인된다. 의식과 교리는 바로 앞에 설명한 관점뿐만 아니라 순수하게 편의주의적 및 생물학적 관점에서도 그 가치를 입증하고 있다. 이 교리에 대한 믿음으로 인해 개인들에게 나타나는 종교적 효과에 대해서는 말할 필요조차 없다. 스코투스 에리게나를 높이 평가한다 하더라도, 라드베르투스의 성취를 경멸하는 것은 용납되지 않는다. 그러나 우리가 이 예에서 배울 수 있는 것은 내향적인 사람의 사고와 외향적인 사람의 사고를 서로 같은 기준으로 비교하는 것이 불가능하다는 사실이다. 왜냐하면 두 가지 형태의 사고는 그 결정 요소들의 측면에서 근본적으로 다르기 때문이다. 내향적인 사람의 사고는 합리적인 반면에 외향적인 사람의 사고는 '어떤 프로그램을 따르고 있다'고 할 수 있다.

이 같은 주장이 논의의 대상이 된 두 주인공의 개인적 심리에 대해 결정적인 무엇인가를 말하려는 것이 아니라는 점을 나는 특별히 강조하고 싶다. 우리가 스코투스 에리게나 개인에 대해 알고 있는 것은 그의 유형에 대해 확실한 판단을 내리기에 불충분하다. 우리가 알고 있는 내용은 단지 그가 내향적 유형이었을 것이라는 점을 암시하고 있다. 우리가 라드베르투스에 대해 아는 것도 거의 없는 것이나 마찬가지이다. 우리는 다만 그가 일반적인 사람의 사고와는 맞지 않았지만 보다 확실한 감정 논리로 시대가 받아들일 준비가 되어 있던 말을 했다는 사실을 알고 있다. 이런 사실에 비춰 보면 라드베르투스는 외향적인 유형이었던 것 같다.

두 사람에 대한 지식이 불충분하기 때문에 우리는 그들에 대한 최종적 판단을 내리지 못한다. 특히 라드베르투스의 경우에 그에 관한 지식이 더 많아지면 유형에 대한 최종적 결정이 달라질 수도 있기 때문이다. 그도 내향적인 성향의 인물이었을 수도 있다. 그러나 그의 추리력이 자신의 환경 안의 개념들을 절대로 넘어서지 못했다는 점과 논리가 독창성을 결여하고 있다는 점을 고려할 때, 교부들의 글에 담긴 내용을 바탕으로 그의 성향에 대해 결론을 내려도 별 문제가 없을 것 같다. 만약에 에리게나가 상식이 널리 통하고 그래서 그것을 바탕으로 한 주장이 적절한 것으로 여겨지던 그런 환경에서 살았다는 점을 입증할 수 있다면, 거꾸로 그는 외향적인 사람일 수도 있다. 그러나 그 같은 사실은 어디에도 드러나지 않았다. 한편, 우리는 그 시대에 종교적 기적의 실현에 대한 갈망이 얼마나 컸는지에 대해서는 잘 알고 있다. 그런 식으로 돌아가는 시대에, 스코투스 에리게나의 관점은 냉담하고 둔감한 것으로 비쳤을 것임에 틀림없다. 반면에 라드베르투스의 확언은 삶의 활력을 북돋우는 것으로 여겨졌을 것임에 틀림없다. 왜냐하면 그의 확언이 모든 사람들이 갈망하고 있던 바로 그것을 구체화시켰기 때문이다.

04
유명론과 실재론

9세기의 성찬식 논쟁은 단지 그보다 훨씬 더 큰 논쟁을 예고하는 신호탄에 지나지 않았다. 이 새로운 논쟁은 사람들의 마음을 몇 세기 동안 갈라놓았으며 이루 헤아릴 수 없을 만큼 깊은 영향을 끼쳤다. 바로 유명론(唯名論)과 실재론(實在論)의 충돌이었다. 유명론이란 소위 말하는 보편 개념, 즉 아름다움과 선(善), 동물, 인간 등과 같은 일반적 또는 보편적 개념들은 이름, 즉 단어에 지나지 않는다는 철학적 견해를 말한다. 아나톨 프랑스(Anatole France)는 이렇게 말한다. "무엇이 사고인가? 그리고 사람은 어떻게 생각하는가? 우리는 단어로 생각한다. 사고 자체는 감각적이며 우리를 다시 자연으로 이끈다. 그 점에 대해 생각해보라! 형이상학자는 원숭이나 개들의 외침 같은 것을 제외하고는 자신의 세계관을 구축할 것을 아무것도 갖고 있지 않다." 이 같은 견해는 극단적인 유명론이다. 니체(Friedrich Nietzsche)가 이성은 "언어의 형이상학"이라고 한 것도 그런 예에 속한다.

이와 반대로, 실재론은 개별 사물 앞에 보편이 존재한다는 입장에서 보편적인 개념도 플라톤(Plato)의 이데아처럼 그 자체로 존재한다고 주장한다. 유명론은 교회와의 연결에도 불구하고 추상 관념의 특징인 개별적 존재를 부정하는 회의적인 경향이다. 유명론은 대단히 엄격한 독단주의와 연결되는 일종의 과학적 회의주의이다. 유명론의 현실 개념은 당연히 사물들의 감각적 현실과 일치하며, 사물들의 개성은 추상적인 관념과 반대되는 것으로서 실체를 표현하고 있다. 이와 반대로, 엄격한 실재론은 강조의 초점을 실체에서 추상과 관념, 그리고 보편으로 옮기고, 따라서 보편을 개별 사물 앞에 놓는다.

a. 고대의 보편 문제

플라톤의 이데아론에 대한 언급이 보여주듯이, 우리는 지금 시간적으로 아주 먼 시대까지 거슬러 올라가는 갈등을 다루고 있다. 플라톤이 "허연 수염을 기른 학생들"과 "정신적 빈곤에 찌든 사람들"에 관해 늘어놓은 독설은 서로 동맹을 맺은 두 개의 철학 학파의 지지자들을 겨냥한 풍자였다. 플라톤의 정신과 불화를 빚고 있던 이 학파들은 견유학파와 메가라학파였다.

견유학파의 지도자인 안티스테네스(Antisthenes)는 소크라테스(Socrates)의 분위기를 몰랐던 사람도 아니고 심지어 크세노폰(Xenophon)의 친구였음에도 불구하고 플라톤의 아름다운 이데아의 세계에 공공연히 적의를 품었다. 그는 심지어 플라톤에 반대하는 내용의 팸플릿을 만들기도 했는데, 거기서 그는 상스럽게도 플라톤의 이름을 ‘$\Sigma\alpha\theta\omega\nu$’로 바꿔놓았다. 이 그리스어 단어는 ‘소년’이나 ‘사람’을 의미하지만 성적 측면에서 보면 ‘페니스’를 뜻한다. 그렇다면 안티스테네스가 역사 깊은 투사(投射)를 통해 자신이 플라톤에 맞서고 있던 문제가 어떤 것인지에 대해 넌지시 암시했다고 볼 수 있다.

이미 앞에서 보았듯이, 오리게네스에게도 이것이 주요 원인이었다. 말하자면, 오리게네스가 아무런 방해를 받지 않고 풍요로운 관념의 세계로 들어가기 위해 스스로 거세를 해서라도 죽이길 원했던 것이 바로 이 악이었다는 뜻이다. 그러나 안티스테네스는 기독교 이전 시대의 이교도였으며, 그에게 남근이 태곳적부터 인정받은 상징으로서 의미했던 것은 감각들의 즐거움이었다. 남근을 이런 식의 상징으로 받아들인 사람이 그만은 아니었다. 우리도 잘 알고 있듯이, 견유학파 전체가 그 영향을 강하게 받았다. 그들의 구호가 바로 “자연으로!”였지 않았는가.

안티스테네스가 자신의 구체적인 감정과 감각을 최우선으로 내세워야 했던 이유는 많았다. 무엇보다도 먼저 그가 최하층 계급이었다는 점을 꼽아야 한다. 어쩌면 시기심이 힘이 될 수 있는 그런 계층이었다. 그는 순수한 그리스인이 아니었다. 그는 아웃사이더였다. 그는 또 아테네의 성문 밖에서 가르쳤다. 거기서 그는 견유학파의 모범으로서 하층 계급이 하던 행동을 당당히 했다. 더욱이, 견유학파 전체가 하층 계급 사람이거나 적어도 그 언저리에 있던 사람으로 구성되었으며, 그들 모두는 전통적 가치들을 신랄하게 비판하는 일에 빠져 지냈다.

안티스테네스 이후로 견유학파의 가장 탁월한 인물 중 한 사람이 바로 디오게네스(Diogenes)였다. 그는 자신에게 '개'라는 이름을 붙였으며, 그의 묘는 파로스 섬에서 나는 대리석으로 깎은 개 한 마리로 장식되었다. 그의 천성이 인간에 대한 이해로 충만했기 때문에 인간에 대한 그의 사랑은 아주 따스했다. 그럼에도 불구하고, 그는 당대의 사람들이 신성하게 여기던 모든 것을 가차없이 풍자했다. 그는 관객들이 극장에서 디에스데스가 식사를 하는 장면(그리스 신화에 펠롭스의 아들로 등장하는 티에스테스가 왕권을 놓고 투쟁을 벌이는 중에 그의 식탁에 자기 자식의 살점이 고기로 오른다/옮긴이)을 보며 느끼는 공포를 조롱했다. 혹은 오이디푸스의 근친상간의 비극을 조롱했다. 인간의 살점이 육류 중에서 절대로 예외적인 자리를 차지할 수 없을 것이기 때문에, 식인 풍습도 그다지 나쁘지 않다는 식의 조롱이었다. 더 나아가, 가축들의 예가 분명히 보여주듯이, 근친상간의 불행도 그다지 심각한 재앙이 아니라는 식이었다.

메가라학파는 많은 점에서 견유학파와 비슷했다. 메가라는 아테네와의 경쟁에서 실패한 도시가 아닌가. 시칠리아의 메가라가 희망에 찬 출발을 한 뒤 비잔티움의 건설을 통해 우뚝 솟게 되었을 때, 거기서 내부 투쟁이 일어났다. 이 내부 투쟁을 겪은 뒤로 메가라는 병에 걸린 것처럼 시들시들 약해졌으며 모든 면에서 아테네와 상대가 되지 못했다. 촌뜨기들이 늘어놓는 너저분한 이야기는 아테네에서 "메가라 농담"으로 통했다. 패자가 어머니 젖처럼 자연스럽게 섭취하게 되어 있는 시기심이 메가라학파 철학의 특징을 많이 설명해준다. 견유학파의 철학처럼, 메가라학파의 철학은 철저히 유명론이며 플라톤의 이데올로기인 실재론과는 완전히 반대였다.

메가라학파의 또 다른 중요한 인물은 메가라의 스틸폰(Stilpon of Megara)이었다. 이 인물과 관련해서는 다음과 같은 특별한 일화가 전해 오고 있다. 어느 날 스틸폰이 아테네에 와서 아크로폴리스에서 피디아스(Phidias)가 멋지게 제작한 팔라스 아테나의 조각상을 보았다. 진정한 메가라 사람이었던 그는 팔라스 아테나가 제우스의 딸이 아니고 피디아스의 딸이라고 말했다. 이 같은 농담이 메가라학파의 사고의 바탕을 고스란히 보여주고 있다. 왜냐하면 스틸폰이 유개념(類槪念: 상위개념)은 실체와 객관적 타당성을 전혀 갖지 않는다고 가르쳤기 때문이다. 따라서 "인간"에 대해 말하는 사람은 아무 사람에 대해서도 말하지 않는 것이나 마찬가지다. 왜냐하면 그 사람이 이 사람 또는 저 사람을 지칭하지 않기 때문이다. 플루타르코스(Plutarch)는 "어떠한 사물도 다른 사물의 본질에 대해서는 아무것도 말해주지 못한다"는 말을 스틸폰이 한 것으로 적고 있다. 안티스테네스의 가르침도 이와 매우 비슷했다.

이런 유형의 사고를 대표하는 인물 중에서 가장 오래된 인물은 소크라테스와 동시대인으로 소피스트였던 람노스의 안티폰(Antiphon of Rhamnos)이었다. 그가 남긴 말에 이런 것이 있다. "긴 대상들을 지각하는 사람은 길이를 눈으로 보지도 않고 마음으로 구분하지도 않는다." 유개념의 실제성에 대한 부정은 바로 이런 진술에서 나온 다. 자연히 플라톤의 이데아가 차지하고 있던 입지가 이런 유형의 사 고에 의해 크게 흔들렸다. 왜냐하면 플라톤에게는 영구하고 불변하 는 타당성을 갖는 것이 관념이고, "진정한" 것이나 "다수인" 것은 관 념의 일시적인 변화에 지나지 않았기 때문이다. 반면에 견유학파와 메가라학파의 비판은 실제적인 관점에서 유(類)개념들을 실제성이 전혀 없는, 궤변적이고 설명적인 이름으로 분해하고, 개별 사물을 강 조한다.

이 같은 근본적인 반대는 오스트리아 철학자 테오도어 곰페르츠 (Theodor Gomperz: 1832-1912)에게 '내속'(內屬: inherence)(사 물의 성질이 그 사물을 떠나서는 존재할 수 없는 관계를 일컫는다/옮긴이)과 '술어화'(述語化: predication)(주어에 특성들을 귀속시켜 의미 있는 진술 을 만드는 것을 말한다/옮긴이)의 문제로 이해되었다. 예를 들어, "따뜻 한"이나 "차가운"에 대해 말한다고 가정하자. 그럴 때면 우리는 따 뜻하거나 차가운 사물들에 대해 말한다. 이때 "따뜻한" 또는 "차가 운" 것은 속성이나 술어, 단정으로서 그 사물에 속한다. 단정은 지 각되고 실제로 존재하는 무엇인가에 대해, 즉 따뜻하거나 차가운 물체에 대해 언급한다. 비슷한 여러 예들로부터 우리는 "따뜻함"이 나 "차가움"의 개념을 끌어내고, 그 즉시 우리는 우리의 생각 속에 서 이 개념들을 구체적인 무엇인가와, 사물성과 연결시킨다. 따라 서 "따뜻함"과 "차가움"은 그 추상 작용에서 일어나는 감각 지각의 영향 때문에 우리에게 진정한 그 무엇이 된다. 우리가 이 추상 작용에서 "사물성"을 배제하기는 지극히 어렵다. 왜냐하면 모든 추상 관념에는 당연히 그것을 낳은 사물이 달라붙기 때문이다.

이 점에서 본다면, 어떤 술어의 사물성은 사실 하나의 선험(先驗)이다. 만약 여기서 한 단계 높은 유(類)개념인 "온도"로 올라간다면, 우리는 그 개념의 사물성을 인식하는 데 전혀 어려움을 느끼지 않는다. "온도"라는 개념이 감각의 명확성에 있어서는 다소 떨어질지라도 여전히 모든 감각 지각에 고유한 재현 가능성이라는 특성을 간직하고 있기 때문이다. 만약에 여기서 다시 "에너지" 같이 훨씬 더 높은 유(類)개념으로 올라간다면, 사물성이 꽤 많이 사라진다. 사물성의 사라짐과 함께, 재현 가능성이라는 특성도 어느 정도 사라진다. 이 지점에서 에너지의 "본질"을 둘러싸고 갈등이 일어난다. 에너지가 진정으로 개념적이고 추상적인지, 아니면 에너지가 "실체가 있는" 무엇인지를 놓고 논란이 빚어지는 것이다. 우리 시대의 학식 있는 유명론자는 에너지는 하나의 이름에 불과하다는 것을 꽤 강하게 확신한다. 그러나 그럼에도 불구하고 우리는 일상 언어에서 에너지를 마치 사물처럼 다루면서 우리의 머릿속에 인식론의 관점에서 보면 가장 중대한 혼동의 씨앗을 뿌린다.

추상 작용에 너무나 자연스럽게 끼어들면서 속성 또는 추상 관념에 "실체성"을 불어넣는, 순수하게 개념적인 것의 사물성은 절대로 인공적인 산물이 아니며 개념을 자의적으로 실체화하는 것도 아니며, 어디까지나 자연스런 필연이다. 추상적인 관념이 자의적으로 실체화되어 똑같이 인위적인 기원을 갖는 어떤 초월적인 세계로 옮겨지는 것이 아닌 것이다. 역사적으로 그 과정을 실제로 들여다보면 그와 아주 반대인 것으로 확인된다.

예를 들어 보자. 원시인들 사이에 심상(心象), 즉 감각 지각이 일으키는 정신적 영향은 너무나 강하고 또 감각적으로 너무나 화려하다. 그렇기 때문에 심상이 기억속의 이미지로 다시 떠오를 때면 간혹 환각의 특징을 보이기도 한다. 따라서 어느 원시인에게 죽은 어머니의 모습이 불현듯 떠오른다면, 그 원시인이 보고 듣고 있는 것은 마치 어머니의 귀신처럼 느껴진다. 우리 현대인은 단지 죽은 사람에 대해 "생각"만 한다. 그러나 원시인은 심상의 특별한 감각 때문에 죽은 사람을 실제로 지각한다. 이는 곧 원시인이 영혼과 정령을 믿는 이유에 대한 설명이 될 것이다. 원시인이 믿는 영혼과 정령은 우리 현대인이 간단히 "생각"이라고 부를 것들이다.

원시인은 "생각"할 때 정말로 환상을 떠올린다. 이때 환상의 현실감이 아주 강하기 때문에 원시인은 정신적인 것을 끊임없이 현실의 것으로 착각한다. 미국 지질학자 포웰(John Wesley Powell)은 "문명화되지 않은 사람들의 사고에 나타나는 가장 근본적인 혼동은 객체와 주체를 혼동하는 것이다."라고 말한다. 영국 인류학자 스펜서(Baldwin Spencer)와 호주 인류학자 길렌(F.J. Gillen)은 이렇게 관찰한다. "원시인이 꿈을 꾸면서 경험하는 것은 그가 깨어 있을 때 눈으로 보는 것만큼이나 현실적이다."

나 자신이 흑인들의 심리를 관찰한 결과 얻은 결론도 이 발견들을 뒷받침한다. 정신적 실체성과 감각 지각의 자율성, 그리고 심상의 자율성 같은 기본적인 사실로부터 정령들에 대한 믿음이 생겨난다. 원시인의 정령 숭배가 원시인에게 어떤 설명이 필요해서 생겨난 것이 아닌 것이다. 그 설명은 단지 유럽인들이 자신들의 관점에서 짐작하는 것일 뿐이다. 원시인에게 생각은 시각적이고 청각적이다. 그렇기 때문에 생각에는 계시의 특징도 있다. 한 예로, 예언자인 마법사는 언제나 원시 부족의 사상가로서 영혼이나 신의 현시를 끌어낸다. 이는 또한 생각의 마법적 효과를 설명해준다. 생각도 행동만큼이나 유효하다. 그 이유는 생각도 현실이기 때문이다. 마찬가지로, 생각의 외피인 단어도 "진정한" 효과를 발휘한다. 단어도 기억 속에서 "진정한" 이미지를 불러내기 때문이다.

원시인의 미신이 우리를 놀라게 만드는 이유는 다른 것이 아니다. 단지 우리 현대인이 심상에서 감각을 배제하는 데 크게 성공했기 때문이다. 우리는 추상적으로 생각하는 것을 배웠다. 그런데 그 생각에는 앞에서 언급한 한계가 늘 따르고 있다. 그럼에도 불구하고, 분석 심리학을 이용해 치료를 해본 사람이라면 누구나 알고 있듯이, 심지어 "교육 수준이 높은" 유럽인 환자에게도 생각은 행동이 아니라는 점을 끊임없이 상기시켜 줘야 한다. 어떤 환자에게는 무엇인가를 생각하는 것만으로도 충분하다고 믿고 있다는 이유로, 또 다른 환자에게는 무엇인가를 생각하지 않아야 한다고 느끼고 있다는 이유로, 우리 분석가는 환자들에게 생각은 행동이 아니라는 점을 상기시켜 줘야 한다.

심상의 원시적인 실체성이 아주 쉽게 다시 나타날 수 있다는 점은 보통 사람들의 꿈과 정신 착란에 수반되는 환각에 의해 확인된다. 신비주의자들은 심지어 외향성의 효과를 상쇄하기 위해 인위적으로 내향성을 만들어냄으로써 심상의 원시적 실체성을 다시 포착하려고 노력하기도 한다. 이슬람 신비주의자 테베쿨-베그(Tewekkul-Beg)가 스승 몰라-샤(Molla-Sha)로부터 비법을 전수받으며 치른 의식을 보면 이 같은 예가 분명히 보인다. 테베쿨-베그는 이렇게 말한다.

> 이런 말들을 한 다음에, 그가 나를 불러 자기 맞은편에 앉게 했으며, 그 사이에도 나의 감각은 여전히 멍한 상태였다. 그런 다음에 그가 나에게 맘 속으로 자신의 모습을 떠올리라고 했다. 그가 천으로 나의 두 눈을 묶은 뒤에 영혼의 모든 힘을 가슴으로 모으라고 주문했다. 나는 그의 말을 따랐다. 눈의 깜빡임과 신의 도움, 스승의 영적 안내를 받는 가운데, 나의 가슴이 활짝 열렸다. 나는 내면 깊은 곳에서 엎어진 주발 같은 무엇인가를 보았다. 이 그릇이 똑바로 세워지자, 무한한 환희의 감정이 나의 전신을 타고 흘러넘쳤다. 나는 스승에게 말했다. "이 방에서 선생님 앞에 앉아 있는 지금, 저는 깊은 내면에서 진짜 어떤 장면을 보고 있습니다. 또 다른 테베쿨-베그가 또 다른 몰라-샤 앞에 앉아 있는 것 같은 모습입니다." ⟨Buber, Ekstatische Konfessionen⟩

스승은 이에 대해 그 비법의 첫 번째 현상이라고 제자에게 설명했다. 현실의 원시적인 이미지에 닿는 문이 열리자마자, 곧 다른 환상들이 따랐다.

술어의 실체성은 선험적으로 주어진다. 그 술어가 인간의 마음

안에 언제나 존재해 왔기 때문이다. 오직 뒤이은 비판에 의해서만, 추상 관념은 실체성이라는 특성을 빼앗긴다. 심지어 플라톤의 시대에도 말뿐인 개념들의 마법적인 실체성에 대한 믿음이 아주 강했기 때문에, 철학자가 단어들의 절대적인 의미를 통해서 부조리한 대답을 끌어낼 수 있는 덫이나 오류를 고안하는 것도 가치 있는 일로 여겨졌다. 아주 간단한 예가 메가라학파 철학자인 에우불리데스(Eubulides)가 고안한 '가면 오류'이다. "당신은 당신의 아버지를 알아볼 수 있는가?" "물론이지." "당신은 가면을 쓴 이 사람을 알아볼 수 있는가?" "아니." "당신은 모순된 대답을 하고 있군. 가면을 쓴 이 사람이 바로 당신 아버지인데. 그렇다면 당신은 당신의 아버지를 알아볼 수도 있고 알아보지 못할 수도 있다는 말이군." 여기서 오류는 단지 질문을 받은 사람이 순진하게도 "알아보다"라는 단어를 모든 경우에나 똑같은 객관적인 사실을 가리키는 것으로 가정한 데에 있다. 실제로 보면 그 단어의 타당성은 일부 정해진 예에만 국한되는데도 말이다.

'뿔 달린 사람 오류'도 똑같은 원칙을 바탕으로 하고 있다. "잃어버리지 않은 것은 여전히 당신에게 있기 마련이다. 당신은 아직 뿔을 잃지 않았다. 그러므로 당신은 뿔을 갖고 있다." 여기서도 마찬가지로 오류는 어떤 구체적인 사실을 전제하고 있는 주체의 순진함에 있다. 이 방법의 예를 빌리면, 단어들의 절대적 의미가 하나의 망상에 지나지 않는다는 점을 쉽게 보여줄 수 있다. 그 결과, 유(類)개념의 실체성이 위험에 처하게 되었다. 플라톤이 내세우는 관념의 형식에서 유(類)개념이 형이상학적 존재와 절대적 타당성을 가졌는데도 말이다. 곰페르츠의 설명을 들어 보자.

당시의 사람들은 아직 언어에 대한 불신에 그다지 심하게 사로
잡혀 있지 않았다. 우리 현대인은 단어에서 사실에 관한 적절
한 표현과 동떨어진 것을 보는데도 말이다. 현대와는 정반대로,
당시에는 어떤 관념의 범위와 그 관념에 해당되는 단어의 범위
는 어떤 경우에나 정확히 일치한다는 믿음이 있었다. 〈Greek
Thinkers〉

단어도 사물들의 객관적인 행동을 의미한다고 전제하는, 단어
들의 그런 마법적이고 절대적인 중요성을 고려한다면, 소피스트
의 비판은 아주 적절했다. 소피스트의 비판은 언어의 무능을 증명
하는 놀라운 예를 제시했다. 관념이 단순히 이름에 지나지 않는 한,
물론 이것 또한 증명되어야 할 가설로 남아 있지만, 플라톤에 대한
공격은 정당했다. 그러나 유(類)개념은 사물들의 유사점이나 일치
점을 뜻할 때 단순한 이름이기를 거부한다. 그러면 이 일치가 객관
적인 현실인가 아닌가 하는 문제가 제기된다. 이 일치는 실제로 존
재한다. 그렇기 때문에 유개념도 어떤 종류의 실체성과 부합한다.
어떤 사물에 대한 정확한 묘사가 실체성을 지니는 만큼의 실체성
을 유개념도 갖는 것이다. 유개념이 술어와 다른 점은 유개념의 경
우에 사물들의 일치를 설명하거나 뜻한다는 것밖에 없다. 그러므
로 약점은 유개념에도 있지 않고 플라톤의 관념에도 있지 않으며
단지 언어의 표현에 있을 뿐이다. 언어의 표현은 어떤 상황에서도

그 사물 혹은 일치를 적절히 재현하지 못한다. 따라서 관념론에 대한 유명론자의 공격은 원칙적으로 부당한 침해였으며, 플라톤의 격한 반격은 충분히 정당했다.

안티스테네스에 따르면, 내속의 원칙은 바로 이 점에, 즉 어떤 종류의 술어도 그 술어와 다른 주어의 것으로 단정될 수 없다는 점에 있다. 안티스테네스는 주어와 동일한 술어들만을 타당한 것으로 인정했다. 그런 동일성의 진술("단 것은 달다")이 전혀 아무것도 단언하지 않고 따라서 무의미하다는 사실을 제외한다면, 내속의 원칙의 약점은 동일성의 진술이 그 사물과 아무런 관계를 갖지 않는다는 점이다. "풀"이라는 단어는 "풀"이라는 사물과 전혀 아무런 연결을 갖지 않는다. 내속의 원칙은 또 순진하게도 단어는 사물과 일치한다고 주장하는 케케묵은 단어 숭배에 의해서도 피해를 입는다. 그렇다면 유명론자가 실재론자에게 "당신은 꿈을 꾸고 있으면서 사물을 다루고 있다고 생각하지만, 당신은 언제나 언어로 된 환상과 싸우고 있을 뿐이야!"라고 말할 때, 실재론자도 그 유명론자에게 똑같은 말로 대꾸할 수 있다. 왜냐하면 유명론자도 사물 자체를 다루지 않고 자신이 사물의 자리에 대신 놓은 단어들을 다루고 있기 때문이다. 심지어 유명론자가 개별 사물에 별도의 단어를 사용할 때조차도, 그 단어들은 언제나 단어일 뿐 사물 자체는 절대로 아니다.

이젠 에너지라는 관념으로 돌아가 보자. 에너지라는 관념은 분명히 단순한 언어적 개념에 지나지 않는다. 그럼에도 불구하고, 에너지는 아주 현실적이다. 그래서 전기회사가 에너지로 얻은 이익을 주주들에게 나눠줄 수 있다. 전기회사의 이사회에 참석하는 이

사들은 자신들에게 에너지의 비실재성을 설득시키려는 형이상학적 논쟁을 절대로 허용하지 않을 것이다. "에너지"는 단지 힘의 현상들의 일치를 나타내고 있다. 절대로 부정될 수도 없고 또 매일 그 존재를 놀라운 방식으로 입증하고 있는 그런 일치이다. 어떤 사물이 실재하고 어떤 단어가 전통적으로 그 사물을 나타내고 있는 한, 그 단어는 실체성과 중요성을 획득한다. 그리고 사물들의 일치가 실재하는 한, 그 일치를 나타내는 유개념도 마찬가지로 실체성과 중요성을 획득한다. 이 중요성은 개별 사물을 나타내는 단어의 중요성보다 더 크지도 않고 더 작지도 않다. 가치의 강조를 이쪽에서 반대쪽으로 이동시키는 것은 그 시대의 개인의 태도와 심리의 문제이다. 곰페르츠는 안티스테네스의 내면에서 작용하고 있던 심리적 요소들에 대해 잘 알고 있었으며, 그 요소들로 이런 것들을 제시하고 있다.

> 건전한 상식, 온갖 황홀한 열정에 대한 저항, 아마 인격에 기여하는 개인적 감정의 힘, 그리고 완전한 현실성이라는 특징을 지닌 개인의 온전한 성격. 이런 것들이 반발의 경향을 강화할 힘들에 포함되었을 것이다. 〈Greek Thinkers〉

여기에다가 우리는 시민의 권리를 충분히 누리지 못한 어떤 사람, 하층민, 아름다운 요소를 많이 타고나지 못한 사람, 그래서 기껏 다른 사람들의 가치를 훼손시켜야만 높은 곳으로 올라갈 수 있는 그런 인간들의 시기(猜忌)를 보태야 할 것이다. 견유학파 철학자의 경우에 그런 특징이 특히 더 두드러졌다. 견유학파 철학자는 끊임없이 다른 사람들을 헐뜯어야 했다. 그에게는 다른 사람의 것이면 무엇이든 절대로 신성할 수 없었다. 심지어 그는 자신의 소중한 조언을 과시할 기회를 잡을 수만 있다면 가정의 평화를 깨뜨리면서도 전혀 양심의 가책을 느끼지 않았다.

이처럼 근본적으로 비판적인 마음의 태도의 정반대편에, 플라톤의 관념 세계가 영원한 실체성을 지닌 채 서 있다. 그런 관념의 세계를 다듬어낸 사람의 심리는 앞에서 열거한, 남을 헐뜯는 소모적인 판단과는 완전히 다른 성향을 갖고 있을 것이 분명하다. 플라톤의 사고는 다양성의 세계로부터 통합적인 개념들을 끌어냈으며, 이 개념들은 실제로 존재하는 사물들의 일반적인 일치점을 나타내고 있다. 눈에 보이지 않고 인간을 초월하는 이 개념들의 특징은 사고의 대상을 유일한 것, 개별적인 것, 객관적인 것으로 한정시킬, 내속의 원칙의 구체주의와 정반대이다. 내속의 원칙을 따르는 것은 술어화의 원칙을 배타적으로 수용하는 것이 불가능한 것 만큼이나 불가능한 일이다. 술어화의 원칙은 개별적인 많은 사물들의 것으로 단언된 것들을 쇠퇴하지 않고 영원히 존재하는 본질로 높이 찬양하게 되어 있다.

두 가지 형태의 판단은 똑같이 정당화될 수 있다. 왜냐하면 두 가지 모두가 모든 사람에게 다 있기 때문이다. 내가 볼 때, 메가라학파를 창설한 장본인인 메가라의 에우클레이데스(Eucleides of Megara)가 개별적이고 특별한 것보다 무한히 더 높은, "모든 것을 아우르는 단일성"(All-oneness)을 확립했다는 사실이 두 가지 형태의 판단이 누구에게나 있다는 것을 뒷받침하는 가장 좋은 예이다. 에우클레이데스가 엘레아학파의 "존재"의 원칙과 "선"(善)을 연결시켰기 때문에, 그에게는 "존재"와 "선"이 동일했다. 그 반대편에는 "존재하지 않는 악"만 있었다. 물론 낙관적인 이 '모든 것을 아우르는 단일성'은 가장 높은 단계의 유개념에 지나지 않았다. 단순히 "존재"를 포함했지만 그와 동시에 모든 증거를 부정한 개념이었다. 그 정도를 보면 플라톤의 관념보다 훨씬 더 심했다. 이 개념을 갖고 에우클레이데스는 건설적인 판단들을 부정적으로, 단순히 언어적 표현으로 해체시키는 데 대해 어떤 보상을 제시했다. 그의 '모든 것을 아우르는 단일성'은 지나치게 모호하고 애매한 탓에 사물들의 일치를 표현하는 데 완전히 실패했다. 그것은 전혀 아무런 유형이 아니있으며, 그보다는 무질서하고 다양한 개별 사물들을 두루 포용할 어떤 통일체에 대한 욕망의 산물이었다. 이 같은 욕망은 극단적인 유명론을 소중히 여기는 모든 사람들의 내면에서 작동하고 있다. 이 사람들이 부정적인 비판적 태도에서 벗어나려고 시도하는 한, 그들이 그 욕망의 영향을 받고 있다고 볼 수 있다. 따라서 이런 부류의 사람들의 내면에서 근본적인 일치를 뜻하는 어떤 관념을 발견하는 것은 그리 이상한 일이 아니다. 그런데 이 근본적인 일치가 지극히 부적절하고 자의적이다. 전적으로 내속의 원칙만을 바탕으로 삼는 것은 분명히 불가능한 일이다. 곰페르츠가 적절히 관찰하고 있다.

이런 성격의 시도들은 어느 시대에나 실패의 운명을 맞게 되어

64

있다는 점은 쉽게 예측된다. 역사적 이해가 부족하고 심리의 깊은 문제들에 대한 통찰이 전무한 것이나 마찬가지인 시대에는 그런 시도들은 절대로 성공을 거두지 못한다. 보다 명백하고 보다 직접적이지만 대체로 덜 중요한 가치들이 보다 중요하면서도 쉽게 식별되지 않는 가치들을 뒤로 밀어낼 것이라는 점은 일어날 수 있는 위험이 아니라 확실한 사실이다. 인간들은 문명의 혹을 잘라내려는 노력의 하나로 야만적이고 미개한 방식을 택하면서 무수한 세월을 두고 평가되어야 할, 발달의 상승 과정에 나온 결과물에 파괴의 손길을 뻗었다. 〈Greek Thinkers〉

내속과 달리 사물들의 일치에 근거를 둔 건설적인 판단은 문명의 가장 값진 결실로 여겨질 보편적 관념들을 일궈냈다. 이 관념들이 오직 죽은 사람들하고만 관련이 있을지라도, 곰페르츠의 표현을 빌리면 우리는 단절 불가능한 힘을 얻은 끈들에 의해 이 관념들과 연결되어 있다. 곰페르츠의 말을 더 들어보자.

따라서 문명은 생명력을 잃고 몸만 남게 되었다. 그러나 생명력을 한 번도 소유하지 않았던 사물들도 우리의 관용과 우리의 경의를, 심지어 우리의 자기희생적인 헌신까지 요구할 수 있다. 예를 들면, 동상과 무덤, 군대의 깃발이 그런 것들이다. 그리고 만약에 우리가 우리의 본질을 훼손한다면, 또 만약에 우리가 강력한 힘에 의해 그 연결의 끈을 끊는 데 성공한다면, 우리는 야만 상태로 퇴보하고 또 그 모든 감정들의 상실로 인해 각자의 영혼에 상처를 입게 될 것이다. 이 감정들이야말로 벌거벗은 현실의 딱딱한 기반에 생생한 생명의 옷을 입히는 것들이 아닌가. 이 같은 감정의 성장과 획득한 가치들에 대한 높은 평가에, 삶의 온갖 아름다움과 세련미와 우아함, 말하자면 동물적인 본능들을 고귀하게 만드는 모든 것이 달려 있다. 예술의 추구와 그에 따른 즐거움도 분명히 그런 것에 달려 있다. 한마디로 요약하면, 견유학파 철학자들이 양심의 가책이나 반성하는 마음을 전혀 품지 않은 가운데 뿌리 뽑겠다고 나선 모든 것들이 거기에 달려 있다. 틀림없이, 거기에도 어떤 한계가 있다. 그 선을 넘어서까지 관념 연합의 원칙을 허용할 경우에는 그 원칙의 무제한적인 영향력에서 생겨나는 어리석음과 미신의 지배를 받게 되어 있다. 〈Greek Thinkers〉

우리는 내속과 술어화의 문제를 아주 깊이 파고들었다. 그 이유는 이 문제가 스콜라 철학자들의 유명론과 실재론의 논쟁에서 다시 제기되었을 뿐만 아니라, 이 논쟁이 마무리된 적이 지금까지 한 번도 없었고 앞으로도 결코 없을 것이기 때문이다. 여기서 다시 이슈가 되고 있는 문제는 정신 과정 자체에 결정적 가치를 부여하는 추상적인 관점과, 의식적으로나 무의식적으로 감각 대상들의 영향을 받는 개인적 사고와 감정 사이의 전형적인 대립이다. 후자의 경우에 정신 과정은 단지 인격을 강조하는 수단에 지나지 않는다. 내속의 원칙을 채택한 것이 바로 하층 계급의 철학이었다는 사실은 조금도 놀랍지 않다. 개인적인 감정을 강조해야 할 충분한 이유가 있는 곳마다, 사고와 감정은 긍정적인 창의력의 부족으로 인해 반드시 부정적인 방향으로 비판적으로 흐르게 되는데, 이때 창의적인 에너지는 전적으로 개인적인 목적들로 돌려진다. 그러면 개인적인 목적들은 단순히 분석적인 기관 같은 것이 되어 모든 것을 구체적이고 특별한 것으로 환원시킨다. 그 결과 나타나게 되는 특별한 것들의 무질서한 축적은 기껏 '모든 것을 아우르는 단일성'이라는 모호한 어떤 감정에 종속된다. 그러나 정신 과정에 중점을 두게될 때, 정신 활동의 산물은 무질서한 다수의 위에 존재하는 어떤 관념으로 칭송을 듣는다. 관념은 최대한 객관화되는 반면에, 개인적인 감정은 거의 전적으로 정신 과정 속으로 녹아든다.

여기서 더 깊이 들어가기 전에, 우리는 이런 질문을 던져야 한다. 플라톤의 관념론의 바탕에 깔린 심리를 근거로 플라톤이 개인적으로 내향적 유형에 속한다고 말해도 과연 괜찮은가? 그리고 견유학파와 메가라학파의 심리를 근거로 안티스테네스와 디오게네스, 스틸폰을 외향적 유형으로 꼽는 것이 과연 정당한가? 이런 식으로 물으면, 대답은 절대로 불가능하다. 플라톤이 직접 쓴 것으로 여겨지는 글들을 아주 세심하게 조사한다면, 아마 그가 어떤 유형인지 결론을 내리는 것이 가능할 것이다. 그러나 나의 입장에서는 그의 성격 유형에 대해 최종적 판단을 내리지 않을 것이다. 만약에 누군가가 플라톤이 외향적 유형에 속한다는 증거를 제시한다 하더라도, 그 같은 사실이 나를 놀라게 만들지 못할 것이다. 그 외의 다른 사람들에 관해서 내려오는 것들은 너무나 단편적이기 때문에 나의 생각엔 확고한 결정이 불가능할 것 같다.

지금 우리가 논하고 있는 2가지 유형의 사고가 가치를 강조하는 초점을 어디에 두느냐에 좌우되기 때문에, 내향적인 사람의 경우에 개인적 감정이 다양한 이유로 전면으로 나서면서 사고를 종속시킬 수 있고, 그러면 그의 사고는 부정적으로 비판적이게 된다. 외향적인 유형의 경우에는 대상과 자신의 관계에 초점을 맞추게 되지만, 그렇다고 해서 대상과 자신의 개인적 관계가 반드시 중요하게 되는 것은 아니다. 대상과의 관계가 전면으로 부상할 때, 정신 과정은 이미 이차적인 위치에 선다. 그러나 만약에 그 정신 과정이 대상의 본질에만 관심을 기울이면서 거기에 개인적인 감정을 섞지 않으려 노력한다면, 그때는 이런 정신 과정도 파괴적인 성격을 띠지 않는다. 그러므로 우리는 내속의 원리와 술어화의 원리 사이의 구체적인 갈등을 하나의 특별한 예로 다뤄야 한다. 이런 특별한 예는 앞으로 우리의 조사가 깊어질수록 더 철저하게 다뤄질 것이다.

이 예의 특별한 본질은 개인적 감정이 하는 긍정적인 부분과 부정적인 부분에 있다. 유형(유개념)은 개별적인 것을 하나의 그림자로 환원할 때에 집단적인 어떤 관념의 실체성을 획득했다. 그러나 개별적인 것의 가치가 유형(유개념)을 폐지할 때, 거기엔 무질서한 분열이 일어난다. 두 가지 입장은 극단적이고 또 부당하지만 서로 대조적인 그림을 보여준다. 그런데 이 그림의 윤곽은 그 과장된 표현으로 인해 마치 돋을새김 장식을 한 것처럼 더욱 도드라져 보인다. 그러나 돋을새김 장식 같은 것은 보다 약하고 보다 은밀한 형태로 내향적 유형과 외향적 유형의 본질에 똑같이 있다. 심지어 개인적인 감정이 전면으로 나오지 않은 개인들의 내면에도 그런

68

것이 있다.

예를 들어 보자. 정신 기능이 주인이냐 하인이냐에 따라 큰 차이가 난다. 주인은 하인과 다르게 생각하고 다르게 느낀다. 일반적인 가치를 위해서 개인적 가치를 아무리 멀리 팽개친다 하더라도, 정신에서 개인적인 혼합물을 완전히 지우는 것은 절대로 불가능하다. 그리고 개인적인 혼합물이 존재하는 한, 사고와 감정은 불리한 사회적 조건 앞에서 그 사람의 자기주장에서 비롯된 파괴적인 성향을 띠게 될 것이다. 그러나 만약에 우리가 개인적 성향을 위해서 전통적이고 보편적인 가치들을 각자 내면의 깊은 곳의 암류(暗流) 속으로 눌러버린다면, 그건 틀림없이 아주 심각한 실수가 될 것이다. 그것은 거짓 심리가 될 것이지만 그럼에도 불구하고 그것은 여전히 존재한다.

b. 스콜라 철학의 보편 문제

두 가지 형식의 판단이라는 문제는 중간을 배척한 탓에 해결되지 않은 상태로 그대로 남았다. 포르피리오스는 그 문제를 이런 식으로 중세로 넘겼다. "보편 개념과 유(類)개념에 관해 말하자면, 진정한 문제는 그것들이 실질적인지 아니면 단순히 지적인지, 물질적인지 아니면 비(非)물질적인지, 감각 가능한 사물과 분리되어 있는지 아니면 그 사물 안이나 주변에 있는지를 구분하는 것이다."

스콜라 철학자들은 그 문제를 이런 형식으로 떠안았다. 그들은 플라톤의 관점, 즉 '보편이 사물보다 앞선다'는 관점에서 시작했다. 말하자면 보편적 관념이 양식(樣式)이나 원형으로서 모든 개별적 사물들보다 앞서며 천국 같은 곳에 존재한다는 인식에서 출발했다는 뜻이다. 현명한 디오티마(Diotima)가 소크라테스와 미(美)에 관해 대화하면서 한 말에 그런 관점이 드러난다.

> 그에게 이 아름다움은 얼굴이나 손 혹은 육체의 다른 어떤 것의 아름다움처럼 보이지도 않을 것이고, 어떤 생각이나 학문의 아름다움처럼 보이지도 않을 것이고, 혹은 살아 있는 것이든 땅이든 하늘이든 아니면 그 외의 다른 무엇이든 그것 자체가 아닌 다른 곳에 있는 그런 아름다움처럼 보이지도 않을 것이다. 그는 이 아름다움을 절대적인 것으로, 그것 자체로만 존재하는 것으로, 유일하고 영원한 것으로, 다른 아름다운 모든 것들이 그 일부를 이루는 그런 것으로 볼 것이다. 그리고 그 모든 것들이 생겨났다가 사라진다 하더라도 이 아름다움은 더 커지지도 않고 더 작아지지도 않으며 어떠한 변화도 겪지 않을 것이다. 〈Symposium〉

앞에서 보았듯이, 유개념은 단순한 단어에 지나지 않는다는 비판적인 가정은 플라톤의 이데아와 정반대였다. 이 비판적인 가정의 경우에 현실적인 것이 앞이고, 이상적인 것이 뒤이다. 이 견해는 '보편은 개별 사물보다 뒤에 있다'는 뜻으로 풀이된다. 두 가지 인식 사이에 아리스토텔레스(Aristotle)의 중도적이고 현실적인 관점이 자리 잡고 있다. '사물 안에 보편이 있다'는, 형상과 질료가 공존한다는 입장이다. 아리스토텔레스의 관점은 그의 천성과 충분히 조화를 이루는 것으로, 중도적인 입장에서 구체주의를 시도하려는 노력이었다. 초월주의를 보인 자신의 스승 플라톤과 반대로, 아리스토텔레스는 철저히 현실적인 사람이었다. 아니, 고전적 의미에서 현실적인 사람이라고 해야 맞겠다. 이때의 현실에는 훗날 추상화되어 정신의 목록에 포함된 많은 것들이 아직 구체적인 형상으로 남아 있었기 때문에 하는 말이다. 아리스토텔레스의 해결책은 그 시대 상식의 구체주의를 반영했다.

이 3가지 형식은 중세에 스콜라 철학의 핵심이었던 보편을 둘러싸고 뜨겁게 전개된 논쟁에서 제시된 중세적인 의견들의 구조를 그대로 보여주고 있다. 이 논쟁의 세부 사항을 깊이 파고드는 것은 나의 임무가 아니다. 나는 전반적인 경향에 대해 암시하는 것으로 만족해야 한다. 논쟁은 11세기 말쯤 프랑스 철학자 요하네스 로스켈리누스(Johannes Roscellinus)의 견해로 촉발되었다.

로스켈리누스에게 보편은 사물들의 이름에 지나지 않았다. 그에게는 오직 개별 사물들만 있을 뿐이었다. 미국 역사학자 테일러(Henry Osborn Taylor)가 적절히 관찰하듯이, 로스켈리누스는 "개별 사물들의 실체에 강하게 끌렸다". 그런 그에게는 신에 대해서도 오직 개별적인 존재로 생각하는 것이 너무나 당연한 결론이었다. 그 같은 인식이 삼위일체를 3개의 개별적 존재로 해체하는 결과를 낳게 될지라도 말이다. 그러다 보니 로스켈리누스는 삼위이체론(三位異體論)을 주장하기에 이르렀다. 이는 당시의 지배적인 사상이었던 실재론(實在論)과 부합하지 않았다. 그래서 그의 견해는 1092년에 수아송 종교회의에서 비판을 받기에 이르렀다.

이때 로스켈리누스에 반대하는 의견을 주도한 인물이 바로 프랑스의 주교이자 철학자이며 극단적인 실재론자로 아벨라르(Pierre Abélard)의 스승이었던 기욤(Guillaume de Champeaux)이었다. 아벨라르에 따르면, 기욤은 똑같은 사물이 그 자체로 하나의 전체로도 존재하고, 동시에 별도의 개별적인 사물로도 존재할 수 있다고 가르쳤다. 개별적인 사물들 사이에는 근본적인 차이는 전혀 없고 단지 다수의 "비본질적인 것들"의 차이만 있을 뿐이라는 입장이었다. 기욤의 사상에 따르면, 사물들 사이의 실질적 차이는 우연적인 것으로 설명되었다. 성변화 교리에서 빵과 포도주가 "비본질적인 것"에 지나지 않는 것처럼 말이다.

실재론자의 편에 선 사람 중에 스콜라 철학의 아버지인 캔터베리의 안셀무스(Anselm of Canterbury)가 있었다. 진정한 플라톤주의자였던 그에게 보편은 하느님의 말씀 안에 있었다. 안셀무스가 제시한, 심리학적으로 중요한 하느님의 증거는 그런 맥락에서 이해되어야 한다. 안셀무스의 증거는 존재론적 증거로 알려져 있다. 이 증거는 신이라는 관념을 바탕으로 신의 존재를 보여주고 있다. 피히테(Immanuel Hermann Fichtefichte)는 그것을 다음과 같이 예리하게 정리하고 있다. "우리의 의식 안에 어떤 절대적인 것에 관한 생각이 존재한다는 것은 곧 이 절대적인 것이 진짜로 존재한다는 것을 증명한다." 안셀무스는 우리의 이해력 안에 어떤 궁극적 존재라는 개념이 있다는 것 자체가 그런 것의 존재를 보여주는 한 특징이라는 주장을 폈다. 안셀무스의 설명을 조금 더 들어보자. "그렇다면 더 이상 클 수 없는 어떤 존재가 정말로 있다. 그 존재가 너무나 분명한 사실이기 때문에 그런 것이 세상에 없다는 생각 자체가 불가능하다. 오, 주여, 그대가 바로 그런 존재이옵나이다."

　존재론적 주장이 논리적으로 허약하다는 점이 너무나 분명하기 때문에, 안셀무스 같은 사람의 정신이 어떻게 그런 주장까지 펼 수 있었는지를 보여주기 위해서는 심리학적 설명이 필요하다. 직접적인 이유는 사회 전반에 퍼진 실재론의 심리적 성향에서, 말하자면 관념에 가치를 두는 부류만 있었던 것이 아니라 시대의 흐름을 좇아 관념을 중요하게 여긴 집단들도 있었다는 사실에서 찾아질 수 있다. 이 집단의 사람들에게 관념은 개별 사물들의 실체보다 더 큰 실체 또는 삶의 가치를 의미했다. 따라서 그들에게는 자신들이 가장 소중하고 가장 의미 있는 것으로 여기는 것이 실제로 존재하지 않는다고 가정하는 것이 그냥 불가능해 보였다. 정말이지, 그들은 관념의 효과를 입증할 가장 분명한 증거를 손에 쥐고 있었다. 왜냐하면 그들의 전체 삶이, 말하자면 그들의 사고와 감정이 전적으로 이 관점에 따라 움직이고 있었기 때문이다. 관념이 눈에 보이지 않는다는 사실 따위는 현실로 나타나는 관념의 탁월한 효과에 비하면 아무런 문제가 되지 않았다. 그들은 현실에 대해 어떤 이상적인 개념을 갖고 있었지 감각적인 개념을 품고 있지는 않았다.

　동시대인으로서 안셀무스에 반대했던 가우닐로(Gaunilo)는 '축복받은 자들의 섬'(Islands of the Blessed: 호메로스(Homer)의『오디세이아』8편에 나오는 파이아키아인들의 땅에 근거함)이라는 관념을 자주 떠올린다는 사실이 반드시 그 섬의 존재를 입증하는 것은 아니라고 반박했다. 이 같은 반대는 충분히 합당하다. 이와 비숫한 반대가 몇 세기 동안 제기되었다. 그래도 존재론적 주장이 다시 제기되지 못하도록 막지는 못했다. 존재론적 주장은 19세기까지도 헤겔(Georg Wilhelm Friedrich Hegel)과 피히테, 로체(Rudolf Hermann Lotze)의 지지를 받았다. 그런 모순적인 진술에 대해, 사상가들의 논리에 결함이 있기 때문이라거나 이쪽 또는 저쪽의 보다 큰 망상 때문이라는 식으로 설명하지 못한다. 그 같은 설명도 터무니없다. 그것은 내면 깊숙이 자리 잡고 있는 심리적 차이의 문제이다. 이 점을 분명히 인식해야 한다.

단 하나의 심리만 존재한다거나 단 하나의 근본적인 심리적 원리만 있을 뿐이라는 식의 단정은 무자비한 횡포임과 동시에 보통 사람의 사이비 과학적 편향이다. 사람들은 언제나 인간의 심리에 대해 하나의 심리밖에 없는 것처럼 말한다. 마찬가지로, 사람들은 "현실"에 대해서도 언제나 단 하나의 현실밖에 없는 것처럼 말한다. 절대로 그렇지 않다. 현실은 단순히 한 인간의 영혼 안에서 작동하고 있는 그것이지, 어떤 사람에 의해서 그 영혼에서 벌어지고 있는 것으로 여겨지는 것이 아니다. 그런데도 그런 현실을 놓고 편향적인 일반화가 곧잘 이뤄진다. 설령 일반화가 과학적인 정신에 의해 이뤄진다 할지라도, 과학도 결코 삶의 총체가 아니며 실제로 보면 많은 심리적 태도 중 하나에 지나지 않는다는 점을 잊어서는 안 된다. 과학이란 것도 인간 사고의 많은 형태들 중 하나에 지나지 않는 것이다.

존재론적 주장은 주장도 아니고 증거도 아니다. 단지 명백한 어떤 관념을 효능과 현실성을 지닌 것으로 받아들이는 부류가 있다는 사실을 심리학적으로 보여주는 것에 불과하다. 이 부류에겐 이 관념의 현실성은 지각의 세계와 맞먹는다. 감각론자는 자신의 현실의 부정할 수 없는 확실성에 대해 자랑하고, 관념론자는 자신의 현실을 고집한다. 심리학은 이 두 가지(아니면 그 이상) 유형의 존재를 인정해야 하고, 어떠한 상황에서도 어느 한 유형을 다른 유형에 대한 오해로 생각하는 잘못을 저질러서는 안 된다. 마치 "다른" 모든 유형이 어느 한 유형의 기능에 지나지 않는 것처럼, 심리학이 한 유형을 다른 유형으로 바꿔놓으려 해서는 절대로 안 된다. 그렇다고 '오컴의 면도날', 즉 '설명의 원칙을 필요 이상으로 늘려서는 안 된다'는 과학적 경구를 폐기해야 한다는 뜻은 아니다.

심리학적 설명의 원칙들이 다양해질 필요성은 지금도 여전하다. 이를 뒷받침하기 위해 이미 인용한 주장과 별도로, 우리는 놀랄 만한 어떤 사실 앞에서, 말하자면 칸트(Immanuel Kant)가 존재론적 논증을 최종적으로 뒤엎었음에도 불구하고 칸트 이후의 철학자들 중에도 존재론적 논증을 다시 시도하는 사람이 많다는 사실 앞에서 경각심을 느껴야 한다. 현대를 사는 우리도 상반된 짝들, 이를테면 관념주의와 현실주의, 정신주의와 물질주의를 이해하는 수준까지 도달하려면 아직 한참 멀었으며 어쩌면 예전보다 더 멀어지고 있는지도 모른다. 그리고 이 사상들이 야기하는 문제들에 대한 우리 현대인의 이해는 적어도 공통된 삶의 철학을 가졌던 중세 초기의 사람들보다 더 떨어질 수도 있다.

현대의 지성이 존재론적 논증에 호의적으로 다가서도록 만들 논리적 주장은 절대로 없다. 존재론적 논증 자체는 논리와 아무런 관계가 없다. 결과적으로 안셀무스가 역사에 남긴 그런 형태의 존재론적 논증은 하나의 심리적 사실을 지적으로 설명한 것에 지나지 않으며, 따라서 그런 논증이 제기되면 당연히 의심과 궤변을 불러일으키게 되어 있다. 그러나 존재론적 주장이 존재하고 있다는 사실을 통해서 그 공격 불가능한 유효성을 드러내고 있는 것도 바로 이 대목이고, 존재론적 주장이 보편적으로 일어나고 있다는 점이 '일반적 합의'(consensus gentium)에 의해 확인되는 것도 바로 이 대목이다.

여기서 직시해야 할 것은 사실이지, 사실을 입증하는 궤변이 아니다. 존재론적 논증의 잘못은 실제로 보면 그것이 논리적 증명을 훨씬 벗어나는 문제인데도 논리적으로만 주장하려고 노력한다는 점에 있다. 진실을 말하자면, 존재론적 논증은 하나의 심리적 사실이라는 점이다. 그 때문에 그 심리적 사실의 존재와 타당성을 믿는 사람에게는 그 사실이 너무나 분명하게 느껴진다. 그것을 입증하는 데는 어떤 논증도 필요하지 않다. '일반적 합의'는 "신은 존재한다. 바로 신이 생각이기 때문이다."라고 한 안셀무스의 진술이 옳았다는 점을 입증한다. 그것은 하나의 명백한 진리이지만 동어반복에 지나지 않는다. 안셀무스가 신에 대한 자신의 생각을 하나의 구체적인 실체로 확고히 정착시키길 원했던 한, 그것에 관한 "논리적" 논증은 꽤 불필요하고 엉터리이다. 안셀무스는 "그러므로 이해력과 현실 안에 더 이상 클 수 없는 무엇인가가 틀림없이 존재한다."고 말한다.

스콜라 철학자들에게 현실이라는 개념은 생각과 같은 차원에서 존재하는 그 무엇이다. 따라서 중세 초기의 철학에 막강한 영향을 미친 아레오파기타의 디오니시우스(Dionysius the Areopagite)는 범주를 합리적인 존재와 지성적인 존재, 감각적인 존재, 단순한 존재 등으로 분류한다. 토마스 아퀴나스(Thomas Aquinas)에게 사물은 영혼 밖에 있는 것뿐만 아니라 영혼 안에 있는 것까지 포함한다. 이처럼 영혼 밖의 것과 영혼 안의 것을 나란히 놓으며 동일한 것으로 여긴 놀라운 사상 덕분에, 우리는 그 시대의 의식에서 사고의 원시적인 "물성"(物性)(사물="현실")을 식별해낼 수 있다. 그것은 존재론적 증거의 심리학을 이해 가능하게 하는 어떤 정신 상태이다. 관념의 실체화는 절대로 근본적인 단계가 아니었지만, 그것은 사고의 원시적 감각성의 한 영향으로서 은연중에 함축되어 있었다. 이에 대한 가우닐로의 논박은 심리학적으로 만족스럽지 못했다. 왜냐하면 '일반적 합의'가 입증하듯이, 비록 '축복받은 자들의 섬'이라는 관념이 자주 떠오른다 할지라도, 그 관념이 똑같이 자주 떠오르면서도 훨씬 더 높은 현실감과 가치를 지니는 신이라는 관념보다는 분명히 덜 효과적이기 때문이다.

그 후에 존재론적 주장을 택한 저자들은 모두 적어도 원칙적으로는 안셀무스의 오류를 되풀이했다. 존재론적 주장을 둘러싼 논란과 관련해서는 칸트의 추론이 최종적이어야 한다. 그러므로 여기서 칸트의 추론을 간단히 들여다볼 것이다. 칸트는 『순수이성비판』에서 이렇게 말한다.

절대적으로 필요한 어떤 '존재'라는 개념은 순수 이성의 개념,

즉 그 객관적 실체가 이성이 필요로 한다는 사실에 의해 증명되는 것과 거리가 먼 단순한 관념이다. …… 그러나 판단의 무조건적 필요성은 사물들의 절대적 필요성과 같지 않다. 판단의 절대적 필요성은 단지 그 사물의 조건적인 필요성이거나 판단에서 술어의 조건적 필요성일 뿐이다.

이 글 바로 앞에서, 칸트는 반드시 필요한 판단의 한 예로 삼각형은 3개의 각을 가져야 한다는 것을 제시하고 있다. 그는 다음과 같이 글을 이어가면서 이 명제에 대해 언급한다.

위의 명제는 3개의 각이 절대적으로 필요하다고 선언하는 것이 아니라, 삼각형이 있는 조건에서는(즉 삼각형이 주어질 때) 3개의 각이 반드시 발견된다고 선언하고 있다. 정말로, 이 같은 논리적 필연이 발휘하는 착각의 힘은 대단히 막강하다. 그래서 우리는 단순히 어떤 사물의 선험적 개념을 그 개념의 의미 안에 그 사물의 존재까지 포함시키는 쪽으로 형성시키는 간단한 방법을 통해서, 다음과 같은 결론을 내리면서 스스로 정당하다고 생각한다. 그 결론이란, 이 개념의 대상에 존재가 필히 포함되기 때문에 우리는 동일률(사고 원리의 하나로, 'A=A이다'는 형식으로 표현되며, 모든 대상은 그 자체와 같다는 뜻이다/옮긴이)에 따라서 그 대상의 존재도 상정해야 하고, 따라서 이 존재는 그 자체로 절대적으로 필요하다는 것이다.

여기에 언급된 "착각의 힘"은 삼각형이라는 개념 안에 신비하게 깃들어 있는, 그 단어의 원시적이고 마법적인 힘에 지나지 않는다. 인간이 단어, 즉 입에서 나오는 바람 소리에 불과한 것이 언제나 어떤 실체를 의미하거나 어떤 실체를 존재하게 하는 것은 아니라는 진리를 깨닫기까지, 오랜 기간의 발달 과정이 필요했다. 일부 사람들이 이 진리를 깨달았다고 해서, 그것이 모든 사람의 마음에 들어 있던 미신을 뿌리 뽑는 것으로는 결코 이어지지 않았다. 이 "직관적인" 미신 안에 근절되기를 거부하는 무엇인가가 들어 있음에 틀림없다. 이 미신이 지금까지 제대로 평가받지 못한 어떤 종류의 정당성을 갖고 있기 때문이다. 이와 마찬가지로, 거짓 결론이 칸트가 지금 명쾌하게 밝히려 드는 착각을 통해서 존재론적 논증에 슬며시 끼어들 수도 있다. 칸트는 "절대적으로 필요한 주체들"에 대한 단언으로 시작한다. "절대적으로 필요한 주체들"이라는 생각은 존재라는 개념 안에 원래부터 있는 것이며, 따라서 "절대적으로 필요한 주체들"을 폐기할 때에는 반드시 내적 모순이 일어나게 되어 있다. 이 개념이 "최고로 진정한 존재"라는 개념일 것이다. 칸트의 글을 보도록 하자.

> 그것은 모든 실체를 갖고 있는 것으로 여겨지고 있고, 우리가 그런 존재가 가능하다고 생각하는 것도 타당한 것으로 선언되고 있다. …… 이제 "모든 실체"를 포함하고 있는 것은 존재도 내포하고 있음에 틀림없으며, 따라서 존재는 가능한 어떤 사물의 개념 안에 포함된다. 그렇다면 만약에 이 사물이 부정 당한다면, 이

사물에 내재하는 가능성도 부정 당하는데, 이것은 자기모순이다. ······ 그런 경우엔 우리의 안에 있는 생각이 사물 자체이거나 아니면 우리가 어떤 존재를 가능성의 영역에 속하는 것으로 전제하고 그 존재를 내면의 가능성으로부터 추론해야 하는데, 이것은 형편없는 동어 반복에 지나지 않는다. ······

'존재'는 분명히 진정한 속성이 아니다. 즉 그것은 어떤 사물의 개념에 더해질 수 있는 그 무엇의 개념이 아니다. 그것은 단지 어떤 사물 또는 그 사물의 결정 요소들의 일부를 가정하는 것에 지나지 않는다. 논리적 쓰임새에서 본다면, 존재는 단순히 어떤 판단의 연결사에 불과하다. "신은 전능하다"(God is omnipotent)는 명제는 두 가지 개념을 포함하고 있으며, 각 개념은 대상을, 즉 신과 전능을 갖고 있다. 이때 짧은 단어 'is'는 새로운 속성을 전혀 더하지 않으며, 오직 속성이 주체와의 관계 속에서 자리매김을 하도록 도울 뿐이다. 지금 만약에 우리가 모든 속성들(그 중에는 전능도 포함된다)을 갖춘 주어(God)를 취하며 '신이 있다'는 뜻으로 "God is"라고 하거나 "There is a God"이라고 한다면, 우리는 신의 개념에 새로운 속성을 전혀 더하지 않고 그 자체로 모든 속성을 두루 갖춘 주체를 나의 '개념'과의 관계 속에서 어떤 대상이 되는 것으로 가정한다. 이때 주어와 대상의 내용물은 동일함에 틀림없다. 따라서 내가 그 대상을 절대적으로 주어진 것으로 생각한다 하더라도 나의 개념에는 아무것도 더해지지 않으며, 그 개념은 단지 가능성만을 표현할 뿐이다. 달리 표현하면, 진정한 것은 단순히 가능한 것 그 이상의 것을 절대로 포함하지 못한다.

현실 속의 100달러는 가능한 100달러보다 1센트도 더 포함하지 못한다. ⋯ 그러나 실제의 100달러가 나의 경제 사정에 미치는 영향은 100달러라는 단순한 개념(즉 100달러의 가능성)이 나의 경제 사정에 미치는 것과는 사뭇 다르다. ……

그러므로 어떤 대상에 대한 우리의 개념이 무엇을 포함하고 있든 또 얼마나 많은 것을 포함하고 있든, 만약에 우리가 그 대상에 존재를 부여하길 원한다면, 우리는 반드시 그 대상의 밖으로 나와야 한다. 감각의 대상들인 경우에는 대상들이 경험 법칙에 따라서 우리의 지각 중 하나와 연결될 때, 우리가 대상의 밖에 서게 된다. 그러나 순수한 사고의 대상들을 다룬다면, 우리에겐 그 대상의 존재를 알 수 있는 수단이 전혀 없다. 왜냐하면 그 존재가 철저히 선험적으로 알려져야 하기 때문이다. (즉시적인 인식을 통해서든 아니면 무엇인가를 인식과 연결시키는 추론을 통해서든) 모든 존재에 대한 우리의 의식은 전적으로 경험에 속한다. 그렇기 때문에 이 경험의 영역 밖에 있는 어떤 존재는 절대로 불가능하다고 할 수는 없을지라도 우리로서는 절대로 정당화할 수 없는 그런 가정의 성격을 띠게 된다. 〈Critique of Practical Reason〉

내가 볼 때, 칸트의 근본적인 설명을 세세하게 떠올리게 하는 이 대목을 읽어둘 필요가 있을 것 같다. 왜냐하면 우리가 '사고 속에만 있는 것'과 '실제로 존재하는 것'의 차이를 명확히 구분할 수 있는 곳이 바로 이 대목이기 때문이다. 헤겔은 사람들이 신의 개념과 상상 속의 100달러를 서로 비교하지 못한다면서 칸트를 비판한다. 그러나 칸트가 적절히 지적했듯이, 논리가 모든 내용물을 벗겨내고 있다. 왜냐하면 내용물이 지배한다면 그것은 더 이상 논리적이지 않을 것이기 때문이다. 논리의 관점에서 본다면, 언제나처럼, 논리적인 이것과 저것 사이에 제3의 중간치는 절대로 있을 수 없다. 그러나 지성과 사물 사이에 여전히 '영혼'이 있고, 이 '영혼 속의 존재'가 존재론적인 모든 논증을 불필요하게 만들어버린다. 칸트 본인은 『실천이성비판』에서 철학의 언어로 '영혼 속의 존재'를 광범위하게 분석하려고 시도했다. 거기서 그는 신을 실천이성의 한 선결 조건으로 소개하는데, 이 실천이성은 "필히 최고의 선을 추구하게 되어 있는 도덕률과 이 도덕률의 객관적 실체를 존중하는 마음"에서 비롯된다.

그렇다면 '영혼 속의 존재'는 하나의 심리적 사실이며, 확인이 요구되는 유일한 것은 그것이 인간의 심리 안에서 딱 한 번 일어나는가, 종종 일어나는가, 보편적으로 일어나는가 하는 것뿐이다. "신"이라 불리고 또 "최고의 선"으로 공식화된 그 기준은 단어 자체가 보여주듯이 최고의 정신적 가치를 의미한다. 달리 표현하면, 그것은 우리가 생각과 행동을 결정할 때 가장 높고 가장 넓은 의미를 부여하는 어떤 개념이다. 분석 심리학의 언어를 빌리면, 신이라는 개념은 앞에 제시한 정의에 따라 리비도, 즉 정신 에너지를 최대한 집중하는 그 특별한 관념 콤플렉스와 일치한다.

따라서 심리학적으로 보면 신의 개념은 사람에 따라 다 다르다. 우리의 경험이 이 같은 사실을 입증하고 있다. 관념에서도 신이란 것은 단 하나의 일관된 존재가 아닌데, 현실 속의 신은 관념 속의 신보다 일관성이 훨씬 더 떨어지게 마련이다. 왜냐하면 우리 모두가 잘 알고 있듯이 인간의 영혼 안에서 작동하는 최고의 가치가 서로 다른 곳에 자리 잡고 있기 때문이다. "자신의 신이 배(腹)"인 사람('빌립보서' 3장 19절)도 있고, 돈이나 과학, 권력, 섹스 등이 신인 사람도 있다.

개인의 전체 심리는 적어도 근본적인 측면에서만은 그 사람이 최고선을 어디에 두느냐에 따라 달라진다. 그렇기 때문에 권력이나 섹스 같은 근본적인 본능에 전적으로 의존하는 심리학 이론은 다른 성향을 가진 사람에게 적용될 때에는 이차적인 특성을 설명하는 데서 그친다.

c. 아벨라르의 중재 노력

스콜라 학자들이 보편을 둘러싼 논쟁을 어떤 식으로 해결하려 했는지, 그리고 '중간을 배제한다'는 원칙 때문에 생겨난 유형의 갈등 속에서 균형을 어떤 식으로 이루려 했는지를 살펴보는 것도 의미 있는 일일 것이다. 아벨라르의 작업이 곧 그런 노력이었다. 수녀 엘로이즈(Héloise)를 향한 사랑을 뜨겁게 불태우다가 그 열정에 대한 대가로 거세까지 당한 그 불행한 인물 말이다. 아벨라르의 삶을 아는 사람은 누구나 그의 영혼이 서로 대립하는 원칙들을 뜨겁게 끌어안았다는 사실을 잘 알고 있을 것이다. 오죽 했으면 그 원칙들을 철학적으로 화해시키는 것을 필생의 과제로 여겼을까.

드 레뮈자(De Rémusat)는 자신의 책에서 아벨라르에 대해, 기존의 모든 보편론을 비판하고 부정하면서도 그 이론들 중에서 진리인 것은 자유로이 받아들인 절충주의자라고 규정하고 있다. 아벨라르의 글들은 보편 논쟁에 관한 한 어렵고 또 혼란스럽다. 왜냐하면 아벨라르가 그 논쟁의 모든 주장과 관점을 놓고 허실을 끊임없이 파고들었기 때문이다. 그가 심지어 자신의 제자들에게도 제대로 이해 받지 못한 것은 그가 일반적으로 받아들여진 관점들 중 어느 것도 옳다고 생각하지 않아서가 아니라 언제나 대립하는 관점들을 이해하고 조정하려고 노력했기 때문이다. 그를 어떤 사람들은 유명론자로 이해하고, 또 어떤 사람들은 실재론자로 이해했다. 이 같은 오해가 많은 이야기를 들려준다.

한 가지 명백한 유형의 차원에서 생각하는 것이 언제나 훨씬 더 쉽기 마련이다. 왜냐하면 두 가지 유형 안에서 논리와 일관성을 지키는 것보다 한 가지 유형 안에서 논리와 일관성을 지키기가 당연히 더 쉽기 때문이다. 유명론뿐만 아니라 실재론도 그것만 줄기차게 추구한다면 명징성과 일관성을 확보할 수 있다. 그러나 대립하는 두 가지 입장을 제대로 평가하고 균형을 맞추는 일은 혼동을 낳기 십상이다. 적어도 유형에 관한 한, 그 같은 접근은 불만스런 결과를 낳게 되어 있다. 그 해결책이 이쪽 입장도 만족시키지 못하고 저쪽 입장도 만족시키지 못하기 때문이다. 드 레뮈자는 아벨라르의 글 중에서 그 주제와 관련하여 모순을 보이는 대목을 모으면서 이렇게 외치고 있다. "어떻게 한 사람의 머리 안에 일관성 없는 가르침들이 이렇게 많이 들어 있을 수 있을까? 아벨라르의 철학은 카오스인가?"

유명론으로부터, 아벨라르는 보편이 언어로 표현한 지적 관습이라는 의미에서 보편은 단어에 지나지 않는다는 진리를, 또 현실 속의 어떤 사물은 절대로 보편적이지 않고 언제나 하나의 개별적 사실이라는 진리를 취했다. 그리고 실재론으로부터 그는 유(類)개념과 종(種)개념은 개별적 사실들과 사물들이 의문의 여지 없는 유사점에 의해 서로 결합된 것이라는 진리를 취했다. 아벨라르에게 중도적인 입장은 개념론이었다.

개념론은 지각된 개별적 대상들을 평가하고, 그 대상들을 유사점을 근거로 유와 종으로 분류하고, 그리하여 그 대상들의 절대적인 다수를 하나의 상대적인 단일체로 압축하는 기능으로 이해된다. 개별 사물들의 다수성과 다양성이 아무리 명백할지라도, 그 사물들이 하나의 개념으로 결합하도록 만드는 유사성이 존재한다는 것 또한 똑같이 명백하다.

심리적으로 주로 사물들의 유사점을 지각하게 되어 있는 사람에겐, 말하자면 포괄적인 개념이 처음부터 주어지는 셈이다. 포괄적인 개념이 어떤 감각 지각의 부정할 수 없는 실체성과 함께 강하게 모습을 드러내며 나선다. 그러나 심리적으로 주로 사물들의 다른 점을 잘 지각하게 되어 있는 사람에겐, 사물들의 유사점은 명백히 와닿지 않는다. 그 사람이 보는 것은 사물들의 차이점이다. 이때 차이점은, 유사점이 다른 부류의 사람들에게 느껴진 것만큼의 실체성을 띠며 그 사람에게 강한 인상을 남기게 된다.

대상으로의 감정 이입은 마치 그 대상의 특색을 더욱 도드라지게 만드는 심리 과정인 것 같다. 반면에 대상을 놓고 추상하는 것은 그 사람으로 하여금 개별 사물들의 두드러진 특색에 눈을 감도록 만드는 심리 과정인 것 같다. 그 목적은 관념의 실제 바탕인 개별 사물들의 유사점을 보도록 하기 위해서다. 공감과 추상이 결합하여 개념론이라는 개념의 바탕에서 작용할 기능을 엮어낸다. 그러므로 개념론은 유명론과 실재론을 동시에 중도의 길로 끌어낼 수 있는 가능성을 지닌 심리적 기능에 그 바탕을 두고 있다.

비록 스콜라 철학자들이 영혼이라는 주제에 대해 과장되게 허풍 떠는 방법을 알았다 할지라도, 학문 중에서 역사가 가장 짧은 심리학은 그때 아직 존재하지 않았다. 만약에 당시에 어떤 심리학이 존재했더라면, 아벨라르는 틀림없이 '영혼 속의 존재'를 중재의 원칙으로 삼았을 것이다. 드 레뮈자도 다음과 같은 글에서 이 점에 주목하고 있다.

> 순수 논리학에서, 보편들은 단지 인습적인 언어의 어떤 용어들에 불과하다. 그에게 실험적이기보다 초월적이고 또 진정한 존재론으로 여겨지는 물리학에서, 유(類)와 종(種)은 존재들이 정말로 생성되고 형성되는 그 방법에 좌우된다. 최종적으로, 그의 순수 논리학과 그의 물리학 사이에 일종의 중도적인 학문이 있다. 그것을 우리는 심리학이라 부를 것이다. 그 학문 안에서 아벨라르는 우리의 개념들이 어떻게 존재하게 되는지를 조사하고 존재들의 지적 계보를 더듬는다. 〈Abélard〉

'사물 앞의 보편'이냐 '사물 뒤의 보편'이냐 하는 문제는 스콜라 철학의 옷을 벗어던지고 새로운 의상을 걸쳤음에도 불구하고 그 후에도 계속 논쟁적인 문제로 남았다. 그 문제는 기본적으로 옛날의 문제와 똑같았다. 시도된 해결책은 가끔은 실재론 쪽으로 나아갔고, 또 가끔은 유명론 쪽으로 나아갔다. 19세기 초기의 철학이 실재론에 호의적으로 작용한 뒤, 19세기의 과학주의가 다시 한 번 유명론에 유리하게 작용했다. 대립적인 두 사상은 이제 더 이상 아벨라르의 시대만큼 서로 멀리 떨어져 있지 않다. 우리에겐 중재적인 심리학이 있다. 심리학은 관념과 사물 어느 쪽에도 해를 입히지 않고 둘을 통합시킬 수 있다. 어느 누구도 심리학이 지금까지 이 임무를 성취했다고 주장하지 않을지라도, 그 능력은 심리학의 본질 안에 들어 있다. 누구나 드 레뮈자의 견해에 동의해야 한다.

> 그때 아벨라르가 승리를 거두었다. 왜냐하면 통찰력 있는 어떤 비평가가 유명론이나 아벨라르에게로 돌려지는 개념론에서 심각한 한계를 발견했음에도 불구하고, 아벨라르의 관점은 진정으로 처음 나타난 현대적 관점이기 때문이다. 아벨라르는 현대적 관점을 예고하고 또 예언하고 있다. 그는 그야말로 현대적 관점의 희망이다. 여명에 지평선을 물들이는 빛은 아직 사람들의 눈에 보이지 않고 있는 별의 빛이다. 이 별이 곧 세상에 빛을 비출 것이다. 〈Abélard〉

만약에 우리가 심리 유형의 존재를 무시하고 또 한쪽의 진실은 곧 다른 쪽의 실수라는 사실을 무시한다면, 그러면 아벨라르의 노력은 스콜라 철학자의 궤변 그 이상의 의미를 전혀 지니지 못할 것이다. 그러나 만약에 두 가지 유형의 존재를 인정한다면, 아벨라르의 노력은 우리에게 아주 중요한 의미를 지녀야 한다. 아벨라르는 '말'을 통해서 중재자의 입장을 취하려고 노력했다. 그는 단어에 대해 말하지 않았다. 왜냐하면 유명론의 관점에서 보면 단어는 소리, 즉 단순한 이름에 지나지 않았기 때문이다. 정말로, 단어와 사물의 동일성을 철저히 폐기한 것이야말로 고대 그리스 로마 시대와 중세의 유명론이 이룬 가장 위대한 심리학적 성취이다. 사물보다 사물로부터 끌어낸 관념에 더 강하게 끌리는 사람에게는 지나치다 싶을 만큼 철저한 폐기였다. 그래도 아벨라르는 안목이 아주 넓었기 때문에 이 점에서 유명론이 지니는 가치를 결코 간과하지 않았다. 그에게 있어서 단어는 정말로 하나의 소리에 지나지 않았지만, 말은 그가 이해하는 바와 같이 그 이상의 무엇이었다. 말에는 의미가 결합되어 있었다. 말은 공통적인 요소인 관념을 묘사했다. 보편은 말 안에서만 살았다. 따라서 아벨라르가 유명론자로 여겨지는 것도 충분히 이해가 된다. 그럼에도 그에게 보편은 소리보다 더 큰 실체였기 때문에 그를 유명론자로 여기는 것은 잘못이다.

아벨라르에게는 자신의 개념론에 대해 설명하는 것이 대단히 어려운 일이었을 것임에 틀림없다. 그가 서로 모순되는 것들로부터 개념론을 구성해냈기 때문이다. 내가 생각하건대, 옥스퍼드 대학의 어느 원고에 남은 짧은 글귀가 그의 가르침의 모순적인 본질을 깊이 들여다보게 한다.

그는 단어들이 사물과의 관계 속에서 의미하는 바를 가르쳤다.

그 단어들은 의미로 사물들을 나타낸다.

그는 유(類)개념과 종(種)개념에 관한 오류를 바로잡았다.

그리고 유개념과 종개념은 단어들의 문제일 뿐이라고 가르쳤다.

그리고 유개념과 종개념은 단어들의 의미라는 것을 분명히 밝혔다.

……

그리하여 그는 "살아 있는 사물"과 "살아 있지 않은 사물"이 각

각 하나의 유개념이라는 점을 입증했다.

또 "인간"과 "비(非)인간"은 둘 다 적절히 종개념으로 불렸다.

어느 한 관점에서 서로 상반되는 두 사상을 모순되지 않게 표현하는 방법은 있을 수 없다. 유명론과 실재론의 근본적인 차이가 순전히 논리적이거나 지적인 것이 아니고 심리적인 차이라는 점을 잊지 말아야 한다. 심리적인 차이는 종국적으로 보면 관념만 아니라 대상을 대하는 심리적 태도의 전형적 차이나 마찬가지이다. 관념에 경도된 사람은 관념의 관점에서 이해하고 반응한다. 그러나 대상에 경도된 사람은 감각의 관점에서 이해하고 반응한다. 대상쪽으로 경도된 사람에게 추상 관념은 이차적인 중요성을 지닐 뿐이다. 왜냐하면 사물들에 대해 생각되어지는 것이 그에게는 상대적으로 비본질적인 것으로 여겨지기 때문이다. 반면에 관념에 경도된 사람에겐 정반대다.

대상에 경도된 사람은 성격상 유명론자이다. "이름은 소리이고 연기(煙氣)인"(파우스트) 것이다. 그가 대상에 경도된 자신의 태도

를 보상하는 것을 배우지 않은 한 그렇다. 이렇게 된다면, 그 사람은 꼼꼼함과 조직성, 무미건조함에서 필적할 만한 사람이 없는, 사사건건 따지고 드는 논리학자가 될 것이다. 관념에 경도된 사람은 본래 논리적이다. 관념에 경도된 유형의 보상 작용이, 테르툴리아누스에게서 확인되는 것처럼, 그 사람을 격한 감정의 소유자로 만든다. 비록 그 감정이 여전히 자신의 관념 아래 눌려 있을지라도 말이다. 거꾸로, 보상 작용에 의해서 논리적이게 된 사람은 자신의 관념들과 함께 대상의 영향 아래 그대로 남는다.

이런 식으로 생각하다 보면 우리는 아벨라르의 사고의 그림자 측면을 보게 된다. 그가 시도한 해결책은 한쪽 방향으로 치우쳐 있었다. 만약에 유명론과 실재론의 갈등이 단순히 논리적 및 지적 논쟁의 문제였다면, 최종적으로 모순적인 결론 외에 다른 것이 전혀 가능하지 않은 이유가 제대로 이해되지 않았을 것이다. 그러나 그것이 기본적으로 심리적 갈등이었기 때문에, 논리적 및 지적으로 치우친 결론이 모순을 보이는 것은 지극히 당연한 일이다. "인간과 비(非)인간이 적절히 종으로 불린다."는 결론이 그런 예다. 논리적 및 지적 표현은 말의 형태로 나타날 때조차도 상반되는 심리적 태도의 진짜 본질에 부합하는 중재안을 결코 제시하지 못한다. 왜냐하면 그 표현이 추상적인 측면에서만 나오고 따라서 구체적인 현실감을 완전히 결여하고 있기 때문이다.

모든 논리적 및 지적 서술을 보면 아무리 완벽할지라도 객관적인 인상으로부터 그 생명력과 직접성을 박탈해 버린다. 논리적 및 지적 서술은 어떤 결론에 닿기 위해서 객관적인 인상의 생명력과 직접성을 포기하지 않을 수 없다. 그런데 그때 외향적인 사람에게 가장 중요해 보이는 것, 즉 대상과의 관계가 실종되어 버린다. 그러므로 이 태도 혹은 저 태도를 추구해서는 만족스런 결론을 발견할 가능성은 전혀 없다. 그럼에도, 사람의 정신이 분리될 수 있다 하더라도 사람은 그런 식으로 분리된 상태에서 살아가지 못한다. 왜냐하면 그 분열이 다소 적절하지 않은 철학의 문제가 아니라 매일 반복되는, 자기 자신의 관계, 그리고 세상과의 관계에 관한 문제이기 때문이다. 그리고 이것이 기본적으로 논쟁의 대상이 되고 있는 그 문제이기 때문에, 그 분열은 유명론자와 실재론자의 논쟁에 관한 논의를 통해서는 절대로 해결되지 않는다. 그 분열을 해결하기 위해서는 제3의 중재적 관점이 반드시 필요하다.

'지성 안의 존재'는 손으로 만져지는 현실성이 부족하고, '사물 안의 존재'는 정신이 부족하다. 그러나 관념과 사물은 인간의 정신에 함께 나타난다. 인간의 정신이 관념과 사물의 균형을 지켜준다. 만약에 정신이 관념에 생생한 가치를 부여하지 않는다면, 관념은 도대체 무엇이 되겠는가? 정신이 사물로부터 감각 지각의 결정적인 힘을 빼앗아 버린다면, 그 사물은 도대체 무엇이 되겠는가?

만약에 현실이 우리의 내면에 있는 현실, 즉 '영혼 속의 존재'가 아니라면, 현실은 도대체 무엇이겠는가? 살아 있는 현실은 사물들의 객관적이고 실제적인 행동의 산물도 아니고 공식화된 관념의 산물도 아니다. 그보다는 '영혼 속의 존재'를 통해서 생생한 심리 과정을 거치면서 사물과 관념이 결합된 결과가 곧 살아 있는 현실이다. 오직 정신의 생기 넘치는 활동을 통해서만 감각 인상도 그 강도(強度)를 얻고 관념도 효과적인 힘을 획득한다. 그런 감각 인상과 관념만이 살아 있는 현실의 구성 요소가 될 수 있다.

이 같은 정신의 자율적 활동은 감각 자극에 대한 조건반사적인 행동으로도 설명될 수 없고 영원한 관념의 집행 기관으로도 설명될 수 없지만, 어쨌든 정신의 활동은 생명이 걸린 모든 작용처럼 지속적으로 창조력을 발휘하는 행위이다. 정신은 매일 현실을 창조하고 있다. 내가 이 같은 정신의 활동에 대해 쓸 수 있는 유일한 표현은 '공상'이다. 공상은 사고 못지않게 감정이며, 감각 못지않게 직관이다. 공상을 통해 다른 정신 기능과 얽혀 있지 않은 정신 기능은 하나도 없다. 공상은 가끔 원시적인 형태로 나타난다. 또 우리의 모든 정신 기능이 결합하여 대담하게 엮어내는 공상도 간혹 있다. 그러므로 내가 볼 때 공상이 정신의 구체적인 활동을 가장 분명하게 나타내는 표현인 것 같다. 공상은 대답 가능한 모든 질문의 대답이 나오는 바로 그런 창조적 활동이다. 공상은 모든 가능성의 어머니이다. 공상 속에서 내부 세계와 외부 세계가 상반된 모든 심리적 짝들처럼 하나의 생생한 단위로 결합된다. 주체와 대상, 내향성과 외향성의 화해 불가능한 요소 사이에 다리를 놓은 것도 공상이었고 앞으로도 영원히 그럴 것이다. 공상에서만 두 개의 메커니즘이 하나로 통합된다.

아벨라르가 두 가지 관점의 심리적 차이를 파악할 수 있었을 만큼 깊이 파고들었더라면, 그도 논리적으로 중재적인 안을 마련하면서 틀림없이 공상의 도움을 받을 수 있었을 것이다. 그럼에도, 과학의 세계에서 공상은 감정만큼 금기시된다. 그러나 두 가지 관점의 반대를 심리적 반대로 인식하기만 하면, 심리학은 감정의 관점 뿐만 아니라 공상의 중재적인 관점도 인정할 수밖에 없게 된다. 그러나 여기서 큰 어려움이 제기된다. 공상이 대부분 무의식의 산물이라는 점이다. 공상이 의식의 요소들을 포함하는 것은 틀림없는 사실임에도 불구하고, 공상의 특별한 특징은 바로 주로 무의식적으로 일어나며 그 이상함 때문에 의식적인 내용과 정반대로 여겨진다는 점이다. 공상은 이런 특징을 꿈과 공유하고 있다. 물론 꿈이 훨씬 더 무의식적이고 훨씬 더 이상해 보이지만 말이다.

개인이 공상을 보는 관점은 대체로 그 사람이 의식을 어떻게 보느냐에 따라 크게 달라진다. 또 개인이 의식을 보는 관점은 구체적으로 그 시대의 정신에 크게 좌우된다. 합리주의가 사회를 지배하는 정도에 따라서, 개인이 무의식과 무의식의 산물을 다루는 데 호의적이거나 호의적이지 않게 된다. 기독교는 모든 폐쇄적인 종교 체계와 마찬가지로 개인의 무의식을 가능한 한 억누르는 경향을 보이며 개인의 공상적 활동을 마비시키고 있다. 종교는 그 대신에 개인에게 정형화된 상징적 개념들을 제시하고, 그러면 이 상징적 개념들이 개인의 무의식을 영원히 대체하게 된다. 모든 종교의 상징적인 개념들은 무의식적 과정들을 보편적으로 구속력을 지니는 형식으로 재창조한 것이다.

종교적 가르침은 말하자면 인간의 의식 그 너머에 있는 세상과 "궁극적인 것들"에 관한 종국적인 정보를 제공한다. 어떤 종교가 탄생하는 것을 지켜볼 때마다, 우리는 거기서 교리적인 상징들이 계시를 통해서, 다시 말해 창설자의 무의식적 공상의 구체화를 통해서 창설자 본인에게로 흘러가는 과정을 관찰할 수 있다. 창설자 본인의 무의식에서 샘솟듯 나오는 형상들은 보편적으로 유효한 것으로 선언되고, 따라서 다른 사람들의 개인적 공상들을 대체하게 된다.

복음 전도자 마태오는 예수 그리스도의 생애를 통해서 우리에게 이 과정의 일부를 보여주고 있다. 광야의 유혹에 관한 이야기를 통해서, 우리는 왕국이라는 개념이 예수 그리스도의 무의식에서 어떤 식으로 사탄의 환영으로 나왔는지를 볼 수 있다. 그때 사탄은 예수 그리스도에게 세상의 모든 왕국을 통치할 권력을 제안한다. 예수 그리스도가 그 공상을 오해하여 정말로 받아들였더라면, 세상에 광인이 한 사람 더 늘었을지도 모른다. 그러나 예수 그리스도는 자신의 공상의 구체성을 부정하며 천국의 왕국을 지배하게 될 한 사람의 왕으로 세상 속으로 들어갔다. 따라서 그는 편집증 같은 것을 전혀 보이지 않을 수 있게 되었다. 그 후의 결과가 증명하는 그대로이다. 예수 그리스도의 심리의 불건전성에 대해 정신병적 측면에서 간혹 나오는 견해들은 터무니없는 합리주의에서 나온 헛소리에 불과하다. 인류 역사에서 그 같은 과정이 지니는 의미를 전혀 이해하지 못한 가운데서 내놓는 견해인 것이다.

예수 그리스도가 자신의 무의식의 내용을 세상에 드러낸 형식이 모든 사람들에게 받아들여지고 또 유효한 것으로 선언되었다. 그 이후로 모든 개인적 공상은 불필요하고 무가치한 것으로 여겨지게 되었으며, 그노시스주의 운동과 그 후의 다른 이단들의 운명이 증명하듯이 이단으로 박해를 받았다. 선지자 예레미야는 바로 이런 맥락에서 다음과 같은 경고의 말을 하고 있다.

> 만군의 여호와께서 이와 같이 말씀하시되, 너희에게 예언하는
> 선지자들의 말을 듣지 말라. 그들은 너희에게 헛된 것을 가르치
> 나니. 그들이 말한 묵시는 자기 마음으로 말미암은 것이요, 여호
> 와의 입에서 나온 것이 아니니라.('예레미야서' 23장 16절)
> 내 이름으로 거짓을 예언하는 선지자들의 말에 내가 꿈을 꾸었
> 다, 꿈을 꾸었다고 말하는 것을 내가 들었노라.(25절)
> 거짓을 예언하는 선지자들이 언제까지 이 마음을 품겠느냐. 그
> 들은 그 마음의 간교한 것을 예언하느니라.(26절)
> 그들이 서로 꿈 꾼 것을 말하니, 그 생각인즉 그들의 조상들이 바
> 알로 말미암아 내 이름을 잊어버린 것 같이 내 백성으로 내 이름
> 을 잊게 하려 함이로다.(27절)
> 여호와의 말씀이니라. 꿈을 꾼 선지자는 꿈을 말할 것이요, 내 말
> 을 받은 자는 성실함으로 내 말을 말할 것이라. 겨가 어찌 알곡과
> 같겠느냐.(28장)

마찬가지로, 우리는 초기 기독교에서 주교들이 수도사들 사이에
개인의 무의식적 행동을 배제시키려고 얼마나 열광적으로 노력했는
지를 알고 있다. 알렉산드리아의 아타나시우스(Athanasius)는 성 안
토니오(St. Anthony)의 전기에서 이 점에 관한 소중한 통찰을 제시하
고 있다. 자신의 수도사들에 대한 가르침을 통해서 안토니오는 홀로
기도하고 금식하는 사람들에게 나타나는 환영과 환상 같은 영혼의

위험들을 묘사한다. 안토니오는 수도사들에게 악마가 성스러운 사람들을 타락시키기 위해 감쪽같이 변장한다는 점에 대해 경고하고 있다. 물론 그 악마는 수도사 본인의 무의식의 목소리이다.

알렉산드리아의 아타나시우스가 쓴 성 안토니오의 전기에는 개인의 무의식이 명백히 진리를 밝히고 있음에도 불구하고 일반적 신앙에 의해 부정당하는 대목이 자주 나타난다. 정신의 역사를 보면, 이처럼 무의식이 부정당하는 특별한 이유들이 있다. 그러나 그 이유를 밝히는 것은 우리의 임무가 아니다. 우리는 무의식이 억압당했다는 사실을 아는 선에서 만족해야 한다. 심리학적으로 말하면, 억압은 곧 리비도의 철회다. 이 철회로 인해 새로 얻게 된 리비도는 의식적인 태도의 성장과 발달을 촉진한다. 그 결과 세상의 그림이 점진적으로 다시 그려지게 된다. 이 과정에 틀림없이 생겨나게 되어 있는 편의는 새로운 태도를 강화하게 된다. 그러므로 우리 시대의 심리가 무의식에 비호의적인 태도를 취하는 특징을 보이는 것도 전혀 놀라운 일이 아니다.

모든 과학이 감정과 공상의 관점을 동시에 배제하는 이유는 쉽게 이해된다. 정말이지, 과학으로서는 절대적으로 그렇게 할 필요가 있다. 과학이 과학인 이유도 바로 거기에 있다. 그렇다면 심리학은 어떤가? 만약에 심리학이 과학으로 여겨진다면, 심리학도 똑같이 그래야 한다. 그러나 그렇게 하는 것이 과연 심리적인 자료들을 정당하게 다루는 것일까?

모든 과학은 종국적으로 자료들을 추상 개념으로 공식화하려고 노력한다. 따라서 심리학도 감정과 감각과 공상을 추상적인 지적 형태로 파악할 수 있고 또 실제로 그렇게 하고 있다. 이 같은 방법은 추상적인 지적 관점의 권리들을 확실히 보장하지만 다른 가능한 심리적 관점들의 요구를 충족시키지는 못한다. 이 다른 심리적 관점들은 그런 식의 과학적 심리학에서는 겨우 언급되는 선에서 끝날 것이고, 따라서 독립적인 과학적 원칙으로 발전하지 못할 것이다. 과학은 어떠한 환경에서도 지성의 문제이고, 다른 심리적 기능들은 대상으로서 지성에 종속된다. 지성이 과학 영역의 왕인 것이다.

그러나 과학이 실용적 적용이라는 영역으로 들어가기만 하면 이야기는 크게 달라진다. 예전에 왕이었던 지성이 이젠 일개 장관에 지나지 않게 된다. 지성이 그래도 여전히 과학적으로 세련되게 다듬어진 장치인 것은 사실이지만, 이제는 하나의 도구에 지나지 않는다. 더 이상 그 자체가 목적이지 않고 하나의 필수 조건에 불과하다. 지성은 이제 창조적인 힘과 목표에 이바지할 준비가 되어 있다. 그래도 이런 것이 진짜 "심리학"이다. 더 이상 과학이 아닐지라도 말이다. 그것은 창조적인 성격을 띤 심리적 활동이라는 폭넓은 의미에서 말하는 심리학이다. 이 심리학에서는 창의적인 공상이 중요한 자리를 차지하게 된다.

"창의적인 공상"이라는 표현까지 사용하지 않아도 된다. 이런 종류의 실용 심리학에서는 주도적인 역할이 삶 자체에 주어진다는 식으로 말해도 무방하다. 왜냐하면 과학을 하나의 도구로 이용하고 있는 것이 틀림없이 창작력 풍부한 공상인 한편, 거꾸로 창의적인 공상의 활동을 자극하는 것이 외부 현실의 다양한 요구이기 때문이다. 하나의 목적으로서의 과학은 확실히 그 자체로 하나의 높은 이상(理想)이다. 그럼에도 과학을 일관되게 추구하다 보면 학문과 예술의 수만큼이나 많은 목적이 나타난다. 자연히, 이것이 전문 분야의 증식을 부를 뿐만 아니라 관련 기능들의 분화와 전문화를 낳고 또 특별한 이 기능들이 세상과 삶으로부터 분리되도록 만든다. 이 전문 분야들은 점진적으로 서로 연결을 끊게 된다. 그 결과, 전문 분야에만 피폐와 건조 현상이 나타나는 것이 아니라 전문가의 수준으로까지 스스로를 분화시킨 모든 사람의 심리에도 피폐와 건조 현상이 나타난다. 과학은 삶을 위하는 쪽으로 가치를 입증해야 한다. 과학이 안주인 노릇을 하는 것으로는 충분하지 않다. 과학은 하녀의 역할도 해야 한다. 그런 식으로 삶에 이바지할 수 있을 때에만 과학이 스스로 명예를 실추시키는 일이 벌어지지 않을 것이다.

비록 과학이 심리의 불규칙성과 혼란에 관한 통찰을 우리에게 허용했을지라도, 그럼에도 불구하고 과학에 과학이 도구가 되지 못하도록 막을 어떤 절대적인 목적을 부여하는 것은 중대한 실수가 될 것이다. 왜냐하면 우리가 지성과 과학의 측면에서 실제 삶에 접근하는 즉시 똑같이 진정한 삶의 다른 영역에 접근하지 못하도록 막을 장벽에 봉착할 것이기 때문이다. 따라서 우리는 우리의 이상(理想)의 보편성이 곧 하나의 한계라는 점을 인정하고, 보다 충만한 삶의 요구를 바탕으로 지성이 포용할 수 있는 것보다 훨씬 더 큰 심리적 보편성을 보장해줄 '영적 길잡이'를 찾아야 한다. 파우스트가 "문제는 감정이야!"라고 외칠 때, 그는 단지 지성과 대비되는 것을 표현하고 있으며, 반대편 극단 쪽으로 가고 있다.

따라서 파우스트는 삶과 정신의 완전성을 성취하지 못하고 있다. 이 완전성이 성취되려면 감정과 사고가 제3의 보다 높은 원칙을 통해 서로 결합되어야 한다. 보다 높은 제3의 원칙은, 내가 이미 암시한 바와 같이, 어떤 실용적 목표로 이해되거나 그 같은 목표를 창조하는 창의적인 공상으로 이해될 수 있다. 완전성이라는 목표에는 그 자체가 목적인 과학으로도 닿지 못하고 사고의 공상적인 힘을 결여한 감정으로도 닿지 못한다. 과학이 감정을 보완하는 역할을 하는데, 둘 사이의 대립이 워낙 강하기 때문에 둘을 이어줄 다리가 필요하다. 이 다리는 창의적인 공상의 형태로 이미 우리에게 제시되었다. 이 다리는 과학과 감정 중 어느 한 쪽에 의해서는 생겨나지 못한다. 왜냐하면 이 다리가 과학과 감정의 어머니, 아니 그 이상이기 때문이다. 그것은 상반된 둘을 결합시킬 종국적 목표라는 아이를 잉태하고 있다.

　만약에 심리학이 과학으로만 남는다면, 우리는 삶을 꿰뚫어보지 못한다. 그런 심리학은 단지 과학의 절대적 목적에만 이바지할 수 있을 뿐이다. 분명히 과학으로서의 심리학도 우리에게 객관적인 상황에 대한 지식을 줄 것이다. 그러나 그런 심리학은 심리학 자체의 목적 외의 다른 목적에는 언제나 반대할 것이다.

　지성은 다른 목적들의 가치를 인정하면서 자신의 우월을 기꺼이 희생시키려 하지 않는 한 자체 안에 갇히게 된다. 지성은 지성의 보편적 유효성을 부정하고 또 지성이 껍질을 깨고 나오도록 하려는 조치 앞에서 주춤한다. 왜냐하면 지성의 관점에서 보면, 그 외의 다른 모든 것은 공상에 지나지 않기 때문이다.

그러나 위대한 것들 중에서 처음에 공상이 아니었던 것이 있는가? 과학의 절대적 목적에 강하게 집착하는 한, 지성은 생명의 샘들로부터 스스로를 고립시키게 될 것이다. 지성에게 공상은 희망 사항이 담긴 꿈에 불과하며, 지성이라는 용어 속에 공상에 대한 경시가 고스란히 담겨 있다. 이 공상에 대한 경시를 과학은 적극적으로 환영하고 있다. 과학 발전이 유일한 이슈인 한, 과학이 그 자체로 하나의 목적이 되는 것은 불가피한 일이다. 그러나 과학 자체가 발달이 요구되는 삶의 문제가 될 때, 과학을 위한 과학은 그 순간부터 하나의 악이 된다. 한 예로, 문화의 기독교화 과정에서 고삐 풀린 공상을 억압하는 것은 역사적 필연이었다. 자연과학이 지배하는 우리 시대에 다양한 이유로 공상을 억압해야 할 필요성이 있는 것과 똑같다. 창조적인 공상을 적절한 경계선 안에 묶어놓지 않으면 공상의 성장이 걷잡을 수 없을 만큼 빨라진다는 점을 망각해서는 안 된다. 그러나 이 경계선은 지성이나 합리적 감정이 강요하는 그런 인공적 한계가 절대로 아니다. 그것은 필연과 반박 불가능한 현실에 의해 세워지는 경계선이다.

시대의 임무는 시대마다 다 다르다. 우리 인간이 어떤 것은 있어야 했고 어떤 것은 없어야 했다는 점을 확실히 분별할 수 있는 것은 먼 훗날 뒤돌아볼 때뿐이다. 지금 우리 시대에는 언제나 의견 충돌이 격하게 일어날 것이다. 왜냐하면 "전쟁이 만물의 아버지"이기 때문이다. 역사만이 논쟁에 결말을 낼 수 있다. 진리는 영원하지 않다. 진리는 성취해야 할 계획 같은 것이다. "영원한" 진리일수록 생명력이 떨어지고 가치가 떨어진다. 왜냐하면 그런 진리는 너무나 자명한 까닭에 우리에게 그 이상의 것에 대해서는 아무것도 들려주지 못하기 때문이다.

단순히 과학으로만 남게 되는 한 심리학이 공상을 어떤 식으로 다루게 될 것인지는 이미 잘 알려진 프로이트(Sigmund Freud)와 아들러(Alfred Adler)의 관점을 통해 분명히 드러나고 있다. 프로이트는 공상을 인과 관계적이고, 초보적이고, 본능적인 정신 과정으로 보고 있다. 아들러는 공상을 자아의 초보적이고 최종적인 목표로 보고 있다. 프로이트의 심리학은 본능의 심리학이고, 아들러의 심리학은 자아 심리학이다. 본능은 비개인적인 생물학적 현상이다. 본능에 바탕을 둔 심리학은 그 성격상 자아를 무시하게 되어 있다. 왜냐하면 자아가 존재하는 근거가 바로 '개체화의 원리', 즉 개인의 분화인데, 이 분화의 고립적인 성격이 자아를 일반적인 생물학적 현상의 영역에서 배제시키기 때문이다.

생물학적인 본능적 과정들이 인격 형성에 기여할지라도, 개성은 기본적으로 집단적인 본능과 다르다. 정말로, 개성은 집단적인 본능과 정반대이다. 한 사람의 인간으로서 개인이 언제나 집단과 구분되는 것과 똑같다. 개인의 핵심은 바로 이 구분에 있다. 모든 자아 심리학은 본능의 심리학과 연결되어 있는 집단적 요소를 반드시 배제하고 무시해야 한다. 왜냐하면 자아 심리학이 자아가 집단적 충동과 분리되는 바로 그 과정을 설명하기 때문이다. 두 가지 관점의 지지자들 사이에 두드러진 적대감은 두 관점 모두가 필히 상대 관점에 대한 평가 절하와 경멸을 수반하게 되어 있다는 사실에서 비롯된다.

자아 심리학과 본능의 심리학 사이의 근본적인 차이를 제대로 인식하지 못하는 한, 양쪽은 똑같이 자신의 이론이 보편타당하다고 주장할 것이다. 그렇다고 본능의 심리학이 자아가 형성되는 과정에 대한 이론을 고안해내지 못한다는 뜻은 아니다. 본능의 심리학도 자아에 관한 이론을 제시할 수 있다. 그러나 본능의 심리학이 자아에 관해 제시하는 이론은 자아 심리학을 신봉하는 심리학자에게는 자신의 이론을 부정하는 것처럼 보이게 되어 있다. 따라서 프로이트의 글을 읽다 보면 "자아 본능"이라는 표현이 이따금 나타나지만 대개 별로 두드러지지 않는다.

한편 아들러의 글을 보면 성욕이 아주 단순한 수단처럼 보이며 이런저런 방식으로 권력의 기본적인 목표들에 이바지하고 있을 뿐이다. 아들러의 원칙은 집단적 본능과 충돌하는 개인의 권력을 안전하게 지키는 것이다. 프로이트의 입장에서 보면, 자아가 그 목표들을 이룰 수 있도록 하는 것이 바로 본능이며, 그래서 자아가 본능의 단순한 한 기능처럼 보인다.

본능의 심리학과 자아 심리학의 과학적 경향은 모든 것을 각자의 원칙으로 환원하고 있으며, 모든 추론은 바로 각자의 원칙에서 시작한다. 공상의 경우에, 두 심리학에 의해 아주 쉽게 설명된다. 이유는 공상들이 의식의 기능들과 달리 현실에 적응하지 않고 따라서 객관적인 어떤 성격도 갖지 않은 채 순수한 자아의 성향뿐만 아니라 순수하게 본능적인 성향까지도 표현하고 있기 때문이다. 본능의 관점을 선택하는 사람은 그런 성향들 속에서 "소망 성취"와 "유아적 소망" "억압된 성욕"을 발견하는 데 전혀 어려움을 겪지 않는다. 그리고 자아의 관점을 택하는 사람도 마찬가지로 자아의 안전과 분화와 관련 있는 기본적인 목표들을 쉽게 발견할 수 있다. 왜냐하면 공상이 자아와 본능 사이의 중재적인 산물이기 때문이다. 따라서 공상은 양쪽의 요소들을 모두 포함하고 있다. 양쪽의 해석은 언제나 다소 자의적이다. 왜냐하면 다른 쪽이 언제나 억압당하고 있기 때문이다. 그럼에도 불구하고, 증명할 수 있는 어떤 진리가 대체로 나타난다. 그러나 이 진리는 일반적 타당성을 절대로 주장할 수 없는 부분적 진리이다. 이 진리의 타당성은 오직 그 진리의 원리가 미치는 범위 안으로 한정된다. 다른 원리의 영역에서는 그 진리는 타당하지 않다.

프로이트의 심리학은 한 가지 핵심적인 이론 때문에 아주 특별하다. 모순되는 소망들을 억누른다는 이론이다. 이 이론에 따르면, 마치 사람은 한 묶음의 소망처럼 보인다. 이 소망들 중에 대상에 적용될 수 있는 것은 오직 일부뿐이다. 사람이 신경증 같은 어려움을 겪는 것은 환경적 영향과 교육, 객관적 조건이 본능의 자유로운 표현을 크게 방해하고 있기 때문이다. 훗날의 삶을 훼손시킬 도덕적 갈등이나 유아적 고착을 낳는 다양한 영향들은 아버지와 어머니에게서 나온다. 최초의 타고난 본능적 성향이 근본적인 자료인데, 이 자료는 주로 대상의 영향력을 통해서 불안한 변형을 겪는다. 그러므로 적절히 선택된 대상을 향해 가급적 구속을 받지 않고 본능을 표현하는 것이 치료 방법인 것처럼 보인다.

한편, 아들러 심리학의 특징은 자아 우월이라는 핵심 개념이다. 이 개념에서 보면 사람은 어떠한 환경에서도 대상에 종속되어서는 안 되는 자아 덩어리처럼 보인다. 프로이트 심리학의 경우에는 대상에 대한 갈망과 대상에 대한 고착, 대상을 향한 어떤 욕망의 있을 수 없는 본질이 아주 중요한 역할을 한다. 반면에 아들러 심리학의 경우에는 모든 것이 주체의 우월로 모아진다. 프로이트의 심리학에서 말하는, 대상과 관련한 본능의 억압은 아들러의 심리학에서는 주체의 안전에 해당한다. 아들러에게 있어서 치유책은 주체를 고립시키고 있는 보호 장치를 제거하는 것이고, 프로이트에게 있어서 해결책은 대상에 접근하지 못하도록 막고 있는 억압을 제거하는 것이다.

따라서 프로이트 심리학의 기본적인 요소는 주체와 대상의 가장 강력한 관계를 표현하는 성욕이고, 아들러 심리학의 기본적인 요소는 대상에 맞서 주체를 가장 효과적으로 보호하고 또 모든 관계들을 폐기하고 확고한 고립을 보장해 줄 주체의 권력이다. 프로이트는 대상을 향한 본능의 자연스런 흐름을 확보하기를 좋아하고, 아들러는 자아가 방어의 갑옷 안에서 질식하는 것을 막기 위해 대상의 해로운 마법을 깨뜨리기를 좋아한다. 프로이트의 관점은 기본적으로 외향적이고, 아들러의 관점은 기본적으로 내향적이다. 외향적인 이론은 외향적인 유형에게 통하고, 내향적인 이론은 내향적인 유형에게 통하게 되어 있다. 순수한 유형은 한쪽으로 치우친 발달의 산물이기 때문에 당연히 불균형한 모습을 보이게 되어 있다. 한 가지 기능을 과도하게 강조하는 것은 곧 다른 기능을 억압하는 것이다.

정신분석의 방법이 환자 본인의 유형에 맞춰지고 있는 한, 정신분석은 억압을 제거하지 못한다. 외향적인 사람은 자신의 이론에 따라 무의식에서 나오고 있는 공상을 본능적인 내용물로 환원하는 한편, 내향적인 사람은 공상을 권력 목표로 환원할 것이다. 그런 식의 분석 결과 생기는 리비도의 획득은 단지 이미 존재하고 있는 불균형을 더욱 심화시킬 뿐이다. 이런 종류의 분석은 기존의 유형을 강화하고 두 유형 사이의 상호 이해를 더욱 불가능하게 만들 것이다. 내면과 외면에 나타나는, 두 유형 사이의 간극은 거꾸로 더욱 커질 것이고, 내적 분열 같은 것이 일어날 것이다. 왜냐하면 무의식적인 공상과 꿈 등으로 나타나는 다른 기능들이 그때마다 과소평가되고 다시 억압되기 때문이다.

이런 것들을 근거로 할 때, 어떤 비판자가 프로이트의 이론을 두고 신경증 환자의 이론이라고 과격하게 공격하는 것도 정당해진다. 물론 이 비판에서 느껴지는 적대적인 감정은 우리가 그 문제를 진지하게 파고드는 수고를 덜게 해주려는 뜻이었겠지만 말이다. 여하튼 프로이트와 아들러의 관점은 똑같이 한쪽으로 치우쳐 있고 한 가지 유형만을 반영하고 있다.

두 이론 모두 상상의 원리를 부정한다. 왜냐하면 두 이론이 공상을 다른 무엇인가로 낮춰보고 단순히 증후의 표현으로만 다루고 있기 때문이다. 실제로 보면 공상은 그런 것보다 훨씬 더 큰 의미를 지닌다. 이유는 공상들이 동시에 다른 메커니즘을, 말하자면 내향적인 사람의 내면에 억압되어 있는 외향성과 외향적인 사람의 내면에 억압되어 있는 내향성을 표현하고 있기 때문이다. 그러나 억압된 기능은 무의식이고, 따라서 개발되지 않았고 미발달한 상태이며 원시적이다. 이 같은 조건에서는 억압된 기능이 보다 높은 수준의 의식적인 기능과 결합하지 못한다.

공상의 용인하기 어려운 본질은 주로 인식되지 않은 무의식적 기능의 이런 특이성에서 비롯된다. 외부 세계에 대한 적응을 중요한 원리로 받아들이는 모든 사람에게, 상상은 이런 이유들로 인해 비난 받아 마땅하고 쓸모없는 것이 된다. 그럼에도 우리는 훌륭한 모든 아이디어와 창의적인 모든 작품이 상상력의 자식이며 그 원천을 유치한 공상이라 불리는 것에 두고 있다는 사실을 잘 알고 있다. 예술가만 아니라 창의적인 모든 사람은 자신의 삶에서 가장 훌륭한 것들을 모두 공상에서 얻는다. 공상의 역동적인 원리는 바로 아이들의 특징인 놀이이다. 그런 것으로서 공상은 진지한 노력의 원칙과 조화를 이루지 못하는 것처럼 보인다. 그러나 이처럼 공상을 갖고 노는 과정이 없었다면, 창의적인 어떠한 작품도 탄생하지 못했을 것이다.

우리가 상상의 놀이에 지고 있는 빚은 막대하다. 그러므로 위험스럽고 용인하기 어려운 성격 때문에 공상을 가치가 거의 없는 것으로 치부하는 것은 단견이다. 어떤 사람의 가장 큰 가치가 들어 있을지도 모르는 곳이 바로 공상이라는 점을 잊지 말아야 한다. 여기서 나는 신중하게 '들어 있을지도 모르는'이라는 표현을 쓰고 있다. 왜냐하면 다른 한편으로 보면 공상이 무가치할 수도 있기 때문이다. 말하자면 공상의 자료 그대로는 실현 가능한 가치를 전혀 갖고 있지 않다는 뜻이다. 공상이 담고 있는 보물을 발굴해내기 위해서는 공상을 한 단계 더 발전시켜야 한다. 그러나 이 발전은 공상자료들을 단순히 분석하는 것으로는 성취되지 않는다. 건설적인 방법을 통한 통합이 필요하다.

두 가지 관점 사이의 반대가 지적인 바탕에서 만족스럽게 해결될 수 있을 것인지 여부는 여전히 미지수로 남아 있다. 어떤 의미에서 보면 아벨라르의 시도는 매우 높이 평가받아야 한다. 그런데도 실제로 보면 그 노력에서 언급할 가치가 있는 결과는 전혀 나오지 않았다. 왜냐하면 그가 개념론을 뛰어넘을 수 있는 중재적인 심리학적 원칙을 확립하지 못했기 때문이다.

그러나 나로서는 아벨라르가 비극적인 운명을 맞지만 않았다면 인생의 명암을 충분히 이해했던 그의 탁월한 정신이 모순적인 개념론으로 결코 만족하지 못했을 것이며 창의적인 노력을 추가로 더 뜨겁게 펼쳤을 것이라는 인상을 떨치지 못한다. 이 같은 생각이 타당하다는 점을 확인하려면, 중국의 위대한 철학자 노자(老子)와 장자(莊子), 시인 프리드리히 실러(Johann Christoph Friedrich von Schiller)가 똑같은 문제에 대해 품었던 사상과 개념론을 비교해 보기만 하면 된다.

05
루터와 츠빙글리의 성찬식 논쟁

중세 후반기에 사람들의 마음을 휘저어 놓은 의견 대립 중에서 프로테스탄티즘과 종교 개혁 운동이 가장 먼저 우리의 관심을 끌어야 한다. 미리 밝혀둬야 할 사항이 있다. 이 현상은 매우 복잡하다. 그렇기 때문에 분석 연구의 대상으로 삼기 전에 먼저 이 현상을 여러 개의 심리 과정으로 분해하는 작업이 선행되어야 한다. 그러나 이는 나의 능력 밖이다. 그래서 나는 그 중대한 논쟁 중에서 구체적인 예를 하나 선택하는 것으로 만족해야 한다. 루터(Martin Luther)와 츠빙글리(Huldrych Zwingli) 사이에 벌어진 성찬식 논쟁만을 분석 대상으로 삼을 것이다.

앞에서 언급한 성변화 교리는 1215년 라테란 공의회에서 승인을 받았으며 그 이후로 중요한 교리로 확고히 자리를 잡았다. 루터는 바로 이런 전통 속에서 성장했다. 의식(儀式)과 구체적인 절차가 객관적인 구원의 의미를 지닌다는 인식은 복음주의와 거리가 꽤 멀었다. 복음주의 운동이 실제로 가톨릭 제도의 가치들에 반대하고 있었기 때문이다. 그럼에도 불구하고, 루터는 빵과 포도주를 먹으면서 즉시적으로 느끼는 감각적 인상에서 벗어날 수 없었다. 루터로서는 빵과 포도주를 먹는 행위를 상징적으로만 생각하고 있을 수는 없었다. 감각적인 실체와 그 실체에 대한 직접적인 경험이 그에게는 종교적으로 반드시 필요했다. 그래서 그는 예수 그리스도의 몸과 피가 실제로 성찬식에 임한다는 주장을 폈다.

그는 빵과 포도주의 "속과 밑으로" 예수 그리스도의 몸과 피를 받았다. 그에게는 대상을 즉시적으로 경험하는 행위의 종교적 의미가 매우 중요했다. 그래서 상상력이 크게 발동한 나머지 그는 신성한 육체의 실질적 현존이라는 구체주의의 마법에 걸리게 되었다. 자신의 입장을 설명하는 루터의 모든 시도는 다음과 같은 주장으로 귀결된다. 예수 그리스도의 육신은 비록 "공간을 차지하지 않을지라도" 거기에 있다는 것이다. 소위 성변화 교리에 따르면, 신성한 육신이 실제로 빵과 포도주 옆에 임했다. 이 가정이 전제하는 예수 그리스도 육신의 편재(遍在)는 인간의 지성에 특별히 불편한 것으로 드러났으며 훗날 '신은 자신이 원하는 곳이면 어디에나 있다'는 개념으로 바뀌었다.

그러나 이 모든 어려움에도 동요하지 않은 루터는 감각적 인상의 즉시적인 경험에 줄기차게 매달렸다. 그는 부조리하거나, 아무리 좋게 봐주려 해도 여전히 불만스런 설명을 제시하면서 인간 이성이 느끼는 양심의 가책을 누르는 쪽을 택했다.

루터가 이 교리에 집착하도록 만든 것이 단순히 전통의 힘이었다고만 생각하기는 어려울 것이다. 왜냐하면 루터 본인이 개혁을 통해서 신앙의 전통적 형식을 벗어던질 수 있는 능력을 충분히 갖추었다는 사실을 만천하에 이미 증명했기 때문이다. 여기서 조심해야 할 것이 있다. 하느님의 말씀이 은총의 유일한 도구이지 의식(儀式)이 그도구는 아니라고 주장하는 복음주의 원칙을 압도하는 것이 바로 성찬식에서 "진정하고" 감각적인 것을 실제로 접촉하는 행위와 이 접촉이 루터에게 지니는 감정적 가치라는 식으로 단정하는 실수를 저질러서는 안 된다. 루터에게 말씀은 분명히 구원의 힘을 지니는 것이었지만, 성찬식에 참여하는 것도 마찬가지로 은총의 중재자 역할을하는 것으로 보였다. 이것이 복음주의 운동이 가톨릭교회의 제도에한 유일한 양보였음에 틀림없다. 그러나 실제로 보면 그것은 루터 본인의 심리가 요구한 것으로서, 감정이 즉각적인 감각 인상에 근거하고 있다는 사실을 인정하는 것이었다.

루터의 관점과 반대로, 츠빙글리는 성찬식과 관련해 순전히 상징적인 개념을 옹호했다. 츠빙글리에게 진정으로 중요한 것은 예수 그리스도의 육체와 피의 "영적" 참여였다. 이 같은 관점은 이성이 특징이고 또 의식(儀式)에 대한 이상적인 인식이 특징이다. 이관점은 복음주의 원칙을 위반하지 않는 이점을 누렸고 동시에 이성에 반대되는 모든 가설을 피할 수 있었다. 그러나 이 관점은 루터가 지키길 원했던 것, 즉 감각 인상의 실체와 그것의 특별한 감정적 가치를 위태롭게 만들었다.

츠빙글리도 성찬식을 행하고 루터처럼 빵과 포도주를 먹은 것은 사실이다. 그러나 츠빙글리의 성찬식 개념에는 대상의 독특한 감각 및 감정 가치를 재현할 수 있는 형식 같은 것은 전혀 포함되지 않았다. 루터는 이를 위한 형식을 제시했다. 그러나 그것은 이성에 반하고 복음주의 원칙에도 반하는 것이었다. 감각과 감정의 관점에서 보면, 이성과 복음주의 원칙에 반하는 것은 별로 중요하지 않으며 꽤 적절해 보이기도 한다. 왜냐하면 관념은 대상의 감각에 별로 관심이 없기 때문이다. 결국 두 개의 관점은 서로를 배척한다.

루터의 설명은 사물들에 외향적으로 접근하는 것을 선호하고, 츠빙글리의 설명은 이상적인 관점을 선호한다. 츠빙글리의 입장이 단순히 어떤 이상적인 인식을 제시하면서 감정과 감각에 전혀 아무런 해를 입히지 않고 있음에도 불구하고, 그 입장은 대상의 유효성을 위한 공간을 남겨놓는 것처럼 보인다. 그러나 외향적 관점인 루터의 입장은 대상을 위한 공간을 남겨놓는 것만으로 만족하지 못한다. 루터의 입장은 이상이 감각에 이바지하게 할 공식까지 요구한다.

여기서 나는 문제를 제기하는 역할밖에 한 것이 없다는 사실을 깊이 깨달으면서 고대와 중세의 사상사에 나타난 유형의 문제에 관한 장을 끝내려 한다. 아주 어렵고 광범위한 문제를 충실히 다룰 만한 능력을 아직 갖추지 못한 것 같다. 만약에 독자 여러분에게 유형의 차이에 따라 관점이 달라진다는 생각을 전달할 수만 있다면, 그것으로 나의 목적은 성취되었다고 본다. 여기서 다룬 자료들 중 어느 것도 결정적으로 분석되지 않았다는 사실을 나 자신도 잘 알고 있다. 나는 그 임무를 이 주제에 대해 나보다 더 많이 아는 사람의 몫으로 남겨둘 수밖에 없다.

2장

[

유형 문제에 대한
실러의 생각

]

01
인간의 미학적 교육에 관한 편지

a. 우월 기능과 열등 기능

다소 제한적인 나의 지식을 바탕으로 판단하건대, 유형적인 태도들을 구분하고 각 유형의 특이성을 상세하게 제시하려고 처음으로 본격 노력한 인물이 프리드리히 실러였던 것 같다. 지금 논의하고 있는 두 가지 메커니즘을 밝힘과 동시에 그것들을 서로 화해시킬 길을 발견하려는 중요한 노력은 그가 1795년에 발표한 에세이집 『인간의 미학적 교육에 관한 편지』(Über die ästhetische Erziehung des Menschen)에서 발견된다. 이 에세이는 실러가 홀슈타인 아우구스텐부르크 공작(Duke of Holstein-Augustenburg)에게 띄운 다수의 편지로 구성되어 있다.

실러의 에세이는 사고의 심오함과 심리학적 통찰, 그 갈등의 심리학적 해결책을 광범위하게 모색하는 태도 등으로 인해 나로 하여금 그의 생각을 놓고 다소 길게 논하고 평가하도록 만들고 있다. 왜냐하면 그 책에 담긴 그의 생각이 이런 맥락에서 다뤄진 적이 아직 한 번도 없기 때문이다. 나의 해설이 전개됨에 따라 앞으로 분명하게 드러나겠지만, 실러가 기여한 바는 심리학적 관점에서 보면 절대로 사소하지 않다. 이유는 그가 아주 신중하게 다듬은 접근 방법을 제시하고 있기 때문이다. 이 접근법이 지니는 중요성을 심리학자들은 이제 막 평가하기 시작했다.

나의 과제는 결코 쉬운 일이 아니다. 한 가지 이유는 나 자신이 실러의 사상 위에 그가 실제로 한 말과 다른 구조물을 올린다는 비난을 듣기 십상이기 때문이다. 결정적인 지점마다 그의 말을 직접 인용하려 노력할지라도, 해석과 설명을 덧붙이지 않는 가운데 그의 생각을 현재의 맥락으로 끌어들이기는 사실상 불가능하다. 내가 절대로 간과해서는 안 되는 한 가지 가능성이 있는데, 실러 본인도 명확한 어떤 유형에 속했다는 점을 잊어서는 안 된다. 그래서 실러도 나름대로 노력했음에도 불구하고 내가 그러듯이 생각이 어느 한쪽으로 치우치지 않을 수 없었을 것이다. 우리의 관점과 지식의 한계가 심리학의 논의에서만큼 분명하게 드러나는 곳도 달리 없다. 심리학의 논의에서는 우리 자신의 정신에 이미 윤곽이 그려지지 않은 그림을 제시하는 것은 거의 불가능한 일이다.

다양한 특징을 근거로, 나는 실러는 내향적 유형에 속하는 반면에 괴테는 만약에 그의 두드러진 직관을 무시할 수만 있다면 외향적 유형에 훨씬 더 가깝다고 결론을 내렸다. 실러가 이상적인 유형을 묘사한 부분에서, 실러 본인의 이미지가 쉽게 발견된다. 이 같은 동일성 때문에 실러가 제시하는 설명에도 어떤 한계가 불가피하다. 이것은 우리가 보다 완전하게 이해하길 원하는 경우에 결코 망각해서는 안 되는 사실이다.

실러가 어느 한 기능에 대한 설명을 다른 기능에 비해 충실하게 하는 것도 바로 이 한계 때문이다. 여기서 말하는 이 다른 기능은 내향적인 유형의 사람에게선 아직 불완전하게 발달한 기능이며, 이 기능은 미발달했다는 이유로 열등한 특징을 갖는 것으로 여겨진다. 바로 이 지점에서, 실러의 설명은 우리의 비판과 수정을 필요로 한다. 실러의 이런 한계가 그로 하여금 일반적으로 적용하기 어려운 용어를 쓰도록 강요했다는 점도 뚜렷이 드러난다.

내향적인 유형으로서 실러는 사물보다 관념과 보다 부드러운 관계를 유지했다. 관념과의 관계는 그 사람이 감정 유형에 속하느냐 사고 유형에 속하느냐에 따라서 감정적이거나 사색적일 수 있다. 여기서 나는 나의 초기 논문을 읽어서 감정과 외향성을, 사고와 내향성을 동일시하게 된 독자들에게 용어의 정의에 유의해줄 것을 특별히 부탁한다.

내향적 유형과 외향적 유형이라는 표현으로 나는 사람들을 두 부류로 구분하며, 이 유형들은 다시 4가지 기능, 즉 사고, 감정, 감각, 직관으로 나뉜다. 따라서 내향적인 유형은 사고 유형이나 감정 유형일 수 있다. 사고와 감정이 대상의 지배를 받을 수 있는 것과 똑같이, 사고뿐만 아니라 감정도 관념의 지배를 받을 수 있기 때문이다.

본성에서, 보다 구체적으로 성격에서 괴테와 반대인 실러가 내향적인 유형에 속한다면, 그 다음 질문은 실러가 기능을 기준으로 한 하위 구분에서는 어느 유형에 속하는가 하는 것이다. 이것은 대답이 어려운 질문이다. 틀림없이, 그에게 직관이 중요한 역할을 하고 있다. 이를 근거로 하거나, 실러를 한 사람의 시인으로만 본다면, 우리는 그를 직관 유형이라고 부를 수 있다. 그러나 인간의 미학 교육에 관한 편지들에서 우리가 보고 있는 것은 틀림없이 사상가 실러이다. 이 편지뿐만 아니라 그의 거듭된 고백을 바탕으로, 우리는 실러의 내면에 사색적인 요소가 아주 강하다는 것을 알고 있다. 결과적으로 우리는 그의 직관성을 사고 쪽으로 바짝 이동시켜야 하며, 따라서 '내향적 사고' 유형의 심리라는 측면에서도 그에게 접근해야 한다.

앞으로 전개될 해설을 통해서, 이 가설이 현실과 일치한다는 점이 명백히 밝혀지길 바란다. 왜냐하면 실러의 글 속에 이 가설을 뒷받침하는 단락이 적지 않게 보이기 때문이다. 그러므로 나는 독자들에게 방금 제시한 가설이 나의 주장의 바탕에 깔려 있다는 점을 기억해줄 것을 부탁한다. 실러가 자신의 내적 경험이라는 측면에서 그 문제에 접근하고 있기 때문에, 이 같은 주의가 나에겐 필요해 보인다. 다른 심리, 즉 다른 유형의 사람이었다면 그 문제에 꽤 다른 방식으로 접근했을 것이라는 점을 고려한다면, 실러가 제시하는 매우 폭넓은 설명도 주관적인 편향 또는 그릇된 일반화로 여겨질 수 있다. 그러나 그런 판단이 틀렸을 수도 있다. 왜냐하면 분리된 기능들의 문제를 실러와 똑같이 받아들이는 사람들이 실제로 꽤 있기 때문이다. 그러므로 내가 만약에 앞으로 논의에서 이따금 실러의 일방성과 주관성을 강조하게 된다면, 그것은 그가 제시한 문제의 중요성과 일반적 타당성을 훼손하려는 것이 아니라 다른 설명이 들어설 공간을 열어주기 위한 것일 뿐이다. 내가 간혹 제시하는 비판은 실러의 말을 다른 언어로 필사하는 성격이 더 강하며, 그 과정에 실러의 설명 중에서 주관적인 한계가 지워질 것이다. 그럼에도 불구하고, 나의 주장은 실러의 주장과 매우 가깝다. 왜냐하면 나의 주장이 내향과 외향의 일반적인 문제(1장에서 전적으로 이 문제에 대해 논했다)보다 내향적인 사고 유형의 전형적 갈등에 초점을 맞추고 있기 때문이다.

실러는 처음부터 두 가지 기능이 분리된 원인과 기원에 관심을 보인다. 확실한 직감으로, 그는 개인의 분화가 근본적인 동인이라는 생각을 떠올린다. "현대의 인류에게 이런 상처를 입힌 것은 바로 문화였다."

이 한 문장은 실러가 그 문제를 대단히 넓게 파악하고 있었다는 점을 보여준다. 본능적인 삶에서 정신적인 힘들의 조화로운 협력이 깨어지는 현상은 갈수록 점점 심화될 뿐 결코 치료되지 않는 그런 상처와 비슷하다. 정말이지, 암포르타스(Amfortas: 중세 유럽 신화에서 성배(聖杯)를 찾아 나선 기사단의 지도자/옮긴이)가 입은 상처와 비슷하다. 왜냐하면 여러 기능 중에서 한 가지 기능이 분화될 경우에 불가피하게 그 기능은 더욱 비대해지고 다른 기능들은 무시당하면서 위축될 것이기 때문이다.

118

나는 현재의 세대를 하나의 전체로 고려하면서 이성의 저울로 평가할 경우에 이 세대가 고대의 가장 우수했던 세대 앞에서도 탁월함을 주장할 수 있다는 점을 인정한다. 그러나 고대 아테네인 한 사람과 인간성이라는 상(賞)을 놓고 한바탕 대결을 벌여야 하는 상황이라면 어느 현대인이 자신 있게 나설 수 있겠는가? 전체 세대를 따지면 틀림없이 장점을 많이 갖고 있음에도 불구하고 한 사람의 개인을 놓고 볼 때 현대인이 아테네인에 비해 불리한 입장에 놓이는 이유는 무엇인가?

실러는 현대의 개인이 이런 식으로 쇠퇴하게 된 책임을 문화, 즉 기능들의 분화로 돌리고 있다. 이어 그는 예술과 학문의 분야에서 직관적인 정신과 사색적인 정신이 어떻게 서로 멀어지게 되었는지, 그리고 각각의 정신이 각자의 응용 분야에서 상대방을 어떤 식으로 철저히 배척하게 되었는지에 주목한다.

우리는 활동을 한 가지 영역으로 제한함으로써 우리의 능력 중 나머지를 예사로 짓밟는 그런 스승 같은 존재에게 자신을 완전히 넘겨 버리는 결과를 낳고 말았다. 그래서 한 곳에서는 넘치는 상상력이 어렵게 거둔 지성의 결실을 파괴하고 있고, 다른 곳에서는 추상(抽象)의 정신이 심장을 따뜻하게 데울 불을, 공상을 자극할 불을 꺼뜨리고 있다.
만약에 공동체가 기능을 인간을 평가하는 기준으로 삼거나, 공동체가 시민 중 어느 한 사람의 경우에는 기억만을, 두 번째 사람의 경우에는 체계적으로 기록하고 분류하는 지성만을, 세 번째 사람의 경우에 기계적인 기술만을 존경하거나, 만약에 성격에 무관심한 공동체가 여기서는 오직 지식만을 강조하고 저기서는 질서와 법을 어기지 않는 한 지성의 암흑을 용인한다면, 또 만약에 공동체가 그와 동시에 개인들에게 이런 특별한 소질들을 관심의 범위가 좁아지는 만큼 더욱 깊이 파고들 것을 요구한다면, 그런 경우에 개인이 정신의 나머지 소질들을 무시한다고 해도 이상할 것이 전혀 없지 않은가? 개인의 입장에서 보면 개인에게 명예와 이익을 안겨주는 것들에 관심을 몽땅 쏟는 것이 오히려 당연하지 않은가?

실러의 이 같은 사고에는 정말로 깊이와 폭이 있다. 실러의 세대는 고대 그리스 세계에 대한 지식이 불완전했다. 그래서 그 세대는 그리스인들이 남긴 작품들의 장엄함을 기준으로 그리스인들을 평가했으며, 따라서 그들이 고대 그리스인들을 지나칠 만큼 높이 평가한 것은 충분히 이해할 만하다. 고대 그리스 예술의 특이한 아름다움이 특히 예술이 환경과 대조를 이룬 결과 가능할 수 있었기 때문이다. 고대 그리스인이 누린 강점이 있다면, 그리스인이 현대인에 비해 덜 분화되었다는 점이다. 그런 것도 강점이 될 수 있는지는 모르지만. 왜냐하면 분화되지 않은 상태의 단점도 마찬가지로 두드러질 것이기 때문이다.

기능들의 분화는 분명히 인간 변덕의 결과가 아니었으며, 자연 속의 다른 모든 것들과 마찬가지로 필요의 결과였다. "그리스인의 천국"과 아르카디아(고대 그리스의 고원으로 이상향이 있었다는 전설로 유명하다/옮긴이)의 행복을 숭배했던 사람이 아티카(그리스 남동부 지방으로 고대에 아테네의 지배를 받았다/옮긴이)의 노예로서 이 지구를 방문했더라면, 그 사람이 그리스의 아름다움을 꽤 다른 눈으로 조사했을 것은 너무도 당연하다. 그리스도가 나타나기 5세기 전의 원시적인 조건이 개인에게 능력과 특성을 모두 개발할 기회를 더 많이 준 것이 사실이라 할지라도, 그것은 어디까지나 그 개인의 동료 인간들 다수가 더없이 비참한 환경에 짓밟히고 불구가 된 상황에서만 가능했던 일이었다. 모범적인 일부 개인이 높은 수준의 개인적 문화를 이룬 것은 틀림없지만, 집단적인 문화는 고대 세계에 그다지 알려져 있지 않았다. 집단 문화의 성취는 기독교가 등장할 때까지 기다려야 했다. 따라서 하나의 전체로서 현대인은 고대 그리스인들의 수준에 쉽게 이를 뿐만 아니라 집단 문화의 어떤 기준으로도 그리스인들을 쉽게 능가한다.

한편, 현대인의 개인적인 문화가 집단적인 문화를 따라잡지 못하고 있다는 실러의 주장은 완벽히 옳은 말이다. 개인적인 문화는 실러가 그 글을 쓰고 120년이 지난 지금도 향상되지 않고 있다. 오히려 그 반대다. 우리가 개인의 발달에 그렇게 불리한 집단적인 분위기 쪽으로 깊이 휩쓸리지 않았다면, 하나의 교정 수단으로 슈트리너(Max Stirner)나 니체로 대표되는 그런 폭력적인 반발이 필요하지 않았을 것이다. 따라서 실러의 말은 오늘날에도 여전히 유효하다.

고대인들이 개인의 발달을 꾀할 목적으로 상류 계급의 행복을 위해 평민의 절대다수(노동자, 노예)를 거의 억압하다시피 한 것처럼, 기독교 세계는 이 과정을 개인 심리의 영역으로 최대한 옮겨놓음으로써 집단 문화의 상태에 도달했다. 개인의 최고 가치가 기독교 교리에 의해 불멸의 영혼으로 선언되었기 때문에, 보다 소중한 소수의 자유를 위해 열등한 다수가 사실상 억압당하는 일은 더 이상 가능하지 않게 되었다. 대신에, 개인의 내면에서 보다 소중한 기능이 열등한 기능들보다 더 선호되기에 이르렀다. 이리하여 한 가지 소중한 기능이 나머지 모든 기능에 해를 입히면서 최고의 중요성을 얻기에 이르렀다.

심리학적으로, 이것은 고대 문명에서 사회의 외적인 형태였던 것이 주체의 내면으로 옮겨졌다는 것을 의미했다. 그래서 고대 세계였다면 밖으로 드러났을 어떤 상태가 개인의 내면에 조성되었다. 말하자면, 특권을 누리는 어떤 지배적인 기능이 다른 열등한 다수 기능의 희생으로 발달하고 분화되었다는 뜻이다.

이 같은 심리적 과정에 의해서, 점차 집단적인 문화가 존재하게 되었으며, 이 문화 속에서 각 개인에게 "인간의 권리들"이 고대에는 상상도 할 수 없었을 만큼 폭넓게 보장되었다. 그러나 이 집단적인 문화는 주관적인 노예 문화에 의존하는 단점을 갖고 있었다. 바꿔 말하면, 옛날의 집단적인 예속을 심리 영역으로 옮겨놓은 것이 집단 문화라는 뜻이다. 그 결과, 집단적인 문화가 향상된 한편으로 개인적인 문화는 퇴화하게 되었다. 집단의 노예화가 고대 세계의 생생한 상처였듯이, 열등한 기능들의 예속화는 현대인의 정신에서 피가 멎지 않고 있는 상처이다.

실러는 이렇게 말한다. "힘들의 행사에 드러나는 일방성은 불가 피하게 개인을 오류로 이끌지만 집단은 진리로 이끈다는 말은 맞 는 말이다." 탁월한 기능의 특권적인 지위는 사회에 소중한 만큼 개인에게는 피해를 입힌다. 이 부정적인 효과가 지금 너무나 심각 한 상태이다. 오늘날 우리 문명의 집단적인 조직들이 사실상 개인 의 완전한 절멸을 추구하고 있으니 말이다. 이는 집단 조직들의 존 재 자체가 개별 인간 존재들의 특권적인 기능들을 기계적으로 적 용하는 데에 의존하고 있기 때문이다.

그런 사회에서 중요한 것은 인간이 아니고 한 가지 분화된 기능 이다. 집단적인 문화에서 인간은 더 이상 인간으로 보이지 않는다. 인간이 단지 하나의 기능으로 여겨지기 때문이다. 더욱이, 인간은 이 기능과 자신을 완전히 동일시하면서 다른 열등 기능들과의 상 관성을 부정한다. 따라서 현대인은 하나의 기능으로 전락하고 있 다. 왜냐하면 집단적인 가치를 드러내면서 생계를 보장하는 것이 바로 이 기능이기 때문이다. 그러나 실러가 분명하게 보고 있듯이 기능의 분화는 그 외의 다른 길로는 일어날 수 없다.

인간에겐 자신이 가진 다양한 능력들을 서로 상반되게 배치하는 외에 달리 그 능력들을 발달시킬 수 있는 길은 전혀 없다. 특별한 재능들 사이의 이 같은 반목은 문화의 위대한 도구이지만, 그것 은 어디까지나 도구일 뿐이다. 왜냐하면 반목이 지속되는 한, 우 리는 문화를 향해 나아가는 길 위에 있기 때문이다.

이 관점에 따르면, 서로 싸우고 있는 우리의 능력들의 현재 상태는 문화의 상태가 아니고 도중의 어느 단계일 것이다. 물론, 이에 대한 의견은 나뉠 것이다. 왜냐하면 어떤 사람은 문화를 집단적인 문화의 상태로 이해하고 또 어떤 사람은 그런 상태를 단순히 문명으로 보면서 문화에는 개인의 발달이라는 엄격한 기준을 갖다 댈 것이기 때문이다.

그러나 실러가 이 두 번째 관점을 전적으로 지지하면서 우리의 집단 문화와 개인적인 그리스의 문화를 부정적으로 대비시킬 때, 그는 오해하고 있다. 왜냐하면 그가 그리스 시대의 문명이 안고 있던 결함을, 말하자면 그 문화의 타당성을 매우 의문스럽게 만드는 그런 결함을 간과하고 있기 때문이다. 이를테면, 어떤 문화도 진정으로 완전할 수 없다. 문화가 언제나 이쪽 또는 저쪽으로 기울고 있기 때문이다. 어떤 때는 문화적 이상(理想)이 외향적이며, 그런 경우에는 가치가 대상으로, 그리고 인간과 대상의 관계로 집중된다. 또 어떤 때는 문화적 이상이 내향적이며, 그런 경우에는 중요한 가치가 주체에, 그리고 주체와 관념의 관계에 집중된다. 전자의 경우에 문화는 집단적인 성격을 띠고, 후자의 경우에 문화는 개인적인 성격을 띤다. 그러므로 주요 원칙이 그리스도의 사랑인 기독교 영향 아래에서 어떤 집단적인 문화가 생겨나는 과정은 쉽게 이해된다.

이런 문화에서 개인은 쉽게 전체에 삼켜져 버린다. 개인적인 가치들이 원칙적으로 낮게 평가되기 때문이다. 그래서 독일 고전주의 시대에 고대 세계에 대한 뜨거운 갈망이 일어났다. 독일 고전주의자들에겐 고대 세계야말로 개인적인 문화의 상징이었으며, 그 때문에 고대 세계가 지나치게 과대평가되고 이상화되었다. 그리스의 정신을 모방하거나 다시 포착하려는 시도가 심심찮게 이뤄졌다. 그 시도들은 오늘날 우리에게는 다소 어리석어 보이지만, 그럼에도 불구하고 개인적인 문화의 선구자로 평가 받아야 한다.

실러가 그 편지를 쓴 이후 120년 동안에, 개인적인 문화의 상태는 더 나빠졌다. 개인의 관심이 집단적인 일에 훨씬 더 많이 쏟아지고 있고, 따라서 개인적인 문화의 발달을 도모할 여가 시간이 남지 않게 되었기 때문이다. 따라서 오늘날 우리는 고도로 발달한 집단 문화를 갖게 되었다. 조직 안에서는 집단 문화가 지금까지 유례를 찾기 어려울 정도로 커졌지만, 바로 그 점 때문에 집단 문화가 개인의 문화에 점점 더 많은 피해를 안기게 되었다.

어떤 한 개인을 놓고 보면 그 개인의 실제 모습과 그 개인이 대표하고 있는 것들 사이에, 또 한 사람의 개인으로서 그의 존재와 한 사람의 집단적인 존재로서 그의 존재 사이에 간극이 더욱 넓어졌다. 개인의 기능은 개인의 개성을 희생시킨 대가로 개발되었다. 그가 탁월하다면, 그것은 단지 그가 집단적인 기능과 동일하다는 것을 의미할 뿐이다. 그러나 그가 탁월하지 않다면, 그것은 그가 사회에서 하나의 기능으로 여겨지고 있음에도 불구하고 그의 개성은 전적으로 개발되지 않은 열등한 기능들의 수준에 있다. 이 사람은 그냥 미개인으로 여겨지는 반면에, 집단적인 기능과 동일한 사람은 자신의 실제 야만성에 대해 행복한 맘으로 자신을 기만한다. 이 같은 일방성은 틀림없이 사회에 결코 무시할 수 없는 이점을 안기면서 다른 방법으로는 절대로 얻을 수 없는 획득을 느리게 한다. 실러가 이 점을 멋지게 관찰하고 있다.

우리의 정신의 에너지를 몽땅 단 하나의 초점에 집중함으로써만, 그리고 우리의 존재 전체를 단 하나의 힘에 쏟아 부음으로써만, 우리는 이 개인적 힘에 날개를 달아주면서 그 힘이 자연이 정한 한계 그 너머까지 나아가도록 한다.

그러나 이 같은 일방적인 발달은 불가피하게 반발을 낳는다. 왜냐하면 억눌린 열등 기능들이 우리의 삶과 발달에서 무한히 배제될 수는 없기 때문이다. 미발달한 기능들에도 살아갈 기회를 주기 위해서, 정신 안에서 구분이 폐지되어야 하는 때가 올 것이다.

문화의 발달에 수반되는 분화 과정이 개인의 능력들의 분화라는 차원을 크게 뛰어넘어 전반적인 심리적 태도의 영역까지 침입하면서 종국적으로 정신의 기본 기능들의 분리를 초래한다는 점에 대해서는 이미 암시한 바가 있다. 바로 이 심리적 태도가 개인이 능력들을 이용하는 방법을 결정하는 것이다. 그와 동시에 문화는 유전을 통해 이미 발달의 기회를 더 많이 누리고 있는 기능의 분화를 더욱 촉진한다. 특별히 더 잘 발달하는 것이 어떤 사람은 사고 능력이고 어떤 사람은 감정 능력일 수 있는데, 그런 경우에 사람은 문화의 요구에 부응해 천성적으로 자신에게 주어진 태도를 더욱 발달시키게 될 것이다. 어떤 기능을 양성한다는 것이 곧 그 기능이 특별히 효율적이라는 뜻은 아니다. 반대로, 그 같은 양성은 약함과 불안정과 유연성을 전제하고 있으며, 바로 그 점 때문에 그 기능에서 언제나 최고의 개인적 가치가 추구되거나 발견되는 것은 아니며, 그 기능이 집단적인 목적을 위해 개발되는 한 최고의 집단적 가치만 발견될 것이다.

이미 말한 바와 같이, 무시되고 있는 기능들 아래에 보다 높은 개인적 가치들이 숨어 있을 수 있다. 이 개인적 가치들은 집단적인 삶에는 별로 중요하지 않을지라도 개인의 삶에는 대단히 소중하며, 따라서 그 가치들은 개인의 삶에 집단적인 기능에서 찾지 못하는 중요성과 아름다움을 안겨주는 결정적인 가치들이다. 분화된 기능은 그 사람에게 집단적 존재의 가능성을 보장하지만 개인적 가치의 발달만이 줄 수 있는 만족과 삶의 즐거움을 주지는 못한다. 개인적인 가치들의 부재는 종종 깊은 결핍으로 느껴지며, 개인적 가치들로부터의 단절은 실러가 말하듯 고통스런 상처와도 비교되는 그런 내적 분열과 비슷하다. 실러의 말을 더 들어보자.

인간의 자질들을 이처럼 단편적으로 배양함으로써 세상이 하나의 전체로서 얻을 수 있는 것이 제아무리 많다 하더라도, 그런 불완전한 배양이 일어나고 있는 개인은 이 같은 보편적인 목표의 저주로 인해 고통을 겪게 된다는 점은 부정할 수 없다. 운동선수의 육체는 확실히 육체적 훈련을 통해서 개발되지만, 그 육체의 아름다움은 오직 사지(四肢)의 자유롭고 균등한 활동이 보장될 때에만 창조된다. 마찬가지로, 개인적인 재능들을 연마할 경우에 틀림없이 탁월한 인간으로 성장하겠지만, 그 재능들이 균등하게 조화를 이루며 발달할 때에만 충만하고 행복한 인간이 가능해진다.

그리고 만약에 인간 본성의 배양이 그런 희생을 반드시 요구한다면, 우리는 과거 시대나 미래 시대와 어떤 관계에 놓이는가? 우리는 인류의 노예여야 했으며, 몇 세기 동안 인류를 위해 쉬지 않고 악착스럽게 일하면서 우리의 훼손된 본성에 예속의 수치스런 흔적을 낙인처럼 남겼어야 했을 것이다. 후세대가 도덕적 건강을 돌보는 일에 기쁜 마음으로 헌신하면서 인간성의 자유로운 성장을 꾀하도록 하기 위해서!

그러나 인간이 과연 어떤 목적을 위해서 자기 자신을 진정으로 무시할 수 있는가? 이성이 그 계획에 따라 우리에게 제시한 완전성을, 자연이 그 계획에 따라 우리로부터 강탈해야만 하는가? 개인적인 힘들의 배양이 그 힘들의 전체성을 희생시킬 것을 요구한다는 말은 엉터리임에 틀림없다. 혹은 자연의 법칙이 그런 경향을 제아무리 강하게 보인다 하더라도, 우리는 예술이 파괴한 우리 본성의 전체성을 그것보다 더 높은 예술을 통해 자유롭게 복구할 수 있어야 한다.

실러는 자신의 개인적 삶에서 이 갈등을 매우 깊이 느꼈음에 분명하다. 또 예속 상태에서 쇠약해지고 있는 억압된 기능들을 해방시킴으로써 조화로운 삶을 복구시킬 일관성 또는 동질성에 대한 갈망을 불러일으킨 것이 바로 그 자신의 내면에서 확인되는 이런 적의(敵意)였음이 분명하다. 이런 생각은 또 바그너(Richard

Wagner)의 '파르지팔'(Parsifal)의 주요 모티프이기도 하며, 그 생각은 작품 중에서 잃어버린 창(槍)을 복원하고 상처를 치료하는 대목에서 상징적으로 표현되고 있다. 바그너가 예술적인 언어로 말하고자 노력한 것을 실러는 철학적 고찰에서 분명히 밝히려고 노력했다.

그 어디에서도 공개적으로 언급되지 않았지만, 실러의 문제가 고전적인 삶의 양식과 세계관의 회복을 다루고 있다는 암시는 충분히 읽힌다. 이 암시를 바탕으로, 실러가 기독교 식의 해결책을 간과하거나 고의로 무시했다는 결론도 가능하다. 여하튼 실러의 정신적 눈은 기독교의 구원 교리보다는 고대의 아름다움 쪽에 초점이 맞춰져 있었으며, 그럼에도 불구하고 기독교의 구원 교리는 실러 자신이 추구한 목표, 즉 악으로부터의 해방 외에 다른 목표는 전혀 갖고 있지 않았다.

배교자 율리아누스(Julian the Apostate)는 헬리오스 왕에 대한 글에서 인간의 가슴은 "격한 전투로 가득하다."고 말한다. 이 말로 율리아누스는 자기 자신뿐만 아니라 자신이 살던 시대까지 적절히 규정하고 있다. 말하자면 가슴과 정신에 전례 없는 무질서한 혼동으로 나타나고 있던 고대 말의 내적 열상(裂傷)을 잘 표현하고 있는 것이다.

당시 기독교는 이 혼동으로부터의 구원을 약속하고 있었다. 물론, 기독교가 제시한 것은 해결책이 아니라 그 혼동으로부터 벗어나는 것, 다시 말하면 한 가지 소중한 기능을 다른 나머지 기능들로부터 분리시키는 것이었다. 당시엔 이 다른 기능도 똑같이 지배권을 단호하게 요구하고 있었다. 그런 상황에서 기독교는 다른 모든 기능들을 배제하는 쪽으로 방향을 분명히 제시했다. 이것이 실러가 기독교가 제시한 구원의 가능성을 침묵 속에서 무시했던 근본적인 이유였을 것이다. 자연과 밀접히 접촉하는 이교도의 경향이 기독교가 제공하지 않은 그런 가능성을 약속하는 것처럼 보였다.

> 자연은 육체적 창조를 통해서 우리 인간이 도덕적 창조에서 추구해야 할 길을 암시한다. 하부의 조직들 안에서 일어나는 기본적인 힘들의 투쟁이 진정될 때까지, 자연은 육체적인 인간을 형성하는 고귀한 작업에 손을 대지 않는다. 마찬가지로, 우리가 윤리적인 인간의 다양성을 감히 촉구하고 나서기 전에, 윤리적인 인간의 내면에서 일어나는 원소들의 갈등, 즉 맹목적인 본능들의 투쟁이 먼저 누그러져야 하고, 그의 내면에서 작용하고 있는 거친 대립이 중단되어야 한다. 한편, 윤리적인 인간의 성격의 독립이 보장되어야 하고, 낯설고 포악한 형태들에 대한 종속이 사라지고 대신에 품위 있는 자유가 확립되어야 한다. 그리고 난 다음에야 우리는 윤리적인 인간의 내면에 있는 다양성을 이상(理想)의 전체성에 종속시킬 수 있다.

따라서 자연의 길에서 상반된 것들을 결합시키는 것은 열등한 기능을 고립시키거나 다시 회복시키는 것이 아니라 그 기능을 인정하는 것이다. 그러나 실러는 열등한 기능을 받아들일 경우에 "맹목적인 본능들의 투쟁"으로 이어질 수 있다고 느낀다. 이상의 전체성이 거꾸로 소중한 기능이 덜 소중한 기능들보다 우위에 놓이는 상태를 다시 초래하고, 따라서 원래의 상태를 복원할 수 있듯이 말이다.

열등한 기능들이 탁월한 기능에 맞서는 것은 열등한 기능들의 근본적인 본성 때문이기보다는 그 기능들의 일시적인 형태 때문이다. 열등한 기능들은 원래 문명화된 인간이 목표를 이루는 데 방해가 되었기 때문에 무시되고 억압되었다. 그러나 인간의 목표는 일방적인 관심사들로 이뤄져 있으며 인간 개성의 완전성과는 결코 동일하지 않다. 만약에 인간 개성의 완전성이 목표라면, 인정받지 못하는 이런 기능들도 반드시 있어야 할 것이며 엄격히 따지면 그 기능들도 본래 그 목표에 반하지 않는다.

그러나 문화의 목표가 인간의 개성을 완전하게 가꾸는 이상과 일치하지 않는 한, 이 기능들은 평가절하될 수밖에 없고 어느 정도의 억압을 피하지 못한다. 억압된 기능들을 의식적으로 수용하는 것은 내면의 내란을 받아들이는 것이나 마찬가지이다. 그 전까지 억제되어 있던 반대자들이 풀려나게 되고, 그 즉시 "성격의 독립"이 폐기되기 때문이다. 이 성격의 독립은 갈등의 해결에 의해서만 성취될 수 있으며, 갈등의 해결은 반대 세력들을 독재적으로 지배하지 않고는 불가능해 보인다. 그런 식으로 자유가 훼손되며, 자유가 없는 상태에서 도덕적으로 자유로운 인격을 형성하는 것은 마찬가지로 불가능하다. 그러나 만약에 자유가 계속 유지된다면, 그 사람은 본능들의 갈등에 시달리게 된다.

인간들은 무엇인가를 시도할 때마다 자유가 늘 적대감을 보인다는 사실에 깜짝 놀라서 어떤 곳에서는 자기 자신을 편안한 예속의 상태에 던지고 또 어떤 곳에서는 현학적인 가르침에 절망하며 자연 상태의 방종에 빠진다. 강탈은 인간 본성의 허약함을 내세울 것이고, 반란은 인간 본성의 존엄을 내세울 것이다. 그러다 보면 마침내 모든 인간사의 위대한 주권자인 맹목적인 힘이 권투 경기에서처럼 원칙들의 터무니없는 갈등을 해결하기 위해 개입할 것이다.

당시에 프랑스에서 벌어졌던 혁명이 이 같은 진술에 생생한 배경이 되어 주었다. 이상주의가 팽배한 가운데 철학과 이성의 이름으로 시작된 프랑스 혁명은 피가 홍건히 흐르는 카오스로 끝났으며, 이 혼란으로부터 나폴레옹(Napoleon Bonaparte)이라는 독재의 천재가 등장했다. 이성이라는 여신은 고삐 풀린 야수의 힘 앞에서 무력한 것으로 입증되었다. 실러는 이성과 진리의 패배를 느꼈으며, 따라서 진리 자체가 하나의 권력이 될 수 있어야 한다고 주장해야 했다.

만약 이성이 지금까지 정복의 힘을 아주 미약하게 보일 수밖에 없었다면, 그 잘못은 이성을 드러내는 방법을 몰랐던 지성보다는 이성을 차단하는 가슴과 이성에 봉사하지 않는 본능에 있다. 철학과 경험이 비추는 환한 불빛 옆에서, 편견의 이런 보편적인 힘, 즉 지적 암흑은 어디서 일어나는가? 이 시대는 계몽되었다.

말하자면 지식이 발견되어 공개적으로 전파되고 있으며, 그 만한 지식이라면 적어도 우리의 실용적인 원칙들을 건강하게 가꾸기엔 충분하다. 자유로운 탐구의 정신이 그렇게 오랫동안 진리에 접근하는 길을 막아 왔던 망상들을 내쫓았을 뿐만 아니라 광신과 기만의 토대까지 무너뜨리고 있다. 이성은 감각들의 망상과 기만적인 궤변을 털어냈으며, 처음에 우리로 하여금 자연을 버리도록 했던 철학은 다시 자신의 품으로 돌아오라고 큰 소리로 외치고 있다. 그런데 우리가 여전히 미개인으로 남아 있는 이유는 무엇인가?

우리는 실러의 글을 통해서 프랑스 계몽 운동과 프랑스 혁명의 괴상한 지성 추구 사이의 거리가 매우 가깝다는 것을 느낀다. "시대는 계몽되었다." 지성에 대한 과대평가! "자유로운 탐구 정신이 망상을 내쫓았다." 이만 하면 정말 멋진 합리주의가 아닌가! 이 대목에서 '파우스트'에 나오는 프로크토판타스미스트(Proktophantasmist)(괴테가 만든 단어로, 그리스어로 'Proktos'는 '엉덩이'를, 'phantasma'는 '환영, 환각'을 의미하고, 'mist'는 독일어로 '똥'을 의미한다. 괴테가 『젊은 베르테르의 슬픔』에 비판적이던 저자 프리드리히 니콜라이(Friedrich Nicolai)를 겨냥해 지었다고 한다/옮긴이)가 떠오른다. "당장 꺼져, 넌 본질이 충분히 드러났으니!" 그 시대의 인간들이 이성이 정말로 그런 힘을 가지고 있다면 그걸 드러낼 기회가 그동안 엄청나게 많았다는 사실을 망각한 채 이성의 중요성과 유효성을 과대하게 평가하려 드는 경향이 아무리 강했다 할지라도, 그 시대의 영향력 있는 정신의 소유자들 모두가 그런 식으로 생각하지 않았다는 사실을 간과해서는 안 된다. 따라서 합리적인 주지주의가 이처럼 높이 비상(飛上)한 것은 실러의 내면에 있는 이와 똑같은 성향이 특별히 주관적으로 강하게 발달한 데 따른 것일 수 있다. 실러의 경우에 우리는 그의 시적 직관이 아닌 감정을 대가로 치르고 얻게 된 지성의 우위를 고려해야 한다. 실러 본인에겐 자신의 내면에서 상상과 추상, 즉 직관과 사고 사이에 영원한 갈등이 일어나고 있는 것처럼 보였다. 그래서 그는 괴테에게 이런 글을 쓴다(1794년 8월 31일).

> 특히 초기에 나에게 고찰의 영역과 시의 영역에서 똑같이 어색함을 안겨주었던 것은 바로 이런 것이지요. 대체로, 내가 철학자이고자 할 때 시인이 나를 압도하고 내가 시인이고자 할 때 철학적인 정신이 나를 물고 늘어지곤 했답니다. 지금도 상상의 힘이 나의 추상을 방해하고 냉철한 추론이 나의 시를 방해하는 일이 자주 일어나고 있지요.

실러가 괴테의 정신을 특별히 존경하고, 편지에서 친구의 직관에 거의 여성 같은 감정 이입과 공감을 보인 것은 이 같은 갈등을 예리하게 자각한 데서 비롯된다. 거의 완벽한 통합을 이룬 괴테의 본성에 비하면, 실러는 그 갈등을 배로 힘들게 느꼈을 것임에 틀림없다. 그 갈등은 감정의 에너지가 그의 지성과 그의 창조적 상상력에 똑같이 분배되었다는 심리적 사실 때문에 일어나는 것이었다. 실러도

이 점을 의심했던 것 같다. 왜냐하면 괴테에게 보낸 같은 편지에서 실러가 자신의 도덕적 힘을 "알고 이용하려" 들자마자 어떤 육체적인 병이 그 도덕적 힘을 훼손하려 든다는 관찰에 대해 적고 있기 때문이다. 틀림없이 이 도덕적 힘은 상상과 지성에 제한을 가하게 마련이다.

이미 지적한 바와 같이, 불완전하게 발달한 기능은 의식의 통제에서 벗어나 있고, 또 그 자율성 때문에 다른 기능들을 무의식적으로 오염시키는 것이 특징이다. 그러면 불완전하게 발달한 기능은 역동적인 한 요소처럼 행동하고, 또 현명한 선택을 전혀 하지 못하는 상태에서 의식적이고 분화된 기능에 협박당하는 듯한 느낌을 주면서 부담만 안긴다. 그러면 의식적인 기능은 어떤 경우에는 의도와 결정의 범위 그 너머로 옮겨지고, 또 어떤 경우에는 목표에 닿기 전에 멈추면서 옆길로 빠져 버리고, 또 다른 경우에는 의식적인 다른 기능들과 갈등을 빚게 된다. 오염시키며 방해하는 무의식의 힘이 분화되지 않아서 의식의 통제 아래에 놓이지 않는 한, 이 갈등은 해결되지 않는다.

"우리가 아직도 여전히 미개인이어야 하는 이유가 무엇인가?"라는 물음은 그 시대의 정신뿐만 아니라 실러의 주관적인 심리에서도 나왔다고 추측해도 별 무리가 없다. 그의 시대의 다른 사람들처럼, 실러는 악의 뿌리를 엉뚱한 곳에서 찾았다. 왜냐하면 야만성이 거의 아무런 효력을 발휘하지 못하는 이성이나 진리에 있었던 적이 결코 없었고 앞으로도 결코 없을 것이기 때문이다. 야만성은 바로 우리가 이성이나 진리로부터 너무나 많은 것을 기대한다는 점에, 또는 "진리"에 대한 미신적인 과대평가로 인해 이성에 그런 효능을 돌리고 있다는 사실에 있다. 야만성은 일방성, 즉 중용의 결여에, 대체로 나쁜 수단에 있다.

때마침 공포의 절정에 달했던 프랑스 혁명이라는 극적인 예에서, 실러는 이성이라는 여신의 권력이 대단히 널리 확장될 수 있다는 것을, 인간의 내면에 있는 비이성적인 야수가 굉장한 승리를 거둘 수 있다는 것을 똑똑히 보았다. 실러가 유형 문제를 특별히 위급하게 보도록 만든 것은 틀림없이 이런 동시대의 사건들이었다. 왜냐하면 근본적으로 개인적이고 주관적인 어떤 문제가 개인적 갈등과 똑같은 심리적 요소들을 포함하고 있는 외부 사건과 우연히 일치할 때, 갑자기 그 개인적인 문제가 사회 전체가 걸린 일반적인 문제로 바뀌는 경우가 자주 있기 때문이다.

이런 식으로, 개인의 문제는 그때까지 내면의 부조화에 수치스럽고 지저분한 구석이 있었던 탓에 얻지 못했던 존엄 같은 것을 새삼 얻게 된다. 그때까지 그런 문제를 안고 있던 사람은 내적으로나 외적으로나 똑같이 내란에 의해 명예를 잃은 상태처럼 창피한 상황에 빠져 있었다. 과도한 자만에 빠지지 않은 사람이 순전히 개인적인 갈등을 대중 앞에 드러내지 못하도록 막는 것이 바로 그런 상태이다.

그러나 만약에 개인적인 문제와 그보다 훨씬 더 큰 동시대의 사건들 사이에 어떤 연결이 확인되고 이해된다면, 그 같은 사실이 순수하게 개인적인 문제에 따르는 외로움으로부터 해방되도록 만들며, 그러면 주관적인 문제는 우리 사회의 일반적인 문제로 확대된다. 이것은 해결책의 가능성이라는 측면에서 보면 결코 작은 성과가 아니다. 왜냐하면 사람이 자기 자신에게 쏟는 의식적인 관심 중에서 작은 양의 에너지를 개인의 문제에 쏟을 수 있는 반면에, 지금은 집단 본능이라는 총합적인 힘이 존재하기 때문이다. 이 집단 본능의 힘은 그 사람의 내면으로 흘러들어가 자아의 관심사와 결합하고, 따라서 문제 해결의 새로운 가능성을 제시할 새로운 상황이 초래된다. 이는 개인의 의지력이나 용기로는 절대로 가능하지 않았을 것이 집단적인 본능의 힘에 의해 가능하게 되기 때문이다. 집단 본능은 사람이 자신의 개인적인 에너지로는 절대로 극복하지 못할 장애물을 극복하도록 만든다.

따라서 실러에게 개인적 기능과 사회적 기능 사이의 갈등을 해결하는 문제를 떠안을 용기를 안겨준 것이 당대의 사건들의 인상이었다는 추측도 가능하다. 똑같은 대립이 루소(Jean-Jacques Rousseau)에게도 깊이 느껴졌다. 정말이지, 루소의 책 『에밀』(Emile: 1762)의 출발점이 바로 그런 대립이었다. 이 책을 보면 우리가 논하고 있는 문제와 관련하여 관심을 끄는 단락이 몇 군데 눈에 띈다.

> 시민은 분수의 분자에 지나지 않으며, 분수의 가치는 분모에 의존한다. 말하자면 시민의 가치는 전체, 즉 공동체에 달려 있다고 할 수 있다. 훌륭한 사회 제도는 개별 인간을 부자연스럽게 만들고, 그 사람이 독립을 의존과 바꾸도록 하고, 개인을 집단으로 통합시키는 데 가장 적절한 제도이다. …

사회생활 속에서 타고난 감정들의 지배를 지켜나가는 사람은 자신이 추구하고 있는 것이 무엇인지를 모르고 있다. 늘 소망과 의무 사이에서 망설이면서 자기 자신과 전쟁을 벌이고 있는 그 사람은 인간도 아니고 시민도 아닐 것이다. 그는 본인에게도, 타인들에게도 아무 소용이 없는 사람일 것이다.

루소는 자신의 책을 그 유명한 문장으로 시작한다. "만물은 그 창조자의 손을 떠날 때까진 훌륭하지만 인간의 손에서 타락한다." 이 문장은 루소의 특징을 잘 보여줄 뿐만 아니라 그 시대의 전반적인 특징까지 보여준다.

실러도 마찬가지로 뒤를 돌아본다. 당연히 루소의 자연인은 아니다. 바로 여기에 근본적인 차이가 있다. 실러는 "그리스의 하늘" 아래에 살았던 인간을 돌아보는 것이다. 이 회고적인 경향은 실러와 루소 둘 다에게 공통적으로 나타나고 있으며 불가피하게 과거에 대한 이상화와 과대평가와 연결된다.

실러는 고대의 아름다움에 경탄하면서 그리스의 일상을 망각하고, 루소는 이런 문장으로 아찔한 높이까지 올라간다. "자연인은 온전히 자기 자신이며, 하나의 통합적인 통일체이며, 절대적인 전체이다." 그러면서 루소는 자연인이란 것이 철저히 집단적이며 하나의 통일체가 아닌 다른 어떤 존재라는 점을 망각하고 있다. 다른 곳에서 루소는 이렇게 말한다.

우리는 모든 것에 매달린다. 시간과 장소, 인간, 사물 등 온갖 것에 집착한다. 지금 있는 모든 것, 앞으로 있을 모든 것이 우리 각자에게 중요하다. 우리 자신은 우리 자신 중 아주 작은 부분에 지나지 않는다. 우리는 우리 자신을 세상 전체로 얇게 펴며, 그 거대한 넓이 전체에 걸쳐서 섬세해진다. … 그렇다면, 인간들이 자신으로부터 그렇게 멀리 떨어지도록 만드는 것이 자연인가?

루소는 속고 있다. 그는 이 같은 상황이 최근에 이뤄진 발달이라고 믿고 있다. 그러나 그렇지 않다. 우리는 단지 그 상황을 최근에 의식하게 되었을 뿐이다. 언제나 그런 식이었으며, 그런 상황이 깊을수록, 우리는 사물들의 기원 쪽으로 더 깊이 내려가게 된다. 왜냐하면 루소가 묘사한 것은 레비 브륄이 적절히 '신비적 참여'라고 이름을 붙인 원시적인 집단적 사고방식에 지나지 않기 때문이다.

개성을 이런 식으로 억압하는 것은 전혀 새로운 것이 아니며, 그것은 개성이란 것이 전혀 없던 고대의 유물이다. 그렇다면 그것은 우리가 지금 다루고 있는 최근의 억압은 절대로 아니며, 단지 집단적인 것의 압도적인 힘을 새삼 느끼고 자각한 것일 뿐이다. 사람은 자연히 이 같은 힘을 교회와 국가 같은 제도로 투사한다. 마치 도덕적 명령을 피할 수 있는 수단과 방법이 이미 존재하지 않는 것처럼. 교회와 국가 같은 제도는 어떤 의미에서도 거기로 돌려지고 있는 그런 전능을 갖고 있지 않으며, 바로 이 전능 때문에 이 제도들은 가끔 온갖 부류의 혁신가로부터 공격을 받는다. 억압하는 힘은 우리 자신의 무의식에, 우리 자신의 야만적인 집단적 사고방식에 있다. 집단성의 목적에 이바지하지 않는 모든 개인적 발달은 집단적인 정신에 극히 못마땅할 뿐이다.

따라서 앞에서 논한 한 가지 기능의 분화가 어떤 개인적인 가치의 발달이라 할지라도, 그것은 대개 집단적인 관점의 영향을 너무나 강하게 받게 되며 따라서 우리가 본 바와 같이 그 분화는 개인 본인에게도 해롭게 작용한다.

우리의 저자들이 과거의 가치에 대해 그릇된 판단을 한 것은 그들이 옛날의 인간의 심리 조건에 대한 지식을 충분히 갖추지 못한 탓이었다. 이 같은 엉터리 판단의 결과, 초기의 인간이 보다 완벽한 유형이었다는 믿음이 생겨나기에 이르렀다. 회고적인 경향은 그 자체로 이교도적인 사고의 유물이다. 왜냐하면 천당 같은 황금시대를 현재의 사악한 시대의 선구로 상상하는 것이 고대의 미개한 사고방식의 특징이기 때문이다. 인간에게 미래에 대한 희망을 처음으로 안겨주면서 인간에게 그 이상들을 실현할 가능성을 약속한 것은 기독교가 이룬 위대한 사회적, 정신적 성취였다. 보다 최근에 일어난 정신의 발달에서 이 같은 회고적인 경향이 강조되고 있는 것은 르네상스 시대 이후로 줄곧 강하게 느껴지고 있는, 이교사상으로 돌아가려는 현상과 연결되어 있다.

나에겐 이 같은 회고적인 경향은 인간이 교육 방식을 선택하는 행위에도 틀림없이 결정적 영향력을 행사하고 있을 것으로 보인다. 이런 방향으로 경도된 정신은 언제나 과거의 환상에서 그 지지를 추구하고 있다. 만약에 유형들과 유형적 메커니즘들 사이의 갈등에 대한 지식이 우리로 하여금 그것들의 조화를 확립할 무엇인가를 찾도록 강요하지 않았다면, 우리는 회고적인 경향을 경시할 수 있을 것이다. 다음 인용에서 확인되듯이, 실러가 마음에 품고 있던 생각이 바로 그런 것이었다. 그의 근본적인 사상은 우리가 방금 말한 내용을 요약하고 있는 이런 문장들에 표현되고 있다.

> 어떤 자비로운 신(神)이 유아를 어머니의 가슴에서 적절한 때에 떼어내서 아이에게 보다 훌륭한 시대의 젖을 먹이면서 아이가 아득한 고대 그리스의 하늘 아래에서 자라게 하도록 해 보라. 그런 다음에 아이가 어른이 되면 아이가 이방인으로서 자신의 시대로 돌아가도록 해 보라. 그러면 그의 등장은 그의 시대를 즐겁게 하지 않고 아가멤논의 아들(그리스 신화에서 아가멤논과 클리타임네스트라의 아들 오레스테스는 광기와 정화와 연결된다. 호메로스의 이야기에 따르면, 그의 아버지 아가멤논은 트로이 전쟁에서 돌아오면서 내연녀이자 트로이의 공주인 카산드라를 데리고 왔다가 자기 아내의 연인 아이기스토스에게 살해당한다. 이때 현장에 없었던 오레스테스는 7년 뒤 아테네에서 돌아와 자기 어머니와 어머니의 연인을 죽인다/옮긴이)처럼 무시무시한 존재가 되어 그의 시대를 깨끗이 정화할 것이다.

그리스인의 원형에 대한 편애가 이보다 더 분명하게 표현될 수 있을까? 그러나 이처럼 명확한 표현에도 실러가 관점을 넓히지 않을 수 없도록 만든 어떤 한계가 분명히 보인다.

그는 현재의 시대에서 재료를 취할 것이지만, 형태는 보다 숭고

한 시대로부터, 아니 모든 시대 그 너머로부터, 그의 존재의 절대적이고 불별하는 통일성으로부터 차용할 것이다.

실러는 자신이 더 멀리, 인간들이 반쯤 신이던 원시적인 영웅의 시대로 거슬러 올라가야 한다는 것을 분명히 느꼈다. 그는 이렇게 이어간다.

여기서, 신통력을 가진 그의 본성의 순수한 에테르로부터 아름다움의 샘이, 저 아래 깊은 곳의 시커먼 소용돌이 속에 빠져 허우적대는 세대들과 시대들의 타락에 물들지 않은 그런 아름다움의 샘이 아래로 분출한다.

여기서 우리는 인간이 아직 신이고 영원한 아름다움의 환상에 의해 언제나 새로워지던 어떤 황금시대의 아름다운 환상을 보고 있다. 그러나 여기서도 마찬가지로 시인 실러가 사상가 실러를 압도했다. 몇 페이지 뒤에 가면 사상가가 다시 우위에 선다.

역사 속에서 예술이 번창하고 취향이 지배한 거의 모든 시대에 인간은 쇠퇴 상태에 있었다는 사실이, 또 어느 민족에게 미학적인 문화가 정치적 자유와 시민의 덕성, 훌륭한 태도, 진정한 태도 등과 함께 널리 또 깊이 퍼진 예가 지금까지 하나도 없었다는 사실이 확인될 때, 우리는 깊은 생각에 빠지지 않을 수 없다.

이처럼 익숙하고 또 모든 면에서 부정할 수 없는 경험 그대로, 옛날의 영웅들은 결코 양심적이지 않은 삶을 영위했음에 틀림없으며, 정말로 그리스 신화든 다른 신화든 영웅들이 그렇지 않은 식으로 행동했다고 주장하지 않는 신화는 하나도 없다. 그 모든 아름다움은 오직 공적인 도덕을 지킬 형사 법전이나 수호자가 없었다는 한 가지 이유만으로 그 존재를 즐길 수 있었다. 살아 있는 생생한 아름다움은 비참과 고통과 더러움으로 가득한 현실 그 위로 높이 올라갈 때에만 그 황금빛을 퍼뜨릴 수 있다는 심리학적 사실을 인정하면서, 실러는 자신을 떠받치고 있던 발아래의 토대를 스스로 무너뜨린다. 왜냐하면 그가 분열된 것은 아름다움을 상상하고 즐기고 창조하려는 노력에 의해 다시 결합될 수 있다는 점을 증명하려 들었기 때문이다. 이제 아름다움이 인간 본성의 원초적 통일성을 복구할 중재자가 될 터였다. 그런데 모든 경험은 그와 반대로 아름다움은 존재의 한 조건으로 반대자를 필요로 한다는 점을 보여준다.

실러가 지금 앞으로 멀리 나아가도록 하고 있는 것은 사상가이다. 그는 아름다움을 신뢰하지 않으며, 그는 심지어 경험을 내세우면서 아름다움이 해로운 영향을 행사할 수 있다는 입장까지 보이고 있다.

우리가 고대 세계 안에서 시선을 돌리는 곳마다, 취향과 자유는 서로를 배척한다는 것이, 또 아름다움은 영웅적인 미덕들의 폐허 위에서만 영향력을 확고히 행사한다는 것이 확인된다.

경험을 통해 얻은 이 통찰은 실러가 아름다움을 옹호하며 제시한 주장을 거의 뒷받침하지 못한다. 실러는 그 주제를 더 깊이 파고들다가 심지어 아름다움의 이면(裏面)을 현란하게 묘사하는 상황에까지 이르렀다.

만약에 경험이 지금까지 아름다움의 영향에 대해 가르쳐 준 것만을 고집한다면, 우리는 인류의 진정한 문화에 너무나 위험해 보이는 감정의 발달에 적극적으로 나서지 못한다. 우리는 세련에 따른 온갖 이점에도 불구하고 무기력하게 만드는 아름다움의 영향력에 우리 자신을 맡기느니 차라리 상스러움과 밋밋함의 위험을 안더라도 용해시키는 아름다움의 힘을 배제하는 것이 더 낫다.

만약에 사상가가 시인의 말을 글자 그대로의 의미가 아니라 상징적으로 받아들인다면, 시인과 사상가 사이의 갈등은 확실히 종식될 것이다. 시인의 언어도 상징적으로 이해되기를 원하고 있으니까. 실러가 자신을 오해한 것일까? 거의 그런 것 같다. 그렇지 않다면 그가 자신에 맞서 그런 식으로 주장하지 못할 것이다. 시인은 모든 시대와 세대의 밑을 흐르면서 모든 인간의 가슴에 끊임없이 솟고 있는 그 순수한 아름다움의 샘에 대해 말한다. 시인이 마음에 두고 있는 인간은 고대 그리스의 인간이 아니라 우리 자신의 안에 있는 고대의 이교도이며 영원히 때 묻지 않은 본성이고 원시 시대의 아름다움이다. 이 아름다움은 우리 안의 무의식 속에서 살고 있으며, 이 아름다움의 장관이 과거의 모양을 바꿔놓고, 그러면 그 아름다움 때문에 우리는 그때의 영웅들은 실제로 우리가 추구하는 아름다움을 소유했다고 생각하는 오류를 범한다.

시인이 마음에 두고 있는 인간은 우리 안에 있는 원시적인 인간이다. 말하자면, 집단적인 우리의 의식에 거부당함에 따라 우리에게 추하거나 용인할 수 없는 존재로 보임에도 불구하고 우리가 헛되이 엉뚱한 데서 찾고 있는 그 아름다움을 소유하고 있는 그런 인간인 것이다. 이것은 시인 실러가 의미하는 인간이지만, 사상가는 그 인간을 고대 그리스의 원형으로 오해하고 있다. 사상가가 증거가 될 만한 자료에서 논리적으로 추론하지 못하는 것을, 사상가가 열심히 노력하지만 이뤄내지 못하고 있는 그것을, 시인은 상징적인 언어로 약속의 땅으로 표현한다.

이 모든 것을 근거로 할 때, 우리 시대에 인간의 일방적인 분화를 균등하게 하려는 시도는 분화되지 않아 열등해진 기능들을 받아들이는 문제를 매우 진지하게 고려하는 것으로 시작해야 한다는 점이 너무나 분명해진다. 만약에 열등한 기능들의 에너지를 분화 쪽으로 방출하는 방법에 대한 이해가 전제되지 않는다면, 그 어떤 조정 노력도 성공하지 못할 것이다. 이 과정은 오직 에너지의 법칙에 따라서만 일어날 수 있다. 바꿔 말하면, 잠재적 에너지가 작동할 기회를 얻을 수 있는 경사도(傾斜度) 같은 것이 창조되어야 한다는 뜻이다.

열등한 기능을 직접적으로 탁월한 기능으로 변화시키는 것은 절망적인 과제이다. 그럼에도 이런 노력이 종종 전개되었으며, 그때마다 실패를 거듭해 왔다. 만약에 보다 높은 가치의 어떤 원천이 동시에 낮은 가치의 원천을 지원하지 않는다면, 낮은 형태의 어떤 에너지도 보다 높은 형태의 에너지로 바뀌지 못한다. 말하자면, 전환은 언제나 탁월한 기능에 피해를 안김으로써만 일어날 수 있다는 뜻이다.

그러나 어떤 상황에서도 보다 높은 형태의 에너지의 초기 값은 마찬가지로 낮은 형태의 에너지에 의해서는 얻어질 수 없다. 중간의 어느 수준에서 균등화가 불가피하게 일어나야 하기 때문이다. 분화된 어느 한 가지 기능과 동일시하는 모든 개인에게, 이것은 균형이 이뤄지고 있음에도 불구하고 원래의 가치에 비하면 가치가 명확히 떨어지는 어떤 상태로 하강하는 것을 의미한다. 이런 결과는 피하지 못한다. 인간의 본성의 통일성과 조화를 고무하는 모든 교육은 이 같은 사실을 고려해야 한다. 실러도 나름대로 이와 똑같은 결론을 끌어내지만, 그는 그 결과를 받아들이면서 비틀거리는 모습을 보인다. 심지어 아름다움을 부정하는 모습까지 보이고 있으니 말이다. 그러나 사상가가 거친 판단을 내릴 때, 시인은 다시 이렇게 말한다.

그러나 경험은 아마 그런 문제를 최종적으로 결정하는 그런 법정은 아닐 것이다. 그 법정에서의 증언에 효력을 허용하기 전에, 먼저 그것이 우리가 지금 말하고 있는 그 아름다움과 똑같은 것인지, 그 증언들이 반대하고 있는 그 아름다움이 우리가 논하고 있는 것과 똑같은 것인지부터 확인해야 한다.

146

여기서 실러가 경험 위에 서려고 시도하고 있는 것이 분명하다. 바꿔 말하면, 아름다움에 경험상 정당하지 않은 어떤 특성을 부여하고 있다고 할 수 있다. 그는 "아름다움은 인간성의 한 필요 조건으로 제시되어야 한다."고 믿는다. 말하자면, 아름다움이 필요하고 강제적인 그런 카테고리로 여겨져야 한다는 뜻이다. 따라서 그는 순수하게 지적인 아름다움이라는 개념에 대해, 그리고 우리를 "현상들의 순환과 사물들의 생생한 현존"으로부터 벗어나게 하는 "초월적인 방법"에 대해 말한다. "현실 밖으로 과감히 나서지 못하는 사람들은 절대로 진리를 포착하지 못한다."

실러는 경험이 불가피한 하향의 길로 보여준 것들에 저항한다. 그래서 실러는 논리적인 지성으로 감정을 옹호하는 수밖에 없는 상황에 처한다. 그 결과, 원래의 목표의 성취를 어쨌든 가능하도록 만드는 어떤 공식을 제기한다. 그 불가능성이 이미 충분히 드러났는데도 말이다.

이와 비슷한 위반이 루소에 의해서도 자행된다. 루소가 자연에 의존하는 것은 타락을 야기하지 않는 반면에 인간에 의존하는 것은 타락을 야기한다고 가정하는 대목에서다. 그 위반의 결과, 루소는 다음과 같은 결론에 도달할 수 있다.

> 만약에 국가의 법이 자연의 법처럼 인간의 권력에 절대로 밟히지 않는다면, 인간들을 의존하는 것은 곧 사물들을 의존하는 것이 될 것이다. 그러면 자연 상태의 모든 이점들이 국가 안에서 사회생활의 모든 이점과 결합할 수 있을 것이다. 인간을 악으로부

터 보호해주는 자유는 인간을 미덕으로 끌어올리는 도덕과 결합
할 것이다.

이 같은 고찰을 바탕으로 루소는 다음과 같은 조언을 제시한다.

아이가 전적으로 사물에 의존하도록 하라. 그러는 당신은 아이
의 교육에서 자연의 질서를 따르고 있다. … 아이가 돌아다니길
원할 때 아이가 가만히 앉아 있도록 하지 마라. 또 아이가 가만히
있기를 원할 때 돌아다니도록 하지 마라. 만약에 어른들이 아이
들의 의지를 망쳐놓는 실수를 저지르지 않는다면, 아이의 욕망
은 변덕을 모를 것이다.

불행한 사실은 어떠한 상황에서도 국가의 법이 자연의 법과 일
치를 이루지 못한다는 점이다. 문명화된 상태는 절대로 자연의 상
태와 같을 수 없다. 만약에 그런 일치가 가능한 것으로 인식된다면,
그것은 어디까지나 타협일 뿐이다. 그런 상태에서 국가는 절대로
이상에 이르지 못하고 언제나 이상 밑에서 맴돌 것이다. 이상들 중
에서 이것 또는 저것에 닿기를 원하는 사람은 루소가 제시한 이런
공식에 만족해야 한다. "인간을 만들든가 시민을 만들든가 둘 중
하나를 선택해야 한다. 동시에 둘 다를 만드는 것은 불가능하다."
　이 두 가지 필요는 우리 내면에 있다. 본성과 문화가 그것이다.
우리는 우리 자신으로만 남을 수 없다. 우리는 타인들과 관계를 맺
어야만 한다. 따라서 단순히 합리적인 타협이 아닌 어떤 길이 발견

되어야 한다. 그 길은 살아 있는 존재와 완전히 일치하는 상태 또는 과정이어야 하고, 예언가들이 말하는 바와 같이, "바른 길이고 신성한 길이어야 하며, 바보들도 실수를 하지 않도록 쭉 곧은 길"이어야 한다.

그래서 나는 실러의 내면에 있는 시인에게 적절한 자리를 찾아주려는 경향을 보이고 있다. 비록 이 경우에 시인이 사상가의 영역을 다소 폭력적으로 침입했을지라도 말이다. 왜냐하면 합리적인 진리만 있는 것이 아니라 불합리한 진리도 마찬가지로 있을 수 있기 때문이다.

인간사를 보면, 지성의 측면에서 보면 불가능해 보이는 것이 종종 비합리적인 측면에서 보면 진리가 될 수 있다. 정말이지, 지금까지 인류에게 일어났던 모든 위대한 변화들은 지적인 계산에 의해 이뤄진 것이 아니라 동시대의 정신들이 터무니없다고 무시하거나 부정했다가 오랜 세월이 지난 뒤에야 그 필연에 의해 비로소 인정을 받는 그런 방식으로 이뤄졌다. 그 변화가 인식조차 되지 않는 경우도 자주 있었다. 이는 정신적 발달의 중요한 법칙들은 여전히 '일곱 개의 봉인이 찍힌 책'이기 때문이다.

그러나 나는 이 시인의 철학적 몸짓에는 특별한 가치를 부여하지 않는 경향이 있다. 왜냐하면 그의 손에서 지성이 기만적인 도구가 되기 때문이다. 이 경우에 지성은 지성이 성취할 수 있는 것을 이미 이뤘다. 지성이 욕망과 경험 사이의 모순을 발견한 것이다. 그런 가운데 철학적인 사고에 이 모순에 대한 해결책을 줄기차게 요구하는 것은 꽤 부질없는 짓이다. 그리고 어떤 해결책이 최종적으로 마련된다 하더라도, 진정한 방해가 여전히 우리를 가로막고 있을 것이다. 왜냐하면 그 해결책이 그것을 생각해낼 가능성이나 합리적인 진리를 발견하는 길에 있는 것이 아니라 현실의 삶이 받아들일 수 있는 길을 발견하는 데에 있기 때문이다.

이 점을 암시하는 말이나 격언은 절대로 부족하지 않다. 만약에 그것이 그런 식의 문제였다면, 인류는 이미 피타고라스(Pythagoras) 시대에 모든 측면에서 정점에 닿을 기회를 누렸을 것이다. 그것이 실러가 제안하는 것을 글자 그대로의 의미로 받아들일 것이 아니라, 내가 말한 바와 같이 실러의 철학적 성향에 따라 철학적 개념으로 위장하고 있는 상징으로 받아들여야 하는 이유이다. 마찬가지로, 실러가 밟으려 하는 "초월적인 길"을 지식에 근거한 비판적인 추론으로 받아들이면 안 되고, 인간이 이성으로 극복할 수 없는 장애를 만나거나 해결 불가능한 난제에 직면할 때 언제나 따르게 되어 있는 그런 길로 상징적으로 받아들여야 한다.

그러나 이 길을 발견하고 따르기 위해, 인간은 먼저 자신이 그때까지 걸었던 길을 갈라지게 만든 상반된 것들을 놓고 오랫동안 생각해야 한다. 그 장애가 그의 삶의 강을 가로막고 있다. 리비도의 축적이 일어날 때마다, 그 전까지 삶의 꾸준한 흐름에서 서로 결합되어 있던 상반된 것들이 따로 분리되면서 금방이라도 전투를 벌일 것처럼 서로 적대하게 된다. 그러면 상반된 것들은 오랫동안 이어지는 갈등에서 스스로 소진하는데, 갈등의 지속 기간과 결과는 예측 불가능하다. 상반된 것들에 빼앗긴 에너지로부터 제3의 것이 형성되는데, 바로 이것이 새로운 길의 시작이다.

이 법칙을 받아들이면서, 실러는 지금 자신의 내면에서 작동하고 있는 상반된 것들의 본질을 깊이 조사하는 일에 매진하고 있다. 우리가 어려운 장애에 봉착할 때, 우리 자신의 목적과 완고한 대상 사이의 불화는 곧 우리 내면의 불화가 된다. 왜냐하면 내가 대상을 나의 의지에 종속시키려고 노력하는 사이에 나라는 존재 전체가 그 대상과 점진적으로 관계를 맺게 되기 때문이다. 말하자면, 나 자신의 일부를 대상 속으로 끌고 가는 그런 강력한 리비도의 투입이 일어나고 있는 것이다. 그 결과, 나의 인격의 어떤 부분과 대상의 비슷한 특징 사이에 부분적 동일시가 일어나게 된다. 이런 동일시가 일어나기만 하면, 그 갈등은 나 자신의 정신으로 전이된다. 이처럼 대상과의 갈등이 나의 정신으로 "내사(內射)"되면, 나의 내면에서 갈등이 일어난다. 그러면 나는 대상에 맞서 힘을 쓰지 못하고 감정을 표출하게 되며, 이 감정 표출은 언제나 내면의 부조화를 드러내게 되어 있다. 그러나 이 감정 표출은 내가 나 자신을 감각하고 있으며, 따라서 나의 관심을 나 자신에게 쏟고 나의 정신에서 벌어지고 있는 상반된 것들의 작동을 추적할 수 있는 입장에 있다는 점을 증명한다.

이것이 실러가 취하고 있는 길이다. 그가 발견하는 부조화는 국가와 개인 사이에 일어나는 것이 아니며, 11번째 편지의 서두를 보면 그는 그것을 "인격과 조건"의 이중성으로, 말하자면 자아와 자아의 변화하는 정서 상태로 인식하고 있다. 왜냐하면 자아는 상대적 일관성을 갖는 반면에, 자아의 관계성, 즉 감수성은 변화하기 때문이다. 그리고 사실 자아의 한쪽은 의식적인 자아 기능인 반면에,

다른 쪽은 자아와 집단적인 것의 관계이다.

이 두 가지 요소는 인간 심리에 고유하다. 그러나 다양한 유형들은 이 같은 근본적인 사실들을 서로 다른 측면에서 볼 것이다. 내향적인 유형의 사람에게 자아라는 개념은 의식에 지속적으로 주목하는 것이며, 그에게 자아의 대립물은 정서에 대한 감수성이다. 반대로, 외향적인 유형의 사람에게는 대상과의 관계의 지속성이 자아 개념보다 더 중요하다. 따라서 외향적인 사람에게 그 문제는 다르다.

실러의 추가적인 고찰을 따를 때, 그 점을 반드시 명심해야 한다. 예를 들어, 그가 "인격"은 "외적으로 일관된 자아에서, 그리고 자아를 통해서만" 모습을 드러낸다고 말할 때, 이것은 내향적인 유형의 관점에서 본 것이다. 외향적인 관점에서 본다면, 인격은 대상과의 관련성에서, 대상과의 관계라는 기능을 통해서만 드러날 것이라고 말해야 한다. 왜냐하면 내향적인 유형의 사람에게만 "인격"이 전적으로 자아이고, 외형적인 유형의 사람에겐 인격이 그 사람의 정서성에 있지 정서의 영향을 받는 자아에 있지 않기 때문이다.

외향적인 유형에겐 자아는 자신의 정서보다 덜 중요하다. 외향적인 유형의 사람은 변화하고 요동치는 것들 속에서 자기 자신을 발견하고, 내향적인 유형의 사람은 지속적인 것들 속에서 자기 자신을 발견한다. 자아는 "영원히 일정한" 것이 아니며 자아에 거의 관심을 주지 않는 외향적인 유형의 사람에겐 특히 더 일정하지 않다. 한편, 내향적인 유형의 사람에게 자아는 지나치게 큰 중요성을 지닌다. 그래서 내향적인 사람은 자신의 자아에 영향을 미칠 수 있는 모든 변화를 피한다. 내향적인 유형에게 정서성은 대단히 고통스런 그 무엇일 수 있지만, 외향적인 유형에겐 정서성은 어떠한 일이 있어도 놓쳐서는 안 되는 것이다. 실러는 동시에 다음 설명에서 내향적인 유형의 모습을 보인다.

> 온갖 변화를 거치면서도 자신의 모습 그대로 남고, 모든 지각을 경험으로, 말하자면 지식으로 통합시키고, 적절한 때에 이뤄지는 표현들 각각을 모든 때를 위한 하나의 법칙으로 만드는 것, 그것이 그의 합리적인 본성이 그에게 제시한 규칙이다.

추상하고 자제하는 태도가 분명히 드러난다. 그런 태도는 더 나아가 행동의 최고 원칙으로 작용한다. 모든 사건은 즉시 경험의 수준까지 끌어올려져야 하며, 이런 경험들의 총합으로부터 일생 동안 이어질 법칙이 즉시 나와야 한다. 물론, 이와 반대되는 태도, 즉 어떤 경험이 미래를 방해하는 법칙을 낳지 않도록 막기 위해 어떠한 사건도 경험이 되어서는 안 된다는 태도도 똑같이 인간적이다.

실러가 신에 대해 '생성 중인 것'으로 생각하지 못하고 '영원히 존재하는 것'으로만 생각할 수 있는 것은 실러의 태도와 전적으로 부합한다. 그래서 그는 정확한 직관으로 내향적인 유형의 이상적인 상태에서 "신성"을 느낀다.

> 따라서 완벽한 상태에 있는 인간은 변화의 물결 속에서 영원히 동일하게 남는 그런 일정한 통일체일 것이다. … 인간이 내면에

신성의 잠재력을 갖고 있다는 것은 의심의 여지가 없다.

신의 본성에 관한 이 같은 인식은 그가 믿었던 그리스도의 현현(顯現)과도 조화를 이루지 못하고, 신들의 어머니와 세계의 형성자로 내려오는 그녀의 아들에 관한 신(新)플라톤주의 관점과도 조화를 이루지 못한다.

그러나 실러가 최고의 가치, 즉 신성을 부여하는 기능이 어떤 기능인지는 분명하다. 그것은 자아라는 개념의 항구성이다. 감정을 멀리하는 자아가 그에겐 가장 중요한 것이며, 따라서 이것이 그가 가장 많이 분화시킨 개념이다. 내향적인 유형의 사람들 모두에게 해당하는 말이다. 그의 신, 그의 최고 가치는 자아를 분리시키고 보호하는 것이다. 반대로, 외향적인 유형의 사람에게 신은 대상에 대한 경험이며 현실 속에 완전히 몰입하는 것이다. 따라서 외향적인 유형에겐 영원한 입법자보다 인간이 된 신이 훨씬 더 큰 공감을 불러일으킨다.

이 관점들은 유형들의 의식적인 심리에만 유효하다. 무의식에서는 관계가 거꾸로 된다. 실러는 이 점을 눈치 챘던 것 같다. 비록 그의 의식적인 마음에서는 그가 변하지 않는 가운데 존재하는 어떤 신을 믿고 있을지라도, 그 신성에 이르는 길은 그에게 감각을 통해서, 정서를 통해서, 변화의 생생한 과정을 통해서 드러나기 때문이다. 그러나 그에게 이것은 부차적인 중요성을 지니는 기능이며, 그가 자신의 자아와 동일시하고 자아를 변화로부터 배제시킨다는 점에서 보면 그의 의식적인 태도도 완전히 추상적인 것이 된 반면에 그의 정서성, 즉 그와 대상의 관계성은 반드시 무의식으로 빠지게 된다.

추상하는 의식의 태도로부터, 말하자면 의식이 이상을 추구하면서 모든 사건을 하나의 경험으로 만들고 경험들의 총합으로부터 하나의 법칙을 만들려는 그런 태도로부터, 어떤 한계와 빈곤화가 비롯되는데, 이것이 내향적인 유형의 특징이다. 실러도 괴테와의 관계에서 이 점을 분명히 감지했다. 왜냐하면 그가 보다 외향적인 괴테의 본성을 자신에게 객관적으로 반대하는 그 무엇으로 느꼈기 때문이다. 괴테는 자기 자신에 대해 의미심장하게 이렇게 말한다.

사색적인 인간으로서 나는 철저한 현실주의자라오. 그래서 나는 나에게 제시되는 것들로부터 어떠한 것도 바라지 않고 또 그런 것들에 어떠한 것도 더하기를 원하지 않소. 나는 대상들에 대해서는 그것이 나의 관심을 끄는지 여부 외에는 그 어떤 구분도 하지 않소.

괴테는 실러가 자신에게 미친 영향에 대해 아주 인상적인 말을 남긴다.

만약에 내가 어떤 대상들의 대표로서 당신에게 이바지했다면, 당신은 외부 사물들과 그들의 관계를 아주 엄격하게 관찰하던 나를 나 자신에게로 돌아가도록 이끌었소. 당신은 나에게 정신의 다양성을 더욱 공정하게 보도록 가르쳤다오.

한편, 실러는 괴테에게서 자신의 천성을 보완하거나 완성시킬 요소를 발견한다. 그와 동시에 차이를 느끼는데, 실러는 그 차이에 대해 이런 식으로 암시한다.

나에게 관념들의 위대한 보고(寶庫) 같은 것은 절대로 기대하지 마십시오. 왜냐하면 그런 보고야말로 내가 당신에게서 발견하는 것이기 때문이지요. 나의 욕구와 노력은 적은 것으로부터 많은 것을 끌어내는 것이지요. 설사 당신이 사람들이 습득된 지식이라고 부르는 그 모든 것에서 나의 빈약을 확인할지라도, 당신은 아마 내가 여러 면에서 성공을 거두었다는 점을 발견할 것입니다. 나의 관념들의 범위가 더 좁기 때문에, 나는 그 영역을 더 자주, 더 빨리 가로지르고 있으며, 바로 그런 이유로, 형식을 통해서 내용이 결여하고 있는 다양성을 창조하면서 내가 가진 얼마 안 되는 지식을 보다 잘 활용할 수 있지요. 당신은 당신이 가진 위대한 관념의 세계를 단순화하려고 노력하는 반면에 나는 나 자신의 작은 소유물을 놓고 다양성을 추구하고 있지요. 당신에겐 지배할 왕국 같은 것이 있지만, 나는 다소 큰 관념들의 가문을 거느리고 있을 뿐이며 이 가문을 작은 우주로 확장하기를 원하고 있답니다.

만약에 우리가 이 진술로부터 내향적인 유형의 특징인 어떤 열등감을 끌어내고, 거기다가 외향적인 유형의 경우에 "위대한 관념의 세계"를 지배하지 않고 그 세계에 종속된다는 사실을 더한다면,

실러의 하소연은 기본적으로 추상하는 태도의 결과로 생겨나는 빈약의 그림을 놀랄 만큼 선명하게 보여준다.

의식의 추상하는 태도에 따른 추가적인 결과는 무의식이 보상적인 태도를 발달시킨다는 점이다. 왜냐하면 그런 태도로 인해 대상과의 관계가 제한을 받을수록(너무 많은 "경험"과 "법칙"이 만들어지기 때문에), 무의식에서 대상에 대한 갈망이 더욱 치열하게 발달하기 때문이다. 이 갈망은 최종적으로 대상과의 충동적이고 감각적인 연결로서 의식에 나타난다. 그러면 대상과의 감각적인 관계가 추상 때문에 결여되어 있거나 억압되어 있던 어떤 감정 관계를 대신하게 된다. 그래서 실러가 감정이 아니라 감각들을 신성에 이르는 길로 여기고 있는 것이다. 실러의 자아는 사고를 이용하지만, 그의 정서 또는 감정은 감각을 이용하고 있다. 따라서 실러의 경우에 사고 형식의 정신적 경향과, 정서성 또는 감정 형식의 감각성 사이에 분열이 일어난다. 외향적인 유형에게는 정반대 상황이 벌어진다. 대상과의 관계가 고도로 발달하지만, 관념들의 세계는 감각적이고 구체적이다.

감각적인 감정 혹은 감각적인 상태에 있는 감정은 집단적이다. 그런 감정은 정서에 대한 감수성을 낳는데, 이 감수성은 언제나 그 사람을 '신비적 참여'의 상태에 빠지게 한다. 감각되고 있는 대상과 부분적 동일시를 이루도록 한다는 뜻이다. 이 동일시는 대상에 대한 충동적 의존으로 나타나고, 그러면 마치 악순환의 고리를 이루듯이 동일시는 내향적인 유형의 내면에 추상의 강화를 불러일으킨다. 이런 현상이 나타나는 것은 부담스런 의존을 깨뜨리기 위해서다. 실러는 감각적인 감정의 이런 특이성을 인식하고 있었다.

어떤 사람이 단순히 감각하고 단순히 욕망하고 단순히 성향에 따라 행동하는 한, 그 사람은 여전히 '세상'에 지나지 않는다.

그러나 내향적인 유형도 대상의 영향을 피하기 위해 무한정 추상만 할 수는 없는 노릇이기 때문에 결국에는 외적인 것들에 형태를 부여하지 않을 수 없게 된다. 실러의 말을 더 들어보자.

따라서 단순히 세상이 되지 않기 위해서, 내향적인 유형은 물질에 형태를 부여해야 한다. 그는 내면에 있는 모든 것을 외면화해야 하고 바깥에 있는 모든 것에 형태를 부여해야 한다. 이 두 가지 과제가 최고도로 성취될 때, 내향적인 유형은 내가 출발했던 신성의 개념으로 돌아가게 된다.

이것은 아주 중요한 내용이다. 감각적으로 느껴지는 대상이 인간 존재라고 가정해 보자. 그러면 그 인간 존재는 이 설명을 받아들일까? 그 사람은 자신이 다듬어지는 것을 허용할까? 마치 그와 관계를 맺고 있는 사람이 자신의 창조자라도 되는 것처럼. 인간은 틀림없이 작은 규모로 신의 역할을 하라는 요구를 받고 있지만, 종국적으로 생명 없는 사물들까지도 자신의 존재에 대해 신성한 권리를 갖고 있으며, 세상은 최초의 인간들이 돌을 예리하게 다듬기 시작하기 오래 전에 이미 카오스 상태를 끝냈다. 만약에 모든 내향적인 유형이 자신의 제한적인 관념들의 세계를 외면화하고 그 세계에 따라 외부 세계를 다듬기를 원한다면, 그것이야말로 정말로 의문스런 일일 것이다. 그런 시도가 매일 일어나지만, 개인은 이 같은 "신성한 역할" 때문에 마땅히 고통을 겪는다.

외향적인 유형에겐 실러의 다음과 같은 공식이 그대로 적용될 것이다. "내면에 있는 모든 것을 외면화하고 내면에 있는 모든 것을 구체화하라." 이것이 바로 실러가 괴테의 내면에 불러일으킨 반응이었다. 괴테가 실러에게 쓴 편지를 보면 이와 비슷한 내용이 나온다.

한편 내가 모든 종류의 활동에서 철저히 관념론자라고 말하는 사람도 있을 것이오. 나 자신이 대상에 어떠한 것도 요구하지 않으며, 그 대신에 모든 것이 나의 생각과 부합할 것이라고 믿기 때문이오.

이 말은 외향적인 유형이 사고를 할 때면 내향적인 유형이 외부 세계를 향해 행동할 때처럼 일들이 제 뜻대로 일어나도록 그냥 내버려둔다는 뜻이다. 따라서 이 공식은 거의 완벽한 상태가 성취되었을 때에만 유효하다. 거의 완벽한 상태란 내향적인 유형의 경우에 대단히 풍성하고 유연한 관념의 세계에 이르렀기 때문에 더 이상 대상을 프로크루스테스의 침대(프로크루스테스는 그리스 신화에 나오는 강도로 행인을 잡아다가 자신의 침대에 누이고는 침대의 크기에 맞춰 신체를 자르거나 늘여 죽였다고 한다. 자기 생각에 맞춰서 남의 생각을 뜯어고

치려 드는 태도 등을 빗댈 때 즐겨 쓰는 표현이다/옮긴이)에 맞출 필요가 없게 된 상태를 말하며, 외향적인 유형의 경우에는 대상에 대한 지식이 너무나 많고 대상에 대한 존경이 너무나 깊어서 사고를 할 때 만화 같은 엉성한 그림을 더 이상 그리지 않게 되는 상태를 말한다. 따라서 우리는 실러가 자신의 원칙을 가장 높은 기준에 바탕을 두고 있으며, 그렇게 함으로써 개인의 심리적 발달과 관련하여 거의 터무니없는 요구를 하고 있다는 것을 알 수 있다. 그런 요구를 하면서, 그는 자신의 원칙이 모든 점에서 의미하는 바를 분명히 알고 있다는 식으로 단정한다.

어쨌든, "내면의 모든 것을 외면화하고 외부의 모든 것에 명확한 형태를 부여하라"는 원칙이 내향적 유형의 의식적 태도의 이상이라는 것은 꽤 분명하다. 이 원칙은 한편으로는 내면의 개념 세계에 이상적인 범위가 있다는 가정에, 또 한편으로는 감각적인 원칙을 이상적으로 적용하는 것이 가능하다는 가정에 근거하고 있다.

인간은 "감각"적인 한 "세상"에 불과하며, "세상에 불과하지 않기 위해서 물질에 형태를 부여해야 한다". 이것은 수동적이고, 수용적이고, 감각적인 원칙의 전도(顚倒)를 암시한다. 그런데 그런 전도가 어떻게 일어나는가? 그것이 아주 중요하다. 어떤 사람이 물질 세계에 적절한 형태를 부여하는 데 필요한 특별한 범위를 자신의 관념 세계에 줄 수 있을 것이라고, 또 동시에 그의 물질 세계를 그들의 관념 세계의 수준으로까지 끌어올리기 위해서 자신의 정서성을, 말하자면 자신의 감각적인 본성을 수동적인 상태에서 능동적인 상태로 전환시킬 수 있을 것이라고 기대하기는 어렵다. 그 사람은 어떤 장소 또는 사람과 연결되어야 하고 무엇인가에 종속되어야 한다. 그렇지 않으면 그 사람은 정말로 신처럼 될 것이다. 여기서 실러가 감각적인 본성을 지나치게 놓아주는 바람에 대상에 폭력이 가해지게 되었다고 결론을 내리지 않을 수 없다. 그러나 그것은 원시적인 열등 기능에 무한한 존재의 권리를 인정하는 것이며, 우리가 알고 있는 바와 같이, 니체는 적어도 이론적으로는 그렇게 했다. 그 같은 결론은 실러에겐 결코 적용될 수 없다. 왜냐하면 내가 아는 한 실러는 어디에서도 자신을 의식적으로 그런 식으로 표현하지 않았기 때문이다. 그의 원칙은 그 대신에 철저히 순진하고 이상주의적인 성격을 띠고 있으며, 이것은 그가 산 시대의 정신과 꽤 일치한다. 당시의 시대정신은 니체로 시작된 심리학적 비판의 시대를 괴롭혔던, 인간 본성과 인간 진리에 대한 깊은 불신에 따른 손상을 아직 입지 않은 상태였다.

실러의 원칙은 냉혹한 권력의 관점을 적용할 때에만 실행될 수 있다. 말하자면, 대상을 정당하게 다루는가 하는 문제에 대해 양심의 가책도 전혀 느끼지 않고 대상의 능력을 양심적으로 검사하려 들지도 않아야 된다는 뜻이다. 열등 기능은 실러가 한 번도 생각해 보지 않았을 그런 조건에서만 삶에 관여할 수 있었을 것이다. 그런 식으로, 순진하고 무의식적이고 원시적인 요소들도 돌연 전면으로 나서면서 현재의 "문명"을 건설하는 일을 도왔으며, 이 문명의 본질에 대해서는 사람들이 지금 이견을 보이고 있다.

지금까지 문명화된 삶의 표면 뒤에 숨어 있던 원시적인 권력 본능이 마침내 진정한 색깔을 드러내면서 우리가 여전히 "야만인"

이라는 점을 확실히 증명했다. 왜냐하면 의식적인 태도가 고상하고 완전한 관점으로 인해 신과 비슷한 모습을 보이게 되었다는 점에 대해 긍지를 느끼는 그 만큼, 무의식적 태도는 감각적이고 잔인했던 어떤 고대의 신 쪽으로 다가가고 있다는 점을, 말하자면 부정적인 쪽으로 신의 모습을 닮아가고 있다는 점을 망각해서는 안 되기 때문이다. 헤라클레이토스(Heraclitus)의 '에난티오드로미아'(enantiodromia: 사물의 어떤 특성이 극에 달할 때 반대 특성으로 넘어가는 현상을 일컫는다/옮긴이)는 이 '숨은 신'(deus absconditus)이 표면으로 올라오면서 우리의 이상들의 신을 벽 쪽으로 밀어붙일 때가 올 것이라고 장담하고 있다. 그것은 인간들이 18세기 말에 파리에서 벌어지고 있던 일을 진정으로 보지 않고, 자신의 눈으로 본 인간 본성의 심연이 의미하는 바를 굳이 외면하기 위해 미학적 태도, 열정적 태도, 또는 경시하는 태도를 취하면서 머뭇거리고 있는 상황이나 비슷하다.

실러가 살았을 때, 인간 본성의 심연을 다루는 시대는 아직 오지 않았다. 니체는 심정적으로 그 심연과 훨씬 더 가까웠으며, 니체에겐 인류가 전례 없는 갈등의 시대로 다가가고 있는 것이 확실히 보였다. 쇼펜하우어(Arthur Schopenhauer)의 유일한 학생으로서 순진이라는 장막을 찢고 그 속을 들여다본 것이 바로 니체였다. 그는 『차라투스트라는 이렇게 말했다』에서 그 지하의 영역으로부터 다가올 시대에 가장 중요한 역할을 할 사상들을 끌어올렸다.

162

b. 기본 본능들에 대하여

12번째 편지에서, 실러는 두 가지 기본 본능을 다루면서 이 본능들에 대해 자세히 묘사하고 있다. "감각" 본능은 "사람을 시간의 한계 안에 묶어놓으며 그 사람을 물질로 바꿔놓는다". 감각 본능은 시간이 어떤 내용물을 가질 수 있도록 변화를 요구한다. 이처럼 내용물로 채워진 시간의 상태가 감각이라 불린다.

이 상태에 있는 인간은 '등급의 한 단위'(a unit of magnitude)에, 말하자면 내용물로 채워진 시간의 한 순간에 불과하다. 아니, 인간은 그것도 되지 못한다. 왜냐하면 감각이 사람을 지배하고 시간이 사람을 끊임없이 내몰고 있는 한 그 사람의 인격이 소멸하기 때문이다. 이 본능은 위로 향하려는 정신을 끊어지지 않는 사슬로 감각의 세계와 묶어놓고, 무한한 배경 속에서 고삐 풀린 가운데 맘껏 떠돌던 추상을 현재의 한계 속으로 불러낸다.

이 본능의 표현을 감각으로 인식하고, 능동적이고 감각적인 욕망으로 인식하지 않는 것이 실러의 심리학의 가장 두드러진 특징이다. 이는 그에게 감각은 내향적인 유형의 전형적인 특징인 반응의 성격을 지니고 있는 것으로 여겨졌다는 점을 보여주고 있다. 외향적인 유형은 틀림없이 욕망의 요소를 강조할 것이다.

변화를 요구하는 것이 이 본능이라는 점도 중요하다. 관념은 불변과 영원을 원한다. 관념이 지배하는 상태에서 사는 사람은 누구나 영속성을 추구한다. 변화 쪽으로 몰아붙이는 것은 무엇이든 관념에 반대하는 것으로 여겨진다. 실러의 경우에 감정과 감각이 발달하지 않은 상태에 있기 때문에 이 두 가지는 대체로 같은 것으로 여겨진다. 다음 인용에서 보듯, 실러는 감정과 감각을 충분히 구분하지 않는다.

> 감정은 단지 이렇게 말할 수 있을 뿐이다. 이것은 지금 이 순간
> 이 주체에 진리이지만, 다음 순간에는 다른 주체가 나타나 현재
> 의 감각의 진술을 엎어버린다고.

이 인용은 실러에게 감정과 감각은 사실상 서로 대체 가능한 용어였다는 점을 분명히 보여주고 있다. 또 실러가 감각과 뚜렷이 구분되는 것으로서 감정을 부적절하게 평가하고 구별했다는 점을 보여주고 있다. 분화된 감정은 구체적이고 개인적인 가치뿐만 아니라 보편적인 가치도 확립할 수 있다. 그러나 내향적 사고 유형의 "감정-감각"은 그 수동적이고 반응적인 성격 때문에 전적으로 구체적인 것이 사실이다. 내향적 사고 유형의 "감정-감각"은 오직 개인적인 예에 의해서만 자극을 받으며 개인적인 예 그 위로, 말하자면 모든 예들을 추상적으로 비교하는 단계까지는 절대로 올라가지 못한다. 왜냐하면 내향적인 사고 유형의 경우에 온갖 예들을 서로 비교하는 과제가 감정 기능이 아니라 사고 기능에 의해 수행되기 때문이다. 거꾸로, 내향적인 감정 유형의 경우에 감정은 추상적이고 보편적인 성격을 얻으면서 보편적이고 영원한 가치들을 확립할 수 있다.

실러의 설명을 더 깊이 분석하면, "감정-감각"(이 용어를 나는

내향적 사고 유형의 내면에서 감정과 감각이 융합되는 현상을 나타내는 것으로 쓰고 있다)이 자아가 동일시하지 않는 기능이라는 것이 확인된다. "감정-감각"은 적대적이고 낯선 무엇인가의 성격을 갖고 있다. 말하자면, 주체가 자신의 밖에 서서 자신으로부터 멀어지도록 함으로써 인격을 몰아내고 "소멸시키는"그런 성격이 "감정-감각"에 있다는 뜻이다. 그래서 실러는 "감정-감각"을 사람이 "자신의 밖에 서도록" 하는 정서(=외향성)와 비슷한 것으로 여긴다. 사람이 마음을 가라앉혔을 때의 상태를 실러는 "자기 자신에게로 들어가는 것(내향성), 즉 인격을 재확립하면서 자신의 자아로 돌아가는 것"이라고 부른다. 이를 근거로 볼 때, 실러에게 "감정-감각"은 그 사람 개인에게 속하는 것이 아니라 위험한 부속물처럼, 다시 말해 단호한 의지로 맞서야 하는 그런 부속물처럼 보였던 것 같다.

그러나 외향적 유형에게 그의 진정한 본질을 이루고 있는 것처럼 보이는 것은 바로 그 사람의 이런 측면이다. 외향적인 유형은 마치 대상의 영향을 받고 있을 때에만 자신의 모습을 온전히 지키고 있는 것처럼 보인다. 외향적인 유형의 사람을 이해하려고 할 때면, 그 사람에겐 대상과의 관계가 탁월하고 분화된 기능이라는 점을 고려하는 것이 최선의 방법이다. 추상적인 사고와 감정은 내향적인 유형에겐 없어서는 안 되는 본능인 만큼 외향적인 유형에겐 환영을 받지 못한다.

내향적인 사고 유형의 감정이 감각적인 본능에 의해 손상을 입듯이, 외향적인 감정 유형의 사고는 감각적인 본능 때문에 손상을 입는다. 외향적인 감정 유형의 사고와 내향적인 사고 유형의 감정에게 감각적인 본능은 똑같이 물질적이고 구체적인 것에 대한 극도의 제한을 의미한다. 그러나 대상을 통한 삶도 나름대로 "속박되지 않은 방랑"을 무한히 하고 있지, 실러가 생각하는 것처럼 오직 추상작용만 그런 방랑을 하는 것은 아니다.

감각성을 "인격"의 개념과 범위에서 배제함으로써, 실러는 "인격은 절대적이고 분할할 수 없는 하나의 통일체이기 때문에 자체적으로 모순을 일으키는 일은 절대로 있을 수 없다"고 단언할 수 있다. 이 통일체는 주체를 가장 이상적인 상태로 지키길 원하는 지성이 바라는 것이며, 따라서 탁월한 기능으로서 지성은 원칙적으로 감각성이라는 열등 기능을 배제해야 한다. 그 결과 나타나게 된 것이 바로 실러가 탐구에 나서도록 만든 동기이자 그 출발점이었던 인간 본성의 훼손이다.

실러에게 감정은 "감정-감각"의 특성을 지니고 있어서 그냥 구체적이기 때문에, 최고의 가치, 즉 진정으로 영원한 가치는 당연히 형태를 부여하는 사고, 즉 실러가 "형식적 본능"이라고 부른 것에 주어진다. 그러나 사고가 일단 선언하고 나면, 다시 말해 사고가 영원히 결정하고 나면, 그 선언의 유효성은 모든 변화를 부정하는 인격 자체에 의해서 보장된다.

이 대목에서 이런 질문을 던지지 않을 수 없다. 인격의 의미와 가치는 정말로 영원한 것들에만 있는가? 혹시 변화와 생성, 발달이 실제로 단순히 변화를 "무시"하는 것보다 더 높은 가치를 지니지 않는가? 실러의 글은 이런 식으로 이어진다.

그러므로 형식적 본능이 지배력을 행사하고 순수한 대상이 우리 안에서 작동할 때, 그때 모든 장벽이 무너지고 존재가 최고로 확장된다. 그때 인간은 빈약한 감각들의 제한을 받는 '등급의 한 단위'에서, 현상의 전체 영역을 아우르는 관념의 어떤 통일체로 올라간다. 이 같은 이동으로 인해 우리는 더 이상 시간 안에 있지 않으며, 완전하고 무한한 연속성을 지닌 시간이 우리 안에 있게 된다. 우리는 더 이상 개인이 아니고 종(種)이며, 모든 정신들의 판단이 우리 자신의 마음에 의해 선언되고, 모든 가슴들의 선택이 우리의 행동으로 표현된다.

내향적 유형의 사고가 이처럼 히페리온(그리스 신화의 태양신/옮긴이) 같은 존재가 되기를 열망한다는 점엔 이의가 없다. "관념의 통일성"이 매우 제한적인 부류의 사람들에게 이상이라는 것은 애석한 일이 아닐 수 없다. 사고는 단지 충분히 발달하고 자체의 법칙만을 충실히 따를 때에 자연스럽게 보편적 타당성을 주장하는 그런 하나의 기능에 지나지 않는다. 그러므로 세상의 일부만 사고에 의해서 파악될 수 있고, 세상의 또 다른 부분은 감정에 의해서만 파악될 수 있고, 세 번째 부분은 감각을 통해서만 파악될 수 있고, 나머지 부분은 다른 기능에 의해서만 파악될 수 있다. 그것이 아마 다양한 정신적 기능이 있는 이유일 것이다. 생물학적으로 본다면, 정신 체계는 오직 적응의 한 체계로서만 이해될 수 있기 때문이다. 짐작하건대, 눈이 존재하는 이유가 빛이 있기 때문인 것과 똑같은 이치일 것이다.

사고는 비록 사고의 영역에서는 독점적인 타당성을 지키지만, 전체적으로 따지면 중요성의 3분의 1 또는 4분의 1 정도밖에 주장하지 못한다. 시력이 빛의 파동을 지각하는 데 대해서만, 그리고 청력이 음파의 지각에 대해서만 배타적인 타당성을 주장할 수 있는 것과 똑같다. 따라서 관념의 통일성을 최고의 자리에 올리면서 "감정-감각"을 자신의 인격에 반하는 것으로 여기는 사람은 시력은 탁월하지만 귀가 들리지 않아 힘들어하는 그런 사람과 비교될 수 있다.

"우리는 더 이상 개인이 아니고 종(種)이다." 분명히 말하지만, 우리가 자신을 사고 또는 다른 어느 한 기능과 전적으로 동일시한다면, 그런 일이 일어난다. 왜냐하면 그런 경우에 우리가 자신으로부터는 꽤 벗어나 있을지라도 보편적 타당성을 지닌 집단적인 존재이기 때문이다. 이 4분의 1의 정신 밖에서, 다른 4분의 3은 억압과 열등의 어둠 속에서 쇠약해지고 있다.

"그런 식으로 인간을 자기 자신으로부터 멀리 떨어지도록 만드는 것이 자연인가?"라고 우리는 루소처럼 물을 수 있을 것이다. 아니면 한 가지 기능만을 야만스럽게 과대평가하다가 바로 그 기능에 휩쓸려 씻겨 나가는 것이 우리 자신의 심리가 아닌가? 이 힘도 당연히 자연의 일부이며, 길들여지지 않은 이 본능적인 에너지 앞에서 분화된 유형은 신성한 계시 같은 것으로 높이 평가받는 이상적인 기능이 아니라 열등한 기능으로 "우연히" 스스로를 표현해야 하는 상황에 처하기라도 하면 뒷걸음질을 치게 된다. 실러가 진심으로 말하듯이 말이다.

그러나 당신의 개성과 당신의 현재 욕구는 변화에 휩쓸려 나갈 것이고, 당신이 지금 열렬히 갈망하는 것은 어느 날 당신이 혐오할 대상이 될 것이다.

길들여지지 않고 외향적이고 불균형한 에너지가 감각성으로 나타나든 아니면 가장 잘 발달한 기능에 대한 과대평가나 신격화로 나타나든, 그것은 근본적으로 똑같다. 야만인 것이다. 그러나 사람이 행동의 대상에 매료된 상태에서 자신의 행동이 어떤 식으로 행해지고 있는지를 모른다면, 이 같은 통찰은 당연히 불가능하다.

한 가지 분화된 기능과 동일시하는 것은 곧 그 사람이 집단적인 어떤 상태에 있다는 것을 의미한다. 물론 원시인처럼 집단과 동일해진다는 것이 아니라, 집단에 적응하고 있다는 뜻이다. "모든 정신들의 판단이 우리 자신의 정신에 의해 선언되고", 우리의 생각과 말이 사고가 우리와 비슷한 수준으로 분화되고 적응된 사람들의 일반적인 기대와 일치할 정도가 되었다는 뜻이다. 게다가, "모든 가슴들의 선택이 우리의 행동에 의해 표현된다". 그래서 우리는 모두가 바라는 대로 생각하고 행동하게 된다. 사실, 모든 사람은 분화된 기능과의 동일시가 최대한으로 이뤄지는 때에 사회적 이점이 가장 크게 나타나기 때문에 그것이 가장 바람직한 상태라고 믿는다. 그러나 그 순간은 동시에 우리의 본성 중에서 덜 발달한 측면에 가장 불리한 순간이기도 하다. 그런데 이 덜 발달한 측면이 간혹 우리의 개성 중 큰 부분을 이룬다. 실러는 이렇게 말한다.

두 가지 본능 사이의 근본적인 대립을 인정한다면, 인간의 내면에서 통일성을 유지하는 방법은 감각적인 본능을 합리적인 본능에 전적으로 종속시키는 길밖에 없다. 그러나 감각적인 본능을 합리적인 본능에 종속시킬 경우에 나타나는 유일한 결과는 조화가 아니라 단순한 일치이며, 사람은 여전히 분리된 채로 남는다.
…

감정들의 뜨거운 열정 속에서 우리의 원칙에 충실하기가 무척 어렵기 때문에, 우리는 감정들을 무디게 둔화시킴으로써 더욱 안전하게 만드는 편리한 방법을 택한다. 왜냐하면 맹렬하게 날뛰는 적을 지배하는 것보다 무장하지 않은 적 앞에서 침착성을 지키는 것이 훨씬 더 쉬운 일이기 때문이다. 그렇다면 바로 이 조작에, 인간 존재의 형성이라고 부를 수 있는 것 대부분이, 최선의 의미에서 말하는 인간 존재로서 외적 인간뿐만 아니라 내적 인간의 형성에 중요한 것 대부분이 들어 있다. 그런 식으로 형성된 인간은 정말로 잔인한 자연이 되지 않고 또 그런 식으로 보이지도 않을 것이지만, 그 인간은 동시에 자연의 온갖 감각에 맞서는 원칙들로 무장할 것이다. 그래서 인간성은 안에서와 마찬가지로 밖에서도 그에게 닿기 어려울 것이다.

실러는 또 두 가지 기능, 즉 사고와 정서성(감정-감각)이 서로를 대체할 수 있다는 것을 알고 있었다. 우리가 보았듯이, 한 가지 기능이 특권을 누리게 될 때 그런 일이 일어난다.

그는 수동적인 기능[감정-감각]에 활동적인 기능이 필요로 하는 강도(强度)를 줄 수 있고, 물질적 본능으로 형식적인 본능을 차단할 수 있고, 수동적인 능력을 결정력을 발휘하는 능동적인 능력으로 만들 수 있다. 혹은 그는 능동적인 기능[적극적인 사고]에 수동적인 것에 적절한 강도(强度)를 부여할 수 있고, 형식적인 본능으로 물질적 본능을 차단할 수 있고, 결정력을 발휘하는 능동적인 능력을 수동적인 능력으로 대체할 수 있다. 전자의 경우에 그는 절대로 그 자신이 되지 못하며, 후자의 경우에 그는 절대로 다른 무엇인가가 되지 못할 것이다. 결과적으로, 두 경우 모두에서 그는 온전하지 못할 것이고, 따라서 보잘것없는 존재가 될 것이다.

주목할 만한 이 인용에는 우리가 이미 논한 것이 많이 포함되어 있다. 적극적인 사고의 에너지가 감정-감각으로 공급될 때, 이것은 내향적 사고 유형을 거꾸로 뒤집는 것과 같은데, 분화되지 않은 원시적인 감정-감각의 특성들이 가장 중요해진다. 개인이 극단적인 관계성으로, 즉 감각된 대상과의 동일시로 돌아가는 것이다.

이 상태는 열등한 외향성의 상태, 다시 말하면 개인이 자아로부터 완전히 분리되어 케케묵은 집단적인 끈들과 일체감 속으로 용해되는 그런 상태이다. 그러면 그 개인은 더 이상 "그 자신"이 아니며, 순수한 관계성이 되어 대상과 동일해지며 따라서 관점을 갖지 않게 된다.

내향적인 유형은 이 같은 조건에 본능적으로 대단히 강하게 저항하지만, 이 저항은 그가 무의식에서 그런 조건으로 떨어지지 않을 것이라는 점을 절대로 보장하지 못한다. 어쨌든 이것을 외향적 유형의 외향성과 혼동해서는 안 된다. 내향적인 유형은 그런 실수를 곧잘 저지르면서 이 외향적 유형의 외향성에 대해서도 기본적으로 자신의 외향성에 느끼는 것과 똑같은 경멸을 보인다.

한편, 실러가 제시한 두 번째 예는 자신의 열등한 감정-감각을 절단함으로써 스스로를 불임 상태로 만들며 저주하는, 내향적 사고 유형의 가장 순수한 예이다. 불임의 상태란 "인간성이 안에서와 마찬가지로 밖에서도 그에게 닿지 못하는" 상태를 말한다.

여기서 다시 실러가 언제나 그렇듯 내향적 유형의 관점에서만 글을 쓰고 있는 것이 분명해진다. 외향적 유형은 자아가 사고에 있지 않고 대상과의 감정 관계에 있기 때문에 대상을 통해서 자기 자신을 발견하지만, 내향적 유형은 대상 속에서 자신을 잃어버린다. 그러나 외향적 유형이 내향적 유형으로 나아갈 때, 그 사람은 집단적 관념과의 열등한 관계성의 상태에, 말하자면 케케묵고 구체주의적인 집단적 사고와 동일시하는 상태에 이른다. 이 같은 사고는 아마 감각-사고라 불릴 수 있을 것이다. 외향적 유형은 이 열등한 기능 안에서 길을 잃어버린다. 내향적인 유형이 열등한 외향성 안에서 길을 잃어버리는 것과 똑같이. 그래서 외향적인 유형은 내향성에 대해, 내향적인 유형이 외향성에 대해 느끼는 것과 똑같은 반감과 공포 혹은 침묵의 경멸을 느끼게 된다.

실러는 두 가지 메커니즘, 그의 경우에 감각과 사고 또는 그의 표현을 빌리면 "물질과 형식", "수동성과 능동성" 사이의 이 같은 대립을 좁힐 수 없는 것으로 느끼고 있다.

물질과 형식 사이, 수동성과 능동성 사이, 감각과 사고 사이의 거
리는 무한하며, 둘은 아마 화해 불가능할 것이다. 이 두 가지 조
건은 서로 대립하고 있으며 절대로 하나가 될 수 없다.…
그러나 두 가지 본능은 존재하길 원하고, "에너지"(실러는 매우
현대적인 단어를 쓰고 있다)로서 두 가지 본능은 "하강(下降)작
용"을 필요로 하고 또 요구한다. …
물질적 본능과 형식적 본능은 각자의 요구에서 똑같이 정직하
다. 왜냐하면 인식에서 물질적 본능은 사물들의 실체와 연결되
고 형식적 본능은 사물들의 필요성과 연결되기 때문이다. …
그러나 감각적인 본능의 이 같은 하강작용이 육체적 무능력의
결과이거나 어디서나 경멸당하는 감각의 둔화에 따른 결과여서
는 절대로 안 된다. 하강작용은 도덕성으로 감각적인 것을 누그
러뜨리는 자유의 행위여야 하고 그 사람 본인의 활동이어야 한
다. … 왜냐하면 감각은 오직 정신에 유리한 방향으로 상실되어
야 하기 때문이다.

그렇다면 정신은 감각에 유리하게 작용하는 방향으로 상실되어
야 한다는 말도 가능하다. 실러가 실제로 이런 말을 한 것은 아니
지만, 그가 다음과 같은 말을 덧붙일 때 그 말 안에 그런 내용이 암
시되어 있다.

이는 형식적 본능의 하강작용이 정신적 무능력의 결과이거나, 인간성을 손상시킬 사고와 의지의 무력함의 결과여서는 안 되는 것과 똑같다. 감각의 풍요는 인간성을 영광스럽게 하는 원천이 되어야 하고, 감각성 자체는 의기양양한 힘으로 자기 영역을 지키면서 정신이 침해 행위를 통해 가하는 폭력에 저항해야 한다.

이런 글을 통해서 실러는 감각적 경향과 정신적 경향이 동등한 권리를 갖는다는 점을 인정하고 있다. 그는 감각에 존재의 권리를 인정한다. 그러나 그와 동시에 다음 인용에서 보다 깊은 어떤 생각의 윤곽이 드러난다. 두 가지 본능 사이의 "상호 의존성", 이해 공동체, 또는 현대적인 언어로 표현한다면 '공생' 개념이 그것이다. 이런 관계에선 한 쪽의 폐기물이 다른 쪽의 먹이가 된다.

지금 우리는 두 가지 본능 사이의 상호 호혜적인 행위라는 개념을 확인하기에 이르렀다. 그 차원에서, 한 쪽의 작용은 동시에 다른 쪽의 작용을 강화하거나 제한하며, 각각의 작용은 상대방의 활동을 통해 최고 수준에 이르게 된다.

따라서 만약에 우리가 이 사상을 따른다면, 본능들의 반대를 버려야 할 무엇인가로 여길 것이 아니라 그와 정반대로 유익하고 생명을 증진시키는 그 무엇으로, 말하자면 보존하고 강화해야 할 그 무엇으로 봐야 한다. 이것은 분화되고 사회적으로 가치 있는 한 가지 기능의 지배를 직접적으로 공격하는 것이나 다름없다. 왜냐하면 이 분화된 기능의 지배가 열등한 기능들의 억압과 고갈을 낳는 제일의 원인이기 때문이다. 그것은 그 한 가지 기능을 위해서 나머지 모든 것이 희생하도록 만드는 영웅적인 이상에 맞서는 노예의 반란과 비슷하다.

만약에 우리가 알고 있는 바와 같이 기독교가 인간의 정신화를 위해서 특별히 발달시킨 이 원칙이 마침내 깨어진다면, 열등한 기능들은 자연스레 방출의 기회를 발견하면서 옳든 그르든 분화된 기능과 똑같이 인정해줄 것을 요구하고 나설 것이다. 그러면 내향적 사고 유형의 감각성과 정신성, 혹은 감정-감각과 사고 사이의 철저한 대립이 공개적으로 드러나게 될 것이다.

그러나 실러가 말하는 바와 같이 이런 철저한 반대는 상호적인 어떤 한계를 낳는다. 심리학적으로 말하면, 이것은 권력 원칙을, 즉 분화되고 적응된 집단적인 기능의 힘이 보편적으로 적용되는 것이 타당하다는 관점을 버리는 것이나 마찬가지다.

이 같은 폐기의 직접적 결과물은 개인주의, 즉 개성의 실현에 대한 욕구이다. 그러나 여기서 실러가 그 문제를 어떤 식으로 해결하려 했는지를 보도록 하자.

두 가지 본능의 이런 상호적인 관계는 순전히 이성의 과제이며, 이 과제는 사람이 자신의 존재를 완전하게 가꿀 수 있을 때에만 완수될 것이다. 그 상호적 관계는 가장 진정한 의미에서 말하는 인간성의 개념과 같으며, 따라서 그것은 사람이 평생을 두고 조금씩 더 가까워질 수는 있지만 결코 닿을 수는 없는 그런 무한한 그 무엇이다.

실러가 자신의 유형의 영향을 아주 강하게 받고 있다는 점은 유감이 아닐 수 없다. 그렇지 않았다면 두 가지 본능의 협력을 "이성의 과제"로 보려는 생각은 절대로 떠오르지 않았을 것이다. 상반된 것들은 합리적으로는 절대로 결합되지 않는다. 그것들이 상반된 것이라 불리는 이유도 바로 거기에 있다.

실러는 이성을 이성이 아닌 그 무엇으로, 보다 높고 거의 신비스런 능력으로 이해하고 있었음에 틀림없다. 실제로 보면 상반된 것들은 타협의 형식으로만, 또는 비합리적으로만, 다시 말하면 둘 사이에서 나오는 새로운 그 무엇인가로만 결합될 수 있다. 이 새로운 것은 두 가지와 달라도 둘 다를 표현하면서 둘 다를 표현하지 않는 식으로 그것들의 에너지를 받아들일 수 있다. 그런 표현은 이성에 의해 고안될 수 없다. 그것은 오직 삶을 통해서만 창조될 수 있다. 사실은 실러도 바로 이런 것을 의미하고 있다. 다음 단락에서 그 점이 확인된다.

> 그러나 만약에 사람이 이런 이중적인 경험을 동시에 한다면, 이를테면 자신의 자유를 자각하면서 동시에 자신의 존재를 느끼고, 자기 자신을 물질로 느끼면서 동시에 정신으로 알게 된다면, 그 사람은 아마 자신의 인간성을 온전히 느끼는 직관의 상태에 있을 것이며, 그에게 그런 직관을 안겨준 대상은 성취한 그의 운명의 상징이 될 것이다.

따라서 만약에 어떤 사람이 두 가지 능력이나 본능을 동시에 살 수 있다면, 다시 말해 감각하면서 사고하고 사고하면서 감각할 수 있다면, 바로 그 경험(실러는 이것을 대상이라고 부른다)으로부터 성취한 그의 운명을 표현하는 어떤 상징이, 말하자면 긍정과 부정을 결합할 개인적인 방법이 나올 것이다.

이 같은 생각의 바탕을 더욱 면밀히 살피기 전에, 실러가 그 상징의 본질과 기원에 대해 어떤 식으로 생각했는지부터 보는 것이 바람직할 것 같다.

> 감각적인 본능의 대상은 가장 넓은 의미에서의 삶이라 불릴 수 있다. 그것은 모든 물질적인 존재를, 감각에 직접 제시되는 모든 것을 의미하는 개념이다. 형식적 본능의 대상은 비유적인 의미로나 글자 그대로의 의미로나 똑같이 형식이라 불릴 수 있다. 형식은 사물들의 모든 형식적인 특성과 사물들이 지적 기능들과 맺는 모든 관계를 포함하는 개념이다.

그러므로 중재하는 기능의 대상은 실러에 따르면 "살아 있는 형식"이다. 왜냐하면 이것이 상반된 것들이 서로 결합하는 어떤 상징이고, "현상들의 모든 미학적 특성들, 한마디로 말해 가장 넓은 의미에서 아름다움이라고 부르는 것을 나타내는 데에 도움을 주는 개념"이기 때문이다.

그러나 상징은 상징들을 창조하는 기능과 상징들을 이해하는 기능을 전제한다. 상징들을 이해하는 기능은 상징의 창조에는 전혀 개입하지 않는다. 이 기능은 그 자체로 하나의 기능이며 상징적 사고 또는 상징적 이해라 불릴 수 있다. 상징의 본질은 그 자체로는 절대로 이해 불가능한 무엇인가를 나타낸다는 사실에, 그리고 가능한 의미를 오직 직관적으로만 암시한다는 사실에 있다.

상징을 창조하는 것은 합리적인 과정이 아니다. 왜냐하면 합리적인 가능은 기본적으로 이해 불가능한 내용물을 나타내는 이미지를 결코 만들어내지 못하기 때문이다. 상징을 이해하기 위해선, 창조된 상징의 의미를 대충이라도 파악해서 그것을 의식으로 통합시킬 정도의 직관이 필요하다. 실러는 상징을 창조하는 기능을 제3의 본능, 즉 유희 본능이라고 부른다. 이 기능은 두 개의 상반된 기능을 조금도 닮지 않았지만, 두 기능 사이에 선다. 이 기능은 또 감각과 사고가 진지한 기능이라면(실러가 언급하지 않은 내용이다) 두 기능의 본질을 똑같이 공정하게 다룬다.

그러나 어떠한 기능도 진지하지 않은 사람들이 많으며, 그런 사람들의 경우엔 놀이 대신에 진지함이 중간의 자리를 차지해야 한다. 비록 실러가 다른 곳에서 제3의 중재적인 근본 본능의 존재를 부정하고 있지만, 그럼에도 우리는 그의 결론이 다소 잘못되어 있더라도 그의 직관만은 아주 정확했다고 단정할 것이다. 왜냐하면 무엇인가가 상반된 것들 사이에 서더라도 대단히 분화된 유형에서는 사실 그것이 눈에 보이지 않게 되기 때문이다. 내향적인 유형에서 그것은 내가 감정-감각이라고 불렀던 바로 그것이다. 열등한 기능은 상대적으로 억압되어 있는 탓에 부분적으로만 의식에 붙고, 나머지 부분은 무의식에 붙는다.

분화된 기능은 외부 현실에 가장 잘 적응되어 있으며, 그것은 기본적으로 현실 기능이다. 따라서 분화된 기능은 공상적인 요소들의 섞임으로부터 최대한 차단되어 있다. 그래서 공상적인 요소들은 똑같이 억압되어 있는 열등 기능들과 연결된다. 바로 이런 이유 때문에, 감상적인 내향적 유형의 감각이 대체로 무의식적 공상의 분위기를 가장 강하게 띠게 된다.

상반된 것들이 융합하는 제3의 요소는 창조적이며 동시에 감수성 풍부한 공상적인 작용이다. 이것이 바로 실러가 유희 본능이라고 부른 그 기능이며, 실러는 이 용어를 자신이 실제로 말하는 그 이상의 것을 의미하는 것으로 쓰고 있다. 그는 이렇게 말한다. "딱 잘라 말하면, 인간은 인간이란 단어의 의미에 가장 충실할 수 있을 때에만 놀 수 있고 또 놀 때에만 온전한 인간이 될 수 있기 때문이다." 실러에게 유희 본능의 대상은 아름다움이다. "인간은 오직 아름다움만을 갖고 놀 것이다."

실러는 사실 유희 본능에 가장 높은 자리를 부여한다는 것이 무슨 의미인지를 알고 있었다. 우리가 본 바와 같이, 억압의 해소는 상반된 것들 사이의 충돌을 부르면서 동등화를 야기하고, 이 동등화는 반드시 가장 높은 가치의 하락을 낳는다. 오늘날 우리가 이해하고 있는 바와 같이, 문화에 이 같은 동등화는 틀림없이 재앙이다. 유럽인들의 야만적인 측면이 높은 자리를 차지하게 될 것이기 때문이다. 그런 상태의 인간이 놀이를 시작할 때 미학적 기질과 순수한 아름다움을 즐기는 것을 목표로 삼을 것이라고 누가 장담할 수 있는가? 그것은 절대로 합당하지 않은 기대이다. 문화 수준의 불가피한 하락으로 인해 매우 다른 결과가 예상된다. 실러도 제대로 진단하고 있다.

> 그러면 처음 시도될 때엔 미학적인 유희 본능이 거의 눈에 띄지 않을 것이다. 감각적인 본능이 예측 불허의 변덕과 야만적인 욕구로 끊임없이 간섭하기 때문이다. 그래서 우리는 조잡한 취향이 먼저 새롭고 충격적이고 야하고 공상적이고 기이한 것을, 그리고 폭력적이고 거친 것에 집착하면서 소박함과 차분함을 극구 피하는 현상을 보게 된다.

이를 근거로, 우리는 실러가 이런 식의 전개에 따를 위험을 알고 있었다고 결론을 내려야 한다. 또 실러 본인이 발견된 해결책에 동의하지 못하고 있으며, 또 유희적인 미학적 태도가 인간에게 제공할 수 있는 다소 불확실한 바탕보다 더 실질적인 토대를 제시할 필요성을 느끼고 있다는 결론도 가능하다.

실제로 그래야 한다. 왜냐하면 두 기능 사이의 반대가 워낙 크고 뿌리 깊은 탓에 놀이만으로 이 갈등의 중대성과 심각성을 충분히 상쇄시키지 못하기 때문이다. 적어도 두 가지 기능을 진지함에서 서로 동등하게 만들 수 있는 세 번째 요소가 필요하다. 놀이의 태도로 인해 모든 진지성이 사라져야 하며, 이것이 실러가 "무한한 결정 가능성"(unlimited determinability)이라고 부르는 것을 위해 길을 열어줄 것이다.

본능은 간혹 감각에 유혹당하고 또 가끔은 사고에 유혹 당한다.

또 본능은 간혹 대상을 갖고 장난을 치고 또 가끔은 관념을 갖고 장난을 친다. 어떻든 본능은 아름다움만 갖고 놀지는 못한다. 그렇게 되려면 인간이 더 이상 야만인이 아니고 이미 미학적으로 교육을 받은 상태여야 하기 때문이다.

그런데 문제는 이것이다. 인간이 야만의 상태에서 어떻게 빠져나오는가? 그러므로 가장 먼저 인간이 가장 심오한 의미에서 말하는 인간 존재에서 실제로 어디에 서 있는지를 명확히 확인하는 것이 중요하다. 선험적으로, 인간은 사고적인 만큼 감각적이고, 인간은 자기 자신에게도 반대한다. 그래서 인간은 그 중간의 어딘가에 서야 한다. 가장 깊은 핵심에서, 인간은 두 가지 본능을 다 활용하는 존재여야 한다. 그러면서도 인간은 자신을 그 본능들로부터 어느 정도, 경우에 따라서 본능에 복종하면서 동시에 본능을 이용할 수 있을 만큼 거리를 둘 수 있어야 한다. 그러나 먼저 인간은 자신을 본능으로부터 분화시켜야 한다. 말하자면 본능이라는 자연의 힘을 따르면서도 자신을 본능과 동일시하는 일은 없어야 한다는 뜻이다. 이 점에 대해 실러는 이렇게 말한다.

게다가, 정신 자체를 두 가지 본능과 구분할 수만 있다면, 두 가지 근본적인 본능들이 이런 식으로 내재하는 것은 정신의 절대적 통일성과 전혀 모순되지 않는다. 두 가지 본능은 정신 안에 분명히 존재하고 있고 작용하고 있지만, 정신 자체는 물질도 아니고 형식도 아니며, 감각성도 아니고 이성도 아니다.

나의 의견엔, 여기서 실러가 매우 중요한 무엇인가를, 말하자면 어떤 때는 상반된 것들의 주체가 될 수 있고 또 어떤 때는 상반된 기능들의 대상이 될 수 있는 개인의 핵심을 분리시킬 가능성을 건드리고 있는 것 같다. 이 분리는 도덕적 판단만큼이나 지적인 작업이다. 어떤 경우엔 이 분리가 사고를 통해 일어나고, 어떤 경우엔 감정을 통해 일이난다. 만약에 분리가 성공하지 못하거나 분리가 전혀 이뤄지지 않는다면, 불가피하게 개성이 상반된 것들의 짝들로 용해되어 버리는 현상이 나타날 것이다. 왜냐하면 개성이 그 짝들과 동일해지기 때문이다. 그 결과, 자기 자신과의 분리가 나타나거나 반대되는 것을 폭력적으로 억압하는 가운데 어느 한쪽에 유리하게 작용하는 자의적인 결정이 나타난다.

이 같은 생각의 기차는 역사가 매우 깊으며, 내가 아는 한 그것을 심리학적으로 가장 흥미롭게 풀어낸 예는 프톨레마이스의 기독교 주교이며 히파티아(Hypatia:A.D. 350?-A.D. 415)(이집트 알렉산드리아에서 신플라톤주의를 대표하는 인물로 활동했던 그리스계 여성 철학자/옮긴이)의 제자였던 시네시우스(Synesius)에게서 발견된다. 그는 저서『꿈에 관하여』(De insomniis)에서 '공상적인 정신'에 실러가 유희 본능에 부여했고 내가 창조적 공상에 부여한 것과 똑같은 심리적 역할을 부여하고 있다. 다만 시네시우스의 표현 형식은 심리학적이지 않고 형이상학적이다. 말하자면, 우리의 목적에 적합하지 않은 고대의 표현 형식을 취하고 있다는 뜻이다.

시네시우스는 이 정신에 대해 이렇게 말한다. "공상적인 정신은 영원한 것과 일시적인 것 그 중간에 있으며, 우리는 그 정신 안에서 가장 생생하게 움직인다."

공상적인 정신은 본래 상반된 것들을 결합시키며, 따라서 그 정신은 본능적인 본성에 참여하면서 동물의 수준까지 내려가 거기서 본능이 되어 악마적인 욕망을 불러일으킨다. 시네시우스는 이렇게 말한다.

> 왜냐하면 이 정신이 자체의 목적에 부합하는 것이면 무엇이든 차용하고, 양쪽 극단으로부터, 말하자면 이웃들로부터 그런 것들을 취하면서 서로 떨어져 있는 것을 한 가지 핵심 속으로 결합시키기 때문이다. 또 자연이 많은 영역을 가로질러 공상의 범위를 확장하면서, 아직 이성을 소유하지 않은 동물들에게까지도 내려가기 때문이다. … 그것은 동물의 지성 그 자체이며, 동물은 이 공상의 힘을 통해 많은 것을 이해한다. … 온갖 종류의 악마들은 공상의 삶에서 자신의 본질을 끌어낸다. 왜냐하면 악마들이 모두 상상적인 존재이고 우리 내면에서 일어나고 있는 것들의 이미지이기 때문이다.

정말로, 심리학적인 측면에서 보면 악마들은 무의식에서 쳐들어온 침입자에 불과하며, 무의식의 콤플렉스들이 의식의 과정 속으로 난입하는 것이나 마찬가지이다. 콤플렉스들은 우리의 생각과 행동을 발작적으로 방해하는 악마들과 비슷하다. 그래서 고대와 중세에 심각한 신경증적 장애가 귀신에 사로잡힌 것으로 여겨졌다. 이를테면 개인이 지속적으로 어느 한쪽에만 설 때, 무의식은 다른 쪽을 편들며 반항한다. 이 점이 당연히 신(新)플라톤주의자들과 기독교 철학자들에게 가장 두드러지게 다가왔다. 이유는 그들이 전적으로 정신적인 관점을 대표했기 때문이다.

특별히 소중한 것은 시네시우스가 악마들의 상상적인 본성을 언급한 대목이다. 앞에서 이미 강조한 바와 같이, 무의식에서 억압된 기능들과 연결되는 것은 바로 공상적인 요소이다. 따라서 개성은 상반된 것들로부터 스스로를 분화시키는 데 성공하지 못할 경우에 상반된 것들과 동일해지면서 내적으로 찢어지게 된다. 그러면 고통스런 분열의 상태가 일어난다. 시네시우스는 이것을 다음과 같이 표현하고 있다.

따라서 독실한 사람들이 정신적 영혼이라고 불렀던 이 동물적인 정신은 우상이 되고 신이 되고 여러 형태의 악마가 된다. 이런 식으로 영혼도 그 고통을 드러낸다.

본능적인 힘들에 가담함으로써, 정신은 어떤 "여러 형태를 가진 신과 악마"가 된다. 이상한 생각처럼 들리지만, 감각과 사고가 그 자체로 집단적인 기능이며 분화를 이루지 못할 경우에 개성(혹은 실러에 따르면 정신)이 그것들 속으로 용해되어 버린다는 점을 기억한다면 이상하게 들리는 이런 생각도 즉시 이해가 가능해진다. "여러 형태를 가진 신과 악마"라는 개념이 집단적인 실체, 즉 신과 비슷한 것이 되는 것이다. 왜냐하면 신이란 것이 온 곳에 퍼져 있는 어떤 본질에 대한 집단적인 생각이기 때문이다. 시네시우스는 이 상태에서 "영혼도 그 고통을 드러낸다."고 말한다. 그러나 해방은 분화를 통해 이뤄진다. 왜냐하면 시네시우스에 따르면 정신이 "촉촉해지고 무거워질" 때 깊이 가라앉지만, 다시 말해 대상과 얽히게 되지만, 고통을 통해 정화되고 나면 "건조하고 뜨거워져" 다시 위로 오르기 때문이다. 정신이 지하 주거지의 습한 본질로부터 분화하도록 하는 것이 바로 이 불 같은 특성이다.

여기서 자연히 이런 질문이 떠오른다. 불가분의 개인이 무슨 힘으로 분할을 일으키는 본능들에 맞서 스스로를 지키는가? 개인이 유희 본능으로 자신을 지킨다는 것을, 이제 실러도 더 이상 믿지 않는다. 개성을 상반된 것들로부터 효과적으로 떼어놓을 수 있는 것은 진지한 그 무엇임에, 꽤 상당한 힘임에 틀림없다. 한쪽에서 최고의 가치를, 최고의 이상을 외치는 소리가 들리고, 다른 한쪽에선 더없이 강력한 욕망이 유혹의 손길을 뻗고 있다. 실러는 이렇게 말한다.

> 근본적인 이 두 가지 본능은 저마다 발달하기만 하면 본성상, 또 필요에 의해서 만족을 추구한다. 그러나 두 가지 본능이 모두 필요한 것임에도 서로 상반된 목적을 추구하기 때문에, 이 이중적인 충동은 자연히 스스로를 무효화시키고, 의지는 둘 사이에서 완전한 자유를 누린다. 따라서 두 가지 본능에 맞설 힘으로 작용하는 것은 의지이지만, 두 본능 중 어느 것도 그 자체로 다른 것에 맞서는 힘으로 작용하지 못한다. … 인간의 내면에는 의지 외에 다른 힘은 전혀 없으며, 인간을 폐지시킬 수 있는 것만이, 말

하자면 죽음을 비롯해 의식을 파괴하는 것만이 이런 내면의 자
유를 폐지할 수 있다.

상반된 것들이 서로를 상쇄한다는 것은 논리적으로는 맞지만 실
제로는 맞지 않다. 왜냐하면 본능들이 서로 적극적으로 반대하며
일시적으로 해결 불가능한 갈등을 일으키기 때문이다. 정말로 의
지가 그 문제를 해결할 수도 있지만, 그것도 어디까지나 우리가 이
뤄야 할 조건을 먼저 예상할 수 있을 때에만 가능하다.

그러나 인간이 야만의 상태에서 어떻게 빠져나올 것인가 하는
문제는 아직 해결되지 않았으며, 상반된 것들 모두를 공정하게 다
루며 결합시킬 방향을 의지에 제시할 수 있는 조건도 확립되지 않
았다. 의지가 한 가지 기능에 의해 일방적으로 결정되고 있는 것은
정말로 야만적인 상태를 보여주는 신호이다. 이는 의지가 어떤 내
용물을 갖고 어떤 목표를 가져야 하기 때문이다. 그런데 이 목표가
어떤 식으로 정해지는가? 지적 판단 또는 감정적 판단 또는 감각적
욕망을 통해 의지에 내용물과 목표를 제공하는 기존의 정신 과정
이 아니고는 다른 어떤 길이 있겠는가? 감각적인 욕망이 의지의 동
기로 작용하도록 내버려둔다면, 우리는 합리적인 판단에 맞서려는
본능과 발을 맞추는 것이나 마찬가지이다. 그럼에도, 그 갈등 해결
을 합리적인 판단에 맡긴다면, 가장 공정한 중재까지도 언제나 합
리적 판단에 근거할 것이며 감각적 본능보다 형식적인 본능을 우
선할 것이다. 어쨌든 의지는 그 내용물을 이쪽 또는 저쪽에 의존하
는 한 반드시 어느 한 쪽으로 치우치게 될 것이다.

186

그러나 그 갈등을 진정으로 해결할 수 있기 위해선, 어느 쪽에도 너무 가깝거나 너무 먼 내용물을 제시하지 않을 중재적인 상태 또는 과정이 마련되어야 한다. 실러에 따르면, 이것은 상징적인 내용이어야 한다. 왜냐하면 상반된 것들 사이의 중재적인 입장은 상징에 의해서만 닿을 수 있기 때문이다.

어느 한 본능이 전제하는 현실은 다른 본능이 전제하는 현실과 다르다. 그 현실은 다른 본능에겐 꽤 비현실적이거나 가짜일 것이며, 그 반대도 마찬가지이다. 진정하기도 하고 진정하지 않기도 한 이런 이중적인 성격은 상징에 고유하다. 만약에 상징이 진정하기만 하다면, 그것은 상징이 되지 못할 것이다. 그럴 경우에 그것이 진짜 현상이 되어 상징성을 잃기 때문이다. 오직 진정한 것과 진정하지 않은 것을 포용할 수 있는 것만이 상징성을 지닐 수 있다. 그리고 만약에 상징이 진정한 구석을 전혀 갖고 있지 않다면, 그것은 단순히 공허한 상상에 불과할 것이다. 진정한 것과 전혀 연결되지 않는 것은 상징이 되지 못한다.

합리적인 기능은 본래 합리적인 것만을 낳을 수 있기 때문에 상징을 창조하지 못한다. 합리적인 기능이 낳는 것은 모두 의미가 일방적으로 결정되며 상반된 것을 포용하지 못한다. 감각적인 기능도 마찬가지로 상징을 창조하는 데 부적절하다. 이 기능의 산물 역시 대상에 의해 일방적으로 결정되고 상반된 것을 포함하지 않기 때문이다.

그러므로 의지를 위한 공정한 바탕을 발견하기 위해선 또 다른 권위에 기대야 한다. 상반된 것들이 확실히 분리되지 않은 상태에서 여전히 원래의 통일성을 지킬 수 있는 그런 권위여야 한다. 분명히 의식은 그런 권위에 해당하지 않는다. 의식의 핵심이 자아와 비아(非我)를, 주체와 객체를, 긍정적인 것과 부정적인 것을 구분하는 분리에 있기 때문이다.

상반된 것들의 짝으로 분리되는 것은 전적으로 의식의 분화 때문이다. 오직 의식만이 적절한 것을 인식하고 그것을 부적절하고 무가치한 것과 구분할 수 있다. 의식만이 어느 기능은 소중하고 나머지 기능은 소중하지 않다고 선언하고, 따라서 의식만이 소중한 기능에 의지의 힘을 부여하는 한편으로 다른 기능의 주장을 억압할 수 있다. 그러나 의식이 전혀 존재하지 않는 곳에는, 말하자면 순수하게 무의식적인 본능적인 삶이 여전히 지배적인 곳에는, 반성도 전혀 없고, 찬성과 반대도 전혀 없고, 분열도 전혀 없으며, 오직 저절로 일어나고 자율적인 본능성만 있을 뿐이다.

그러므로 본능들의 갈등을 해결하는 문제에 의식을 끌어들이는 것은 부질없는 짓이다. 의식적인 결정은 꽤 자의적이며, 논리적인 대립에 비합리적인 해결책을 내놓을 수 있는 상징적인 내용을 의지에 절대로 공급하지 못한다.

이 문제를 더 깊이 파고들어야 한다. 우리는 지금도 여전히 원초적인 본능성을 간직하고 있는 의식의 토대, 즉 모든 정신적 기능들이 정신의 독창적이고 근본적인 작용 속으로 아무런 구별 없이 용해되는 무의식 속으로 내려가야 한다. 무의식에서 분화가 일어나지 않는 것은 첫째 뇌의 모든 센터들이 서로 직접적으로 연결되어 있다는 사실에서, 둘째 무의식적인 요소들의 에너지 가치가 상대

188

적으로 낮다는 사실에서 비롯된다.

무의식이 상대적으로 적은 에너지를 갖고 있다는 것은 무의식적인 요소가 보다 강한 가치를 얻는 순간에 잠재의식 상태를 끝낸다는 사실로도 충분히 확인된다. 가치가 강조된 무의식적 요소는 그 즉시 의식의 문턱을 넘어서는데, 이 같은 현상은 그 요소에 더해진 에너지 때문에 가능하다. 이제 그 요소는 "행운의 생각" 또는 "육감"이 되거나, 헤르바르트(Friedrich Herbart)가 "저절로 일어나는 표상"이라고 부른 것이 된다.

의식적인 내용물의 강한 에너지 가치는 밝기를 크게 높이는 효과를 발휘하며, 그로 인해 의식적 내용물들 사이의 차이가 분명히 지각되고 차이들 사이의 혼동이 제거될 수 있다. 이와 반대로, 무의식에서는 비슷한 점이 거의 없는, 대단히 이질적인 요소들까지도 서로 대체될 수 있다. 이는 바로 그 요소들의 밝기가 낮고 에너지 가치가 낮기 때문이다. "환시"(幻視: 소리 등 다른 자극에 의해서 일어나는 시각적 지각/옮긴이)나 색청(色聽: 소리를 들으면서 색을 느끼는 현상/옮긴이)에서 보듯이, 심지어 이질적인 감각 인상들도 서로 결합한다. 소리와 빛, 감정적 상태와 관련해서 보여주었듯이, 언어도 마찬가지로 이런 무의식적 오염을 많이 담고 있다.

그렇다면 무의식이 우리가 기댈 수 있는 권위가 될 수 있을 것이다. 왜냐하면 무의식이 정신의 중립 지대이고, 거기선 의식에서 서로 분리되고 대립하는 온갖 것들이 함께 어울리며 집단을 형성하고 배열을 이룰 수 있기 때문이다. 이 집단과 배열은 의식의 빛 속으로 끌어올려지면 이쪽 측면만 아니라 저쪽 측면을 구성하는 요소까지 보여주는 어떤 성격을 드러낼 것이다. 그럼에도 불구하고 이 집단과 배열은 어느 한쪽에 속하지 않으면서 독립적인 중간의 입장을 보일 것이다. 이 집단과 배열들이 의식에 가치와 비(非)가치를 동시에 의미하는 것은 바로 이 같은 입장 때문이다. 이 집단과 배열들은 서로 뚜렷이 구분되지 않는 한 무가치하다. 그런 경우에 의식은 당혹해하고 어리둥절해한다. 그러나 이 집단과 배열에게 중재하는 의지에 근본적으로 필요한 상징적인 성격을 주는 것이 바로 그 미분화된 상태라면, 그것들은 그것만으로도 충분한 가치를 지닌다.

따라서 사람은 전적으로 그 내용물에 의존하는 의지 외에, 무의식에 보조 장치를, 말하자면 창조적인 공상이라는 어머니의 자궁 같은 것을 갖고 있다. 창조적인 공상은 기본적인 정신 작용의 자연스런 과정 속에서 언제든 중재적인 의지를 일깨울 상징을 만들어낼 수 있다. 여기서 나는 의도적으로 "만들어낼 수 있다"는 식으로 표현하고 있는데, 그 이유는 상징이 스스로의 힘으로 그 갈등에 개입하는 것이 아니라 의식적인 내용물의 에너지 가치가 무의식적 상징의 에너지 가치보다 높은 동안에는 가만히 무의식 안에 남아 있기 때문이다.

정상적인 조건이라면 일은 언제나 그런 식으로 전개된다. 그러나 비정상적인 조건이라면, 가치의 전도(顚倒)가 일어나고, 그로 인해 무의식이 의식보다 더 높은 가치를 얻게 된다. 그러면 상징이 표면으로 올라오게 되지만, 의지와 의식의 기능에는 아직 포착되지 않는다. 이는 의식적인 기능들이 가치의 전도 때문에 지금 잠재의식이 되었기 때문이다. 반면에 무의식은 의식의 문턱을 넘어섰으며, 따라서 비정상적인 상태, 즉 정신적 소요가 일어난다.

따라서 정상적인 상태에서 무의식적 상징의 가치를 증대시켜 의식으로 끌어올리기 위해선 상징에 에너지를 인위적으로 공급해야 한다. 자기를 상반된 것들로부터 분화시키면 그런 에너지 공급이 일어난다(여기서 다시 우리는 실러가 제기한 분화의 개념으로 돌아간다). 리비도가 처분될 수 있는 한, 분화는 양쪽으로부터 리비도를 떼어놓는 것이나 마찬가지이다. 왜냐하면 본능에 투입된 리비도는 오직 부분적으로만, 말하자면 의지의 힘이 확장되는 만큼만 자유롭게 처분될 수 있기 때문이다. 이 분리는 자아가 "자유롭게" 처분할 수 있는 에너지의 양으로 표현된다. 그러면 의지는 자기를 가능한 목표로 여기고, 추가적인 발달이 그 갈등에 의해 저지될수록, 자기라는 목표를 이룰 가능성은 그 만큼 더 커진다.

이 경우에 의지는 상반된 것들 사이에서 결정하지 않고 순전히 자기를 위해 결정을 내린다. 말하자면, 처분 가능한 에너지가 자기 속으로 철수한다는 뜻이다. 달리 말하면 에너지가 내향한다는 말이다. 내향성은 단지 리비도가 자기에게 있으면서 상반된 것들의 갈등에 참여하지 못하도록 저지당하고 있다는 뜻이다. 밖으로 나갈 길이 막혀 있기 때문에, 리비도는 자연히 사고 쪽으로 방향을 돌리게 되고, 거기서 다시 리비도는 갈등에 연루될 위험에 처한다.

분화와 내향의 행위는 처분 가능한 리비도를 외부 대상뿐만 아니라 내부 대상, 즉 생각으로부터도 분리시키는 과정을 수반한다. 그러면 리비도는 목적을 완전히 상실하게 된다. 리비도는 의식의 내용물이 될 수 있는 것들과 더 이상 관계를 맺지 않으며, 따라서 무의식 속으로 가라앉는다. 그러면 리비도는 자동적으로 거기서 기다리고 있던 공상 자료를 손에 넣게 되고, 이어서 리비도는 그 자료를 활성화시키면서 그것들이 표면으로 나서도록 강요한다.

실러가 상징을 표현하는 데 쓰는 용어 "살아 있는 형식"은 적절한 선택이었다. 왜냐하면 상징과 연결된 공상 재료가 개성의 심리적 발달 상태를 연속적으로 보여주는 이미지들을 포함하고 있기 때문이다. 상징이 상반된 것들 사이를 지날 미래의 길을 예비적으로 스케치하거나 표현하는 내용을 담고 있다는 뜻이다. 의식의 식별 행위가 이 이미지들에서 즉각 이해되는 것을 많이 발견하지 못하는 일이 자주 발생할지라도, 그럼에도 불구하고 이 직감들은 의지를 일으킬 수 있는 살아 있는 힘을 포함하고 있다.

그러나 의지의 결정은 양쪽 모두에 영향을 미치고, 시간이 조금 지나면 상반된 것들이 각자 힘을 회복한다. 새롭게 시작된 갈등은 다시 똑같은 치료를 요구하며, 갈등이 새롭게 일어날 때마다 한 걸음씩 앞으로 나아가는 것이 가능해진다. 상반된 것들 사이의 중재적인 이 기능을 나는 초월적 기능이라고 부르며, 그런 이름을 붙였다고 해서 신비적인 것을 뜻할 생각은 전혀 없다. 단순히 의식적인 요소들과 무의식적인 요소들이 결합된 기능이라는 뜻으로 그런 이름을 붙였을 뿐이다.

의지 외에, 우리에겐 창조적인 공상이 있다. 유일하게 상반된 것들을 결합시킬 수 있는 성격의 내용물을 의지에 공급할 수 있는 힘을 지닌, 비합리적이고 본능적인 기능이다. 이것은 실러가 직관적으로 상징들의 원천으로 이해했던 기능이다. 그러나 실러는 그것을 "유희 본능"이라고 불렀으며, 따라서 그것을 의지에 동기를 부여하는 요소로 더 이상 활용하지 못하게 되었다. 의지를 위한 내용물을 확보하기 위해, 실러는 지성으로 돌아갔으며 그 결과 한쪽하고만 동맹을 맺게 되었다. 그러나 그는 다음과 같이 말하면서 놀랍게도 우리의 문제에 아주 가까이 다가서는 모습을 보였다.

> 그러므로 법칙[합리적인 이성의 법칙]이 확립될 수 있기 위해선, 감각의 영향력이 파괴되어야 한다. 그렇기 때문에 이전에 존재하지 않았던 무엇인가가 시작하는 것으로는 충분하지 않다. 이전에 존재했던 무엇인가가 먼저 사라져야 한다. 인간은 감각에서 사고로 직접적으로 옮겨가지 못한다. 인간은 뒷걸음질을 해야 한다. 이유는 한 가지 요소를 제거함으로써만 그것과 반대되는 요소가 나타날 수 있기 때문이다. 그러므로 수동성을 자립심으로, 무력한 요소를 적극적인 요소로 바꿔놓기 위해서, 사람은 일시적으로 모든 제한으로부터 자유로워진 다음에 순수한 결정 가능성의 상태로 들어가야 한다. 따라서 사람은 어쨌든 온갖 것이 그의 감각에 인상을 남기기 전의 순수한 미결정 상태로 돌아가야 한다.
>
> 그러나 순수한 미결정 상태는 내용이 전혀 없는 상태이며, 이제 문제는 무한한 미결정의 상태와 그와 마찬가지로 무한한 결정 가능성의 상태를 결합시키는 것이다. 이 무한한 결정 가능성의 상태는 내용을 최대한 채울 가능성을 품고 있다. 이유는 이 결합

의 상태로부터 긍정적인 무엇인가가 직접적으로 나오기 때문이다. 그러므로 그가 감각을 통해 받은 결정 가능성은 보존되어야 한다. 그것은 그가 현실을 놓아서는 안 되기 때문이다. 그러나 그와 동시에 현실은 한계로 작용하는 한 제거되어야 한다. 무한한 결정 가능성이 금방 현실이 나타나도록 할 것이기 때문이다.

앞서 말한 내용에 비춰보면, 이 어려운 단락도 충분히 이해된다. 실러가 합리적인 의지에서 해결책을 찾으려는 경향을 지속적으로 보이고 있다는 점을 기억하는 것이 중요하다. 이 같은 사실을 고려한다면, 그가 말하는 내용은 아주 명확하다. "뒷걸음질"은 서로 경쟁하는 본능들로부터 분화하는 것을, 리비도가 모든 내적 및 외적 대상들로부터 철수하는 것을 의미한다. 물론, 여기서 실러는 주로 감각적인 대상을 염두에 두고 있다. 앞에서 말한 바와 같이, 그의 지속적인 목표가 합리적인 사고 쪽으로 넘어가는 것이기 때문이다. 그에겐 합리적인 사고가 의지를 일으키는 데 불가결한 요소인 것처럼 보인다.

그럼에도 불구하고, 실러는 모든 결정 가능성을 폐지할 필요성을 여전히 느끼고 있으며, 이것도 내적 대상, 즉 생각으로부터의 분리를 암시한다. 그렇게 하지 않으면, 주체와 객체의 구별이 전혀 없는 무의식의 원래 상태인, 내용물의 완전한 미결정과 비움을 성취하는 것이 불가능해질 것이다. 실러는 '무의식으로의 내향'이라고 표현할 수 있는 어떤 과정을 의미하고 있음이 분명하다.

"무한한 결정 가능성"은 분명히 무의식과 아주 비슷한 무엇인가를 의미하며, 이 상태에서는 모든 것이 어떠한 구별도 하지 않는 가운데 나머지 모든 것에 영향을 미친다. 이처럼 텅 빈 의식의 상태는 "더없이 충만할 수 있는 가능성"과 결합되어야 한다. 의식의 공백과 정반대인 이 같은 충만은 오직 무의식의 내용일 수밖에 없다. 다른 내용물이 전혀 주어지지 않기 때문이다.

따라서 실러는 의식과 무의식의 결합을 표현하고 있으며, 이 상태로부터 "긍정적인 무엇인가가 나오게 되어 있다". 이 "긍정적인" 무엇인가는 우리에게 의지를 일으키는 상징적인 요소이다. 실러에게 그것은 "중재적인 상태"이며, 이 상태에 의해서 감각과 사고의 결합이 생겨난다. 실러는 또 그것을 감각과 이성이 동시에 작용하는 "중재적인 경향"이라고 부르지만, 바로 그 점 때문에 감각과 이성은 상대방의 결정력을 지워버리며, 따라서 감각과 이성의 대립이 존재하지 않는 결과를 낳는다. 이런 식으로 상반된 것들을 지우는 과정이 공백을 낳고, 이것을 우리는 무의식이라고 부른다. 이 상태는 상반된 것들에 의해 결정되지 않기 때문에 모든 결정 요소에 노출되어 있다. 실러는 그것을 "미학적 상태"라고 부른다.

실러가 이 상태에서 감각성과 이성이 "작동할 수 없다"는 사실을 간과하고 있다는 점에 주목할 필요가 있다. 감각성과 이성이 작동하지 않는 이유는, 실러 본인이 말하는 바와 같이, 그것들이 이미 상호 부정에 의해 상쇄되었기 때문이다. 그러나 무엇인가가 작용해야 하는데 실러에게 제시할 만한 기능이 전혀 없었기 때문에, 그에 따르면 상반된 것들의 짝이 다시 작동해야 한다. 감각성과 이성의 활동이 틀림없이 일어나고 있지만, 의식이 "비어 있기" 때문에 그 활동은 반드시 무의식에서 일어나야 한다.

그러나 실러에겐 이 개념이 알려져 있지 않았다. 따라서 그는 이 지점에서 스스로 모순을 일으킨다. 그가 말하는 중재적인 미학적 기능은 우리가 말하는 상징 형성 활동(창조적인 공상)과 같을 것이다. 실러는 어떤 사물의 "미학적 성격"에 대해, 그 사물이 "우리의 다양한 기능들 중 어느 한 기능의 특별한 대상이 되지 않고 그 기능들 전체"와 맺고 있는 관계라고 정의한다.

실러가 이런 모호한 정의를 내놓기보다는 자신이 초반에 떠올렸던 상징의 개념으로 돌아가는 것이 훨씬 더 나았을 것이다. 왜냐하면 상징은 특정한 어느 기능의 대상이 되지 않고 모든 정신적 기능들과 연결되는 특성을 갖고 있기 때문이다. 지금 이 같은 "중재적인 경향"을 파악했기 때문에, 실러는 "지금부터는 인간이 자연의 길을 따르면서 자신을 원하는 대로 다듬는 것이 가능하다고, 말하자면 인간에게 본연의 모습으로 돌아갈 자유가 다시 주어졌다"고 생각한다.

실러는 합리적으로, 그리고 지적으로 나아가는 쪽을 선호한다. 그 때문에 그는 자신의 결론의 희생자가 되고 만다. 이 점은 이미 그가 "미학적"이라는 단어를 선택한 데서 드러나고 있다. 인도 문학을 잘 알았더라면, 그는 자신의 정신의 눈 앞에 떠돌아 다니던 원초적인 이미지가 "미학적인" 이미지와 매우 다른 성격을 지녔다는 사실을 볼 수 있었을 것이다. 그의 직관은 우리의 정신 안에서 아득한 옛날부터 잠자고 있는 무의식적 원형을 포착했다. 그럼에도 그는 그것을 "미학적인 것"으로 해석했다. 그 자신이 이전에 그 무의식적 원형의 상징적 성격을 강조해 놓고도 말이다. 내가 지금 생각하고 있는 원초적인 이미지는 인도의 브라만(Brahman: 힌두교에서 우주의 근본 원리를 의미한다/옮긴이)과 아트만(Atman: 힌두교에서 생명의 근원, 아(我) 등을 의미한다/옮긴이)의 가르침에 압축되어 있는 동양 사상들의 특별한 형상이다. 중국에서 이런 사상의 철학적 대변인 역할을 한 인물은 바로 노자였다.

인도인의 개념은 상반된 것들로부터의 해방을 가르치고 있다. 이 개념을 빌리면 온갖 종류의 정서 상태와 대상과의 감정적 연결이 이해된다. 해방은 리비도가 모든 내용물로부터 철수한 뒤에 일어나며, 그 결과 완전한 내향성의 상태가 생긴다. 이 같은 심리적 과정은 아주 독특한 이름인 '타파스'(tapas: '열정' '열기'를 뜻하는 산스크리트어/옮긴이)로 알려져 있으며, "생각에 골똘히 빠진 상태"로 해석될 수 있다. 이 표현은 분명히 내용 없는 명상의 상태를 그리고 있다. 이 상태에선 리비도가 알을 품을 때의 그 온기처럼 그 사람의 자기에게 공급된다.

대상과의 모든 정서적 끈을 완전히 끊어버린 결과, 내면의 자기에 객관적인 현실에 해당하는 것이 필히 형성된다. 아니면 안과 밖이 완전히 동일해지는 현상이 나타난다. 이런 상태는 기술적으로 '탓 트밤 아시'(tat tvam asi: '네가 곧 그것이다'라는 뜻의 산스크리트어 문장/옮긴이)로 묘사된다. 자기와, 자기가 대상과 맺고 있는 관계를 서로 융합시키면, 자기(아트만)와 세상의 본질(즉 주체와 객체의 관계) 사이에 일치가 일어나고, 그러면 내부 아트만과 외부 아트만의 동일성이 인식된다. 브라만이라는 개념은 아트만 개념과 약간만 다르다. 브라만에서는 자기라는 개념이 명백히 주어지지 않기 때문이다. 거기서 자기는 말하자면 안쪽과 바깥쪽이 동일한 애매한 상태이다.

'타파스'와 어느 정도 비슷한 것이 요가 개념이다. 요가는 명상의 상태로 이해되기보다는 '타파스' 상태에 이르는 의식적인 기술로 이해된다. 요가는 리비도가 체계적으로 "내향"하면서 상반된 것들의 굴레로부터 해방되는 한 방법이다. '타파스'와 요가의 목적은 똑같이 창조적이고 구원적인 요소가 나올 그런 중재적인 상태를 확립하는 것이다. 개인에게 그 심리적 결과는 '브라만', 즉 "최고의 빛"에, '아난다'(지복)에 이르는 것이다. 이것이 구원을 추구하는 수행의 최종 목적이다. 동시에 그 과정은 우주발생의 과정으로 여겨질 수 있다. '브라만-아트만'이 모든 창조가 나오는 우주의 바탕이기 때문이다. 따라서 이 신화가 존재한다는 사실은 대상에 대한 새로운 적응으로 해석될 수 있는 창조적인 과정들이 요가 수행자의 무의식에서 일어난다는 점을 입증한다. 실러의 글을 보자.

> 인간 내면에 빛이 있자마자 밖은 더 이상 밤이 아니다. 인간의 내면이 조용해지자, 우주의 폭풍이 가라앉고 서로 다투던 자연의 힘들이 안정적인 경계들 안에서 휴식을 발견한다. 그렇다면 옛날의 시(詩)가 인간 내면에서 일어나는 이런 위대한 사건을 바깥 세상에서 일어나는 혁명이라고 노래했다 해도 전혀 놀라운 일이 못된다.

요가는 대상과의 관계들을 안쪽으로 돌린다. 에너지 가치를 빼앗긴 대상과의 관계들은 무의식으로 가라앉고, 앞에서 보여준 바와 같이, 거기서 그 관계들은 다른 무의식적 내용물과 새로운 관계를 맺고 이어 '타파스' 수련을 끝낸 뒤에 새로운 형태의 대상과 다시 결합한다. 대상과의 관계가 이런 식으로 변하면, 대상이 새로운 얼굴을 갖게 된다. 대상이 새로 창조되는 것과 비슷하다. 따라서 우주 발생에 관한 신화는 '타파스' 수행의 산물을 적절히 상징적으로 표현한 것이다.

인도의 종교적 관행의 경향은 거의 전적으로 내향적이며, 대상에 새롭게 적응하는 것은 당연히 거의 아무런 의미를 지니지 않는다. 그러나 그 같은 적응은 실질적인 혁신으로 이어지지 않음에도 불구하고 무의식적으로 투사된 어떤 우주 발생 신화의 형식으로 계속 이어진다. 이 점에서 보면, 인도의 종교적 태도는 기독교의 종교적 태도와 정반대이다. 왜냐하면 기독교의 사랑의 원칙은 밖으로 향하면서 어떤 대상을 뚜렷이 요구하기 때문이다. 인도의 종교적 원리는 인식의 충만을 추구하고, 기독교의 원리는 넉넉한 선행을 추구한다.

'브라만' 개념은 또 바른 질서, 세상의 질서 있는 과정이라는 뜻의 '리타'(rta)라는 개념을 포함한다. '브라만'에서 창조적인 우주의 핵심과 보편적인 토대, 만물이 바른 길로 오르게 된다. 왜냐하면 그런 것들이 브라만에서 영원히 해체되었다가 재창조되기 때문이다. 질서 있게 일어나는 모든 발달은 '브라만'에서 나온다. '리타' 개념은 노자의 도(道) 개념으로 나아가는 디딤돌이다.

도(道)는 바른 길, 법의 지배, 그리고 상반된 것들로부터 자유로 우면서 그것들을 결합시키는 중도의 길을 의미한다. 삶의 목표는 이 중도의 길을 여행하면서 상반된 것들 쪽으로 결코 일탈하지 않는 것이다. 노자에겐 황홀경의 요소는 철저히 배제되고 있으며, 황홀경의 자리를 숭고한 철학적 통찰이 차지하고 있다. 이 철학적 통찰은 신비적인 요소에 의해 모호해진 구석이 전혀 없는, 지적이고 직관적인 지혜이며, 인간이 이룰 수 있는 최고 수준의 정신적 탁월을 나타내는 지혜이다. 별들이 실제 세계의 무질서로부터 아득히 멀리 떨어져 있듯이, 카오스로부터 완전히 자유로운 그런 지혜 말이다. 이 지혜는 사나운 모든 것을 길들이면서 그 대상에서 자연성을 지우는 것이 아니라 보다 높은 무엇인가로 바꿔놓는다.

이 대목에서 실러의 생각의 기차와 멀리 떨어져 있는 것처럼 보이는 이런 사상들을 서로 비교하는 것이 지나치다는 반론이 쉽게 제기될 수 있다. 그러나 실러의 시대가 끝나고 얼마 지나지 않아서 이와 똑같은 개념이 쇼펜하우어의 천재성을 통해 막강한 대변자를 발견하면서 독일의 정신과 아주 강하게 결합된 뒤로 그 정신과 결별한 적이 결코 없었다는 사실을 잊지 말아야 한다. 나의 의견엔, 쇼펜하우어는 페롱(Anquetil du Perron)이 라틴어로 번역한 '우파니샤드'를 접할 수 있었지만 실러는 자신의 시대에 있었던 '우파니샤드'에 관한 정보에 대해 적어도 의식적으로는 전혀 주목하지 않았다는 사실은 별로 중요하지 않다.

나는 실제 경험을 통해서 이런 종류의 유사성에는 직접적인 소통이 전혀 필요하지 않다는 사실을 잘 알고 있다. 마이스터 에크하르트(Meister Eckhart:1260-1328)의 근본적인 사상들과 칸트의 일부 근본적인 사상에서도 '우파니샤드'의 사상과 놀랄 정도로 비슷한 사상이 보인다. 직접적이거나 간접적인 영향의 흔적이 전혀 없는데도 그런 유사성이 나타나는 것이다.

이 지구 위 어디서나 자생적으로 일어나는 신화와 상징도 마찬가지이다. 지역이 달라도 똑같은 신화와 상징이 있는 것이다. 신화와 상징들이 세계 어딜 가나 다 똑같은 인간의 무의식에서 나오기 때문이다. 인종과 개인의 차이에 비하면, 신호와 상징의 내용은 지역에 따라 거의 차이가 없는 것이나 마찬가지이다.

나는 또 실러의 사상과 동양 사상을 서로 비교할 필요성을 느낀다. 그런 식으로 접근할 경우에 실러의 사상이 지나치게 제한적인 유미주의의 틀에서 벗어날 수 있기 때문이다.

유미주의는 인간을 교육시키는, 대단히 신중하고 어려운 과제의 해결에는 적절하지 않다. 이유는 유미주의가 언제나 창조해야 하는 것을, 말하자면 아름다움을 사랑하는 능력을 전제하고 있기 때문이다. 유미주의는 실제로 문제를 깊이 조사하는 것을 방해한다. 유미주의가 교훈적인 길을 추구함에도 불구하고 언제나 사악하고 추하고 어려운 것을 외면하고 쾌락을 목표로 잡고 있기 때문이다. 그래서 유미주의는 온갖 도덕적 힘을 결여하고 있다. 속을 깊이 들여다보면 유미주의가 세련된 쾌락주의에 지나지 않기 때문이다.

틀림없이, 실러는 절대적인 도덕적 동기를 소개하려고 애쓰고 있지만 성공을 전혀 거두지 못하고 있다. 미학적인 태도 탓에, 그가 인간 본성의 다른 측면을 인정하는 데 따르는 결과를 보는 것이 불가능하기 때문이다. 이런 식으로 야기된 갈등은 그 사람 본인에게 아주 큰 혼란과 고통을 안겨준다. 그 결과, 아름다운 광경이 다행히도 그 사람으로 하여금 반대되는 것을 다시 억누르도록 할지라도, 그 사람은 여전히 그것으로부터 달아나지 못한다. 그래서 기껏 옛날의 조건이 다시 확립된다. 그가 이 갈등으로부터 벗어나도록 돕기 위해서는 미학적인 태도가 아닌 다른 태도가 필요하다. 이 태도는 동양 사상과의 비교에서 가장 분명하게 드러난다. 인도의 종교 철학은 이 문제를 대단히 깊이 파고들면서 그 갈등을 해결하는 데 필요한 치료의 종류를 보여주었다. 필요한 것은 지고한 도덕적 노력, 최대한의 자제와 희생, 종교적 엄격성과 진정한 성인다움이다.

쇼펜하우어는 미학에 관심을 보였음에도 불구하고 그 문제의 이런 측면을 아주 강하게 강조했다. 그러나 "미학적" "아름다움" 등의 단어들이 실러에게 연상시켰던 것이 그런 단어들이 우리에게 연상시키는 것과 같다는 착각에 빠지지 않도록 조심해야 한다. 실러에겐 "아름다움"이 하나의 종교적 이상이었다. 아름다움은 그의 종교였다. 그의 "미학적 분위기"는 "독실함"이라 불려도 무방하다. 그런 것에 대해 명확하게 표현하지 않았고 또 자신의 핵심적인 문제를 종교적인 문제로 명확히 규정하지 않았지만, 실러의 직관은 그럼에도 불구하고 종교적인 문제에 닿고 있다. 그러나 그것은 원시인의 종교 문제였다. 실러도 편지에서 원시인의 종교 문제에 대해 길게 논했지만, 그 생각의 노선을 끝까지 따르진 않았다.

실러가 주장을 전개하는 과정에 미학적 경향이 강조되고 유희 본능의 문제가 뒤로 밀려난다는 점에 대해 언급하는 것도 중요하다. 실러의 경우에 미학적 경향이 거의 신비적인 가치를 얻는 것 같다. 이것은 결코 우연이 아니며 어떤 명백한 이유가 있기 때문이라고 나는 믿는다. 어떤 사람의 저술 중에서 명쾌한 공식화에 가장 완강하게 저항하는 부분이 가장 훌륭하고 가장 심오한 사상인 경우가 종종 있다. 이런 사상은 다양한 곳에서 암시되고 따라서 명쾌한 통합이 가능할 만큼 충분히 무르익었을 것 같은데도, 그런 식의 저항을 보인다.

내가 볼 때, 지금 여기서 우리가 그런 어려움에 봉착하고 있는 것 같다. 중재적인 창조적 상태로서 미학적 감정이라는 개념에, 실러는 깊이와 진지함을 동시에 보여주는 사상을 끌어들이고 있다. 그럼에도 실러는 오랫동안 찾아왔던 중재적인 활동으로 유희 본능을 선택한다. 지금 이 두 가지 개념, 즉 미학적 감정과 유희 본능이 어느 정도 상반된다는 점을 부정할 수 없다. 왜냐하면 놀이와 진지함은 양립하기가 극히 어렵기 때문이다. 진지함은 심오한 내면의 필요에서 나오지만, 놀이는 내면의 필요가 외적으로 표현된 것이며 그 얼굴을 의식 쪽으로 돌리고 있다.

그것은 진지한 놀이이다. 그럼에도 그것은 의식(意識)과 집단 의견의 관점에서 보는 외적인 측면은 어디까지나 놀이이다. 그것은 창조적인 모든 것에 공통적인 모호한 특성이다.

놀이가 지속적이고 활기 넘치는 무엇인가를 창조하지 못하고 그 자체로 사라져 버린다면, 그것은 그냥 놀이일 뿐이다. 그러나 그 외의 다른 경우엔 그것은 창조적인 작업이라 불린다. 그 상호관계가 금방 드러나지 않는 요소들의 어떤 장난스러운 움직임으로부터 패턴들이 나타나는데, 관찰력 있고 비판적인 지성도 한참 후에나 이 패턴을 평가할 수 있다. 새로운 무엇인가의 창조는 지성에 의해 완수되는 것이 아니라 내면의 필요에서 작동하는 유희 본능에 의해서 성취된다. 창조적인 정신은 어디까지나 좋아하는 대상을 가지고 논다.

따라서 잠재력이 일반 대중에게 보이지 않는 모든 창조적인 활동을 놀이로 여기기 쉽다. 정말이지, 놀고 있다는 비난을 듣지 않은 예술가들은 거의 없다. 실러도 분명히 천재에 속하는데, 천재를 향해 사람들은 그런 딱지를 곧잘 붙이려 든다. 그러나 천재 본인은 예외적인 인간과 그런 인간의 본성을 뛰어넘어 평범한 사람에게 닿기를 원했다. 그래서 실러도 내면의 필요에 따라 행동하는 창조적인 예술가가 누리는 도움과 해방을 공유하기를 원했다. 그러나 그런 관점을 보통 사람의 교육으로 확장할 가능성은 미리 보장되지 않거나 보장되지 않는 것처럼 보인다.

이 문제를 해결하기 위해, 우리는 그런 모든 경우에서와 마찬가지로 인간 사고의 역사의 증언에 기대야 한다. 그러나 먼저 우리는 어떤 각도에서 그 문제에 접근하고 있는지부터 분명하게 밝혀야 한다. 우리는 실러가 어떤 식으로 상반된 것들로부터 분리될 것을 요구하는지를 보았다. 실러는 의식을 완전히 비우기를 원했다. 감각도, 감정도, 사고도, 의도도 아무런 역할을 하지 않는 그런 상태로 말이다. 실러가 추구한 상태는 분화되지 않은 의식의 상태, 에너지 가치를 모두 제거함으로써 모든 내용물이 변별성을 상실하는 그런 의식 상태였다.

그러나 진정한 의식은 가치들이 내용물의 구별을 용이하게 할 수 있을 때에만 가능하다. 구별이 일어나지 않는 곳에는 진정한 의식이 존재하지 못한다. 따라서 그런 상태는 비록 의식이 될 가능성이 늘 있다 하더라도 "무의식"이라 불릴 수 있다. 그것은 요가 수행의 무아경 상태를 어느 정도 닮은 히스테리성 마비를 일컫는 '정신 수준의 저하'(abaissement du niveau mental)(피에르 자네(Pierre Janet)가 쓴 용어임)의 문제이다.

내가 아는 한, 실러는 "미학적 감정"을 유도할 실질적 기술에 대해서는 어떠한 견해도 밝히지 않았다. 그가 편지에서 우연히 언급하고 있는 주노 루도비치(Juno Ludovici: A.D. 1세기에 제작된 고대 로마의 대리석 두상을 말한다/옮긴이)의 예가 명상의 대상에 대한 완전한 굴복과 공감으로 이뤄지는 "미학적 전념"의 상태를 말해주고 있다. 그러나 그런 전념의 상태는 어떠한 내용물이나 결정적 요소도 갖지 않는다는 근본적인 특성을 결여하고 있다. 그럼에도, 다른 단락들과의 연결 속에서 보면 이 예는 헌신 또는 독실함이라는 개념이 실러의 정신에 끊임없이 남아 있음을 보여준다.

이것이 우리를 다시 종교적인 문제로 이끌지만, 동시에 우리에게 실러의 관점을 보통 사람에게까지 실제로 확장할 수 있을 가능성을 엿보게 한다. 왜냐하면 종교적 헌신은 개인적 재능에 의존하지 않는 집단적인 현상이기 때문이다.

그러나 다른 가능성도 있다. 우리는 텅 빈 의식의 상태, 즉 무의식의 상태가 무의식으로 가라앉고 있는 리비도에 의해 초래된다는 것을 보았다. 감정이 실린 무의식적 내용물 안에, 개인의 과거로부터 생긴 기억-콤플렉스들, 특히 어린 시절 콤플렉스와 대체로 동일한 부모 콤플렉스가 잠을 자고 있다. 전념, 즉 리비도가 무의식 속으로 가라앉는 현상은 어린 시절의 콤플렉스를 활성화시키고, 그러면 어린 시절의 기억, 특히 부모와의 관계가 생명력을 다시 얻게 된다.

이런 식의 재활성화에 의해 일어나는 공상들은 어린 시절 신(神)과의 관계와 그 관계에 따랐던 유치한 감정뿐만 아니라 신과도 같았던 아버지와 어머니에 관한 기억을 불러일으킨다. 특이한 점은 활성화되는 것이 언제나 부모의 상징이지 진짜 부모의 이미지는 아니라는 점이다. 이 같은 사실에 대해, 프로이트는 근친상간에 대한 저항을 통해 부모의 심상을 억압하고 있다는 식으로 설명한다. 나도 이 해석에 동의하지만, 그럼에도 나는 그것이 완전한 해석이라고 믿지는 않는다. 프로이트의 해석이 이처럼 상징으로 대체되는 현상이 지니는 특별한 의미를 간과하고 있기 때문이다.

신의 이미지로 이뤄지는 상징화는 기억의 구체주의와 감각성을 벗어나는 큰 걸음이다. 왜냐하면 "상징"을 하나의 진정한 상징으로 받아들일 경우에 부모에게로 퇴행하게 될 것이 즉시 전진으로 바뀌기 때문이다. 반면에 상징이 단순히 실제 부모를 나타내는 하나의 기호로 해석되고 따라서 상징의 독립적인 성격을 강탈당한다면, 부모에게로 퇴행하는 것은 그대로 퇴행으로 남을 것이다.

인류는 상징의 실체를 받아들임으로써 신들을 만나게 되었다. 말하자면, 인류가 인간을 이 땅의 왕으로 만든 '생각의 실체'를 갖게 되었다는 뜻이다. 실러가 제대로 인식한 것처럼, 전념은 리비도가 원초적인 것으로, 최초의 시작의 원천으로 퇴행하는 움직임이다. 여기서, 최초의 전진적인 움직임을 나타내는 하나의 이미지로서 상징이 일어나는데, 이 상징은 작동 중인 모든 무의식적 요소들의 압축이며, 실러가 말한 것처럼 "살아 있는 형식"이고, 역사가 증명한 것처럼 신의 이미지이다. 그러므로 실러가 신성한 이미지인 주노 루도비치를 하나의 전형적인 예로 제시한 것은 절대로 우연이 아니다. 괴테도 파리스와 헬레네의 신성한 이미지들을 '어머니들'의 삼각대를 벗어나 위로 올라오도록 한다. 이 이미지들은 한편으로 보면 활력을 되찾은 짝이고, 또 한편으로 보면 파우스트가 최고의 내면적 속죄로 갈망했던 내면의 연합 과정을 나타내는 상징이다. 이 점은 드라마의 전개 과정에서도 드러나지만 이어지는 장면에서도 분명히 확인된다. 파우스트의 예를 통해 알 수 있듯이, 상징이 나타나는 장면은 앞으로 삶이 나아갈 방향을 가리키고 있으며, 리비도에게 여전히 먼 목표를 향하라고 손짓하고 있다. 이 목표는 멀긴 하지만 지금까지 그의 내면에서 꺼지지 않고 타고 있는 목표이다. 그래서 그의 삶은 어떤 불꽃에 의해 불이 붙여진 상태로, 아득히 먼 곳의 봉화를 향해 차근히 나아가고 있다. 이것이 그 상징이 지닌, 특별히 생명을 촉진하는 의미이며, 또 그런 것이 종교적 상징의 의미이고 가치이다. 당연히 나는 지금 교리에 의해 질식해 죽은 상징들에 대해 말하고 있지 않다. 살아 있는 인간의 창조적인 무의식에서 올라오는 살아 있는 상징에 대해 논하고 있는 것이다.

그런 상징들의 엄청난 중요성을 부정할 수 있는 사람은 세계 역사 공부를 현대로부터 거꾸로 시작한 사람들뿐이다. 상징들의 중요성에 대해 설명하는 것은 불필요하지만, 불행하게도 일은 그런 식으로 돌아가지 않고 있다. 이유는 우리 시대의 정신이 자신의 심리보다 더 우수하다고 생각하고 있기 때문이다. 도덕과 위생에 신경 쓰는 우리 시대의 기질은 언제나 어떤 것을 놓고 그것이 이로운지 해로운지, 옳은지 그른지를 알아내야 한다. 진정한 심리학은 그런 문제에 관심을 쏟을 수 없다. 사물들이 그 자체로 어떠한지를 파악하는 것만으로도 충분히 힘들기 때문이다.

"전념"의 결과로 나타나는 상징 형성은 개인적 재능에 좌우되지 않는 그런 집단적인 종교적 현상의 또 다른 예이다. 그래서 이 점에서도 우리는 실러의 관점을 보통 사람에게로 확장하는 것이 가능하다고 단정할 수 있다. 나는 적어도 상징이 인간의 심리에 지니는 이론적 가능성에 대해서는 충분히 논했다고 생각한다. 완전성과 명료성을 조금이라도 더 높이기 위해, 나는 상징과 의식의 관계와 삶을 의식적으로 영위하는 문제가 오랫동안 나의 마음을 빼앗아 왔다는 사실을 덧붙여야 한다. 나는 무의식의 한 구성 요소로서 상징이 지니는 엄청난 중요성을 고려한다면 상징의 가치를 지나치게 낮게 보면 안 된다고 결론을 내린다.

우리는 신경증 환자들을 치료하는 일상적 경험을 통해서 무의식의 개입이 실용적으로 엄청난 중요성을 지닌다는 점을 알고 있다. 분열이 심할수록, 다시 말해 의식적 태도가 무의식의 개인적 및 집단적 내용물로부터 멀리 분리되어 있을수록, 무의식이 의식의 내용물을 해로운 쪽으로 억제하거나 강화한다. 그러므로 꽤 실용적인 이유로, 상징에 상당한 가치를 부여해야 한다. 그러나 만약에 우리가 상징에 크든 작든 가치를 부여한다면, 그 상징은 의식적인 어떤 원동력을 얻게 된다. 말하자면 상징이 인식되고, 그로 인해 상징에 실린 무의식적인 리비도의 양(量)이 삶의 의식적 영위에서 느껴질 기회를 누리게 될 것이다. 따라서 나의 판단엔 결코 사소하지 않은 실질적인 이점이 확보된다. 무의식의 협력이 일어나는 것이다. 말하자면 무의식이 의식적인 정신의 작용에 참여하고 따라서 무의식의 방해 요소를 제거하게 되는 것이다.

이 공통적인 기능, 즉 상징과의 관계를 나는 초월적인 기능이라고 불렀다. 여기서 초월적인 기능의 문제를 철저히 조사하고 있을 수 없다. 그렇게 하려면 무의식적 작용의 결과로 나타나는 모든 자료를 모으는 것이 절대적으로 필요하기 때문이다. 전문적인 문헌에 지금까지 묘사된 공상들은 우리가 관심을 기울이고 있는 상징의 창조에 대해서는 어떠한 설명도 제시하지 않고 있다. 그러나 문학에는 그런 공상의 예가 드물지 않게 보인다. 그렇지만 그 공상들은 당연히 "순수한" 상태에서 관찰되고 보고되는 것이 아니다. "미학적"으로 다듬는 과정을 거친 것이다. 모든 예들 중에서 나는 마이링크(Gustav Meyrink)의 작품 2개, 즉 '골렘'과 '초록 얼굴'(Das grüne Gesicht)에 특별히 관심을 쏟는다. 그 문제의 이 측면을 다루는 것은 뒤로 미뤄야 한다.

비록 중재적인 상태에 관한 이런 관찰들이 실러의 자극으로 이뤄졌을지라도, 우리는 이미 그의 인식보다 훨씬 더 멀리 나아갔다. 그가 인간 본성의 상반된 것들을 예리한 통찰로 구분했음에도 불구하고, 그는 문제를 해결하려고 노력하면서 초기 단계에 갇혀서 거기서 빠져나오지 못했다. 내가 볼 때, 이 실패가 "미학적 감정"이라는 용어와 무관하지 않은 것 같다. 실러는 "미학적 감정"을 실질적으로 "아름다움"과 동일시하고 있으며, 이 동일시는 자연히 우리의 정서를 그런 분위기로 빠뜨리게 되어 있다.

실러는 원인과 결과를 뒤섞을 뿐만 아니라 자신의 정의(定義)를 거스르면서까지 "미결정"의 상태와 아름다움을 동일시함으로써 미결정의 상태에 명확하게 확정된 성격을 부여하고 있다. 따라서 출발 단계에서부터 중재의 기능이 이미 그 효력을 잃은 상태였다. 아름다움이 즉시 추함을 지배해 버리기 때문이다. 그러나 그것은 똑같이 추함의 문제이다. 우리는 실러가 어떤 사물의 "미학적 성격"을 그 사물이 "우리의 다양한 능력들의 전체"와 맺고 있는 관계로 정의하는 것을 보았다.

따라서 "아름다운" 것과 "미학적인" 것은 일치할 수 없다. 우리의 다양한 능력이 미학적으로도 매우 다르기 때문이다. 어떤 것은 아름답고 어떤 것은 추하며, 오직 철저한 이상주의자와 낙관주의자만이 인간 본성의 "전체"를 아름다운 것으로만 인식할 수 있을 뿐이다. 어느 정도 정확하게 판단하자면, 인간 본성은 단순히 본성 그대로이다. 인간 본성은 어두운 측면도 있고 밝은 측면도 있다. 모든 색깔의 총합은 회색이며, 회색은 어두운 배경에서는 밝고 밝은 배경에서는 어둡게 보인다.

개념상의 이런 결함은 이 중재적 상태를 어떤 식으로 끌어낼 것인가 하는 문제가 아직 분명하게 풀리지 않고 있는 사실에 대해 설명해 준다. "순수한 아름다움을 즐기다 보면" 중재적인 상태가 생겨난다는 식으로 분명하게 언급하는 단락이 다수 있다. 이를테면 실러는 이렇게 말한다.

> 즉시적 감각 작용에서 우리의 감각에 호소하는 모든 것은 부드럽고 감각적인 우리의 본성을 온갖 인상 쪽으로 활짝 열어주지만, 그것은 우리가 노력을 그만큼 덜 기울이게 만든다. 우리의 지성을 포용하면서 우리를 추상적인 개념으로 초대하는 것들은 온갖 종류의 저항을 위해서 우리의 정신을 강화하지만, 그에 비례하여 정신을 경화(硬化)시키고, 또 자발성을 높인 만큼 우리로부터 감수성을 박탈해 버린다. 바로 그런 이유로, 이 사람만 아니라 저 사람도 결국엔 반드시 소진을 겪게 되어 있다. … 한편, 순수한 아름다움을 즐기는 일에 전념하고 있는 순간에, 우리는 그와 동시에 우리의 수동적 힘과 능동적인 힘의 주인이 되어 진지성이나 유희로, 휴식이나 움직임으로, 일치나 저항으로, 추상적 사고나 명상으로 쉽게 돌아갈 것이다.

이 진술은 그 앞에 있었던 "미학적 상태"에 대한 정의와 정면으로 배치된다. 미학적 상태에 이르면 사람이 앞의 정의에서는 "속이 비고", "하나의 암호가 되고" "결정되지 않은" 존재가 되는 반면에, 여기선 거의 전적으로 아름다움에 좌우되고 있다(아름다움에 자신을 "포기한 상태"이다). 그러나 실러를 두고 이 문제를 추가로 추적하는 것은 그만한 가치가 없는 일이다. 여기서 그는 자신뿐만 아니라 그의 시대에도 공통적이었던 어떤 장애에 봉착하고 있다. 그 장애를 그가 극복하는 것은 불가능한 일이다. 왜냐하면 그가 온 곳에서 눈에 보이지 않는 "추한 인간"과 마주쳤기 때문이다. 이 "추한 인간"을 발견하는 과제는 우리 시대에 와서 니체에 의해 발견되도록 미해결로 남겨졌다.

실러는 감각적인 인간을 "우선 미학적인 인간으로 만듦으로써" 최종적으로 합리적인 존재로 만들 의도를 품고 있었다. 그 자신이 직접 "먼저 인간의 본성을 변화시켜야 한다."고 말한다. 이와 비슷한 발언이 많다. "우리는 순수하게 육체적인 삶에서조차도 인간을 형식에 종속시켜야 한다." "인간은 아름다움의 법칙에 따라서 자신의 육체적 결정을 실행해야 한다." "인간은 육체적인 삶의 중립적인 영역에서 도덕적 삶을 시작해야 한다." "인간은 여전히 감각적인 한계 안에 남아 있는 가운데 합리적 자유를 시작해야 한다." "인간은 자신의 성향에 자신의 의지의 법칙을 이미 적용하고 있어야 한다." "인간은 보다 고귀하게 욕망하는 것을 배워야 한다."

실러의 글에 자주 나타나는 "… 해야 한다"는 표현은 언제나 다른 길이 보이지 않을 때 나온다. 여기서 다시 우리는 불가피한 장벽들에 봉착한다. 어느 한 개인의 정신이 시대와 국가만이 해결할 수 있는 이 거대한 문제를 풀 수 있을 것이라고 기대하는 것 자체가 부당할 수 있다.

실러의 사고의 위대성은 심리학적 관찰과 관찰한 것들에 대한 직관적인 이해에 있다. 이 대목에서 언급하고 싶은 그의 생각의 열차가 하나 더 있다. 특별히 강조할 만하다. 우리는 중재적인 상태가 "긍정적인 무엇"을, 즉 상징을 낳는 특징을 갖고 있다는 것을 보왔다. 상징은 그 본질 안에서 서로 반대되는 요소들을 통합시키고, 따라서 진정한 것과 진정하지 않은 것 사이의 대립도 통합시킨다. 이유는 상징이 한편으로 어떤 정신적 현실을 갖고 있고(상징의 효능 때문에), 다른 한편으로 비(非)육체적인 현실과 일치하기 때문이다. 상징은 현실임과 동시에 현상이다. 실러는 현상에 대한 변명으로 이 점을 분명히 강조하고 있는데, 그것은 많은 점에서 의미를 지닌다.

> 극단적인 어리석음과 극단적인 지성은 서로 비슷한 점이 있다. 둘 다 진정한 것만을 추구하며 현상에는 완전히 둔감한 모습을 보이고 있는 것이다. 어리석음은 오직 감각들이 미치는 범위 안에 어떤 대상이 있어야만 휴식의 상태를 떨치고 깨어날 것이고, 지성은 오직 개념들과 경험 자료를 연결할 수 있을 때에만 스스로에게 휴식을 허용할 것이다. 한마디로 요약하면, 어리석음은 현실보다 더 높아지지 못하고 지성은 진리보다 아래에 남지 못한다. 그렇다면 현실에 대한 욕구와 현실에 대한 애착이 단지 결핍의 결과인 한, 현실에 대한 무관심과 현상에 대한 관심이야말로 인간성의 진정한 확장이고 문화를 향한 결정적인 걸음이라는 결론이 나온다.

앞에서 상징에 가치를 부여하는 문제에 대해 논할 때, 나는 무의식을 제대로 평가할 경우에 따르는 실질적인 이점을 보여주었다. 처음부터 상징에 관심을 기울임으로써 무의식을 고려의 대상에 포함시킬 때, 우리는 의식적인 기능들이 무의식에 일으키는 어떤 장애를 배제하게 된다. 무의식이 실현되지 않을 경우에 모든 것에 거짓 아름다움을 비추면서 거짓 외양을 만들어낸다는 것은 잘 알려져 있다. 무의식은 언제나 우리에게 대상들 위로 나타난다. 왜냐하면 무의식적인 모든 것이 투사되기 때문이다. 따라서 우리가 무의식을 그런 것으로 이해할 수 있을 때, 우리는 대상들로부터 엉터리 외양을 걷어낼 수 있으며, 그것만이 진리를 촉진시킬 수 있다. 실러는 이렇게 말한다.

> 인간은 주권에 대한 이 같은 인간의 권리를 '현상(現象)의 기술'을 통해서 연습한다. 여기서 인간이 '나의 것'과 '너의 것'을 더욱 엄격히 구분할수록, 그는 존재로부터 형태를 더욱 조심스럽게 분리시키고 그 형태에 더 많은 독립을 주는 방법을 배울수록, 인간은 아름다움의 영역을 더욱 넓게 확장할 뿐만 아니라 진리의 경계까지 확보하게 된다. 왜냐하면 인간이 현실을 현상으로부터 해방시키지 않고는 현실로부터 현상을 씻어내지 못하기 때문이다.

절대적 현상을 추구하는 작업은 인간이 현실에 한정될 때보다 더 큰 추상 능력과 더 큰 가슴의 자유와 더 강한 의지의 힘을 필요로 하며, 현상에 도달하기를 원할 경우에 인간은 이미 현실을 자신의 뒤에 둬야 한다.

02
순수하고 감상적인 시에 대하여

    실러가 시인들을 순수한 시인과 감상적인 시인으로 구분한 것이 지금 설명하고 있는 유형 심리학과 일치하는 분류라는 생각이 오랫동안 나를 지배해 왔다. 그러나 나는 깊이 생각한 끝에 그렇지 않다고 최종 결론을 내렸다.

    실러의 정의는 아주 간단하다. "순수한 시인은 자연이고, 감상적인 시인은 자연을 추구한다." 이 간단한 원칙엔 현혹하는 측면이 있다. 왜냐하면 그것이 두 가지 서로 다른 종류의 대상과의 관계를 가정하고 있기 때문이다. 그래서 이 원칙 앞에서 다음과 같이 말하고 싶은 유혹을 강하게 느끼게 된다. 자연을 하나의 대상으로 추구하거나 욕망하는 사람은 자연을 소유하지 않기 때문에 내향적인 사람인 반면에, 거꾸로 이미 자연이 되어 대상과 아주 친밀한 관계를 유지하고 있는 사람은 외향적인 사람일 것이라고 말이다.

그러나 이와 같은 다소 부자연스런 해석은 실러의 관점과 공통점이 거의 없다. 실러가 순수한 시인과 감상적인 시인으로 구분한 것은 우리의 유형 구분과 정반대로 시인의 개인적 사고방식이 아니라 시인의 창조적 활동이나 그 산물의 성격을 근거로 하고 있다.

같은 시인이 어떤 시에서는 감상적이지만 다른 시에서는 순수할 수 있다. 호메로스는 확실히 전반적으로 순수했지만, 현대의 시인 중에서 감상적이지 않은 사람이 과연 얼마나 되겠는가? 분명히 실러도 이 어려움을 느꼈으며, 그래서 그는 시인은 한 사람의 개인으로서가 아니라 한 사람의 시인으로서 자기 시대에 좌우된다고 단언했다. 그는 이렇게 말한다.

> 진정한 모든 시인들은 자신이 활약하고 있는 시대의 조건 또는 우연적인 상황들이 그들의 전반적인 성격과 감정적인 분위기에 영향을 미치는지 여부에 따라 순수한 시인이나 감상적인 시인으로 나눠질 것이다.

따라서 실러에게 그것은 근본적인 유형의 문제가 아니라 개인적 산물의 특징이나 특성의 문제이다. 그러므로 내향적인 시인도 경우에 따라서 감상적인 것 못지않게 순수할 수 있다는 것이 금방 분명해진다. 그렇다면 순수한 시인이나 감상적인 시인을 각각 내향성이나 외향성과 동일시하는 것은 유형 문제에 관한 한 요점을 벗어났다고 할 수 있다. 그러나 그것을 전형적인 메커니즘의 문제로 본다면 요점을 크게 벗어나지 않는다.

a. 순수한 태도

먼저 실러가 순수한 태도에 대해 제시한 정의부터 보자. 이미 말한 바와 같이, 순수한 시인은 "자연"이다. 순수한 시인은 "단순히 자연과 감각을 따르면서 자신의 작업을 현실을 베끼는 것으로 한정시킨다".

"순수한 시를 통해서 우리는 대상들이 우리의 상상 속에 생생하게 살아 있는 느낌을 받는다."

"순수한 시는 자연의 은혜이다. 순수한 시는 행운의 던지기와 비슷하다. 어쩌다 맞아떨어지면 더 이상의 향상은 전혀 필요하지 않지만, 실패하면 어떤 것과도 맞지 않는다."

"순수한 천재는 모든 것을 자신의 본성을 통해서 해야 한다. 그는 자신의 자유를 통해선 거의 아무것도 하지 못한다. 순수한 천재는 자연이 그의 안에서 그의 내면의 필요에 따라 작동할 때에만 자신의 생각을 성취할 수 있다."

"순수한 시는 생명의 자식이며 생명으로 돌아간다."

"순수한 천재는 전적으로 자신이 직접 접하고 있는 '경험'에, 세상에 의존한다. 그는 밖의 도움을 필요로 한다."

"순수한 시인에겐 그의 환경의 평범한 성격이 위험한 요소가 될 수 있다. 왜냐하면 그의 감수성이 언제나 외적 인상에 의지하기 때문이다. 또 생산적인 기능이 지속적으로 활동할 수 있어야만, 단순한 물질이 그의 감수성에 맹목적인 힘을 휘두르는 것을 막을 수 있기 때문이다. 그러나 이런 일이 일어날 때마다, 시적 감정은 진부해질 것이다."

"순수한 천재는 자신의 내면에서 자연에게 무한한 영향력을 허용한다."

이런 정의들을 근거로 할 때, 순수한 시인이 대상에 의존하는 것은 아주 명백한 사실이다. 순수한 시인과 대상의 관계는 강압적인 성격을 지닌다. 왜냐하면 시인이 무의식적으로 대상을 자신의 것으로 받아들이기 때문이다. 말하자면, 시인이 무의식에서 그 대상과 동일시하거나 선험적 일체감을 이룬다는 뜻이다. 대상과의 이런 관계를 레비 브륄은 '신비적 참여'라고 부른다. 이 동일성은 언제나 대상과 무의식의 어떤 내용물 사이의 유사성에서 비롯된다. 이 동일성은 대상과의 유사성에 의한 무의식적 연상을 통해 생겨난다는 식으로 말할 수 있다. 이런 종류의 동일성도 마찬가지로 강압적인 어떤 성격을 지닌다. 왜냐하면 이 동일성이 리비도의 어떤 양을 표현하고 있는데, 이 리비도도 무의식에서 작동하고 있는 모든 리비도처럼 의식이 마음대로 처분할 수 있는 것이 아닌 탓에 의식의 내용물에 강제력을 행사하게 되기 때문이다.

그러므로 순수한 시인의 태도는 대상에 크게 좌우된다. 말하자면, 대상이 그의 내면에서 독립적으로 작동한다는 뜻이다. 대상은 그의 내면에서 역량을 십분 발휘한다. 순수한 시인 자신이 대상과 동일하기 때문이다. 순수한 시인은 자신의 표현 기능을 대상에 부여하고, 그 대상을 어떤 방식으로 나타낸다. 이때 시인의 표현 방식은 전혀 능동적이거나 의도적이지 않다. 대상이 그의 내면에서 스스로를 드러내기 때문이다. 순수한 시인 자체가 자연이다. 자연이 그의 내면에서 그 산물을 창조하고 있는 것이다. 그는 "자신의 내면에서 자연에게 무한한 지배력을 허용한다". 대상에게 우월한 지위가 주어진다. 이런 측면에서 본다면, 순수한 시인의 태도는 외향적이다.

b. 감상적인 태도

감상적인 시인은 자연을 추구한다. 감상적인 시인은 "대상이 자신에게 안겨주는 인상을 놓고 곰곰 생각하는데, 그가 깊이 느끼는 감정은 오직 그런 깊은 생각에 의존한다. 이때 그가 느끼는 감정은 마찬가지로 우리도 자극한다. 여기서 대상은 어떤 관념과 연결되며, 그의 시적 능력은 바로 이 연결에 의존한다".

"감상적인 시인은 언제나 상반되는 관념과 감각에, 말하자면 유한한 것으로서 현실에, 무한한 것으로서 관념에 몰두하고 있다. 감상적 시인이 불러일으키는 혼합된 감정은 언제나 이런 이중적인 기원을 말해준다."

"감상적인 분위기는 깊이 생각하는 상황에서도 순수한 감각을 재현하려는 노력의 결과물이다."

"감상적인 시는 추상의 산물이다."

"인간 본성으로부터 모든 제한을 제거하려는 노력을 편 결과, 감상적인 천재는 인간 본성을 모두 폐기할 위험에 노출된다. 단순히 고착되고 한정적인 현실을 벗어나 절대적 가능성으로 올라가는 것이 아니라, 말하자면 이상화하는 것이 아니라, 가능성 자체를 초월하는 것이다. 공상에 빠진다는 뜻이다. … 감상적인 천재는 관념의 세계로 날아올라가 거기서 자신의 물질을 자유롭게 지배하기 위해 현실을 포기한다."

　감상적인 시인은 순수한 시인과 반대로 대상에 대해 사색적이고 추상적인 태도를 취하는 것이 특징이라는 사실이 쉽게 확인된다. 감상적인 시인은 대상으로부터 자신을 멀찍이 떼어놓음으로써 대상에 대해 깊이 생각한다. 말하자면, 그는 자신의 일이 시작되자마자 선험적으로 대상과 분리된다. 그의 내면에서 작동하고 있는 것은 대상이 아니며, 그 자신이 조작자이다. 그러나 그는 자기 자신을 추구하는 방향으로 작업하지 않고 대상 그 너머 밖에서 작업한다. 그는 대상과 동일하지 않으며 대상과 뚜렷이 구분된다. 그는 대상과의 관계를 확립시키려 노력하고, "자신의 물질을 지배하길" 원한다. 그가 대상과 뚜렷이 구분된다는 사실에서, 실러가 언급하는 그 이중성이 비롯된다. 이유는 감상적인 시인이 자신의 창조력을 두 가지 원천에서 끌어내기 때문이다. 그 중 하나는 대상과 그것에 대한 그의 지각이며, 다른 하나는 시인 자신이다. 그에게 대상의 외적 인상은 절대적인 것이 아니며 자신의 내용물을 바탕으로 다룰 재료일 뿐이다. 따라서 감상적인 시인은 대상 위에 서 있으면서도 대상과 어떤 관계를 맺고 있다. 그 관계는 단순히 인상에 대한 감수성이나 수용성의 관계가 아니라, 그가 자신의 자유로운 선택을 통해서 대상에 가치나 특성을 부여하는 그런 관계이다. 그러므로 그의 태도는 외향적인 태도이다.

그러나 우리는 이 두 가지 태도를 외향성과 내향성으로 규정하는 것으로 실러의 개념을 철저히 규명하지 못했다. 우리의 두 가지 메커니즘은 단순히 일반적인 성격을 지니는 기본적인 현상에 불과하며, 그래서 이 메커니즘은 순수한 태도와 감상적인 태도에 특별한 것을 희미하게 암시하는 수준에서 그친다. 순수한 유형과 감상적인 유형을 이해하기 위해서는 두 가지 추가적인 기능, 즉 감각과 직관의 도움을 받아야 한다. 감각과 직관에 대해선 뒤에서 세밀하게 논할 것이다. 이 지점에서 나는 단지 순수한 유형은 감각의 우위가 특징이고 감상적인 유형은 직관의 우위가 특징이라는 점을 강조하고 싶다. 감각은 대상과의 끈을 창조하고, 심지어 주체를 대상 속으로 끌어당기기도 한다. 그래서 순수한 유형의 "위험"은 그 사람이 대상 속으로 완전히 사라져버릴 수 있다는 데에 있다. 직관은 그 사람 자신의 무의식적인 과정에 대한 지각이기 때문에 그 사람을 대상으로부터 철수시킨다. 직관은 대상의 자료를 지배하길 원하면서 대상 위로 올라가고 대상을 다듬는데, 심지어 자신의 주관적인 관점에 맞춰 폭력적으로 다듬는다. 그러므로 감상적인 유형의 위험은 현실과 완전히 단절되어 무의식의 공상의 세계로 사라져 버리는 데에 있다.

c. 관념주의자와 현실주의자

같은 에세이에서, 실러의 사색은 두 가지 근본적인 심리 유형을 가정하는 데까지 이른다. 그는 이렇게 말한다.

진보적인 문화의 시대에 사람들 사이에 매우 두드러진 심리적 대립이 나타난다. 그 대립은 고유한 감정적 성향에 나타나는 근본적인 요소이기 때문에, 사람들 사이에 무작위적인 이해 충돌보다 더 명확한 구분이 생기도록 한다. 이 대립은 시인과 예술가로부터 보편적으로 호소력을 발휘하고 누구에게나 기쁨을 줄 수 있다는 희망을 애초에 박탈해 버린다. 모든 사람에게 기쁨을 선사하는 것이 시인과 예술가의 임무임에도 불구하고, 현실적으로 불가능한 것이다. 이 대립은 또 철학자가 아무리 많은 노력을 기울이더라도 보편적으로 설득력을 지닐 수 있는 길을 원천적으로 봉쇄하고 있다. 철학이라는 개념 자체가 보편적인 설득력을 암시하고 있음에도 말이다. 또 이 대립은 현실을 살고 있는 사람에게 행동 양식을 통해서 보편적으로 칭찬을 들을 기회를 절대로 허용하지 않는다. 한 마디로 말해, 이 대립은 어떠한 정신의 작동이나 가슴의 행위도 어느 한 부류의 사람에게만 통한다는 사실에서 비롯된다. 이 대립의 역사는 틀림없이 문화의 역사만큼이나 깊다. 이 대립은 아마 극소수의 개인적인 예외를 제외하고는 이 세상 끝까지 지금과 다른 모습을 보이지 못할 것이다. 이 대립의 본질 속에 해결을 위한 시도를 좌절시키는 요소가 들어 있음에도 불구하고, 그 같은 중요한 대립의 기원을 그 뿌리까지 거슬러 올라가면서 이슈가 되고 있는 문제를 보다 간단한 공식으로 압축하는 것은 충분히 가치 있는 일이다.

이 단락을 근거로 하면, 실러가 대립적인 메커니즘을 관찰함으로써 두 가지 심리적 유형이 있다는 것을 파악하기에 이르렀다고 볼 수 있다. 실러가 파악한 심리 유형의 특징은 내가 내향성과 외향성의 특징으로 파악하고 있는 것과 같다. 내가 설명한 두 가지 유형의 상호적 관계를 근거로, 나는 실러가 자신의 유형에 대해 한 말을 거의 모두 지지할 수 있다. 내가 앞서 한 말과 일치하는 모습을 보이면서, 실러는 "순수한 성격과 감상적인 성격으로부터 두 가지 성격에 공통적인 시적 특성을 분리시킴으로써" 메커니즘에서 유형으로 나아간다.

만약에 우리도 두 유형으로부터 창조적인 천재성을 끌어내면서 이와 똑같은 조치를 취한다면, 순수한 태도에 남는 것은 대상에 대한 집착과 대상이 주체 안에서 누리는 자율성일 것이고, 감상적인 태도에 남는 것은 대상에 대한 주체의 우월일 것이다. 이 우월은 대상에 대한 다소 자의적인 판단이나 취급으로 나타날 것이다. 실러는 이렇게 덧붙인다.

이 과정을 거치고 나면, 순수한 성격의 경우에 남는 것은 이론적인 측면에서 보면 냉철한 관찰 정신과 감각들의 통일된 증거에 대한 의존 외에 아무것도 없으며, 실용적인 측면에서 보면 자연의 요구에 대한 체념적 복종 외에 아무것도 없다. … 감상적인 성격의 경우에는 이론적인 측면에서 보면 모든 인식 행위에서 절대성을 요구하는 고찰의 정신 외에 아무것도 없으며, 실용적인 측면에서 보면 모든 의지의 행위에서 절대성을 주장하는 도덕적 엄격주의 외에 아무것도 남지 않는다. 전자에 속하는 사람은 모두 현실주의자로 불릴 수 있고, 후자에 속하는 사람은 관념주의자로 불릴 수 있다.

두 가지 유형에 관한 실러의 추가적 관찰은 전적으로 현실적 및 관념적인 태도의 익숙한 현상들에 관한 것이며, 따라서 우리의 조사에는 특별한 의미를 지니지 않는다.

3장

[아폴론적인 요소와
디오니소스적인 요소]

실러가 부분적으로 다룬 유형 문제는 다시 니체에 의해 『비극의 탄생』(Die Geburt der Tragödie aus dem Geiste der Musik)에서 새롭고 독창적인 방식으로 논의되었다. 니체의 초기 작품인 『비극의 탄생』은 실러보다 쇼펜하우어나 괴테와 더 가깝다. 그러나 이 작품은 실러와 적어도 유미(唯美)주의와 헬레니즘을 공유하는 것 같다. 반면에 쇼펜하우어와는 염세주의와 구원의 모티프를 공유하고 있고 괴테의 『파우스트』와도 접촉점을 아주 많이 보인다. 이 연결 중에서 우리의 목적에 비춰 자연히 실러와의 연결이 의미하는 바가 가장 크다.

그럼에도, 우리는 실러에게서도 단지 내용이 없는 유령 정도로만 인식되고 있던 동양의 지혜의 빛에 실체를 부여하려고 노력했던 쇼펜하우어를 그냥 지나칠 수 없다. 만약에 우리가 신앙과 구원의 확실성을 누리는 기독교인의 즐거움과 대조를 이루는 것에서 나오는 쇼펜하우어의 염세주의를 무시한다면, 그의 해방의 원리는 기본적으로 불교적인 것으로 보인다. 쇼펜하우어는 동양에 매료되어 있었다. 이는 당시 서양의 분위기에 대한 반발로 나온 것이라는 점에 대해선 말할 필요도 없다. 그것은 우리가 잘 아는 바와 같이 오늘날에도 다양한 운동에서 인도를 추구하는 쪽으로 지속적으로 나타나고 있는 그런 반작용이다.

니체에게 있어서 동양으로의 끌림은 그리스에서 멈추었다. 또한 니체는 그리스를 동양과 서양의 중간 지점으로 느꼈다. 여기까지 니체는 실러와의 접점을 계속 유지한다. 그러나 그리스의 성격에 대한 니체의 인식은 실러의 인식과 크게 다르다. 니체는 그리스 신들이 살았던 올림포스 산의 청명하고 금빛 찬란한 세계가 그려져 있는 그 어두운 바탕을 보고 있다. 니체의 『비극의 탄생』 중 한 부분을 보자.

> 삶을 영위하기 위해, 그리스인들은 순전히 필요에 의해서 신들을 창조해야 했다. … 그들은 생존의 공포와 무서움을 알았고 또 강하게 느꼈다. 그래서 어떤 식으로든 살기 위해, 그리스 사람들은 자기 자신과 공포 사이에 꿈에서 탄생한, 빛을 반짝이는 올림포스 산이라는 세계를 끼워 넣어야 했다. 자연의 거대한 힘에 대한 무시무시한 불신, 무자비하게도 모든 지식을 혼자 독점한 운명의 신 모이라이, 인간의 위대한 친구인 프로메테우스의 독수리(그리스 신화를 보면, 프로메테우스가 불을 훔쳐 인간에게 준 것

을 발견한 제우스가 그를 바위산에 묶어 매일 독수리에게 간이 쪼이는 벌을 내렸다고 한다/옮긴이), 똑똑한 오이디푸스의 무시무시한 운명, 오레스테스가 자기 어머니를 죽이도록 몰아붙인 아트레우스 가문의 저주 …. 이런 온갖 공포가 올림포스 산의 공상적이고 중재적인 세계의 도움으로 그리스인들에 의해 새롭게 정복되거나 아니면 적어도 눈에 보이지 않게 가려지고 있었다.

그리스의 "평온", 헬라스(그리스의 옛이름/옮긴이)의 웃음꽃 피어나는 천국이 어두운 배경을 숨긴 가운데 반짝거리고 있는 하나의 착각으로 여겨지고 있다. 이 같은 통찰은 현대인을 위해 그동안 발견되지 않은 채 남겨졌다가 지금 도덕적 유미주의에 맞서는 강력한 반론이 되고 있다.

여기서 니체는 실러와 의미 있을 만큼 다른 관점을 취하고 있다. 실러가 남긴, 미학 교육에 관한 편지들을 읽으면서 독자들은 그 편지들이 동시에 그의 문제들을 해결하기 위한 시도이기도 했다고 짐작할 것이다. 니체의 『비극의 탄생』에 오면 그런 짐작이 확신으로 변한다. 『비극의 탄생』은 "대단히 개인적인" 책이다. 실러의 경우를 보면, 자신의 심리 안에서 벌어지는 갈등을 "순진한" 면과 "감상적인" 면의 대결로 이해하고 인간 본성의 배경과 그 깊은 심연에 속하는 모든 것을 배제하면서 빛과 어둠을 소심하게, 또 창백한 색조로 그리기 시작한다. 반면에 니체는 자신의 심리를 더 깊이 이해하면서 상반된 성향을 잘 포착하고 있다. 니체의 글은 실러의 상상력이 발산하는 눈부신 아름다움에 조금도 손색이 없지만 여러면에서 어두운 분위기가 강하다.

　니체는 자신의 내면에서 작용하고 있는, 근본적으로 반대되는 성향을 아폴론적 성향과 디오니소스적 성향이라고 부르고 있다. 먼저 우리는 이 짝의 본질이 어떠한지를 생각해 봐야 한다. 이 목적을 위해, 나는 니체의 글 중에서 니체의 작품을 잘 모르는 독자들도 스스로 판단을 내리고 또 나의 판단에 대해 비판할 수 있게 할 부분을 골라서 소개할 것이다.

　　예술의 지속적 발전이 아폴론적 유형과 디오니소스적 유형의 이중성과 밀접히 연결되어 있다는 점을 논리적 추론만 아니라 직관의 즉시적 확신을 통해서도 인식했더라면, 우리는 미학을 위해 훨씬 더 많은 것을 이룰 수 있었을 것이다. 아폴론적 유형과 디오니소스적 유형이 예술에 작용하는 것은 인간의 세대들이 일시적 화해만 있을 뿐 갈등이 영원히 이어지게 마련인 남녀의 이중성에 의존하는 것과 똑같다.
　　예술의 두 신인 아폴론과 디오니소스로부터, 우리는 그리스의 세계에서 아폴론이 주관하는, 형상을 만드는 예술과 디오니소스가 주관하는 비(非)형상의 음악 사이에 그 기원과 목적을 둘러싸고 격한 대립이 벌어졌다는 지식을 끌어낸다. 성격이 서로 많이 다른 이 2가지 충동은 옆으로 나란히 서서 달린다. 이 충동들은 대부분 공개적으로 적대시하고, 그러면서 서로를 자극하여 새롭고 힘 있는 예술로 거듭나도록 돕는다. 그렇게 하면서 두 충동은 내적으로 적대의 성향을 영구화한다. 적대적인 두 가지 충동은 오직 공통의 용어인 "예술"에 의해서만 외관상 연결될 뿐이다. 그러다 마침내 그리스인의 "의지"라는 형이상학적 기적에 의해서 두 충동은 서로 함께 짝을 이뤄 나타나게 되었으며, 이 짝짓기로 인해 아폴론적 성향과 디오니소스적 성향이 똑같이 작용하여 아티카 비극이 창조되었다.

이 두 가지 "충동"의 특징을 더 세밀하게 밝히기 위해, 니체는 이 충동들이 낳는 특이한 심리 상태들과, '꿈'과 '도취'의 심리 상태를 서로 비교하고 있다. 아폴론적 성향의 충동은 꿈을 꾸는 것과 비슷한 상태를 낳고, 디오니소스적 성향의 충동은 도취와 비슷한 상태를 낳는다. "꿈 꾸는 상태"라는 단어로 니체는 기본적으로 "내향적인 상상력", 말하자면 "아름다운 꿈의 세상과 비슷한 것"을 뜻하고 있다. 아폴론은 공상이라는 내면 세계의 아름다운 환상들을 지배하고 또 형상을 바꾸는 힘을 가진 신이다. 아폴론은 척도와 숫자, 한계, 그리고 길들여지지 않은 야생적인 모든 것들에 대한 지배를 의미한다. "아폴론을 개체화의 원리의 영광스럽고 신성한 이미지로 묘사할 수 있다."

한편, 디오니소스적 성향의 충동은 억제되지 않는 본능의 해방, 동물적이고 신성한 본성이 지닌 난폭한 활력의 자유로운 표출을 의미한다. 그래서 디오니소스 축제가 열리면 사람들은 사티로스, 즉 상반신은 신이고 하반신은 염소인 그런 모습으로 나타난다. 디오니소스적 성향은 개체화의 원리를 무력화시키는 공포이면서 동시에 그 원리의 파괴에서 "광적 환희"를 느낀다. 그러므로 디오니소스적인 성향의 충동은 개인을 집단적 본능과 요소로 해체하는 도취, 말하자면 고립된 자아가 세상을 향해 폭발하는 것과 비교될 만하다.

그래서 디오니소스 축제에서 인간이 인간을 발견한다. "적대적이거나 갇힌 채 고립되어 있던 자연이 다시 한 번 자신의 방탕한 아들인 인간과 화해를 이룬 사실을 축하한다." 각자는 자신이 "이웃과 화해하고 결합되어 있다는 느낌을 받을 뿐만 아니라 이웃과 하나가 되었다는 느낌까지" 받는다. 각자의 개성은 완전히 지워진다. "사람은 더 이상 예술가가 아니며 예술 작품이 된다." "자연의 모든 예술적 기교가 도취의 황홀경에서 유감없이 드러난다."

이는 곧 창조적인 활력 즉, 본능적인 형태의 리비도가 개인을 완전히 사로잡았다는 것을 의미한다. 이젠 마치 개인이 하나의 대상이 된 것 같다. 리비도가 개인을 도구로, 즉 리비도를 표현하는 도구로 이용한다. 만약에 자연의 창조물을 하나의 "예술 작품"으로 인식한다면, 당연히 디오니소스적인 상태에 있는 사람도 예술 작품이 된다. 그러나 자연의 창조물이 예술 작품이라는 단어가 뜻하는 일반적인 의미의 예술 작품이 아닌 한, 개인은 고삐에서 풀려난, 그야말로 순수한 자연일 뿐이다. 그 자체로 존재의 법칙에 구속당하는 동물은 절대로 아니다. 격한 급류 같은 존재가 된다. 여기서 나는 앞으로의 논의에서 그 뜻을 명확히 해 두기 위해 이 점을 강조해야 한다. 왜냐하면 무슨 이유에서인지 니체가 그것을 분명하게 밝히는 것을 생략했으며, 따라서 그 문제에 기만적인 미학적 장막을 덮는 결과를 낳았기 때문이다. 한 예로, 디오니소스 축제와 관련해서 그는 이렇게 말하고 있다.

> 거의 모든 곳에서 이 축제의 핵심이 열광적인 성적 자유로 통했
> 으며, 이 성적 자유는 가족생활과 거룩한 전통에도 스며들었다.
> 따라서 자연 중에서 가장 야만적인 야수성이 자유롭게 풀려나게
> 되었다. 거기엔 나에게 언제나 무시무시한 결합으로 보였던 육
> 욕과 잔인성의 격한 결합도 포함되었다.

니체는 델포이의 아폴론과 디오니소스의 화해를, 문명화된 그리
스인들의 가슴 속에서 상반된 이 성향들이 화해한 것을 상징하는
것으로 여기고 있다. 그러나 여기서 니체는 자신의 보상적인 원칙
을 망각하고 있다. 올림포스 산의 신들이 그리스인들의 심리에 들
어 있는 어두운 측면 덕분에 영광을 누리고 있는 것도 바로 이 보
상 원칙에 따른 것이다. 이를 근거로 보면, 아폴론과 디오니소스의
화해는 하나의 "아름다운 환상", 말하자면 문명화된 그리스인이
자신의 야만적인 측면과의 싸움에서 절실히 필요성을 느낀 결과
떠올리게 된 환상일 것이다. 여기서 말하는 야만적인 측면이란 바
로 디오니소스 축제에서 무절제하게 터져 나온 요소를 뜻한다.

어느 한 국민의 종교와 그 국민의 실제 삶의 방식 사이에는 언제
나 보상적인 관계가 존재한다. 그런 관계가 존재하지 않는다면 종
교는 아마 실용적 의미를 전혀 지니지 못할 것이다. 생활 습관이
의심스러웠던 페르시아인들이 매우 도덕적인 종교를 가진 예에
서부터 사랑의 종교라는 기독교가 인류 역사에서 가장 처절한 대

량 학살을 지원한 예에 이르기까지, 우리가 눈길을 주는 곳마다 이 법칙이 그대로 적용된다. 따라서 우리는 델포이 화해의 상징으로부터 그리스인의 성격에 특별히 격렬한 분열이 일어났다는 사실을 추론할 수 있다. 이 법칙은 또한 그리스인이 사회생활에서 신비에 엄청난 의미를 부여하게 한 해방에 대한 욕망에 대해서도 설명해줄 것이다. 그런데 이 해방에 대한 욕망은 일찍이 그리스 세계를 숭배했던 사람들에 의해 철저히 간과되었다. 이 숭배자들은 순진하게도 자신들이 결여하고 있던 모든 특성을 그리스인들에게로 돌리는 것으로 만족했다.

한 예로, 디오니소스적인 상태의 그리스인은 절대로 "예술 작품"이 아니었다. 그와 정반대로, 그리스인은 실제로 보면 야만적인 본성에 사로잡혀 있었고, 각자의 개성을 잃고 집단적인 요소로 해체되어 있었고, (각자 개인적 목표의 양보를 통해서) 집단 무의식과 하나가 되어 있었고, "인간의 특성과, 심지어 자연 자체와 하나"가 되어 있었다. 어느 정도 교화를 이룬 아폴론적 성향에서 본다면, 사람이 자기 자신과 자신의 인간성을 망각하고 단순한 본능 덩어리가 되어 버리는 이 도취 상태는 경멸당해 마땅한 것으로 보인다. 이 때문에 두 가지 충동 사이에 격한 충돌이 반드시 일어나게 되어 있었다.

개화된 사람의 본능을 자유로이 풀어놓는다면 어떻게 될까? 문화를 믿는 사람이라면 순수한 아름다움이 흘러나올 것이라고 상상한다. 이 같은 오해는 심리학 지식이 부족한 탓이다. 문명화된 사람의 내면에 축적되어 있는 본능적인 힘은 대단히 파괴적이며 부정적인 본능을 어느 정도 삶을 통해 소화시키는 원시인의 본능보다 훨씬 더 위험하다. 따라서 과거에 있었던 어떠한 전쟁도 그 공포 면에 있어서 문명화된 국가들의 전쟁을 따라잡지 못한다. 그리스 인들의 경우에도 똑같았을 것이다.

그리스인들이 니체가 표현한 대로 "형이상학적 기적"을 통해서 아폴론적 성향과 디오니소스적 성향의 화해를 점진적으로 이루게 만든 것은 단지 그들의 무시무시한 공포감이었다. 니체가 아폴론 적 성향과 디오니소스적 성향 사이의 적대는 흔한 단어인 "예술" 에 의해 겉으로만 치유될 수 있다고 말할 때마다, 이 점을 반드시 기억해야 한다. 왜냐하면 니체도 실러처럼 예술에 중재와 구원의 역할을 부여하려는 성향을 명백히 갖고 있기 때문이다. 그런 식으 로 접근한다면 그 문제는 미학에 갇혀버리게 된다. 추한 것도 "아 름답고", 심지어 야수성과 악마성조차도 미학적 아름다움이라는 거짓 매력을 발산하면서 유혹적으로 다가올 수 있는 것이다. 실러 와 니체의 내면에 있는 예술가적 본성이 예술에 대해 구원의 의미 를 갖고 있고 창조와 표현의 특별한 능력을 갖고 있다는 식으로 주 장하도록 만든다.

이 때문에, 니체는 아폴론과 디오니소스의 갈등과 종국적 화해 에서 그리스인들에게 문제가 되었던 것은 결코 미학적인 것이 아 니라 기본적으로 종교적인 것이었다는 사실을 망각하고 있다. 디 오니소스 축제는 그와 비슷한 것들을 바탕으로 판단하자면 상상의 조상이나 토템 동물과의 직접적 동일시가 수반되는 일종의 토템 축제 같은 것이었다. 디오니소스 숭배는 많은 곳에서 신비적이고 모호한 분위기를 풍겼으며 예외 없이 종교적 영향력을 매우 강하게 행사했다. 그리스 비극이 원래 종교적 행사에서 비롯되었다는 사실은 적어도 현대의 극장이 중세의 그리스도 수난극과 연결되는 것만큼이나 중요한 의미를 지닌다. 중세의 그리스도 수난극은 그 기원을 보면 순전히 종교적이었다. 따라서 그 문제를 미학적 관점에서만 판단하면 곤란하다.

유미주의는 디오니소스 숭배의 심리적 미스터리를 고대인들이 절대로 경험하지 않았을 그런 방식으로 제시하는 현대의 편향이다. 니체의 글에서도 실러의 글에서와 마찬가지로 종교적 관점은 완전히 간과되고 있고 미학적 관점이 두드러지고 있다. 디오니소스 축제 같은 것도 분명히 미학적 측면을 갖고 있으며 그런 측면도 무시되어서는 안 된다. 그럼에도 불구하고, 만약에 중세의 기독교가 미학적으로만 이해되었다면, 기독교의 진정한 성격이 잘못 알려졌거나 사소하게 다뤄졌을 것이다. 중세의 기독교가 철저히 역사적 관점에서만 다뤄졌을 경우에 잘못 알려졌거나 사소하게 다뤄졌을 게 분명한 것처럼 말이다.

진정한 이해는 공통의 바탕 위에서만 가능한 법이다. 어느 누구도 철교(鐵橋)의 본질을 순수하게 미학적인 각도에서도 적절히 이해할 수 있다고 주장하지 않을 것이다. 아폴론과 디오니소스의 반목이 순전히 서로 갈등을 빚는 예술적 충동의 문제로 여겨짐에 따라, 그 문제는 미학의 영역으로 이동한다. 그런데 이 같은 이동은 역사적으로나 본질적으로나 정당화될 수 없다.

그 문제를 이런 식으로 미학의 영역으로 이동시키는 것도 당연히 심리적인 원인과 목적을 갖고 있다. 그런 절차에 따를 이점은 충분히 유혹적이다. 미학적 접근이 그 즉시 그 문제가 감상하는 주체가 자기 편할대로 해석할 수 있는 그림 같은 것으로 바뀌기 때문이다. 그렇게 되면 감상자는 그 그림의 아름다움과 추함에 동시에 감탄을 표하면서 안전한 거리에서 거기에 말려들 위험을 전혀 느끼지 않는 가운데 그 열정을 다시 경험할 수 있다. 미학적 태도를 취하게 되면 본인이 직접 참여하지 않아도 되고 개인적으로 연루될 필요도 없게 되지만, 그 문제를 종교적으로 이해하게 되면 개인적 연루가 불가피해진다. 역사적인 접근도 미학적 태도와 똑같은 이점을 보장한다. 역사적 접근을 니체 본인도 매우 소중한 일련의 에세이에서 비판한 바 있다. 아주 중요한 문제를, 그의 표현을 빌리면 "뿔 달린 문제"를 단순히 미학적으로만 볼 수 있는 가능성은 물론 매우 유혹적이다. 왜냐하면 그 문제를 종교적으로 이해하려면 그것을 직접 경험해야 하는데, 현대인은 이런 직접적 경험을 별로 좋아하지 않기 때문이다. 그런데 그 문제의 경우에는 종교적 이해만이 적절한 접근이다. 그러나 디오니소스가 니체에게 복수를 하고 있는 것처럼 보인다. 1886년에 쓰여 그 해 『비극의 탄생』 재판에 서문으로 더한 글 '자기비판의 시도'에 그런 사실이 엿보인다.

디오니소스 숭배자란 무엇인가? 이 책에서 그 대답이 발견될 것이다. 디오니소스 신의 신봉자이며 사도인 어느 "유식한 존재"가 여기서 말할 것이다.

그러나 그것은 『비극의 탄생』을 썼던 니체가 아니었다. 『비극의 탄생』을 쓸 당시에 그는 유미주의의 신봉자였다. 그는 『차라투스트라는 이렇게 말했다』와 '자기비판의 시도'의 기억할 만한 마무리 문장을 쓸 때에야 디오니소스의 숭배자가 되었다.

> 나의 친구들이여, 가슴을 한껏 고양시켜라. 높이, 더 높이! 그리고 두 다리도 잊지 않도록 하라! 그대 훌륭한 춤꾼들이여, 그대의 두 다리도 동시에 들어 올려라. 머리를 아래로 해서 거꾸로 설 수 있다면 더욱 좋은 일이니라!

니체가 미학적 방어에도 불구하고 그 문제를 아주 깊이 이해하고 있었기 때문에, 훗날 그가 디오니소스를 경험하는 것은 거의 불가피한 결과처럼 보인다. 『비극의 탄생』에 담긴, 소크라테스에 대한 그의 공격은 디오니소스 숭배자들의 격렬한 감정에도 전혀 영향을 받지 않는 합리주의자를 표적으로 하고 있다. 이 폭발은 유미주의자가 언제나 저지르는 실수와 비슷하다. 그 실수란 바로 니체가 그 문제로부터 멀찍이 떨어져 있는 점이다. 그러나 당시에조차도 니체는 유미주의의 옹호자였음에도 불구하고 진정한 해결책을 찾을 기미를 보였다. 그가 두 성향 사이의 적대가 예술로 극복되는 것이 아니라 "고대 그리스인의 의지의 형이상학적 기적"에 의해서 극복될 것이라고 말했을 때, 그런 가능성이 엿보였다. 그는 의지라는 단어를 인용 부호로 썼는데, 당시에 그가 쇼펜하우어의 영향을 강하게 받고 있었다는 사실을 고려한다면 우리가 그 의지를 형이

상학적 "의지"로 해석해도 무방할 것이다. 우리에게 "형이상학적"이라는 표현은 곧 "무의식적"이라는 심리학적 의미를 내포하고 있는 것으로 여겨진다. 만약에 니체의 설명에 나오는 "형이상학적"이라는 단어를 "무의식적"이라는 단어로 바꾼다면, 그 문제를 푸는 열쇠는 어떤 무의식적인 "기적"이 될 것이다. "기적"은 비합리적이고, 따라서 그 행위는 이성과 의식적 목적의 도움 없이 일어나는, 무의식적이고 비합리적인 일이 될 것이다. 마치 창조적인 힘이 작용하는 자연의 현상처럼, 그 행위는 저절로 일어나고 저절로 성장한다. 인간의 지혜에서 나오는 것이 아니다. 그 행위는 뜨거운 갈망, 즉 믿음과 희망의 산물이다.

바로 여기서 나는 앞으로 한 동안 이 문제를 그냥 내버려둬야 한다. 앞으로 이 문제를 더 충실히 다룰 기회가 있을 것이다. 대신에 아폴론적 성향과 디오니소스적 성향의 심리적 특징을 조금 더 면밀히 분석하도록 하자. 우선 디오니소스적 성향부터 논할 것이다. 니체의 묘사에서도 디오니소스적 성향은 펼쳐 보이려 하고, 밖으로 또 위로 흐르려 한다. 괴테의 표현을 빌리면 심장의 확장과 비슷하다. 실러가 '환희의 송가'에서 묘사하는 바와 같이, 온 세상을 끌어안으려는 움직임을 보인다.

모든 사람들이여, 서로 다가가 포옹하라!
온 세상에 나의 입맞춤이 넘쳐나리니!
......
이 세상 모든 존재는 환희를 마시라

자연의 품 안에서.

선한 사람이나 악한 사람이나 똑같이

환희의 장미가 핀 길을 따라가도다.

환희는 입맞춤과 포도주

그리고 충실하고 변함없는 친구를 주네.

벌레조차도 환희를 맛보는구나.

천사들이 천국을 향해 올라가고 있구나.

이것은 디오니소스적인 확장이다. 이것은 독한 포도주처럼 감각을 마비시키면서 막지 못할 만큼 강하게 터져 나오는 보편적인 감정의 홍수이다. 이것은 아주 강렬한 도취이다.

이 상태에서 감각의 심리적 기능이 정서적으로나 지각적으로나 최고조로 발휘된다. 감각의 심리적 기능은 감각과 단단히 연결되어 있는 모든 감정들의 외향성이며, 이런 이유로 우리는 그 기능을 감정 감각이라 부른다. 이 상태에서 터져 나오는 것은 순수한 감정, 말하자면 본능적이고 맹목적인 성격을 띤 감정이며, 이 감정은 육체적으로도 분명하게 표현된다.

이와 대조적으로, 아폴론적 성향은 아름다움과 척도, 그리고 균형 잡힌 감정들의 내적 이미지를 인식하려는 경향을 강하게 보인다. 꿈 꾸는 상태와의 비교는 아폴론적인 상태의 성격을 명쾌하게 전한다. 아폴론적 상태는 내성(內省)의 상태이고 또 영원한 관념들이 가꾸는 꿈의 세계를 깊이 들여다보는 상태이다. 그리하여 아폴론적 상태는 내향의 상태이다.

우리의 심리적 메커니즘과 비교한 내용은 지금까지는 정당하다. 그러나 만약에 우리가 그런 비교로 만족한다면, 그것은 니체의 개념을 프로크루스테스의 침대에 누임으로써 거기에 폭력을 행사하는 결과를 낳을 것이다.

우리는 조사 과정에 내향의 상태가 습관적으로 일어나면 관념의 세계와의 관계에 분화가 일어나는 한편, 외향의 상태가 습관적으로 일어나면 대상과의 관계에 그와 비슷한 분화가 일어난다는 점을 확인하게 될 것이다. 그런데 니체의 두 가지 개념에서는 이런 분화가 전혀 보이지 않는다. 디오니소스적 감정은 아주 원시적인 정서적 감각의 성격을 보인다. 따라서 디오니소스적 감정은 본능에서 나와서 분화된 그런 순수한 감정이 아니고 변덕스런 요소가 되고 있다. 그렇기 때문에 외향적 유형에서 디오니소스적 감정은 이성의 지령에 순종하면서 이성이 자신을 도구로 쓰도록 완전히 몸을 맡겨버린다. 마찬가지로, 내향성에 대한 니체의 인식은 감각을 통해 결정되거나 창조적으로 만들어진 내면의 이미지들로부터 자유로운 관념과의 순수하고 분화된 관계가 아니며, 순수하고 추상적인 형식의 숙고가 되었다. 아폴론 유형은 내적 지각이고 관념 세계의 직관이다. 이것을 꿈을 꾸는 상태와 비교한 것은 니체가 이 상태에 대해 한편으로는 단순히 지각적인 것으로, 다른 한편으로는 단순히 직관적인 것으로 보고 있다는 점을 분명히 보여주고 있다.

이 특징들은 내향적 태도나 외향적 태도라는 우리의 개념에 끌어들여서는 안 되는 개인적인 특징들이다. 깊이 생각하는 태도가 강한 사람의 내면에서, 아폴론적인 태도는 내면의 이미지들을 지각하면서 지각된 자료들을 지적인 사고의 본질과 일치하도록 다듬는다. 달리 말하면, 아폴론적 태도는 생각을 낳는다는 뜻이다. 감정의 지배를 받는 사람의 내면에서도 이와 비슷한 과정이 일어난다. 이미지들을 "두루 느끼고", 거기서 감정이 실린 어떤 생각이 떠오르는 것이다. 이 생각은 사고를 통해 생긴 생각과 본질적으로 똑같다. 그러므로 관념은 사고 못지않게 감정이다. 예를 들면 조국과 자유, 신, 불멸 같은 것이 있다.

지적인 사고의 본질과 일치하도록 다듬는 양쪽의 예 모두에서, 그 원칙은 합리적이고 논리적인 원칙이다. 그러나 이와 꽤 많이 다른 관점도 있다. 이 관점에서 보면 합리적이고 논리적인 다듬기가 타당하지 않다. 바로 미학적 관점이다. 내향성에서 미학적 관점은 관념들에 대한 지각을 강조하고, 내적 환상, 즉 직관을 발달시킨다. 반면에 외향성에서 미학적 관점은 감각을 강조하며 분별력과 본능과 정서성을 발달시킨다. 미학적 관점에서 보면, 사고는 관념들을 내적으로 지각하는 것이 아니며, 감정도 거의 마찬가지이다. 사고와 감정은 단지 내적 지각과 외적 감각의 파생물일 뿐이다.

따라서 니체의 개념들은 우리를 제3 및 제4의 심리 유형의 원칙으로 안내한다. 이것을 우리는 합리적 유형들(사고와 감정)과 반대되는 것으로 "미학적" 유형들이라고 부를 수 있다. 이것들은 직관적이고 감각적인 유형들이다. 이 두 가지 유형도 합리적인 유형들과 마찬가지로 내향성과 외향성의 메커니즘을 갖고 있다. 그러나 두 유형은 사고 유형과 달리 내면의 이미지에 대한 지각과 숙고를 사고로 분화시키지 않고 또 감정 유형과 달리 본능과 감각의 정서적 경험을 감정으로 분화시키지도 않는다. 반대로, 직관적인 유형은 무의식적 지각을 분화된 어떤 기능의 수준으로까지 끌어올리고, 이 기능을 통해서 세상에 적응한다.

직관적인 유형은 무의식의 지령에 의해 세상에 적응하는데, 그 사람이 흐릿한 의식의 자극을 특별히 예민하고 날카롭게 지각하고 해석하는 것이 곧 무의식의 지령을 따른 결과이다. 이런 기능을 설명하는 작업은 기능 자체가 비합리적이고 반(半)무의식적인 성격을 갖고 있기 때문에 당연히 매우 어렵기 마련이다. 어떤 의미에서 보면, 그 기능은 소크라테스가 '다이모니온'이라고 부른 그것과 비교될 수 있다. 물론 차이는 있다. 소크라테스의 대단히 이성적인 태도가 직관적인 기능을 최대한 억눌렀다는 점이 다르다. 그래서 소크라테스의 경우에는 직관적인 기능이 의식에 전혀 접근하지 못했다. 따라서 직관적인 기능은 구체적인 환각의 형태로 소크라테스가 느낄 수 있도록 만들어야 했다. 그러나 이는 직관적인 유형의 사람에게는 해당되지 않는다.

감각 유형은 모든 면에서 직관 유형과 반대이다. 감각 유형의 사람은 거의 전적으로 자신의 감각 인상에 의존하며, 그 사람의 전체 심리는 본능과 감각에 좌우된다. 그러므로 감각 유형의 사람은 전적으로 외부 자극에 의존한다.

니체가 한편으로 직관의 심리적 기능을 강조하면서 다른 한편으론 감각과 본능의 심리적 기능을 강조한다는 사실은 니체 본인의 심리적 특징을 보여주고 있음에 틀림없다. 그는 분명히 내향성이 강한 직관적 유형으로 분류되어야 한다. 직관적 유형의 증거로 우리는 직관적이고 예술적인 그의 창작 방식을 확보하고 있다. 그런 방식을 특징적으로 보여주는 작품이 『비극의 탄생』이지만, 그의 대표작 『차라투스트라는 이렇게 말했다』가 더 두드러져 보인다.

니체의 아포리즘적인 글들은 자신의 내향적인 지적 측면을 표현하고 있다. 이 글들은 감정이 많이 섞여 있음에도 불구하고 비판적인 주지주의를 18세기 지식인들의 글쓰기 방식으로 표현하고 있다. 니체는 합리적인 절제와 간결함을 결여하고 있다는 사실 때문에 대체로 직관적인 유형으로 여겨진다. 이런 상황을 고려한다면, 그가 초기 작품에서 자신도 모르게 자신의 개인적 심리에 관한 사실들을 전면에 내세우고 있다는 사실은 놀라운 일이 아니다. 이는 직관적인 태도와 아주 일치하는데, 직관적인 태도는 외적인 것을 주로 내적인 것을 통해서 지각하며 그러다가 가끔 현실을 훼손시키는 위험도 감수한다.

직관적인 태도 덕분에 니체는 자신의 무의식에 있는 디오니소스적인 특성에 대한 깊은 통찰을 얻었다. 우리가 아는 한, 디오니소스적인 특성은 니체가 발병한 뒤에야 조악한 형태로 그의 의식의 표면에 닿았다. 그 특성들이 그 전에도 다양한 에로틱한 암시를 통해 모습을 드러내긴 했지만 정면으로 나타난 것은 어쨌든 병을 앓게 된 뒤의 일이다. 그러므로 심리학적 관점에서 본다면, 이 점에서 대단한 의미를 지니는, 발병 후에 토리노에서 발견된 니체의 단편적인 글들이 도덕적 및 미학적인 양심의 가책 때문에 폐기되는 운명을 맞았을지도 모른다는 사실은 정말 유감스러운 일이다.

4장

[인간의 성격에 나타난
유형 문제]

01
유형에 대한 조던의 일반적 설명

심리 유형이라는 흥미로운 주제에 기여한 것들을 연대기 순으로 검토하다 보니, 지금 좀 이상한 작은 책자까지 언급하게 되었다. 내가 존 조던(John Furneaux Jordan)이 쓴『육체와 혈통으로 본 성격』(Character as Seen in Body and Parentage)이라는 책을 알게 된 것은 런던에 있는 나의 동료 콘스턴스 롱(Constance Long) 박사의 덕분이다.

126쪽의 얇은 이 책에서 조던은 2가지 성격적 유형에 대해 설명하고 있다. 이 유형의 정의는 한 가지 측면 이상으로 우리의 관심을 끈다. 이 책의 저자는 우리의 유형 중에서 반, 그러니까 사고와 감정에만 관심을 기울이면서도 다른 반, 즉 직관 유형과 감각 유형에 관한 관점까지 소개하며 두 유형을 서로 뒤섞고 있다. 먼저 나는 저자의 글을 통해서 성격 유형에 대한 정의부터 소개하고 싶다.

성격에는 두 가지 근본적인 편향이 있다. … 두드러진 성격 유형
이 두 가지 있는 것이다(그 중간인 세 번째 유형도 있다). 그 중
한 유형은 행동하려는 경향이 극히 강하고 생각하려는 경향이
약한 반면에 다른 한 유형은 생각하려는 경향이 지배적이고 행
동의 충동은 그보다 약하다. 두 극단 사이에 정도의 차이를 보이
는 등급이 아주 많다. 세 번째 유형을 제시하는 것으로 충분할 것
이다. … 세 번째 유형은 생각과 행동의 힘이 서로 비슷한 수준에
서 만나는 경향을 보인다. … 두 극단 사이의 어딘가에 괴벽스러
운 성격도 자리 잡고 있을 것이고, 다른 비정상적인 성향이 감정
적인 것과 비(非)감정적인 것을 지배하는 그런 유형도 자리 잡고
있을 것이다.

이 정의에서 보면, 조던이 숙고 또는 사고를 행동과 대비시키고
있는 것이 분명하다. 사람들의 심리를 깊이 들여다보지 않고 그저
관찰만 하는 사람이 가장 먼저 생각을 깊이 하는 성격과 행동을 쉽
게 하는 성격의 대비에 강한 인상을 받으면서 그 대조를 그런 용
어로 정의하는 것은 충분히 이해가 된다. 그러나 행동이 단순한 충
동의 산물만이 아니고 사고에서도 비롯될 수 있다는 간단한 생각
마저도 그 정의의 수준을 한 단계 더 높여야만 가능해진다. 조던은
이 단계에 이르고 있다. 왜냐하면 그가 그 책에서 우리에게 특별한
가치를 지니는 추가적인 요소, 즉 감정의 요소를 소개하고 있기 때

문이다. 조던은 여기서 적극적인 유형이 덜 열정적인 반면에, 생각이 깊은 기질은 열정적인 감정을 두드러지게 보인다고 언급하고 있다. 따라서 그는 성격 유형을 "덜 열정적인" 유형과 "보다 열정적인" 유형이라고 부른다. 그렇다면 그가 서두의 정의에서 간과한 요소가 확정적인 용어로 쓰이고 있는 셈이다. 그러나 그의 개념과 우리의 개념 사이에 다른 점은 그가 "덜 열정적인" 유형을 활동적이라고 보고, "보다 열정적인" 유형을 비활동적이라고 보고 있다는 사실이다.

내가 볼 때, 바로 이 결합이 조금 이상한 것 같다. 왜냐하면 매우 열정적이고 심오하면서도 대단히 활력적이고 활동적인 사람도 있고, 또 거꾸로 덜 열정적이고 피상적이면서도 어떠한 행동으로도 두드러지지 않는 그런 사람이 있기 때문이다. 나의 관점에서 볼 때, 조던이 활동성과 비활동성의 요소를 아주 다른 관점에 속하는 것으로 보고 차라리 그런 사항들을 고려하지 않았더라면, 그의 소중한 개념들이 더 명쾌하게 전해졌을 것 같다.

이어지는 그의 주장을 통해서 "덜 열정적이고 보다 적극적인" 유형은 외향성을 묘사하고 있고 "보다 열정적이고 덜 적극적인" 유형은 내향성을 묘사하고 있다는 사실이 확인된다. 어느 누구도 자신의 유형을 바꾸지 않고는 활동적이거나 비활동적인 사람이 될 수 없다. 바로 이런 이유 때문에 나의 의견엔 활동성이라는 요소는 성격의 주요 특성에서 배제되어야 한다. 그러나 이차적인 중요성을 지닌 요소로서는 활동성도 여전히 중요한 역할을 한다. 왜냐하면 외향적인 유형의 전반적인 성격이 내향적인 유형의 전반적인 성격에 비해 보다 동적이고, 보다 생동감 넘치고, 보다 활발하기 때문이다. 그러나 이 특성은 전적으로 그 개인이 일시적으로 외부 세계를 경험하고 있는 상태에 좌우된다. 외향적인 상태에 있는 내향적인 유형의 사람은 활동적으로 보이는 반면에, 내향적인 상태에 있는 외향적인 유형의 사람은 수동적으로 보인다. 성격의 한 근본적인 특징으로서 활동성 자체는 어떤 때는 내향적일 수 있다. 그러면 활동성이 모두 내면으로 향하고 깊은 평온이 느껴지는 겉모습 뒤로 내면에서 사고나 감정 활동이 생생하게 벌어질 수 있다. 혹은 활동성이 밖을 향할 수 있다. 이때는 원기 왕성한 행동이 겉으로 나타나지만, 그런 모습 뒤에서 사고나 감정이 아무런 움직임을 보이지 않은 채 꿈쩍도 않고 있을 수 있다.

조던의 주장을 더 깊이 파고들기 전에, 나는 설명을 더욱 명쾌하게 전하기 위해 중요한 사항을 한 가지 더 전달해야 한다. 이것을 염두에 두지 않으면, 유형에 관한 설명에 큰 혼란이 일어날 수 있다. 나는 이 책 첫 부분에서 나 자신이 그 전의 출판물에서 내향적 성향과 사고 유형을, 외향적 성향과 감정 유형을 동일시했다는 점을 밝혔다. 앞에서 말한 바와 같이, 뒷날 내향적 성향과 외향적 성향은 기본적인 태도로서 기능 유형과는 구별되어야 한다는 사실이 분명해졌다.

이 두 가지 태도는 아주 쉽게 파악될 것이다. 반면에 기능 유형을 구분하는 데는 상당한 경험이 필요하다. 어떤 기능이 가장 중요한 위치에 있는지를 파악하는 일이 엄청나게 어려울 때가 간혹 있다. 내향적 유형의 사람이 이론적인 태도 때문에 자연히 사색적이고 명상적인 분위기를 풍기게 된다는 사실이 오해를 부른다. 내향적인 유형의 사람은 내면에서 사고를 가장 중요하게 여기는 경향이 있다. 외향적인 유형의 사람은 반대로 즉각적인 반응을 자주 보인다. 이것이 사람들로 하여금 외향적인 사람은 감정의 지배를 받는다고 짐작하게 만든다. 이 짐작이 오해일 수 있다. 왜냐하면 외향적인 사람도 사고 유형일 수 있고 내향적인 사람도 감정 유형일 수 있기 때문이다. 조던은 대체로 내향성과 외향성만을 설명하고 있다. 그러나 그가 세부적으로 설명하는 내용을 보면 오해를 부를 대목이 있다. 왜냐하면 서로 다른 기능 유형에 속하는 특징들이 뒤섞여 있기 때문이다. 조금만 더 깊이 들여다보면 서로 분리될 특징들이 함께 뒤섞여 있는 것이다. 그러나 대체로 보면, 내향적 태도와 외향적 태도의 그림에는 실수가 있을 수 없다. 그렇기 때문에 두 가지 기본적인 태도의 본질은 명백히 구분된다.

내가 볼 때에 조던의 연구 중에서 정말 중요한 측면은 유형의 특징을 정서성을 바탕으로 파악한 부분인 것 같다. 우리는 내향적인 유형의 사색적이고 명상적인 본성이 본능과 감각이 무의식적이고 원시적인 그런 상태에 의해 보상된다는 것을 이미 보았다. 그 사람이 내향적인 이유가 바로 거기에 있다고 할 수 있다. 그 사람이 미발달하고 충동적인 본성 그 위로 추상 작용이라는 안전한 높이까지 올라가야 하기 때문이다. 다루기 힘들고 난폭한 그의 감정을 높은 곳에서 통제하기 위해서다. 이 견해는 많은 경우에 들어맞는다.

거꾸로, 외향적인 사람의 정서적 삶은 그 깊이가 그다지 깊지 않기 때문에 그 사람의 무의식적이고 미발달한 사고와 감정에 비해 분화와 순화를 더 쉽게 받아들이는 것으로 여겨질 수 있다. 또 외향적인 사람의 이 같은 공상적 삶이 그의 인격에 해로운 영향을 끼칠 수 있다고 말할 수 있다. 따라서 외향적인 사람은 냉정을 찾다가 자신의 형편없는 사고와 감정을 직시하게 되는 상황을 피하기 위해 언제나 부산하게 삶과 경험을 추구하고 나서는 사람이다. 쉽게 입증될 수 있는 이 같은 관찰들이 조던의 책에 실린, 자칫 모순된 내용으로 비칠 수도 있는 단락을 설명해줄 것이다. 조던은 그 대목에서 "덜 열정적인"(외향적인) 기질의 경우에는 지성이 지배력을 행사하면서 삶의 관리에 아주 큰 비중을 차지하는 한편, "숙고하는"(내향적인) 기질의 경우에는 감정이 더 중요한 역할을 맡는다고 말한다.

얼핏 보면, 이 관점은 "덜 열정적인" 유형이 외향적 유형에 해당한다는 나의 주장과 정반대인 것처럼 보인다. 그러나 조금 깊이 들여다보면 그렇지 않다는 사실이 드러난다. 왜냐하면 사색적인 성격, 즉 내향적인 유형은 쉽게 흐트러지는 자신의 감정을 다루려고 노력하고 있음에도 불구하고 실제로 보면 대상을 향한 욕망에 삶을 의식적으로 맡기는 사람들에 비해 자신의 열정에 쉽게 휘둘리기 때문이다. 대상을 향한 욕망에 의식적으로 삶을 맡기는 사람, 즉 외향적인 사람들은 언제나 열정에 휘둘리지 않으려고 노력하지만 자신의 사고와 감정이 자신의 길을 끊임없이 방해한다는 사실을 보지 않을 수 없다.

외향적인 사람은 자신의 정신세계의 영향을 본인이 생각하는 것보다 훨씬 더 많이 받는다. 외향적인 사람 본인은 그것을 보지 못하지만, 주변 사람들은 주의를 기울이기만 하면 언제나 그의 노력에서 개인적인 목표를 탐지해낼 수 있다. 따라서 외향적인 사람의 황금률은 항상 자신에게 다음과 같은 질문을 던지는 것이 되어야 한다. "내가 진정으로 추구하고 있는 것은 무엇인가? 나의 은밀한 의도는 무엇인가?"

반면에 의식적인 의도를 갖고 있는 내향적인 사람은 주변 사람들이 아주 명확하게 보고 있는 것을 언제나 간과한다. 말하자면, 주변 사람들은 내향적인 사람의 의도가 목표와 대상을 결여한 가운데 강력한 충동에 굴복하면서 충동의 영향을 강하게 받는다는 사실을 쉽게 볼 수 있는 것이다.

외향적인 사람을 관찰하고 비판하는 사람은 외향적인 사람에게 연속적으로 나타나는 사고와 감정을, 철저히 계산된 개인적 목적을 어설프게 가리고 있는 얇은 외피 정도로만 생각하기 쉽다. 한편, 내향적인 사람을 이해하려고 노력하는 사람은 내향적인 사람의 뜨거운 열정이 외관상 억지 이론처럼 보이는 것에 의해 간신히 억눌러지고 있다는 식으로 곧잘 결론을 내린다.

두 가지 판단 모두 맞는 측면도 있고 틀린 측면도 있다. 의식적 관점 혹은 의식 자체가 무의식에 저항할 만큼 충분히 강할 때, 그 판단은 틀렸다. 그러나 약한 의식적 관점이 강력한 무의식을 만나서 결국엔 무의식에게 길을 내주게 될 때, 그 판단은 맞다. 의식적 관점이 무의식에 양보하게 되면, 배경에 갇혀 있던 동기가 전면으로 튀어나오게 된다. 그 동기는 외향적인 사람의 경우에는 이기적인 목표이고 내향적인 사람의 경우에는 어떠한 고려에도 결코 식지 않는 열정이다.

이런 식으로 깊이 생각하다 보니 조던이 성격 유형을 관찰한 방식까지 파악된다. 조던은 관찰할 유형의 정서에 관심을 많이 쏟은 것이 분명하다. 그런 바탕에서 "덜 열정적"이라거나 "보다 열정적인" 같은 용어가 나오게 된 것이다. 그러므로 그가 정서의 관점에서 내향적인 성향을 더 열정적인 것으로 보고 외향적인 성향을 덜 열정적인 것으로, 더 나아가 지적인 유형으로 인식할 때, 그는 직관적이라고 표현할 수밖에 없는 그런 특별한 식별력을 발휘하고 있다. 조던이 합리적 유형의 관점과 "미학적" 유형의 관점을 뒤섞고 있다는 점에 대해서는 이미 지적한 바가 있다. 그렇기 때문에 그가 내향적 성향을 열정적인 것으로 파악하고 외향적인 성향을 지적인 것으로 파악할 때, 그는 분명히 이 두 가지 유형을 무의식적 측면에서 보고 있다. 다시 말하면, 그가 두 가지 유형을 자신의 무의식을 통해 지각하고 있다고 할 수 있다. 조던은 직관적으로 관찰하고 인식하고 있으며, 실용적인 목적으로 사람들을 관찰하는 사람에게도 다소 그런 경향이 있다.

그러나 그런 이해가 간혹 아무리 진실하고 심오하다 하더라도, 그 이해는 한 가지 아주 중요한 한계로 인해 훼손되게 마련이다. 말하자면 관찰 대상이 된 사람의 생생한 현실을 간과하고 있는 것이다. 왜냐하면 그 같은 이해는 관찰 대상자의 실제 모습이 아니라 무의식의 경상(鏡像)을 바탕으로 판단하기 때문이다. 이 오류는 모든 직관에 반드시 따르게 되어 있다. 직관과 이 오류를 떼어놓는 것은 불가능하다. 이 때문에 이성은 직관과 언제나 사이가 좋지 않다. 많은 예들을 보면 직관의 객관적 정확성을 부정하기 어려운 것이 사실임에도 불구하고, 이성은 마지못해 직관에게 존재의 권리를 인정한다. 따라서 조던의 설명은 대체로 현실과 일치한다. 합리적인 유형의 사람이 이해하는 그런 현실과 일치하지는 않지만 합리적인 유형에게 무의식적인 것으로 받아들여지는 그런 현실과는 일치하는 것이다. 당연히 이런 상황들은 관찰 대상이 된 사람에 대한 판단을 혼란스럽게 만들고 또 판단에 관한 의견 일치를 이루는 것을 더욱 어렵게 만들게 되어 있다. 그러므로 명칭이나 이름을 놓고 논쟁을 벌일 것이 아니라 전적으로 관찰 가능한 차이만을 중요하게 여겨야 한다. 비록 내가 나의 천성에 따라 나 자신을 조던과 상당히 다르게 표현하고 있을지라도, 우리 두 사람은 약간의 차이만을 보일 뿐 관찰된 자료를 분류하는 데 있어서는 완전히 일치하는 모습을 보이고 있다.

조던의 유형학을 깊이 논의하기 전에, 나는 잠시 그가 제시한 세 번째 혹은 "중간" 유형을 돌아봐야 한다. 이 카테고리에 그는 한쪽에는 완벽하게 균형이 잡힌 성격들을 포함시키고 다른 한쪽에는 균형이 잡히지 않거나 "괴팍한" 성격들을 포함시키고 있다. 이 시점에서 발렌티아누스(Valentinus) 학파의 분류를 떠올려보는 것도 도움이 될 것 같다. 이 학파에 따르면, '물질적인' 사람은 정신적인 사람이나 영적인 사람보다 열등하다. 물질적인 사람은 당연히 감각 유형이며, 감각 유형을 지배하는 요소들은 감각에서 나온다. 감각 유형은 분화된 사고도 갖고 있지 않고 분화된 감정도 갖고 있지 않지만 감각성은 잘 발달되어 있다.

잘 알고 있듯이, 원시인도 여기에 해당한다. 원시인의 직관적인 감각성은 정신 과정들의 자발성에 따른 것이다. 이를테면 원시인의 정신적 산물, 즉 생각은 그냥 그에게 나타난다. 그 생각을 만들어 내거나 그 생각을 생각하는 것이 원시인이 아니다. 원시인에겐 그럴 능력이 없다. 생각이 저절로 생겨나고 생각은 그냥 그에게 일어난다. 생각은 심지어 환각으로 나타나기도 한다. 그런 심리적 상태는 직관적이라고 불려야 한다. 왜냐하면 직관이 정신에 나타나는 내용물을 본능적으로 지각하는 것이기 때문이다. 비록 원시인의 중요한 심리 기능이 대체로 감각이라 하더라도, 그보다 덜 분명한 보상적 기능은 직관이다. 보다 높은 수준의 문명에서는, 말하자면 사람이 다소 분화된 사고와 감정을 동시에 가질 수 있는 곳에서는, 직관을 고도로 개발하여 결정적인 기능으로 이용하는 사람들이 많을 수 있다. 이런 사람들에게서 우리는 직관적 유형을 확인한다. 그러므로 조던의 중간 집단을 감각적 유형과 직관적 유형으로 구분할 수 있다는 것이 나의 믿음이다.

02
유형에 대한 조던의 구체적 설명과
그에 대한 비판

두 가지 유형의 일반적 특징과 관련해, 조던은 탁월하고 두드러진 인물들을 보면 보다 열정적인 유형이 덜 열정적인 유형보다 수적으로 훨씬 더 적다는 점을 강조하고 있다. 이 같은 단언은 조던이 활동적인 유형과 덜 열정적인 유형을 동일시한다는 사실에서 나온 것이다. 그런데 나의 의견엔 활동적인 유형과 덜 열정적인 유형을 동일시하는 것은 적절하지 않은 것 같다. 그러나 이 실수를 무시한다면, 덜 열정적이거나 외향적인 유형의 행동 자체가 열정적이거나 내향적인 유형에 비해 외향적인 유형을 더욱 두드러져 보이게 만드는 것은 분명한 사실이다.

a. 내향적인 여자("보다 열정적인 여자")

먼저 조던이 내향적인 여자에 대해 논한 대목부터 요약하도록 하자.

내향적인 여자는 태도가 차분하다. 또 타인들이 읽어내기 어려운 성격을 갖고 있다. 내향적인 여자는 간혹 비판적이고 심지어 냉소적이기도 하다. 이따금 나쁜 기질이 보임에도 불구하고, 습관적으로 변덕스럽거나 무모하거나 남의 허물을 잘 잡거나 검열관처럼 굴지 않는다. 또 잔소리가 심하지도 않다. 내향적인 여자는 휴식의 분위기를 가꾸고 무의식적으로 남을 위로하고 치유한다. 그러나 표면 아래에 감정과 열정이 잠자고 있다. 그녀의 감정적 본성은 서서히 성숙한다. 나이가 들수록, 그녀의 성격적 매력도 더욱 커진다. 그녀는 "공감하는" 성격이다. 말하자면, 자신의 통찰과 경험을 바탕으로 다른 사람들의 문제에 영향을 미치려 든다는 뜻이다. 그럼에도, 최악의 성격들이 보다 열정적인 여자들 사이에서 발견된다. 아주 잔인한 계모들을 보면 주로 이 유형이다. 열정적인 여자들은 애정이 더없이 깊은 아내와 엄마가 되지만, 그들의 열정과 감정이 너무나 강하기 때문에 종종 이성을 종속시키거나 몰아내버린다. 열정적인 여자들은 너무 많은 것을 사랑한다. 그러나 그들은 증오도 곧잘 잘 한다. 질투심이 그들을 야생의 짐승으로 만들어 놓기도 한다. 의붓자식들이 내향적인 여자의 미움을 샀다가는 잘못하면 죽을 수도 있다. 악이 더욱 커지는 상황이 아니라면, 도덕 자체는 깊은 감정과 연결된 가운데서 사리에 맞고 독립적인 길을 택할 것이지만, 그 길이 전통적인 기준과 부합하지 않을 수 있다. 그 도덕은 모방도 아니고 순종도 아니며 이승에서나 사후에 보상을 받으려 드는 노력도 아니다. 열정적인 여자의 강점과 약점이 잘 드러나는 것은 오직 친밀한 관계에서다. 친밀한 관계에서 내향적인 여자는 자신을 드러내 보인다. 친밀한 관계에서 그녀의 환희와 슬픔이 나타난다. 거기서 그녀의 약점과 단점이 보인다. 아마 용서를 쉽게 하지 않고, 달래기 어렵고, 샐쭉하고, 화를 잘 내고, 질투심을 느끼고, 저급한 열정을 마구 쏟기도 할 것이다. 내향적인 여자는 순간에 매료되고 지금 현장에 없는 사람들의 안락과 안녕에는 별로 신경을 쓰지 않는다. 그녀는 다른 사람들을 잘 잊고 시간을 잘 잊는다. 만약에 그녀가 감동을 받는다면, 그 감동은 꾸밈이 아니라 태도와 말의 진정한 변화로 나타난다. 당연히 생각과 감정의 변화도 수반된다. 사회생활에서 그녀는 모든 집단 안에서 똑같은 모습을 보인다. 가정생활과 사회생활에서 그녀는 대체로 즐겁게 해주기 어려운 존재가 아니다. 그녀는 스스로 평가하고, 축하하고, 칭찬한다. 그녀는 정신적으로 상처받은 사람들을 잘 어루만져 주고 성공하지 못한 사람을 격려한다. 그녀는 높은 곳으로 올라가 낮은 쪽으로 몸을 낮춘다. 그녀는 모든 사람의 자매이고 친구이다. 그녀의 판단은 온화하고 너그럽다. 책을 읽는다면, 그녀는 그 책의 가장 깊은 곳의 생각과 감정을 파악하려고 노력한다. 그녀는 책을 읽고 또 읽어 책장을 너덜너덜하게 만든다.

이 묘사에서 내향적인 성격을 읽어내는 것은 어렵지 않다. 그러나 이 묘사는 어떤 의미에서 보면 한쪽 방향으로 치우쳐 있다. 왜냐하면 내가 특별한 가치를 부여하는 한 가지 특징, 즉 의식적인 내면생활에 대해서는 전혀 고려하지 않고 주로 감정만을 강조하고 있기 때문이다.

조던은 내향적인 여자는 "묵상적"이라고 언급한다. 그러나 그는 그 문제를 더 이상 파고들지 않는다. 그러나 내가 볼 때 그의 묘사는 그의 관찰 방식에 대한 나의 논평을 뒷받침하는 것 같다. 조던에게 강한 인상을 주는 것은 주로 감정과 연결된 외적 행동과 열정의 표현이다. 그는 이 유형의 의식적 삶을 깊이 파고들지 않는다. 그는 내면생활이 내향적 유형의 의식적 심리에 결정적인 역할을 한다는 데 대해 전혀 언급하지 않는다.

예를 들어, 내향적인 여자가 책을 그렇게 집중해서 읽는 이유는 무엇인가? 다른 무엇보다 그녀가 관념을 이해하고 파악하기를 좋아하기 때문이다. 그녀가 휴식의 분위기를 조성하고 남의 마음을 달래주는 이유는 무엇인가? 그녀가 자신의 감정을 다른 사람들에게 쏟아내지 않고 생각으로 표현하면서 언제나 감정을 내면에 담아두고 있기 때문이다. 인습에 사로잡히지 않는 그녀의 도덕은 깊은 성찰과 내면의 감정들의 뒷받침을 받고 있다. 그녀의 차분하고 지적인 성격의 매력은 부드러운 태도에만 있는 것이 아니다. 사람들이 그녀와 합리적이고 일관성 있는 대화를 할 수 있고 또 그녀가 대화 상대의 주장에 담긴 가치를 제대로 평가할 줄 안다는 사실도 그녀의 성격적 매력을 높이고 있다. 그녀는 충동적인 발언으로 대화 상대의 말을 자르지 않는다. 오히려 상대방의 의미에 대해 자신의 생각과 감정을 밝힌다. 그럼에도 불구하고 그녀의 생각과 감정은 반대 주장에 결코 굽히지 않고 확고하다.

이처럼 촘촘하고 질서 있게 발달한 의식적 정신의 내용물은 내향적인 사람이 적어도 개인적 측면에서 매우 자주 자각하게 되는, 혼란스럽고 열정적인 감정적 삶에 맞서는 튼튼한 방어 수단이다. 그녀는 열정적인 감정적 삶을 두려워한다. 이유는 그녀 자신이 그런 삶을 매우 잘 알고 있기 때문이다. 그녀는 자기 자신에 대해 숙고하고, 따라서 외적으로 차분하며, 다른 사람을 칭찬이나 비난으로 압도하지 않는 가운데 인정하거나 받아들일 수 있다. 그러나 그녀의 감정적 삶이 이런 훌륭한 자질을 훼손시키곤 하기 때문에, 그녀는 자신의 본능과 감정을 지배하지는 못하더라도 최대한 부정하려고 노력한다. 따라서 논리정연한 의식과 반대로, 그녀의 정서적 삶은 초보적이고 혼란스럽고 다스리기 어렵다. 그 삶은 인간적인 면을 결여하고 있으며, 균형을 잃고 비합리적이며, 인간의 질서를 깨뜨리는 자연의 현상이다. 그녀의 정서적 삶에는 반성이나 목표 같은 것이 없다. 그렇기 때문에 정서적 삶이 파괴적일 때가 간혹 있다. 파괴를 꾀하지도 않고 파괴를 피하지도 않는 격류 같다. 그녀의 정서적 삶은 오직 그 격류를 따르기만 한다. 그녀의 훌륭한 자질들은 그녀의 사고에 바탕을 두고 있다. 사고는 관대하거나 자애로운 견해를 통해서 그녀의 본능적 삶의 한 부분에 영향을 미치거나 제한하는 데 성공한다. 그럼에도 그 성공은 그녀의 정서적 삶 전체를 변화시키지 못한다.

내향적인 여자는 자신의 합리적인 사고와 감정에 비해 정서 상태를 훨씬 덜 의식한다. 그녀의 정서는 그녀의 지적 내용물보다 훨씬 덜 유동적이다. 말하자면 그녀의 정서는 찐득찐득하고 이상할 정도로 활성이 떨어지며, 따라서 변화가 어렵다는 뜻이다. 그녀의 정서는 끈기 있다. 따라서 그녀는 무의식적 일관성을 보일 뿐만 아니라 아집도 있고 또 자신의 감정을 건드리는 일 앞에서는 터무니없을 만큼 완고할 수 있다.

이 같은 생각들은 정서만을 바탕으로 내향적인 여자를 판단하는 것이 불완전하고 또 좋은 쪽으로나 나쁜 쪽으로 불공평한 이유를 설명해줄 것이다. 만약에 조던이 내향적인 여자들 가운데서 가장 비열한 성격을 발견한다면, 나의 의견에 그것은 그가 정서를 지나치게 강조한 때문인 것 같다. 열정을 모든 악의 어머니처럼 여긴 것이다. 사람은 육체적이지 않은 다른 방법으로도 아이를 고문해서 죽게 할 수 있다. 또 반대로, 내향적인 여인의 내면에 가득 넘치는 사랑도 결코 그녀만의 것이 아니다. 그녀는 사랑에 훨씬 더 자주 사로잡히고, 사랑 아닌 다른 것을 좀처럼 선택하지 못한다. 그러다 어느 날 자신에게 유리한 기회가 찾아오면 그녀가 갑자기 이해하기 어려운 냉담함을 보이면서 파트너를 놀라게 만든다. 내향적인 여자의 정서적 삶은 일반적으로 그녀의 약점이며 전적으로 믿어서는 안 되는 부분이다. 그녀는 그 문제에 대해 자신까지 속인다. 다른 사람들도 마찬가지로 속으며, 그녀의 감동을 쉽게 믿었다가 그녀에게 실망하기도 한다. 그래도 그녀의 마음은 믿을 만하다. 왜냐하면 적응이 보다 잘 되어 있기 때문이다. 반면에 그녀의 정서는 길들여지지 않은 순수한 자연에 훨씬 더 가깝다.

b. 외향적인 여자("덜 열정적인 여자")

이젠 "덜 열정적인" 여자에 대한 조던의 묘사를 보도록 하자. 여기서도 나는 조던이 활동성을 고려함에 따라 일어나게 된 혼돈을 모두 부정해야 한다. 왜냐하면 활동성이라는 요소가 유형적인 성격을 덜 두드러지게 하는 결과를 낳기 때문이다. 따라서 그가 외향적인 성향의 "민첩성"에 대해 말할 때, 그것은 활기나 활동성을 뜻하는 것이 아니라 적극적인 심리적 과정들의 변동성을 의미한다.

　조던은 외향적인 여자에 대해 이렇게 말하고 있다.

　　외향적인 여자는 활동성과 활기, 민첩성이 특징으로 꼽힌다. 그리고 인내나 일관성보다는 시의성(時宜性)이 두드러진다. 그녀의 삶은 거의 전적으로 사소한 것들에 매달리고 있다. 중요하지 않은 것도 그다지 중요하지 않은 것이 아니고 중요한 것도 그다지 중요한 것이 아니라는 믿음에 관한 한, 그녀는 심지어 비콘스필드 경(Lord Beaconsfield)보다도 더 멀리 나아간다. 그녀는 자기 할머니가 일들을 처리한 방식에 대해, 그리고 자기 손자들이 그 일들을 어떻게 처리할 것인지에 대해 곰곰 생각하길 좋아한다. 그리고 인간과 세상사의 퇴보에 대해 깊이 고민하길 좋아한다. 그녀가 일상적으로 느끼는 불안은 만약에 자신이 세상에 없어서 일들을 돌보지 못하게 될 경우에 그 일들이 어떻게 돌아갈 것인가 하는 점이다. 그녀는 사회 운동에 아주 중요한 존재이다. 그녀는 적지 않은 여자들이 존재의 목적과 목표로 삼는 집안 청결에 에너지를 소비한다. 그녀가 "생각이 없고, 감정이 없고, 침착하지 못하고, 순진무구한" 때가 자주 있다. 그녀의 정서적 전개는 언제나 조숙하며 열여덟 살에 이미 스물여덟 살이나 마흔여덟 살 된 사람만큼 지혜롭다. 그녀의 정신적 관점은 언제나 폭과 깊이가 부족하지만 아주 명확하다. 외향적인 여자는 지적일 때 주도적인 역할을 할 수 있다. 사회 안에서 외향적인 여자는 친절하고, 관대하고, 공손하다. 그녀는 자신도 판단의 대상이 되고 있다는 사실을 망각하면서 이웃과 친구들을 판단한다. 그러나 그녀는 불행에 빠진 이웃이나 친구를 돕는 일에 적극적으로 나선다. 그녀의 내면에는 깊은 열정이 없다. 사랑도 단지 선호에 지나지 않는다. 증오도 단지 싫어하는 것에 지나지 않는다. 질투도 상처 입은 자존심에 지나지 않는다. 그녀의 열중은 오래 지속되지 못한다. 그녀는 시(詩)의 열정이나 비애감보다 시의 아름다움에 더 강하게 반응한다. 그녀의 믿음과 불신은 강하기보다 철저하다. 그녀는 확신을 전혀 품지 않는다. 그런 만큼 그녀에겐 오해도 전혀 없다. 그녀는 믿지 않고 그저 적응하며, 그녀는 불신하지 않고 그저 무시한다. 그녀는 절대로 묻지도 않고 의심하지도 않는다. 큰 문제 앞에서 그녀는 권위에 경의를 표한다. 작은 일에서 그녀는 급히 결론을 내린다. 그녀에겐 자신의 좁은 세상 안에 있는 것은 무엇이든 잘못되었고, 바깥의 넓은 세상에 있는 것은 무엇이든 옳다. 그녀는 이성의 결론을 실천으로 옮기는 데 본능적으로 반대한다.

그녀는 집에서는 사회에서 보였던 것과 꽤 다른 성격을 보인다. 그녀의 결혼은 야망 혹은 변화에 대한 사랑, 아니면 오랫동안 내려오는 관습에 대한 존중과 "안정된 삶을 살고 싶은" 욕구 또는 보다 유익한 존재가 되고 싶은 소망에 영향을 강하게 받는다. 만약에 그녀의 남편이 열정적인 유형에 속한다면, 그가 그녀 이상으로 아이들을 사랑할 것이다.

가족 안에서, 그녀의 바람직하지 않은 성격들이 가장 분명하게 나타난다. 가족 안에서 그녀는 불쾌한 말을 곧잘 던지고, 그렇게 되면 햇빛이 언제 구름을 뚫고 비치게 될지 아무도 예측하지 못한다. 감정에 좌우되지 않는 그녀는 자기 분석을 거의 하지 않거나 전혀 하지 않는다. 만약에 그녀가 습관적으로 불만을 터뜨린다는 비난의 소리를 듣게 되면, 그녀는 놀라면서 마음을 다칠 것이며 자신은 모든 사람을 이롭게 할 뿐인데도 "사람들이 자신들에게 좋은 일이 어떤 것인지를 모른다"는 식으로 투덜거린다. 그녀가 가족을 대하는 방법과 사회에서 사람들을 대하는 방법은 서로 많이 다르다. 가족은 언제나 그녀로부터 사회적 검사를 받을 준비가 되어 있어야 한다. 그녀에게 사회는 늘 격려하고 달래 줘야 할 대상이다. 사회의 윗부분은 늘 강한 인상을 받아야 하고, 사회의 아랫부분은 언제나 질서정연해야 한다. 가정은 그녀의 겨울이고, 사회는 그녀의 여름이다. 만약에 문이 열리고 방문객이 들어선다면, 그 즉시 변화가 일어난다.

덜 감정적인 여자는 절대로 금욕주의에 빠지지 않는다. 존경할 만한 태도와 정통파적인 신념이 그녀에게 금욕을 요구하지 않기 때문이다. 그녀는 운동과 레크리에이션, 변화를 좋아한다. 그녀의 바쁜 하루는 종교적 봉사로 시작해 익살극으로 막을 내릴 것이다. 그녀는 무엇보다도 자신의 친구를 즐겁게 해주고 친구들로 인해 즐거움을 느끼기를 좋아한다. 그녀는 사회에서 자신의 일과 행복뿐만 아니라 보상과 위안까지 발견한다. 그녀는 사회를 믿고, 사회는 그녀를 믿는다. 그녀의 감정들은 편향의 영향을 거의 받지 않는다. 대체로 그녀는 "합리적"이다. 그녀는 모방하기를 매우 좋아하고 대체로 훌륭한 모델을 선택하지만 자신의 모방에 대해서는 희미하게만 의식하고 있다. 그녀가 읽는 책은 틀림없이 인생과 행동을 다루는 책이다.

낯익은 이런 유형의 여자는 틀림없이 외향적이다. 그녀의 전반적 행동은 그 본질상 외향적인 성향으로 불려야 하는 어떤 성격을 암시한다. 현실에 대한 숙고에 근거하지 않은 비판을 지속적으로 쏟아내는 것은 진정한 사고와는 아무런 관계가 없는, 그냥 스쳐 지나가는 인상을 밖으로 내뱉는 것에 지나지 않는다. 언젠가 읽은 재치 넘치는 경구가 기억난다. "사고(思考)는 어려운 일이다. 그러니 목자(牧者)가 대신 판단하도록 하라!" 숙고는 무엇보다도 시간을 요구한다. 그러므로 숙고하는 사람에겐 지속적으로 비판할 기회가 절대로 주어지지 않는다. 전통과 권위에 의존하는, 일관되지 못하고 사소한 비판은 독립적인 숙고가 이뤄지지 않고 있음을 보여준다.

마찬가지로 자기 비판의 결여와 독립적인 생각의 부족은 판단 기능의 결점을 보여준다. 이런 유형의 사람에게 내면적 정신생활이 존재하지 않는다는 사실은 앞에서 설명한 내향적 유형의 내면에 정신생활이 있다는 사실보다 훨씬 더 확연하게 드러난다.

앞의 묘사에서 우리는 정서가 크게 결여되어 있다는 결론을 쉽게 끌어낼 수 있다. 정서가 피상적이고 얕고 거의 겉치레이기 때문이다. 정서가 피상적인 이유는 언제나 정서와 결합되어 있거나 정서 뒤에 감춰진 동기가 정서적 산물을 거의 무가치하게 만들어 버리기 때문이다. 그러나 나는 조던이 여기서 이 유형을 과소평가하고 있다고 생각한다. 그가 앞의 예에서 과대평가했던 것처럼 말이다. 훌륭한 자질들을 인정하는 대목이 이따금 보임에도 불구하고, 이 유형은 전반적으로 매우 나쁘게 그려지고 있다. 나는 이것이 저자의 편향 때문이라고 믿는다.

같은 유형을 대표하는 사람 한두 사람을 지독하게 경험하다 보면 그 유형에 대해 나쁜 인상이 생길 수 있다. 내향적인 여자의 양식(良識)이 그녀 자신의 정신적 내용물을 전반적으로 사고에 신중하게 적용시킨 결과 나타나듯이, 외향적인 여자의 정서도 인간 사회의 평범한 삶에 적응한 탓에 어느 정도의 불안정성과 천박성을 보일 수밖에 없다는 사실을 우리는 잊지 말아야 한다. 따라서 외향적인 여자의 정서는 사회적으로 분화된 정서로서 분명히 일반적인 가치를 지니며, 그녀의 정서도 내향적인 여자의 묵직하고 열정적인 정서와 비교할 만하다. 이 분화된 정서는 혼란스럽고 병적인 모든 허물을 벗고 이용 가능한 적응 기능이 되었다. 이 변화가 내면의 정신적 삶을 대가로 치르고 이뤄지는 것이긴 하지만 말이다.

외향적인 여자는 정신적 삶의 부재가 두드러진 특징으로 꼽힌다. 그럼에도 불구하고 이 여자의 정신적 삶은 무의식 안에, 더욱이 내향적인 여자의 열정에 해당하는 어떤 형태로 존재한다. 말하자면 정신적 삶이 개발되지 않고, 발달하지 않고, 유아적인 상태에 있다는 뜻이다. 미발달한 정신적 경향은 무의식적으로 작용하면서 비판적인 시각을 가진 관찰자에게 나쁜 인상을 줄 수밖에 없는 내용물과 숨겨진 동기를 가진 정서적 산물을 내놓는다. 이때에도 물론 비판적인 시각이 없는 관찰자에게는 그 내용물과 숨겨진 동기가 파악되지 않는다.

외향적인 여자에게서 얇은 막을 두른 이기적인 동기들을 끊임없이 지각하게 되면, 관찰자는 당연히 불쾌한 인상을 받는다. 그러면 관찰자는 자신의 눈 앞에 펼쳐지는 정서적 산물의 실체와 그것이 지니는 적응상의 효과를 쉽게 망각해 버린다. 만약에 분화된 정서라는 것이 아예 없다면, 아마 느긋하고, 무리하지 않고, 적절하고, 무해하고, 피상적인 모든 것은 삶에서 사라져버릴 것이다. 그러면 사람은 영원한 비애감에 질식하든가 아니면 억눌린 열정의 심연에 빠져버릴 것이다. 내향적인 사람의 사회적 기능이 주로 개인들에게 집중된다면, 외향적인 사람은 똑같이 존재할 권리를 갖는 공동체의 삶을 촉진한다는 말은 대체로 맞다. 누구에게나 이 외향성도 필요하다. 왜냐하면 그것이 이웃과 연결하는 최고의 다리이기 때문이다.

사회적 기능에 필요한 정서는 깊어야 할 필요가 전혀 없다. 너무

깊으면 오히려 다른 사람의 내면에 열정을 불러일으킨다. 그러면 열정은 사회의 삶과 행복을 뒤흔들어 놓게 된다.

마찬가지로, 내향적인 여자의 적응되고 분화된 정신적 경향은 강렬함보다는 신장성(伸張性)을 갖고 있다. 따라서 그 정신적 경향은 방해하거나 도발하지 않고 합리적이고 차분하다. 그러나 내향적인 유형이 자신의 열정의 폭력성 때문에 문제를 야기하듯이, 외향적인 유형은 동료들을 일관성 없이 판단하는, 반(半)무의식적인 사고와 감정으로 주위 사람들을 화나게 만든다. 만약에 우리가 그런 판단들을 모아서 그것을 바탕으로 심리를 형성한다면, 그 판단들은 냉혹하기 짝이 없는 관점으로 모아질 것이다. 이 관점은 잔인성과 어리석음에 있어서 내향적인 유형의 잔인한 정서와 맞먹을 것이다. 따라서 나는 최악의 성격이 열정적이면서 내향적인 천성을 가진 사람들 사이에서 발견될 것이라는 조던의 견해에 동의하지 않는다. 외향적인 유형의 사람들 중에도 그 못지않게 사악한 사람들이 많다. 그러나 내향적인 열정은 냉혹한 행동으로 나타나는 한편, 외향적인 성향의 무의식적 사고와 감정의 상스러움은 희생자의 영혼에 죄를 저지른다. 어느 쪽이 더 나쁜지, 나는 모른다. 전자의 단점은 행동이 눈에 보인다는 점인 반면에, 후자의 마음의 상스러움은 그럴 듯한 행동의 장막 뒤에 가려진다. 그러나 나는 여기서 외향적인 유형이 사회적으로 사려 깊다는 점을, 타인들에게 기쁨을 주려할 뿐만 아니라 사회 전반의 행복에 대해 능동적으로 관심을 갖는다는 점을 강조하고 싶다. 내향적인 사람은 대체로 자신의 공상 안에서만 이 같은 특징들을 갖고 있다.

분화된 정서는 더 나아가 매력과 우아함이라는 이점을 누린다. 그 정서는 주변에 미학적이고 유익한 분위기를 퍼뜨린다. 놀라울 정도로 많은 외향적인 사람들이 예술을, 주로 음악을 하고 있다. 이는 그들이 특별히 음악에 재능이 있어서라기보다는 사회생활에 기여하고 싶은 욕망 때문이다. 외향적 유형이 흠을 잘 찾아내는 성향은 불쾌한 일도 아니고 무가치한 일도 아니다. 그 같은 성향이 적응이 잘 된 교육적 태도에 지나지 않을 때가 자주 있다. 이것은 아주 유익한 일이 아닐 수 없다. 마찬가지로, 외향적인 사람이 타인의 판단에 의존하는 성향도 반드시 나쁜 것만은 아니다. 왜냐하면 그런 성향이 사회의 삶과 행복에 절대로 기여하지 않는 사치와 과도함을 억누르게 하는 경우가 자주 있기 때문이다. 어떤 한 유형이 모든 면에서 다른 유형보다 더 소중하다고 주장하는 것은 타당하지 않다. 유형들은 서로 보완적이며, 유형의 차이는 개인과 사회가 삶을 이어가는 데 필요한 긴장을 유발한다.

c. 외향적인 남자("덜 열정적인 남자")

외향적인 남자에 대해 조던은 이렇게 쓰고 있다.

> 외향적인 남자는 기질과 행동이 변덕스럽고 불확실하며, 심술궂고, 호들갑을 떨고, 불만을 터뜨리고, 비판적이다. 그는 모든 사람을 얕잡아보지만 자기 자신에 대해서는 꽤 만족한다. 그의 판

단은 종종 엉터리이며, 그의 계획은 종종 실패한다. 그러나 그는 자신의 판단과 계획에 대한 무한한 신뢰를 절대로 거둬들이지 않는다. 영국 해군 제독 시드니 스미스(Sidney Smith)는 자기 시대의 어느 저명한 정치인에 대해 말하면서 그가 언제라도 영국 함대를 지휘하거나 사지가 잘릴 마음의 준비가 되어 있다고 말했다. 외향적인 유형은 자기 앞에 놓인 모든 것에 대해 간결한 원칙을 갖고 있다. 그것이 진실이 아닌가, 또는 모두가 이미 그것을 알고 있는가 하는 것만 중요하다. 그의 하늘에는 두 개의 태양이 뜰 공간이 없다. 만약에 다른 태양들이 빛을 계속 비춘다면, 그는 묘한 순교의 기분을 느낀다.

그는 빨리 성숙한다. 행정을 좋아하고 종종 존경할 만한 공무원이 된다. 자선위원회에서 여자 세탁부를 선택하는 일에도 그는 위원장을 선출할 때만큼이나 큰 관심을 보인다. 사람들 사이에 있을 때면, 그는 언제나 경계심을 늦추지 않으며, 적절히 처신하고, 재치 있고, 말대꾸에 능하다. 그는 자기 자신을 단호히, 자신 있게, 또 끊임없이 드러낸다. 경험은 그를 돕고, 그는 계속 경험을 추구한다. 그는 이름이 알려지지 않은 가운데서 국가를 돕는 존재가 되느니 차라리 3명으로 구성된 위원회의 위원장이 되더라도 이름을 알리는 존재가 될 것이다. 타고난 재능이 별로 두드러지지 않을지라도, 그의 자만심은 결코 덜하지 않다. 그 사람은 바삐 움직이고 있는가? 그 사람 본인은 자신이 왕성하게 활동하고 있다고 믿는다. 그 사람은 말이 많은가? 그 사람 본인은 자신이 웅변에 뛰어나다고 믿고 있다.

그는 좀처럼 새로운 아이디어를 내놓지 않는다. 좀처럼 새로운 길을 열지도 않는다. 그러나 그는 따르고, 이해하고, 적용하고, 실천하는 데 빠르다. 그의 타고난 성향은 옛날 행태의, 적어도 기존의 받아들여진 믿음이나 방침과 잘 어울린다. 특별한 상황이 가끔 그로 하여금 자신의 '이단적인' 모습에 대해 스스로 경탄하도록 만든다. 그래도 덜 감정적인 지성이 워낙 우뚝 솟아 있기 때문에 그어떤 불온한 영향도 삶의 전체 영역에서 넓고 정의로운 관점을 형성하지 못하도록 막지 못한다. 그의 삶은 도덕성과 진실성, 높은 원칙이 특징으로 꼽힌다. 그러나 즉시적 효과를 내려는 욕망이 훗날 그에게 어려움을 안겨주는 경우가 간혹 있다.

만약에 공적인 집회에서 적대적인 운명이 그에게 할 일을 하나도 안기지 않는다면, 이를테면 제안하거나 지지하거나 응원하거나 수정하거나 반대할 일을 하나도 주지 않는다면, 그는 자리에서 일어나 바깥바람이 들어오지 않게 창문을 닫아달라는 요구라도 하고 나설 것이다. 어쩌면 맑은 공기가 들어오도록 창문을 열어달라고 부탁할 가능성이 더 클 것 같다. 왜냐하면 그에겐 생리적으로 남의 이목뿐만 아니라 신선한 공기까지 필요하기 때문이다. 그는 부탁받지도 않은 일을 하려 드는 경향이 있다. 아마 자신에겐 적합하지 않은 일까지도 곧잘 하려 들 것이다. 그럼에도 불구하고 그는 대중이 자신을 좋게 보고 있을 것이라고, 자신이 생각하는 대로 밤낮없이 공공선을 추구하는 사람으로 인식하고 있을 것이라고 언제나 믿는다. 그는 다른 사람이 자신에게 빚을 지고 있다고 생각하고 또 자신의 노력에 대한 보상을 받지 않고는 절대로 그냥 넘어가지 않는다. 그는 적절히 선택한 언어로 청중을 감동시킬 수 있다. 비록 그 자신은 감동을 받지 않을지라도 말이다. 그는 아마 자신의 시대를, 적어도 자신의 집단을 아주 빨리 이해할 것이다. 그러면서 그는 자신의 시대나 집단을 향해 다가올 악에 대해 경고하고, 세력을 조직하고 또 반대자들을 능숙하게 다룬다. 그의 주변에는 계획과 예언과 소란이 떠나지 않는다.

가능하다면 사회는 즐거워야 한다. 만약에 사회가 즐겁지 않다면, 그 사회를 깜짝 놀라게 해 줘야 한다. 만약에 사회가 즐겁지도 않고 놀라지도 않는다면, 그런 사회는 충격을 받고 고통을 받아야 한다. 그는 직업이 구원자나 마찬가지이며, 또 그는 널리 인정 받은 구원자로서 자기 자신에 대해 만족한다. 물론 그에게 우리는 절대로 옳은 일을 하지 못하는 그런 존재이다. 단지 그를 믿고, 그를 꿈꾸고, 그의 존재에 대해 신에게 감사하고, 그에게 이끌어 달라고 부탁할 수 있을 뿐이다.

그는 휴식을 취하고 있을 때면 불행해진다. 어디서도 오랫동안 쉬지 못한다. 바쁘게 하루를 보낸 뒤에도 자극적인 밤을 보내야 한다. 그는 극장이나 연주회장, 교회 혹은 시장에서 발견된다. 만약에 그가 모임을 놓치기라도 하면, 반드시 자신을 과시하는 듯한 내용의 전보가 도착한다.

이 묘사에서도 유형이 쉽게 확인된다. 그러나 여기서도 외향적인 여자에 관한 묘사에서 나타나는 그 이상으로 경시의 요소가 나타나고 있다. 거의 희화화하는 수준이다. 부분적으로 그것은 이 같은 묘사 방법이 대체로 외향적인 성격의 사람에게 공정할 수 없다는 사실에서 기인한다. 왜냐하면 지적인 접근법으로 외향성의 특별한 가치를 제대로 파악해내는 것이 사실상 불가능하기 때문이다. 지적인 접근법은 내향적인 유형에 훨씬 더 적합하다. 그 이유는 내향적인 유형의 기본을 이루는 합리성과 의식적 동기가 지적인 용어로 잘 표현되기 때문이다. 반면에 외향적 유형의 경우에는 특별한 가치가 그 사람과 대상의 관계에 있다. 내가 볼 때에는 삶 자체만이 외향적인 사람에게 지적 비판이 판단하지 못하는 진짜 가치를 펼쳐 보일 기회를 줄 수 있을 것 같다. 오직 삶만이 외향적 유형의 가치들을 드러내 보이고 그 가치들을 제대로 평가할 수 있다. 물론 우리는 외향적 유형이 사회적으로 유익하다고, 그리고 그런 사람이 인간 사회의 진보에 큰 기여를 한다고 짐작할 수 있다. 그러나 외향적 유형인 사람의 자원과 동기를 분석하면 언제나 부정적인 결과가 나타날 것이다. 왜냐하면 그의 특별한 가치는 대상과의 상호관계에 있지 그 사람 본인에게 있지 않기 때문이다. 대상과의 관계는 지적 분석으로는 절대로 파악되지 않는다.

지적인 비판은 분석적으로 이뤄지지 않을 수 없고, 또 관찰 대상이 된 유형의 동기와 목표를 조목조목 따지는 방법으로 그 유형의 실상을 밝힐 수밖에 없다. 그러나 앞에서 말한 대로 이 같은 접근법이 외향적 유형의 심리를 희화화하는 결과를 낳는다. 따라서 그런 묘사를 근거로 외향적 유형의 태도를 정확히 발견했다고 믿는 사람은 예외 없이 외향적 유형의 실제 성격이 자신의 묘사를 우습게 만들어 버린다는 사실 앞에서 크게 놀랄 것이다. 그런 식의 일방적인 견해는 외향적 성격에 적응하려는 노력 자체를 불가능하게 만들어 버린다. 외향적인 유형을 제대로 파악하기 위해선, 외향적인 사람 자체에 대한 생각은 철저히 배제해야 한다.

거꾸로, 외향적인 유형의 사람이 내향적인 성향의 사람에게 적절히 적응할 수 있는 경우는 외향적인 사람이 내향적인 사람의 마음에 들어 있는 내용물을 그 실용성을 따지지 않고 받아들일 준비가 되어 있을 때뿐이다. 지적인 분석은 상상 가능한 모든 계획과 전략, 외적 동기 등을 외향적 유형의 사람에게로 돌리지 않을 수 없다. 그러나 이런 것들은 외향적인 그 사람에게 실제로 존재하지 않거나 기껏 무의식적 배경에서 새어나오는 그림자의 효과에 지나지 않는다.

외향적인 사람의 경우에 딱히 할 말이 없게 되면 문을 열거나 닫아 달라는 부탁이라도 하게 된다는 말은 확실히 맞는 말이다. 하지만 누가 그런 사실을 눈치 채겠는가? 오직 그런 행동의 뒤에 숨어 있을 온갖 가능한 이유와 의도를 설명하려고 노력하는 사람, 그리고 그 행동에 대해 깊이 생각하고 해부하고 해석하려고 애 쓰는 사람만이 그걸 알 수 있을 뿐이다. 그 외의 다른 사람에겐 그 작은 소란은 금방 삶의 혼란에 묻혀버린다. 이런 사람들은 외향적인 사람의 그런 행동에서 불길하거나 특이한 것을 전혀 읽어내지 못한다. 하지만 외향적인 사람의 심리가 드러나는 것은 바로 그런 식이다. 그것은 일상적인 인간의 삶에서 일어나는 일의 일부이며 그 이상도 그 이하도 아니다. 그러나 곰곰 생각하는 사람은 그 너머까지 보며 거기서 비뚤어진 것을 본다. 비록 그의 시선이 외향적인 사람의 생각에 깔린 무의식적 배경과 관련해서는 충분히 건전할지라도 말이다.

곰곰 생각하는 사람은 명확히 눈에 보이는 사람을 보지 않고 오직 그 사람의 그림자만을 본다. 그러면 그림자는 의식적이고 명확한 그 사람을 훼손시키면서 곰곰 생각하는 사람의 판단이 옳다는 점을 증명한다. 올바른 이해를 위해 나는 사람을 그 사람의 그림자, 즉 무의식으로부터 떼어놓는 것이 좋다고 생각한다. 그렇게 하지 않으면 논의 자체가 심각한 혼란에 빠질 위험이 있다. 사람들은 다른 사람의 내면에서 그 사람의 의식적 심리에 속하지 않는 것을, 그 사람의 무의식에서 새어나오는 흐릿한 빛을 자주 본다. 그러면서 사람들은 관찰된 특징을 그 사람의 의식적인 자아로 돌린다. 삶과 운명은 그런 식으로 할지라도, 정신 구조에 관한 지식과 인간에 대한 이해를 한 단계 더 높일 가능성에 지대한 관심을 쏟고 있는 심리학자들은 그런 식으로 봐서는 안 된다. 의식적인 사람을 그 사람의 무의식과 분리시키는 것이 반드시 필요하다. 왜냐하면 의식적인 관점들의 동화(同化)에 의해서만 명쾌한 이해가 가능해지기 때문이다. 그렇게 하지 않고 무의식적 배경과 부수적인 정보를 파고들어서는 명쾌한 이해가 절대로 불가능하다.

d. 내향적인 남자("열정적인 남자")

내향적인 남자에 대해 조던은 이렇게 말하고 있다.

내향적인 남자는 그야말로 즐거움에 대한 순수한 사람에서 즐거움 속에 매일 밤을 보낼 수 있다. 그러나 그의 즐거움은 시간이 흘러도 변하지 않는다. 그는 단순히 들뜬 마음에서 즐거움을 추구하지 않는다. 내향적인 남자가 공적인 일에 관여한다면, 그는 아마 특별히 적합한 일이니 맡아 달라는 부탁을 받았을 것이다. 아니면 그가 촉진시키기를 원하는, 좋거나 나쁜 어떤 운동을 마음에 품고 있을 수 있다. 그러다 자신이 추구하던 일이 끝나면, 내향적인 남자는 기꺼이 물러난다. 그는 다른 사람들이 자기보다 더 잘할 수 있는 것이 무엇인지를 볼 수 있다. 또 자신의 목표가 자신의 손에서는 실패할 수 있어도 다른 사람의 손에서는 성공할 수 있다는 것도 볼 수 있다. 그는 동료 직원들에게 진정으로 칭찬의 말을 한다. 아마 그는 주변 사람의 장점을 지나치게 관대하게 평가하는 실수를 저지를 것이다. 내향적인 남자는 잔소리꾼은 절대로 아니며 그렇게 될 수도 없다. … 감정이 깊고 곰곰 생각하는 남자들은 망설이는 경향이 있다. 그들은 종교의 창시자는 절대로 되지 못한다. 종교 운동의 지도자도 절대로 되지 못한다. 그들은 신의 메시지를 받지도 못하고 전하지도 못한다. 더욱이 그들은 이웃을 불태워야 할 정도로 강력한 믿음을 절대로 갖지 못한다. 그들은 용기가 부족하지는 않을지라도 자신이 목숨을 걸어야 할 만큼 완벽한 진리를 가졌다는 확신을 절대로 갖지 못한다.

내가 볼 때, 조던이 내향적인 남자에 관해 이 인용 이상의 말을 하지 않았다는 사실이 어떤 의미를 지니는 것 같다. 여기에 빠져 있는 내용 거의 전부는 내향적인 성향이 우선 "열정적"이라고 평가받는 바탕인 열정에 관한 묘사이다. 당연히, 분류를 위해 특징을 추측할 때에는 신중해야 한다. 그러나 조던의 책에서 내향적인 남자가 저자 자신의 주관적인 이유로 이처럼 짧게 처리되는 인색한 대접을 받았지 않았나 하는 짐작을 떨치기 어렵다. 외향적 유형에 대한 묘사가 불공평할 만큼 길었다면, 내향적 유형의 묘사에도 그 정도의 세세함을 기대하는 것이 어쩌면 당연할 것이다. 그런데 왜 그런 세세함이 보이지 않는 것일까?

조던 본인이 내향적인 사람이 아니었을까, 하는 생각이 든다. 그렇다면 그가 자신과 반대 유형인 외향적 유형에 심할 만큼 엄격했던 것이 이해가 된다. 지금 객관성의 결여를 문제로 삼고 있는 것이 아니다. 그보다는 자기 자신의 그림자에 대한 지식의 부족을 지적하고 있다. 만약에 내향적인 사람이 외향적인 사람에게 서로 싸움을 벌일 위험까지 감수하면서 자신의 면전에서 자신에 대해 솔직히 말하도록 허용하지 않는다면, 내향적인 사람은 자신이 반대 유형에게 어떤 식으로 비치는지에 대해 절대로 알지 못한다.

두 가지 성향은 서로를 어느 정도 얕보는 경향이 있다. 외향적인 유형의 본질을 파악하려는 내향적 유형의 노력이 반드시 표적을 벗어나게 되어 있는 것과 똑같이, 내향적 유형의 내면생활을 외면성의 관점에서 이해하려고 노력하는 외향적인 사람도 난감하긴 마찬가지이다. 내향적인 사람은 언제나 외향적 유형의 행동을 외향적 유형의 주관적인 심리를 바탕으로 해석하려 드는 실수를 저지른다. 반면에 외향적인 사람은 내향적인 사람의 내면생활을 외부 환경의 결과로

만 인식할 수도 있다. 외향적인 유형의 입장에서 보면, 대상과의 관계가 전혀 없는 상황에서 이어지는 추상적인 생각의 기차는 공상이고 일종의 뇌의 안개이다. 그리고 사실 내향적인 유형의 뇌의 작동이 종종 그보다 조금도 더 낫지 않아 보인다. 어쨌든 조던은 내향적인 남자에 대해 훨씬 더 많은 이야기를 할 수 있었을 것이며, 또 외향적인 유형을 그렸던 것보다 절대로 덜 완벽하지 않은 모습으로 내향적 유형의 그림자를 그릴 수 있었을 것이다.

나에게는 즐거움에 대한 내향적 유형의 사랑이 "순수하다"는 조던의 관찰이 중요해 보인다. 이것은 대체로 내향적인 감정의 특징인 것 같다. 내향적인 감정이 순수한 이유는 그 감정이 거기에 본래부터 있었기 때문이다. 내향적인 유형의 깊은 본질 안에 뿌리를 내리고 있다는 뜻이다. 내향적인 유형의 즐거움에 대한 사랑은 그 자체가 목적이 되어 저절로 피어난다. 그 사랑은 다른 목적에는 전혀 이바지하지 않을 것이며 그 자체로 목적이 되는 것으로 만족한다. 그 사랑은 문명의 목적에 한 번도 굴하지 않은, 미발달하고 자연스런 현상들의 자발성과 맞아떨어진다. 옳든 그르든, 적절하든 적절하지 않든, 정서 상태는 터져 나오고, 그러면 그 정서 상태는 주체의 의지와 기대와 상관없이 주체에게 강요한다. 거기에는 계산된 동기 같은 것을 암시하는 것은 전혀 없다.

나는 조던의 책 중 나머지 장에 대해서는 논하고 싶지 않다. 그는 역사적인 인물들을 예로 들면서 왜곡된 관점을 많이 제시하고 있다. 대부분 이미 언급한 오류, 즉 능동성과 수동성의 기준을 소개하면서 그것을 다른 기준과 섞은 데서 비롯된 오류 때문이다. 그 결과, 능동적인 사람이 열정이 없는 유형으로 자주 결론이 내려지고, 반대로 열정적인 본성이 수동적인 것으로 자주 결론이 내려진다. 나는 활동성이라는 요소를 기준에서 배제함으로써 이 실수를 피하려 한다.

그러나 내가 아는 한, 감정 유형들의 성격을 비교적 적절히 묘사한 최초의 인물이라는 명예는 조던에게 돌아가야 한다.

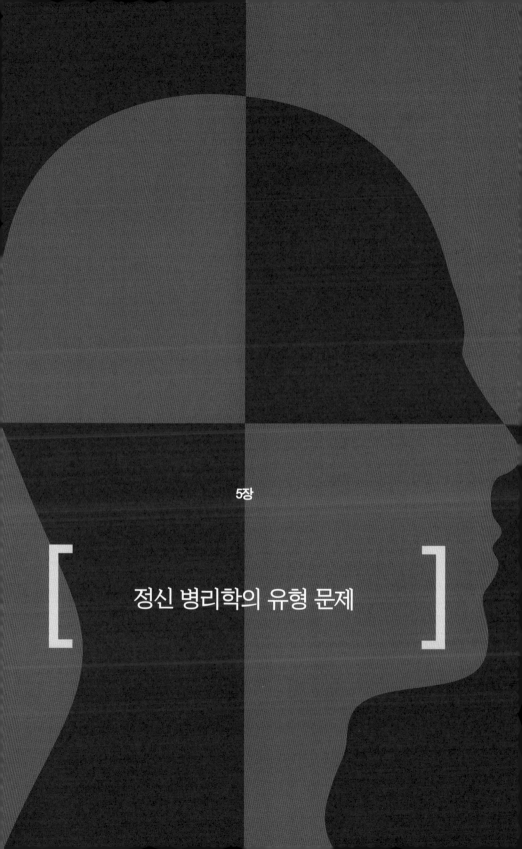

5장

[정신 병리학의 유형 문제]

이제 "정신병적 열등"이라는 항목으로 분류되는, 다양한 정신적 장애를 앓는 사람들을 두 유형으로 나누려는 노력을 편 정신과 의사의 연구를 살펴볼 차례이다. "정신병적 열등"이라는 폭넓은 범주 안에는 정신이상자라고 불릴 수는 없지만 그래도 정신적 장애를 보이는, 경계선 상에 있는 사람도 포함된다. 즉 모든 신경증 환자와 지적, 도덕적, 정서적, 혹은 다른 정신적 퇴행의 상태에 있는 사람들이 이 범주에 포함되는 것이다.

이 같은 시도는 1902년에 『뇌수(腦髓)의 제2기능』(Die zerebrale Sekundärfunktion)이라는 이론서를 발표한 오토 그로스(Otto Gross)에 의해 이뤄졌다. 그로스가 2개의 심리 유형이 있다는 생각을 품게 만든 것이 바로 그 책의 기본 가설이었다. 비록 그가 논의한 경험적 자료들이 정신병적 열등의 영역에서 끌어낸 것일지라도, 거기서 얻은 통찰을 보다 넓은 정상적인 심리의 영역으로 끌어내지 말아야 할 이유는 전혀 없다. 균형이 깨어진 심리 상태는 관찰자에게 어떤 심리 현상들을 놀랄 만큼 명료하게 보여준다. 정상의 범위 안에서는 흐릿하게 지각될 수 있는 현상도 정신병적 열등의 영역 안에서는 종종 아주 선명하게 나타난다. 비정상적인 상태가 간혹 확대경의 역할을 맡는 것이다. 그로스 본인도 마지막 장에서 자신의 결론을 더욱 넓은 영역으로 확장하고 있다.

그로스는 "일차적 기능"이 끝난 다음에 작동하는 어떤 뇌의 세포 과정을 "이차적 기능"으로 이해하고 있다. 일차적 기능은 세포의 실제 작동, 즉 관념 같은 명확한 정신 과정, 예를 들면 어떤 생각의 출현에 해당할 것이다. 이 작동은 아주 강력한 과정이다. 아마 화학 물질의 방출이 일어날 것이다. 달리 말하면, 화학적 분해가 수반되는 과정이라는 뜻이다.

그로스가 일차적 기능이라고 부르는 이 같은 격렬한 방출이 있은 뒤, 이차적 기능이 작동한다. 그것은 회복의 과정이고, 동화를 통한 재건이다. 이 기능이 작동하기 전에, 그 앞에 있었던 에너지 방출의 강도에 따라서 길거나 짧은 시간이 필요할 것이다. 이 시간 동안에 세포의 상태가 바뀐다. 이제 세포는 흥분 상태에 있다. 이 상태는 그 이후의 정신 과정에 반드시 영향을 미치게 된다. 특별히 고상하거나 감정으로 충전된 과정은 특별히 강력한 에너지의 방출을 요구하고, 따라서 이차적 기능이 주도하는 회복의 기간이 특별히 더 길어진다. 그로스에 따르면, 이 이차적 기능이 전반적인 정신 과정에 미치는 효과는 이 기능이 뒤이어 일어나는 연상의 과정에 구체적으로 영향을 미치는 것으로 나타난다. 이차적 기능이 선택하는 연상이 일차적 기능에 의해 표현되는 "주제"나 "주도적인 관념"으로 제한된다는 점에서 보면 그렇다.

정말로, (나의 학생 몇 명과 함께 실시한) 실험적 연구에서, 나는 감정이 강하게 실린 관념의 기차에서 그 같은 고집증(중단해야 할 이유가 명백히 있는데도 특정한 방식을 고집하는 현상을 말한다/옮긴이)을 통계적으로 보여줄 수 있었다. 나의 학생 에버슈바일러(Eberschweiler)은 언어 구성 요소들을 조사한 결과 유운(類韻)(운율학에서 'quite like'처럼 끝 자음이 서로 다른 낱말에서 강세를 가진 모음이 되풀이되는 것을 말한다/옮긴이)과 교착(膠着)(하나의 낱말이 어근과 접사로 결합하는 것을 말한다/옮긴이)에서도 이와 똑같은 현상이 나타난다는 점을 보여주었다. 게다가, 우리는 병리학의 경험을 통해서 앞에서 말한 고집증이 심각한 뇌손상과 뇌졸중, 뇌종양, 뇌위축증, 그리고 다른 퇴행적 상태에 있는 환자들에게 아주 자주 일어난다는 사실을 잘 알고 있다.

그러므로 회복의 기간, 즉 이차적 기능이 다른 사람에 비해 오래 이어지는 개인 또는 유형이 있는가, 만약에 있다면 이 개인 또는 유형은 특징적인 어떤 심리들과 연결되어 있는 것은 아닌가 하고 묻는 것이 당연하다. 분명히, 이차적 기능이 이어지는 시간이 짧을 경우에 길게 이어지는 예에 비해 적은 수의 연상에 영향을 미칠 것이다. 따라서 일차적 기능이 훨씬 더 자주 작동할 수 있다. 그런 심리적 풍경을 그린 그림을 보면, 행동과 반응을 신속하게 하기 위해 준비를 갖추고 있는 모습과 일종의 주의산만, 피상적으로 연상하려는 경향, 깊고 명료한 연상의 결여 등이 두드러진다.

한편, 주어진 시간 안에 새로운 주제들이 머리에 많이 떠오를 것이다. 비록 모든 주제가 강렬하고 초점이 뚜렷이 맞춰진 것은 아닐지라도 말이다. 그렇기 때문에 다양한 가치를 지닌 이질적인 관념들이 동시에 나타나면서 "관념들의 평준화" 같은 인상을 준다.

일차적 기능이 이처럼 신속히 이어질 경우에 당연히 관념 자체의 정서적 가치를 진정으로 경험하는 것은 힘들어진다. 그 결과 정서가 피상적일 수밖에 없다. 그러나 이는 동시에 신속한 적응과 태도 변화를 가능하게 한다. 이차적 기능이 이런 식으로 단축된다면, 실제의 사고 과정, 즉 추상 과정이 피해를 입게 마련이다. 왜냐하면 추상이 몇 가지 관념과 그 영향을 놓고 생각할 시간을 필요로 하고, 따라서 보다 긴 이차적 기능을 필요로 하기 때문이다. 그러므로 보다 긴 이차적 기능이 없다면, 어떤 관념 또는 관념들의 집단을 강화하고 추상하는 일은 절대로 일어나지 못한다.

일차적 기능의 신속한 회복은 보다 높은 반응성을 낳는다. 이 반응성은 강도가 높아지기보다는 폭이 넓어지는 쪽이다. 그리하여 피상적인 측면을 즉시적으로 파악해낼 수 있지만 보다 깊은 의미는 제대로 파악하지 못한다. 이런 유형의 사람은 무비판적이거나 편향이 없다는 인상을 풍긴다. 언제나 무엇이든 할 준비가 되어 있고 또 이해가 빠른 것이 다른 사람들로 하여금 좋은 느낌을 받도록 한다. 그러나 그 사람에게서 깊은 생각과 재치의 결여, 심지어 야만성마저 확인될 것이다. 또한 깊은 의미를 그런 식으로 무시하는 태도가 겉으로 드러나지 않는 모든 것에 무지하다는 인상을 준다. 그 사람의 신속한 반응은 언제나 마음을 쓰고 있다는 인상을 주고, 무모할 정도로 대담하다는 인상을 준다. 그런데 이 무모함이 사실은 비판력의 부족으로 인해 위험을 깨닫지 못하는 무능으로 확인된다. 그의 행동의 신속함은 결단력처럼 보이지만 실상을 알고 보면 맹목적인 충동일 때가 자주 있다.

다른 사람의 일에 간섭하는 것을 당연한 것으로 여긴다. 그가 어떤 관념이나 행동의 감정적 가치와 그 관념이나 행동이 동료에게 미칠 영향에 대해 무지하기 때문에 남의 일에 참견하는 일이 그 만큼 더 쉽게 일어나는 것이다. 언제든 행동할 준비가 되어 있는 태도는 지각과 경험의 동화에 부정적 영향을 미친다. 대체로 기억의 폭이 꽤 좁다. 왜냐하면 가장 신속히 떠오르는 연상들이 대체로 다른 것들과 밀접히 연결되어 있는 연상들이기 때문이다. 상대적으로 고립되어 있는 연상들은 재빨리 기억력 아래로 잠겨 버린다. 바로 이런 이유 때문에 무의미하고 단절되어 있는 일련의 단어들을 외우는 것이 시를 외우는 것보다 비교가 안 될 정도로 어렵다. 쉽게 사라지는 흥분과 열정이 이 유형의 추가적인 특징이다. 또 이질적인 내용들이 신속히 이어지는 데다가 이 내용들의 다양한 감정적 가치를 제대로 평가하지 못하기 때문에, 취향이 부족한 것도 이 유형의 특징이다. 이 유형의 사고는 추상하고 통합하는 성격보다 내용물을 질서정연하게 배열하고 표현하는 성격을 더 강하게 띤다.

비교적 짧은 이차적 기능을 바탕으로 이 유형을 묘사하면서, 나는 그로스가 제시한 근본적인 사항을 충실히 따르는 가운데 이곳저곳에서 정상 심리학의 용어로 설명했다. 그로스는 이 유형을 "얕은 의식을 가진 열등"이라고 부른다. 만약에 매우 투박한 특징들을 정상의 수준으로 부드럽게 순화시킨다면, 우리는 독자 여러분이 조던이 "덜 열정적"이라고 한 유형, 즉 외향적 유형에 대한 전반적인 그림을 확인하게 될 것이다. 그로스는 외향적 유형을 설명하기 위해 단순하고 일관된 가설을 처음으로 제시한 인물로 높이 평가 받을 만하다.

그로스는 반대 유형을 "수축된 의식을 가진 열등"이라고 부른다. 이 유형의 경우에는 이차적 기능이 특히 치열하고 길게 이어진다. 따라서 이 이차적 기능이 다른 유형에 비해 연속적인 연상에 영향을 더 강하게 미친다. 우리는 마찬가지로 강화된 일차적 기능을 가정하고, 따라서 세포의 활동이 외향적 성향에 비해 더 광범위하고 더 완벽할 것이라고 짐작할 수 있다. 더 길고 강화된 이차적 기능은 이에 따른 자연스런 결과이다. 이차적 기능이 길어진 결과, 원래의 관념의 여파도 더 긴 시간 동안 이어진다. 여기서 우리는 그로스가 "수축의 효과"라고 부르는 것을 확인할 수 있다. 이것은 연상의 선택이 원래의 관념의 경로를 따름으로써 "주제"를 보다 충실하게 실현하는 효과, 즉 주제 심화 효과를 말한다. 원래의 관념은 더 오랫동안 영향을 미치고, 인상은 더 깊이 각인된다. 이에 따른 단점 하나는 연상이 좁은 범위로 제한된다는 점이다. 그래서 사고가 다양성과 풍성함의 상당 부분을 상실한다. 그럼에도 불구하고, 수축의 효과는 통합을 돕는다. 왜냐하면 서로 결합해야 할 요소들이 서로 추상을 일으킬 만큼 충분히 오랫동안 무리를 지은 채 남아 있기 때문이다.

이처럼 한 가지 주제로 제한하는 것이 그 주제를 중심으로 연상들이 덩어리를 이루게 만든다. 또 이 제한이 관념들의 특별한 콤플렉스를 형성하지만, 동시에 이 콤플렉스는 다른 모든 외적인 것으로부터 차단되면서 고립된다. 이 현상을 그로스는 "분리"라고 부른다.

이 콤플렉스의 분리에 따른 한 가지 결과는 서로 아무런 연결이 없거나 그저 느슨하게만 연결되어 있는 관념들의 집단이 증가한다는 점이다. 겉으로 보기에 그런 조건은 조화를 이루지 못하는 것처럼 보이거나, 그로스의 표현을 빌리면, "분리된" 인격처럼 보인다.

고립된 콤플렉스들은 서로 영향을 주고받지 않는 가운데 나란히 존재한다. 이 콤플렉스들은 상호 균형을 이루며 억제하긴 하지만 상호 교류는 하지 않는다. 이 콤플렉스들은 자체적으로 아주 견고하게 엮여 있고 논리적 구조도 탄탄하지만 다른 성향을 가진 콤플렉스들에게 영향력을 행사할 권리를 박탈당하고 있다. 그렇기 때문에 특별히 강력한, 따라서 특별히 고립되어 있어서 영향력이 미칠 수 없는 콤플렉스가 "과대 평가 받는 관념"이 되는 예가 다반사로 일어날 수 있다. 온갖 비판을 다 무시하고 완전한 자율권을 누리는 지배적인 관념이 자주 생겨날 수 있다는 말이다. 그러다 마침내 그 콤플렉스는 "울화"로 나타나면서 모든 것을 통제하는 요소가 된다. 병적인 경우에 그것은 개인의 삶 전체를 지배하는 강박관념 또는 편집증으로 바뀐다. 그러면 환자의 전체 심리 상태는 완전히 전복되고 미쳐 버리게 된다.

편집증적인 관념이 점점 성장한다는 개념은 초기 단계에 심리

치료를 적절히 받으면 편집증이 바로잡아질 수 있는 이유를 설명해준다. 이때 적절한 심리치료 절차는 편집증을 보이는 관념을, 균형을 잡아주고 확장시킬 그런 영향력을 행사하는 다른 콤플렉스들과 연결시키는 것이다.

편집증 환자들은 서로 단절된 콤플렉스들을 연결시키는 것에 대해 크게 경계한다. 환자들은 사물들은 원래 완벽하게 분리되어 있어야 한다고 느끼고, 콤플렉스들 사이의 다리는 콤플렉스의 내용물에 대한 완벽한 파악에 의해 최대한 허물어져야 한다고 느낀다. 그로스는 이 같은 성향을 "연상에 대한 두려움"이라고 부른다.

그런 콤플렉스의 경직된 내부 응집력이 밖에서 그 콤플렉스에 영향력을 행사하려는 모든 시도를 방해한다. 이 시도가 성공할 수 있는 때는 오직 그 콤플렉스를 다른 콤플렉스와 자체의 응집력 못지않게 견고하게 또 논리적으로 묶어놓을 수 있을 때뿐이다. 불충분하게 연결된 콤플렉스들이 증가하면, 자연히 외부 세계로부터의 고립이 더욱 엄격해지고 따라서 내면에서 리비도의 축적이 일어나게 된다. 그러면 우리는 내면의 과정에, 이를테면 육체적 감각이나 지적 과정에 집중이 과도하게 일어나는 것을 주기적으로 확인하게 된다. 이때 집중이 육체적 감각에 일어나느냐 지적 과정에 일어나느냐 하는 문제는 주체가 감각 유형이냐 사고 유형이냐에 따라 결정된다. 그러면 인격은 억눌리거나, 몰입하거나, 산만하거나, "사고에 빠지거나", 지적으로 편향되거나, 건강염려증에 걸린 것처럼 보인다. 모든 환자들을 보면, 외부 생활에 대한 참여가 크게 떨어지고, 고독의 경향을 뚜렷이 보이고, 사람을 기피하는 현상을 보인다.

이런 경우에 그에 대한 보상으로 동물이나 식물에 대한 특별한 사랑이 일어나기도 한다. 이를 보상하기 위해, 내면의 작용이 특별히 활발해진다. 왜냐하면 지금까지 서로 아무런 연결이 없거나 거의 연결이 없었던 콤플렉스들이 갑자기 충돌하는 일이 수시로 벌어지기 때문이다. 이 충돌이 일차적 기능이 강력한 활동을 펴도록 자극하고, 이 일차적 기능의 활동은 다시 2개의 콤플렉스를 융합시키는 이차적 기능을 일으킨다.

그렇다면 모든 콤플렉스들이 어느 시점엔가는 이런 식으로 충돌을 일으키고, 따라서 정신적 내용물이 통일과 응집력을 확보하게 될 것이라고 말할 수 있다. 당연히, 이런 건전한 결과는 그 사이에 외적 삶의 모든 변화가 중단된다고 가정할 때에만 가능하다. 그러나 외적 삶에 변화가 전혀 일어나지 않는 것은 불가능한 일이기 때문에, 새로운 자극이 끊임없이 당도하여 이차적 기능들을 일으키며 이것이 내면의 성향을 끊임없이 방해하고 혼란을 일으킨다. 따라서 이 유형은 외부 자극을 아주 싫어하고, 변화의 길을 피하고, 모든 것이 내면에서 다시 융합될 때까지 삶의 안정적인 흐름을 멈추려 든다. 정신병을 앓는 환자들도 마찬가지로 이런 경향을 보인다. 그들은 모든 것에 초연하려 들고 은둔자의 삶을 살려고 노력한다. 그러나 오직 병세가 약한 경우에만 이런 식으로 치유책이 발견될 것이다. 병세가 깊은 경우에는 일차적 기능의 강도를 약화시키는 방법밖에 없다.

이 유형이 정서 영역에서 일어나는 꽤 특이한 현상 때문에 뚜렷이 구분되는 것은 확실하다. 우리는 주체가 원래의 관념에 의해 떠올려진 연상들을 어떤 식으로 깨닫게 되는지를 보았다. 주체는 주제와 관련 있는 자료와 연결된 연상들을 모두 떠올린다. 말하자면, 주체는 다른 콤플렉스와 이미 연결되어 있지 않은 모든 요소들을 연상한다는 뜻이다.

어떤 자극이 어느 콤플렉스에 닿을 때, 그 결과는 감정의 격한 폭발로 나타나든가 아니면 콤플렉스의 고립이 완벽할 경우에는 아무런 효과가 나타나지 않는다. 그러나 감정의 격한 폭발이 일어난다면, 온갖 감정적 가치들이 다 풀려나게 된다. 상당히 긴 시간 동안 영향을 미칠 강력한 감정적 반응이 일어나기 때문이다. 외부에서는 이 같은 감정적 반응이 보이지 않을 때가 자주 있다. 그러나 그 반응은 그런 만큼 더욱더 깊이 뚫고 들어간다. 감정적 반향은 주체의 마음을 괴롭히면서 그 감정이 사라질 때까지 주체가 새로운 자극에 반응하지 못하도록 만든다. 그러다 자극의 축적이 더 이상 참을 수 없는 지경에 이르게 되고, 그러면 그는 방어적인 반응을 맹렬히 보이면서 자극을 극구 피하려 든다. 콤플렉스의 축적이 두드러지게 일어날 때마다, 언제나 만성적인 어떤 방어적 태도가 일어나면서 불신을 더욱 심화시키고, 병적인 경우에 피해 망상에 시달리게 만든다.

겉으로 드러나지 않는 방어의 시기와 번갈아 일어나는 급작스런 폭발은 인격을 이상하게 보이게 만든다. 그래서 그런 사람들은 주변의 모든 사람들에게 수수께끼 같은 존재가 된다. 그들은 자기 자신에게 깊이 몰입해 있기 때문에 행동이 신속히 요구되거나 신경을 쏟아야 하는 상황에 처하면 당황한다. 거기서 빠져나올 길이 없는 것처럼 보이기 때문이다. 이것은 그들이 사회를 피해야 하는 또 하나의 이유이다. 게다가, 이따금 일어나는 감정 폭발이 타인과의 관계를 엉망으로 만들어 버린다. 그리고 그들은 당혹감과 무력감 때문에 그 상황을 극복할 수 없다고 느낀다.

적응에 나타나는 이 같은 서투름은 온갖 종류의 불행한 경험으로 이어지며, 이 불행한 경험은 불가피하게 열등감 혹은 비통함을 낳고, 심지어 그 불행을 부른 원인으로 여겨지는 사람들을 향해 증오를 품도록 만들기도 한다.

그들의 정서적 내면생활은 매우 격렬하며, 그들의 마음 안에는 온갖 미묘한 정서적 반향들이 감정이 실린 극히 섬세한 지각으로 남아 있다. 그들은 특이한 감정적 감수성을 갖고 있는데, 이 감수성은 감정적 자극 앞에서 당혹스럽고 소심한 모습을 바깥 세계에 드러낸다.

모든 의견 발표와 감정이 실린 선언은 그들에게 처음부터 기피의 대상이 되는데, 이는 자신의 감정을 제대로 다스리지 못할지 모른다는 두려움 때문이다. 이 감수성은 삶으로부터 단절되어 있다는 느낌 때문에 세월이 흐르면서 아주 쉽게 우울증으로 발전한다. 실제로 그로스는 우울증을 이 유형의 특징으로 고려하고 있다.

그로스는 또한 정서적 가치들의 실현이 쉽게 감정적 판단으로 이어지고 "사물들을 지나치게 진지하게 받아들이게" 한다는 점을 강조한다. 이 그림에서 내면의 작용과 감정 생활이 동시에 중요시되고 있다는 것 자체가 내향적 유형임을 보여준다. 그로스의 묘사가 조던의 "열정적인 유형"에 대한 묘사보다 훨씬 더 알차다. 물론 중요한 특징에 있어서는 조던의 묘사도 그로스가 묘사한 유형과 일치하지만 말이다.

자신의 책 5장에서, 그로스는 정상의 범위 안에서 두 가지 유형의 열등이 개성의 생리적 차이를 보여준다는 점을 관찰한다. 따라서 얇고 넓은 의식과 좁고 치열한 의식은 성격의 차이이다. 그로스에 따르면, 얇은 의식을 가진 유형은 환경에 대한 적응력이 신속하기 때문에 기본적으로 실용적이다. 이 유형의 내면생활은 "중요한 관념 콤플렉스"의 형성에 전혀 아무런 역할을 하지 않고 지배적이지 않다. "그들은 자신의 인격을 활발하게 선전하는 존재들이며, 보다 높은 차원에서는 그들도 과거로부터 내려오는 위대한 관념들을 위해 일한다."

그로스는 이 유형의 정서적 삶이 원시적이라고 단언한다. 그럼에도 보다 높은 차원에서는 이 유형의 정서적 삶도 "외부로부터 기존의 이상들을 차용함으로써" 조직화된다. 이런 식으로 이 유형의 활동은 "영웅적"일 수 있지만 "그 활동은 언제나 진부하다"고 그로스는 말한다. "영웅적"인 것과 "진부한" 것은 좀처럼 서로 양립하지 못할 것처럼 보인다. 그러나 그로스는 이어서 자신이 의미하는 바를 보여주고 있다. 이 유형의 경우에 성적인 콤플렉스와, 의식의 내용을 이루는, 미학적이거나 윤리적이거나 철학적이거나 종교적인 관념들의 콤플렉스들 사이에 연결이 충분히 발달하지 않았다는 설명이다.

프로이트는 성적 콤플렉스가 억압되었다고 말하곤 한다. 그로스에게는 이 연결이 뚜렷이 존재한다는 것이 "보다 탁월한 천성이라는 점을 보여주는 진정한 신호"로 받아들여진다. 이 연결의 발달을 위해선 보다 긴 이차적인 기능이 필요하다. 왜냐하면 그 내용물이 의식 안에 오랫동안 머물며 깊어질 때에만 내용물의 통합이 이뤄지기 때문이다.

전통적인 이상들을 물려받을 경우에 성욕을 사회적으로 유익한 경로로 끌고 가야 하지만, 그래도 성욕은 결코 "사소한 것들의 수준 그 이상으로 올라가지 못한다". 다소 거친 이 같은 판단은 외향적 성격에 비춰보면 이해가 된다. 외향적 유형은 전적으로 외부 자료에 근거한다. 그렇기 때문에 이 유형의 정신적 활동은 주로 그런 사물들에 몰두하게 되어 있다. 따라서 내면생활에 쏟을 것이 거의 남지 않거나 전혀 남지 않게 된다. 그의 내면생활은 당연히 외부에서 받아들인 결정적인 요소들에 종속되어야 한다. 이런 환경에서는 잘 발달한 기능과 덜 발달한 기능 사이에 어떤 연결도 이뤄질 수 없다. 이유는 이 연결에 엄청난 시간과 수고가 요구되기 때문이다. 이 연결은 곧 길고 힘든 자기 교육을 의미하는데, 이 자기 교육은 내향성 없이는 성취되지 못한다. 그러나 외향적 유형은 이 연결을 꾀하고 있을 시간도 없고 성향도 부족하다. 더욱이 외향적 유형은 내향적 유형이 외부 세계에 대해 느끼는 것과 똑같은 불신을 내면생활에 대해 느끼고 있기 때문에 이 연결을 이루기 어렵다.

그러나 내향적 유형이 관념들을 통합하는 능력과 정서적 가치들을 깨닫는 능력 덕분에 별 어려움 없이 자신의 개성을 통합시킬 준비를 잘 갖추고 있다고 상상해서는 안 된다. 달리 말하면, 내향적 유형이라고 해서 고차원의 기능들과 저차원의 기능들 사이에 조화로운 연결을 확고히 이룰 능력을 갖추고 있는 것으로 여겨서는 안된다는 뜻이다. 나는 이 설명을 그로스의 설명, 즉 이 조화로운 연결이 성욕의 문제에 지나지 않는다는 설명보다 더 선호한다. 왜냐하면 내가 볼 때에 기능들의 조화로운 연결에는 섹스 외에 다른 본능이 개입하는 것처럼 보이기 때문이다.

조악하고 길들여지지 않은 본능을 표현하는 형식으로 자주 나타나는 것은 물론 성욕이지만, 권력 추구도 온갖 측면에서 그 못지않게 자주 나타난다. 그로스는 내향적 유형이 자신의 콤플렉스들을 통합시키면서 겪는 특별한 어려움을 강조하기 위해서 "분리된 인격"(sejunctive personality)이라는 용어를 만들어냈다. 내향적 유형의 통합 능력은 우선 서로로부터 최대한 고립되어 있는 콤플렉스들을 강화시킬 것이다. 그러나 그런 콤플렉스들은 보다 고차원적인 통합을 방해한다. 따라서 성적 콤플렉스 또는 이기적인 권력 추구 또는 쾌락 추구는 내향적인 사람의 내면에서도 외향적인 사람의 내면에서만큼 단절되어 있고 다른 콤플렉스들과 연결되지 않은 상태로 남는다.

나는 초월적인 이상주의를 추구하는 한편으로 도시의 지저분한 매음굴을 찾으며 세월을 보낸, 내향적이고 매우 지적인 신경증 환자를 기억하고 있다. 이 환자는 그런 식으로 극과 극을 오가면서도 도덕적 혹은 미학적 갈등을 의식적으로 인정한 적이 한 번도 없었다. 이 두 가지 행위는 마치 전혀 다른 영역에 속하는 것처럼 완전히 구분되었다. 그 결과 자연스레 강박 신경증이 나타나게 되었다.

치열한 의식을 가진 유형에 관한 그로스의 설명을 따를 때, 우리는 이 같은 비판을 명심해야 한다. 그로스가 말하는 바와 같이, 치열한 의식은 "내성적인 개성의 바탕"이다. 강력한 수축 효과 때문에, 외부 자극은 언제나 어떤 관념의 관점에서 고려된다. 거기에는 실제 생활을 향한 충동 대신에 "내면을 향한 욕구"가 있다.

"사물들이 개별적인 현상으로 인식되지 않고 큰 관념 콤플렉스의 부분적인 관념이나 구성 요소로 인식된다." 이 같은 견해는 앞에서 유명론자와 실재론자, 그리고 고대의 플라톤학파와 메가라학파, 견유학파의 관점을 논할 때 말한 내용과 일치한다. 그로스의 주장에서 2가지 관점의 차이가 무엇인지를 확인하기는 쉽다.

시간적으로 짧은 이차적 기능을 가진 외향적인 사람의 경우에는 주어진 시간 안에 느슨하게 연결된 일차적 기능들이 많이 작동한다. 그래서 그 사람은 개별적인 현상에 특별히 강한 인상을 받는다. 외향적인 사람에게 있어서 보편은 단지 실체를 결여한 이름에 지나지 않는다. 그러나 시간적으로 보다 긴 이차적 기능을 가진 내향적인 사람에게는 내면의 사실들이나 추상 개념, 관념 혹은 보편이 언제나 두드러진 자리를 차지하고 있다. 그에게 있어서는 그런 것들이 유일하게 진정한 현실들이며, 그는 모든 개별적 현상들을 그런 것들과 연결시켜야 한다. 따라서 그는 본래 실재론자(스콜라 철학이 뜻하는 바에 따라)이다. 내향적인 사람에게는 본인이 사물에 대해 생각하는 방식이 외부에 대한 지각보다 언제나 우선하기 때문에, 그는 상대론자가 될 가능성이 크다.

주변의 조화가 내향적인 사람에게 특별한 즐거움을 준다. 그 조화가 자신의 고립된 콤플렉스들을 서로 조화시키려는 내면의 욕구를 반영하고 있기 때문이다. 그는 모든 "속박 받지 않는 행동"을 피한다. 그런 행동이 쉽게 자극을 흩뜨려놓기 때문이다(감정의 폭발도 당연히 배제되어야 한다).

내향적인 유형의 사회적 기술은 내면생활에 몰두하는 까닭에 빈약한 편이다. 자신의 생각이 머리를 온통 지배하고 있기 때문에, 그는 다른 사람의 생각이나 이상을 좀처럼 받아들이지 않는다. 콤플렉스들은 내면에서 치열하게 다듬어지기 때문에 개인적인 성격을 강하게 띤다. "정서적 삶은 사회적으로 거의 도움이 되지 않으며 언제나 개인적이다."

이 같은 진술도 당연히 엄격한 비판의 대상이 되어야 한다. 왜냐하면 나의 경험에 비춰볼 때 바로 거기에 유형 사이에 가장 심각한 오해를 낳는 어떤 문제가 담겨 있기 때문이다. 그로스가 여기서 염두에 두고 있는 내향적 지식인은 외부로 최소한의 감정을 드러내고 있다. 내향적 지식인은 논리적으로 옳은 견해를 환영한다. 이유는 첫째로 태생적으로 감정 표현을 싫어하기 때문이고, 둘째로 올바르지 못한 행동으로 동료들의 감정을 불편하게 만들지 않을까 두려워하기 때문이다.

내향적 지식인은 자신이 다른 사람들의 내면에 불쾌한 감정을 불러일으키지 않을까 하고 걱정한다. 이는 그 사람 자신이 감수성을 바탕으로 타인들을 평가하기 때문이다. 게다가, 그 자신이 외향적 유형의 민첩성과 경박함에 언제나 힘들어 하기 때문이다. 그는 내면에서 자신의 감정을 억누른다. 그렇기 때문에 감정이 간혹 격정으로 고조되는데, 그는 그것을 대단히 고통스럽게 자각한다. 그를 괴롭히는 감정들은 그에게 잘 알려져 있다. 그는 자신의 감정과 다른 사람이 표출하는 감정을 비교한다. 당연히 외향적 감정 유형의 감정과 주로 비교한다. 그러면서 그는 자신의 "감정"이 다른 사람들의 감정과 크게 다르다는 사실을 깨닫는다. 그래서 그는 에들러 자신의 감정이 독특하다고 생각하거나 그로스가 말하는 대로 "개인적"이라고 생각하게 된다.

내향적 지식인의 감정이 외향적 감정 유형의 감정과 다른 것은 너무나 당연하다. 왜냐하면 외향적 감정 유형의 감정은 분화된 적응의 도구이고, 따라서 내향적 사고 유형의 보다 깊은 감정의 특징인 "순수한 열정"을 결여하고 있기 때문이다.

그러나 하나의 근본적인 본능적 힘으로서 열정은 개인적인 요소를 거의 갖고 있지 않다. 열정은 모든 사람들에게 공통적으로 있는 그 무엇이다. 오직 분화된 것만이 개인적일 수 있다. 강렬한 감정의 경우에, 유형의 차이는 즉시 "인간적인, 너무나 인간적인" 것들 안에서 지워져 버린다.

나의 관점에서 볼 때, 외향적인 감정 유형은 감정이 분화되어 있기 때문에 정말로 개인적인 감정을 갖고 있다고 주장할 만하지만, 이 유형은 마찬가지로 자신의 사고와 관련해서도 똑같은 착각에 빠진다. 외향적 감정 유형은 자신을 괴롭히는 생각들을 많이 떠올린다. 그는 자신의 생각과 주변 사람들의 생각을 비교한다. 주로 내향적 사고 유형의 생각과 비교한다. 그러면서 외향적 감정 유형은 자신의 생각이 내향적 사고 유형의 생각과 공통점이 거의 없다는 사실을 발견한다. 따라서 그는 자신의 생각을 개인적인 것으로 보면서 스스로를 독창적인 사상가로 여길 것이다. 아니면 그는 자신의 생각을 몽땅 억압할 수도 있다. 자기 자신을 빼고는 아무도 자기와 똑같은 생각을 하고 있지 않기 때문이다. 실제로 보면, 외향적 감정 유형이 갖고 있는 생각들은 다른 사람들도 품고 있으면서도 좀처럼 말로 내뱉지 않는 생각들이다. 따라서 나의 관점에서 본다면, 그로스의 주장은 주관적인 착각에서 비롯된 것 같다.

"강화된 수축의 힘이 사람들로 하여금 지금 당장 중요한 이해관계가 전혀 걸려 있지 않은 일에도 몰입하게 만든다." 이 대목에서 그로스는 내향적 유형의 심리적 상태의 근본적인 특징 하나를 건드리고 있다. 내향적 유형이 외부 현실과 관계없이 생각 자체를 위해 생각을 다듬는 일에서 기쁨을 느낀다는 점이다. 이는 강점이기도 하고 위험한 요소이기도 하다. 감각들의 구속으로부터 자유로운 상태에서 어떤 생각을 하나의 추상적인 개념으로 다듬어낼 수 있다는 것은 대단한 강점이다. 반면에 위험할 수 있는 부분은 그 추상적인 개념이 실용적 적응성이라는 범위를 완전히 벗어나서 실질적 가치를 상실할 수 있다는 점이다. 내향적인 유형은 생활과 지나치게 동떨어질 수 있고 또 사물들을 지나치게 상징적인 측면으로 볼 위험이 있다. 이 점은 그로스에 의해서도 지적되고 있다. 외향적 성향이라고 해서 조금도 더 유리한 입장이 아니다. 물론 외향적 유형의 사람에게는 문제 자체가 다르긴 하지만 말이다.

외향적 유형은 이차적 기능을 크게 축소시킬 능력을 갖고 있다. 어느 정도로 축소시킬 수 있는가 하면, 외향적 유형은 거의 일차적인 기능만을 경험할 수도 있다. 외향적 유형은 그 어떤 것과도 연결되어 있지 않은 채 일종의 도취 상태에서 현실 위를 붕붕 떠다니고 있다. 사물들은 더 이상 실제의 모습으로 보이지 않고 자극제로만 이용될 뿐이다.

이 능력은 외향적인 유형이 많은 어려운 상황을 극복하도록 한다는 점에서 보면 분명히 강점이다("곤란한 일 앞에서 우물쭈물 망설이는 사람은 패자가 된다"). 하지만 이 능력이 제대로 풀리지 않을 카오스를 낳는 경우가 자주 있다. 그렇기 때문에 종국적으로 보면 이 능력은 재앙으로 끝난다.

그로스는 외향적 유형으로부터 "문명화하는 재능"을, 내향적 유형으로부터 "문화적 재능"을 끌어낸다. 그리고 문명화하는 재능과 "실용적 성취"를 동일시하고, 문화적 재능과 "추상적 발명"을 동일시한다. 마지막으로, 그로스는 의식이 얕고 보다 광범위했던 이전 시대와 달리 우리 시대에는 수축되고 치열한 의식을 특별히 필요로 한다는 확신을 표현한다. "우리는 이상적이고, 심오하고, 상징적인 것에 즐거움을 느낀다. 단순함을 통해 조화를 이루는 것, 그것이 가장 고차원적인 문화의 기술이다."

그로스가 이 글을 쓴 것은 1902년이었다. 그렇다면 지금은 어떨까? 여기서 어떤 의견을 개진해야 한다면, 우리에겐 분명히 문명과 문화가 동시에 필요하다고 해야 한다. 문명을 위해서는 이차적 기능의 시간을 줄일 필요가 있고, 문화를 위해서는 이차적 기능의 시간을 늘릴 필요가 있다. 이 중에서 어느 한 쪽을 창조하려면 반드시 반대쪽도 있어야 한다. 그런데 불행하게도 현대의 인류는 두 가지 측면 모두에서 부족하다는 점을 인정해야 한다. 더욱 신중하게 말한다면, 문명이 지나치게 많은 곳에는 문화가 지나치게 적다. 인류가 지속적으로 진보를 이룰 수 있을 것인지, 지금으로서는 상당히 의문스럽다.

결론으로 나는 그로스의 관점이 실질적으로 나의 관점과 일치한다는 점을 강조하고 싶다. 나의 용어인 "외향성"과 "내향성"마저도 그의 개념에 비춰 정당화되고 있다. 이제 그로스의 기본 가설, 즉 이차적 기능이라는 개념을 비판적으로 검토하는 일만 남았다.

심리적 과정과 관련해서 생리학적 가설을 만들어내는 것은 언제나 위험한 일이다. 뇌 연구가 큰 성공을 거두던 시기에 그런 가설에 대한 열광이 있었으며, 잠을 자는 동안에 뇌세포들의 위족(僞足) 같은 것이 움츠러든다는 가설도 절대로 터무니없는 것으로 여겨지지 않았으며 "과학적"으로 논의할 가치가 있는 것으로 받아들여졌다. 사람들이 "뇌 신화" 운운해도 정당화되었다. 나는 그로스의 가설을 또 하나의 "뇌 신화"로 여길 생각은 전혀 없다. 신화로 여기기에는 이 가설의 경험적 가치가 너무 크다. 그것은 탁월한 작업 가설이며, 다른 분야에서도 마찬가지로 제대로 인정을 받은 가설이다. 이차적 기능이라는 개념은 독창적이면서도 단순하다. 이 개념은 아주 많은 수의 복합적인 정신적 현상들을 만족스런 공식으로 환원할 수 있도록 한다. 이 정신적 현상들은 그 다양성 때문에 다른 가설 아래에서는 단순한 환원이나 분류에 맞섰을 것들이다. 이 가설은 정말로 훌륭한 가설이다. 그래서 누구나 적용 범위를 크게 확장하고 싶은 마음을 느낀다.

그런데 불행하게도 이 가설도 제한적이다. 이 가설이 가정에 지나지 않을 수 없는 이유는 어느 누구도 뇌세포의 이차적 기능을 눈으로 확인하지 못하고, 또 어느 누구도 어떻게, 그리고 왜 이차적 기능이 뒤이은 연상들에 일차적 기능과 같은 크기의 수축 효과를 미치는지를 명쾌하게 보여줄 수 없기 때문이다. 그럼에도 우리는 이 가설도 그 자체로 하나의 가정에 지나지 않는다는 사실을 완전히 무시할 것이다. 나의 의견에는 이보다 더 중요한 사실이 있다. 같은 개인의 심리적 태도가 매우 짧은 시간에 그 습관을 바꿀 수 있다는 점이다. 그러나 만약에 이차적 기능의 지속 시간이 생리적 혹은 유기적 성격을 지닌다면, 그 기능은 다소 지속적인 것으로 여겨져야 한다. 그렇다면 이차적 기능은 신속한 변화의 대상이 될 수 없다. 왜냐하면 병적 변화를 제외하고는 신속한 변화가 생리적이거나 유기적인 성격에서 절대로 관찰되지 않기 때문이다.

그러나 내가 여러 차례 지적한 바와 같이, 내향성과 외향성은 절대로 성격의 특징이 아니고 말하자면 의지에 따라 켜고 끌 수 있는 메커니즘이다. 내향성과 외향성 중 어느 쪽이 습관적으로 지배하느냐에 따라서만, 그에 상응하는 성격이 발달한다.

이 쪽을 선호하느냐 저 쪽을 선호하느냐 하는 문제는 틀림없이 타고난 성향에 좌우된다. 그러나 이것이 언제나 결정적인 요인은 아니다. 나는 환경의 영향이 타고난 성향 못지않게 중요하다는 사실을 자주 확인한다. 심지어 틀림없이 외향적인 행동을 하는 사람이 내향적인 사람과 아주 가까이 살면서 자신의 태도를 바꿨으며, 그 결과 훗날 명백히 외향적인 성격의 사람과 접촉하게 되었을 때 꽤 내향적인 사람이 되어 있었다. 개인적인 영향이 유형을 꽤 분명하게 보이는 사람의 내면에서도 이차적 기능의 지속 시간을 아주 빨리 바꿔 놓는다는 것을 나는 거듭 관찰했다. 그리고 그 이질적인 영향이 제거되자마자 그 전의 조건이 재빨리 다시 자리를 잡는 것도 관찰할 수 있었다.

이런 경험을 마음에 새긴 가운데, 우리는 일차적 기능의 본질에 더 많은 주의를 기울여야 한다고 나는 생각한다. 그로스 본인은 이차적 기능이 일차적 기능에 좌우된다는 점을 보여주면서 감정이 많이 실린 관념들에 이어 이차적 기능이 특별히 연장된다는 점을 강조하고 있다. 사실 유형 이론을 이차적 기능의 지속 시간에 근거를 둬야 할 이유는 전혀 없다. 유형 이론은 마찬가지로 일차적 기능의 강도에 근거를 둘 수도 있다. 왜냐하면 이차적 기능의 지속 시간이 명백히 세포 활동의 강도에, 그리고 에너지의 소비량에 의존하기 때문이다.

이 대목에서, 이차적 기능의 지속 시간이 세포의 회복 속도에 좌우되고, 뇌의 동화가 느린 사람이 있는가 하면 특별히 빠른 사람도 있다는 식의 반대 의견이 제기될 수 있다. 그런 경우에 외향적 유형의 뇌가 내향적 유형의 뇌보다 더 큰 세포 회복력을 가져야 한다. 그러나 사실이 아닐 확률이 매우 큰 그런 가정은 증거가 부족하다. 우리에게 보다 긴 이차적 기능의 실제 원인으로 알려져 있는 것은 병적인 조건을 제외할 경우에 일차적 기능의 특별한 강도가 이차적 기능의 연장을 낳는다는 꽤 논리적인 사실로 국한된다. 실제 사정이 이렇기 때문에, 진짜 문제는 일차적 기능에 있을 수 있으며 이런 물음으로 요약될 수 있다. 일차적 기능이 약한 사람이 있는 반면에 일차적 기능이 강한 사람이 있는 이유는 무엇인가? 문제의 초점을 일차적 기능으로 옮김에 따라, 우리는 매우 빨리 변화하는 일차적 기능의 강도에 대해 설명해야 한다. 나의 믿음은 일차적 기능이 전반적인 태도에 좌우되는 일종의 에너지 현상이라는 것이다.

  내가 볼 때, 일차적 기능의 강도는 행동 성향에 나타나는 강도와 직접적으로 연결되는 것 같다. 만약에 정신적 긴장이 높으면, 일차적 기능이 특별히 긴장될 것이고 당연히 그에 상응하는 결과를 낳을 것이다. 피로가 심해짐에 따라 긴장이 느슨하게 풀리면, 정신 산만과 연상의 피상성이 나타나다가 마지막에 "생각들의 도주"가 일어날 것이다. 약한 일차적 기능과 짧은 이차적 기능이 특징인 그런 상태에 처하게 되는 것이다. (긴장 이완 같은 생리학적 원인들을 무시한다면) 일반적인 정신적 긴장은 기분과 주의, 기대 같은 매우 복잡한 요소들, 말하자면 온갖 가치 판단들에 좌우되는데, 이 판단들은 그 앞의 모든 심리적 작용들의 결과물이다. 내가 말하는 판단은 논리적 판단뿐만 아니라 감정적 판단까지 포함한다.

  전문적으로 말해, 전반적인 긴장은 리비도로서 에너지의 감각으로 표현될 수 있지만, 우리는 전반적인 긴장과 의식의 심리적 관계속에서 그 긴장을 가치로 표현해야만 한다. 강력한 일차적 기능은 리비도의 발현이다. 말하자면 일차적 기능은 매우 강력한 에너지의 과정이라는 뜻이다. 그러나 일차적 기능은 또한 심리적 가치이기도 하다. 그래서 우리는 일차적 기능의 결과로 나타나는 연상의 기차들을 약한 수축의 효과로 인해 나타나는 연상의 기차들과 대조적으로 소중하게 여긴다. 약한 수축의 결과로 나타나는 연상의 기차들은 바로 그 피상성 때문에 가치가 없는 것으로 여겨진다.

내향적인 유형의 전반적인 특징은 치열한 태도이다. 반면에 외향적인 유형의 두드러진 특징은 삶을 편하고 쉽게 대하는 태도이다. 그러나 예외가 종종 있다. 심지어 같은 개인에게서도 예외가 나타난다. 내향적인 사람에게 아주 진솔하고 조화로운 공간을 제공해 보라. 그러면 그 사람은 완벽한 외향성을 보일 것이다. 그러면 사람들은 자신이 외향적 유형의 사람을 다루고 있는 것이 아닌가 하고 의아해 할 것이다. 그러나 외향적인 사람을 어둡고 고요한 방에 있게 해 보라. 거기 있으면 억압된 그의 모든 심리적 콤플렉스가 그를 물어뜯을 수 있다. 거기서 외향적인 사람은 엄청난 긴장 상태에 놓이기 때문에 아주 가벼운 자극에도 펄쩍 뛰며 난리를 부릴 것이다.

항상 변화하기 마련인 삶의 상황도 일시적으로 유형을 거꾸로 바꿔놓는 효과를 발휘할 수 있다. 그러나 기본적인 태도는 대체로 영원히 바뀌지 않는다. 내향적인 유형의 사람은 이따금 외향적인 면모를 보일지라도 언제나 예전처럼 남을 것이며, 외향적인 유형의 사람도 마찬가지이다.

한 마디로 말해, 나의 관점에서 말한다면 일차적 기능이 이차적 기능보다 더 중요하다. 일차적 기능의 강도가 결정적인 요소이다. 일차적 기능의 강도는 전반적인 정신적 긴장, 즉 축적되어 사용될 수 있는 리비도의 양에 좌우된다. 이 축적을 결정하는 요인들은 그 전의 모든 심리적 상태, 즉 기분과 주의, 정서, 기대 등의 복합적인 결과물이다. 내향성은 전반적인 긴장과 강력한 일차적 기능과 그에 따른 긴 이차적 기능이 특징이고, 외향성은 전반적인 이완과 약한 일차적 기능과 그에 따른 짧은 이차적 기능이 특징이다.

6장

[미학의 유형 문제]

심리와 직접적 혹은 간접적 관계가 있는 인간 정신의 모든 영역이 지금 논의되고 있는 문제에 나름으로 기여할 것을 갖고 있는 것은 너무나 당연하다. 지금까지 철학자와 인간 관찰자, 의사의 말을 들었으니, 이제는 미학자의 말을 들어보자.

  미학은 그 성격상 응용 심리학이며 사물의 미학적 특징뿐만 아니라 미학적 태도의 심리학적 문제와도 관계가 있다. 내향성과 외향성의 대조 같은 근본적인 문제가 오랫동안 미학자의 주의를 벗어나 있는 것은 불가능한 일이다. 왜냐하면 다양한 개인들이 예술과 미(美)에 대해 느끼는 느낌이 너무나 다른데 미학자가 그 다름에 강한 인상을 받지 않을 수 없기 때문이다. 무수히 많은 개인적 태도의 특성을 제쳐놓더라도, 독일의 미술사가 보링거(Wilhelm Worringer)가 '추상'(抽象)과 '공감'으로 묘사한, 2가지 대조적인 기본 형식이 있다. 공감에 대한 보링거의 정의는 주로 독일 심리학자 테오도어 립스(Theodor Lipps)로부터 끌어낸 것이다. 립스에게 있어서 공감은 "나 자신과 분명히 구분되는 어떤 대상 안에서 나 자신을 대상화하는 것"인데, 이때 "대상화되는 것이 '감정'이라 불릴 만한지 여부는 중요하지 않다". "어떤 대상을 통각(統覺)함으로써, 나는 마치 나 자신이 그 대상에서 나오고 있거나 통각된 무엇인가로 그 대상 안에 내재하고 있는 것처럼 어떤 특별한 형태의 내적 행동을 하고 싶은 충동을 경험한다. 이 충동은 겉보기에 그 대상에 의해서 나에게 전달되는 것처럼 보인다." 독일 철학자 요들(Friedrich Jodl)은 공감에 대해 이렇게 설명한다.

> 예술가들이 창조하는 감각적 이미지는 연상의 법칙을 통해서 유사한 경험을 우리의 마음에 불러일으키는 데서 그치지 않는다. 그 이미지가 외면화의 일반 법칙을 따르고 또 우리의 밖에 있는 것으로 보이기 때문에, 우리는 동시에 그 이미지를 그것이 우리의 내면에 일으키는 작용에 투사시키고 그렇게 함으로써 이미지에 미적 생명력을 부여한다. 공감이라는 용어보다 '미적 고무'라는 표현이 더 적절할 것 같다. 왜냐하면 이런 식으로 한 사람의 내면 상태를 어떤 이미지 안에 투입시킬 때 거기에 감정만 아니라 온갖 종류의 내적 과정이 수반되기 때문이다. 〈Lehrbuch der Psychologie〉

독일 심리학자 분트(Wilhelm Wundt)는 공감을 동화의 기본 과정들 중 하나로 본다. 따라서 공감은 일종의 지각적 과정이며, 감정을 통해서 일부 기본적인 심리적 내용물이 대상으로 투사되는 것이 특징으로 꼽힌다. 그렇기 때문에 대상은 주체와 동화되고 합체되며, 그렇게 되면 주체가 그 대상에서 자기 자신을 느낀다. 투사된 내용물이 대상보다 주체와 더 강하게 연결될 때, 그런 현상이 나타난다. 그러나 주체는 자신이 그 대상으로 투사되었다고 느끼지 않는다. 그에겐 오히려 "공감한" 대상이 생명력을 더욱 강하게 띠는 것으로 보인다. 마치 대상이 그에게 심금을 울리는 말을 하고 있는 것처럼 느껴진다. 여기서, 투사 자체는 언제나 무의식적인 과정이며 의식의 통제를 받지 않는다는 점이 강조되어야 한다.

한편 조건절을 이용해 투사를 의식적으로 모방하는 것도 가능하다. 예를 들어 "만일에 당신이 나의 아버지라면"이라는 식의 문장을 이용하면 된다. 그러면 공감의 상황을 끌어낼 수 있다. 대체로 투사는 무의식적인 내용물을 대상으로 전이한다. 바로 그런 이유로 공감이 분석 심리학에서 "전이"(프로이트)로도 불린다. 그러므로 공감은 외향성의 한 형태이다.

보링거는 공감의 미학적 경험을 다음과 같이 정의한다. "미학적 즐거움은 대상화한 자기만족이다." 따라서, 공감을 이룰 수 있는 형태는 아름답다. 립스는 "공감이 이뤄지는 한, 형태들은 아름답다. 형태들의 아름다움은 단순히 나의 이상이 그 형태들 안에서 마음대로 놀도록 하는 데 있다."고 말한다. 립스에 따르면, 사람이 공감하지 못하는 형태는 모두 추할 것이다. 그러나 여기서 공감 이론이 한계를 보이고 있다. 보링거가 지적하듯이, 왜냐하면 공감의 태도가 적용될 수 없는 예술 형식도 있기 때문이다. 구체적인 예를 든다면, 동양의 이국적 예술 형식이 될 것이다. 서양 예술에서는 오랜 전통에 따라 "자연스런 아름다움과 보편적 사실과의 일치성"이 그 기준으로 확고히 다져졌다. 이것이 고대 그리스 로마와 전반적인 서양 예술의 기준이며 기본적인 성격이기 때문이다.

고대 이후로, 예술을 보는 일반적인 태도는 언제나 공감을 바탕으로 했으며, 바로 그런 이유로 우리는 자신이 공감할 수 있는 것만을 아름다운 것으로 보고 있다. 만약에 예술 형식이 생명과 반대되거나 인위적이거나 추상적이라면, 우리는 그 예술 형식 안에서 우리 자신의 생명을 느끼지 못한다. 립스는 "나 자신이 몰입되는 느낌을 받도록 만드는 것은 대체로 생명이다."라고 말한다. 우리는 오직 유기적인 형태에만 공감할 수 있다. 자연에 비춰 진실하고, 생명의 의지를 가진 그런 형태에만 공감이 가능하다는 뜻이다.

그럼에도 또 다른 예술 원칙이 틀림없이 존재한다. 생명에 반하고 생명의 의지를 부정하고 있음에도 불구하고 아름다움을 주장하는 그런 원칙이다. 예술이 생명을 부정하거나 인위적이거나 추상적인 형태를 만들어낼 때, 거기엔 공감 욕구에서 비롯되는 창조의 의지라는 문제는 더 이상 있을 수 없다. 그보다는 공감에 정면으로 맞서려는 욕구, 달리 말해 생명을 억누르려는 욕구가 있다. 보링거는 "공감 욕구의 반대는 추상(抽象)에 대한 충동처럼 보인다."고 말한다. 이 추상에 대한 충동의 심리에 관해, 보링거는 이렇게 말하고 있다.

그렇다면 추상에 대한 충동에 필요한 정신적 전제 조건은 무엇인가? 우리는 그런 충동을 갖고 있는 사람들이 세상을 대하는 감정에서, 그리고 그들이 우주를 보는 정신적 태도에서 그 조건을 찾아야 한다. 공감에 대한 충동을 위한 전제 조건은 사람과 외부 세계의 현상 사이에 확신의 관계가 확고히 확립되는 것인 반면에, 추상에 대한 충동은 외부 세계의 현상이 사람의 내면에 불러일으키는 불안의 산물이다. 종교에서 추상에 대한 충동과 비슷한 것을 찾는다면, 모든 사상에 초월적인 분위기를 입히려는 경향이 있다. 우리는 이 상태를 우주에 대한 영적 두려움으로 묘사할 수도 있다. 예술적 창조의 뿌리에도, 고대 로마의 시인 티불루스(Albius Tibullus)가 "신이 가장 먼저 만든 것은 두려움이었다." 고 말하면서 느낀 그 두려움의 감정이 자리 잡고 있을 수 있다.

공감이 주체의 확신에 찬 태도나 대상에 대한 믿음을 전제 조건으로 한다는 말은 정말로 맞는 말이다. 그것은 대상에 다가서려는 마음이고, 주체와 객체 사이에 훌륭한 이해가 이뤄지도록 하거나 그런 이해를 자극하려는 주관적인 동화(同化)이다. 수동적인 대상은 자신이 주체에 의해 동화되는 것을 허용하지만, 그 대상의 진정한 특성들은 그 과정에 전혀 변하지 않는다. 그 특성들은 단지 가려지고 심지어 전이 때문에 훼손되기도 한다. 공감은 유사성을 만들어내고 겉보기에 공통적인 특성을 창조해내지만, 이 유사성과 공통적인 특성은 그 자체로 존재하지는 않는다. 그러므로 대상과 또 다른 종류의 미학적 관계가 존재할 가능성이 있다는 말이 이해가 된다. 대상을 만나러 앞으로 나아가지 않고 오히려 대상으로부터 멀어지면서 주체의 내면에 대상의 영향을 무효화시킬 정신 작용을 일으킴으로써 대상의 영향으로부터 주체를 보호하려는 그런 태도도 있을 수 있다는 뜻이다.

공감은 말하자면 대상이 속이 비어 있다는 전제 하에서 그 속에 생명을 불어넣으려고 한다. 반면에 추상은 대상이 살아서 활동하고 있다고 전제하고 그 대상의 영향력으로부터 벗어나려고 한다. 이 추상의 태도는 구심적, 즉 내향적이다. 그러므로 추상에 대한 보링거의 인식은 내향적 태도와 일치한다. 보링거가 대상의 영향력을 두렵거나 무서운 것으로 묘사하고 있다는 사실이 중요하다. 추상하는 태도는 대상에게 위협적이거나 해로운 어떤 특성을 부여하는데, 추상하는 태도는 이 특성으로부터도 스스로를 방어해야 한다. 겉보기에 선험적인 것처럼 보이는 이 특성은 틀림없이 투사이지만 부정적인 투사이다. 그러므로 우리는 추상에 앞서서 무의식적으로 부정적인 내용물을 대상에 전이하는 그런 투사 행위가 일어난다고 가정해야 한다.

공감도 추상과 마찬가지로 의식적인 행위이고, 또 추상에 앞서서 무의식적 투사가 일어나기 때문에, 공감에 앞서서도 어떤 무의식적인 행위가 일어나는 것이 아닌가 하고 물어보는 것이 타당하다. 공감의 핵심은 주관적인 내용물의 투사이다. 그렇기 때문에 공감에 앞서는 무의식적 행위는 그 반대일 것임에 틀림없다. 말하자면 대상이 작동하지 못하도록 그 대상을 무력화하는 무의식적 행위가 일어난다는 뜻이다. 이런 식으로 대상은 속을 비우게 된다. 말하자면 대상이 자발적인 활동을 강탈당하게 되는 것이다. 그러면 대상은 주관적인 내용물을 받아들이기에 적절한 수용기(受容器)가 된다.

공감을 꾀하는 주체는 대상 안에서 자신의 생명력을 느끼기를 원한다. 따라서 대상의 독립성이 지나치게 커서도 안 되고 대상과 주체의 다름이 지나치게 커서도 안 된다. 공감에 앞서 일어나는 무의식적 행위의 결과로 인해, 대상의 주권은 힘을 잃게 되거나, 주체가 즉시 대상보다 우세해지기 때문에 오히려 과도하게 보상을 받기도 한다. 이 과정은 오직 무의식적으로만, 말하자면 대상을 평가절하하거나 힘을 빼앗거나, 주체의 가치와 중요성을 강화하는 무의식적 공상을 통해서만 일어날 수 있다. 오직 이런 식으로만, 감정이 주관적인 내용물을 대상에 전달하는 데 필요한 전위 차이가 일어날 수 있다.

추상의 태도를 가진 사람은 자신이 무서울 정도로 활기찬 세상에 살고 있다는 사실을 발견하는데, 그에게 세상은 자신을 압도하고 질식시키려 드는 것처럼 보인다. 그래서 그는 대상의 영향력에 맞서 자기 자신을 지킬 수 있을 만큼 자신의 주관적 가치를 높일 원칙을 찾기 위해 내면으로 깊이 침잠한다. 공감의 태도를 가진 사람은 이와 반대로 세상이 생명과 영혼을 얻기 위해 자신의 주관적 감정을 필요로 한다고 느낀다. 그러면서 그는 신뢰로 충만한 자기 자신을 통해 세상에 생기를 불어넣는다. 그러나 앞에서 말한 추상의 태도를 보이는 사람은 대상들의 귀신 앞에서 불안해하며 뒤로 물러서면서 추상 개념으로 이뤄진, 방어적인 세상을 구축한다.

여기서 앞의 장에서 논한 내용을 떠올린다면, 공감은 외향성의 메커니즘과 일치하고 추상은 내향성의 메커니즘과 일치한다는 점을 쉽게 확인할 수 있다. "외부 세계의 현상들 때문에 사람의 내면에 일어나는 불안"은 내향적인 유형의 사람이 온갖 자극과 변화 앞에서 느끼는 두려움과 다르지 않다. 내향적인 사람의 추상은 불규칙적이고 변화 가능한 것들을 일정한 한계 안에 묶어놓는다는 목적에 이롭게 작용한다. 기본적으로 신비한 이 과정이 원시인의 예술에서도 고스란히 발견된다는 사실에 대해서는 말할 필요조차 없다. 원시인의 예술에 나타나는 기하학적인 문양은 미학적인 가치보다 신비적인 가치를 더 많이 지닌다. 보링거는 동양 예술에 대해 이런 식으로 꽤 적절하게 설명하고 있다.

> 현상 세계의 혼란과 변화에 괴로워하던 나머지, 동양 사람들은 평온의 필요성을 강하게 느꼈다. 동양인들이 예술에서 추구한 즐거움은 바깥 세계의 사물에 깊이 몰두하는 것에 있다기보다는 개별 대상을 자의적이고 우연적인 존재 방식으로부터 해방시키는 데에 있다. 동양 사람들은 그런 식으로 추상적인 형식에 접근함으로써 개별 대상을 불멸화하고 또 그렇게 함으로써 끝없는 상황 변화의 와중에도 평온을 발견하고 있다.
> 추상적이고 규칙적인 이 형식들은 그저 최고의 것이 아니라 사람이 기괴한 세상의 혼란 앞에서 평온을 찾을 수 있게 하는 유일한 형식들이다. 〈Abstraction and Empathy〉

보링거가 말하듯이, 세상을 향해 이런 추상의 태도를 보이는 것이 바로 동양의 예술 형식들과 종교들이다. 따라서 동양인들의 눈에 비치는 세상은 공감을 통해 세상에 생명을 불어넣는 서양인들의 눈에 비치는 세상과 크게 달랐을 것임에 틀림없다. 동양인들이 볼 때, 대상은 처음부터 생명으로 넘치면서 그들에게 지배력을 행사한다. 따라서 동양인은 추상의 세계로 물러난다. 동양적인 태도를 깊이 들여다보기 위해, 여기서 부처의 "불의 설법"을 들어 보자.

> 모든 것이 불타고 있다. 눈과 모든 감각이 열정의 불, 증오의 불, 망상의 불로 불타고 있다. 출생과 늙음과 죽음, 고통과 비탄, 슬픔과 절망에 불 붙고 있다. ······ 온 세상이 불꽃에 휩싸여 있다. 온 세상이 연기로 자욱하다. 온 세상이 불타고 있다. 온 세상이 떨고 있다.

부처가 추상의 태도를 갖도록 만든 것은 슬프고 무서운 세상의 이런 모습이다. 전해오는 이야기에 따르면, 이와 비슷한 인상이 부처로 하여금 인생의 의미를 찾아 나서도록 만들었다. 추상하도록 강요하는 원인인 대상의 역동적인 생명력이 부처의 상징적인 언어에 잘 표현되고 있다. 이 생명력은 공감으로 비롯되는 것이 아니고 선험적으로 실제로 존재하는 무의식적 투사로 비롯된다. "투사"라는 용어는 이 현상의 진정한 의미를 거의 전하지 못한다. 투사는 진짜로 일어나는 어떤 행위이지, 지금 우리가 다루고 있는, 선험적으로 존재하는 어떤 조건은 아니다. 내가 볼 때에는 레뷔 브릴의

'신비적 참여'가 이 상태를 더 정확히 묘사하는 것 같다. 왜냐하면 '신비적 참여'가 원시인과 대상의 근본적인 관계를 적절히 설명하기 때문이다. 원시인의 대상들은 역동적인 생명과 영혼을 갖고 있다. 그렇기 때문에 원시인의 대상들은 원시인에게 정신적 영향을 직접적으로 미치고, 그 결과 원시인과 대상 사이에 역동적인 동일시가 이뤄지게 된다. 일부 원시인들의 언어를 보면, 개인 용도의 물건을 가리키는 단어는 "살아 있다"는 뜻의 접미사를 갖고 있다.

추상의 태도도 마찬가지이다. 왜냐하면 이 태도에서도 대상은 처음부터 생생하게 살아 있고 자율적이며 공감을 전혀 필요로 하지 않기 때문이다. 대상이 얼마나 막강한 영향력을 행사하는지, 주체가 내향하지 않을 수 없을 정도이다. 대상의 강력한 리비도는 그 대상이 주체의 무의식에 '신비적 참여'를 하는 데서 나온다. 이는 부처의 말씀에 명백히 표현되고 있다. 온 세상을 태우고 있는 불은 곧 리비도의 불과 동일하고 주체의 불타는 열정과 동일하다. 주체의 불타는 열정이 부처에겐 하나의 대상으로 보인다. 왜냐하면 그 열정이 아직 마음대로 쓸 수 있는 기능으로 분화되지 않았기 때문이다.

따라서 추상은 '신비적 참여'라는 원래 상태와 전쟁을 벌이는 어떤 기능처럼 보인다. 추상의 목적은 대상이 주체에 행사하는 영향력을 깨뜨리는 것이다. 추상은 한편으론 예술 형식의 창조를, 다른 한편으론 대상에 대한 지식을 낳는다. 공감도 마찬가지로 인식의 도구이고 또 예술적 창조의 도구이다. 그러나 공감은 추상과 아주 다른 차원에서 작동한다. 추상이 대상의 신비적 의미와 힘에 바탕을 두고 있듯이, 공감의 바탕도 신비적 동일시를 통해 대상에 대한 영향력을 확보하는 주체의 신비한 의미이다. 원시인이 이와 비슷한 입장에 있다. 원시인은 물신(物神)의 영향을 받으면서 동시에 물신에 권능을 부여하는 마법사가 된다. 이를 보여주는 좋은 예가 호주 원주민들이 자신들의 토템 동물을 새긴 부적이다.

공감 행위에 앞서 무의식적으로 일어나는, 대상의 '힘을 약화시키는' 정신 작용은 추상에서와 마찬가지로 대상에게 영원히 낮은 가치를 부여한다. 공감 유형의 무의식적 내용물이 대상과 동일하고 대상을 생기 없는 것처럼 보이도록 만들기 때문에, 이 유형이 대상의 본질을 파악하기 위해선 반드시 공감이 필요하다. 이런 경우에, 우리는 대상을 "탈(脫)정신화"시키는 추상이 무의식적으로 지속적으로 일어나고 있다는 식으로 말할 수 있다. 모든 추상은 이런 효과를 발휘한다. 대상이 주체의 정신과 마법처럼 연결되어 있는 한, 추상이 대상의 독립적인 활동을 죽이기 때문이다. 추상하는 유형은 그 과정을 대상의 마법적인 영향력에 대한 방어로 상당히 의식적으로 밟는다.

대상들의 불활성(不活性)도 공감 유형이 세상과 맺고 있는 신뢰 관계를 설명해준다. 세상에는 공감 유형에게 적대적인 영향력을 행사하거나 압박을 가할 것이 하나도 없다. 왜냐하면 그 사람만이 대상에게 생명과 영혼을 줄 수 있기 때문이다. 물론 그의 의식적 마음에는 이와 반대가 진리인 것처럼 보이지만 말이다.

한편, 추상 유형의 사람에게 세상은 막강하고 위험한 대상들로 가득한 곳이다. 이 대상들은 그에게 두려움을 안겨주고 그가 무능한 존재라는 점을 상기시킨다. 그래서 그는 세상과 지나치게 가까이 접촉하지 않으려 한다. 자신이 우위를 확보하는 데 필요한 생각과 요령을 짜낼 공간을 확보하기 위해서다. 그러므로 추상 유형의 심리는 약자의 심리인 반면, 공감 유형은 세상을 자신 있게 직시한다. 공감 유형에겐 불활성인 대상은 전혀 두려움을 불러일으키지 않는다. 당연히 이 묘사는 개략적이며 내향적 태도와 외향적 태도를 완벽하게 보여주는 척하지 않는다. 그럼에도 불구하고, 이 묘사는 의미가 없지 않은 미묘한 차이들을 강조하고 있다.

공감 유형의 사람이 대상을 통해 내면적으로 무의식적 즐거움을 진정으로 느끼는 것과 똑같이, 추상 유형의 사람도 대상들의 인상에 대해 깊이 생각할 때 자신도 모르는 가운데 자기 자신에 대해 진정으로 생각하고 있다. 왜냐하면 공감 유형이 대상에 투사하는 것이 자기 자신, 즉 자신의 무의식적 내용물이고, 추상 유형의 사람이 대상의 인상에 대해 생각하는 것이 바로 자신의 감정에 대한 생각들이기 때문이다. 그러므로 예술적 창조뿐만 아니라 대상에 대한 진정한 평가를 위해서도 공감과 추상이 똑같이 필요한 것이 분명하다. 대부분의 사람들을 보면 공감과 추상이 서로 차이 나게 분화되어 있지만, 두 가지 요소는 모든 개인의 내면에서 언제나 작동하고 있다.

보링거의 관점에서 보면, 이 두 가지 기본적인 형식의 미학적 경험의 공통된 뿌리는 "자기 소외", 즉 자기 자신의 밖에 있으려는 욕구이다. 추상을 통해서, "그리고 불변하고 필요한 무엇인가에 대한 깊은 생각 속에서, 우리는 인간으로서 겪을 위험으로부터, 또 평범한 유기적 존재의 자의성으로부터 해방을 추구한다". 당혹스러울 만큼 많은 생명력 넘치는 대상들 앞에서, 우리는 어떤 추상 개념을, 말하자면 온갖 인상들이 뒤섞인 혼란을 일정한 형식으로 정리해 낼 어떤 추상적이고 보편적인 이미지를 창조해낸다. 이 이미지는 혼란스런 경험의 파도를 막는 마법의 의미를 지닌다. 추상 유형의 사람은 이 이미지에 깊이 몰입한다. 그러다 보면 종국적으로 이 이미지의 추상적인 진리가 삶의 현실보다 훨씬 더 높은 자리를 차지하게 된다. 또 삶이 추상적인 아름다움을 즐기는 것을 방해할 수 있기 때문에, 삶은 완전히 억눌러진다. 그러면 추상 유형의 사람 자신이 하나의 추상 개념이 된다. 그는 이 이미지의 영원한 타당성과 자신을 동일시하며 이 이미지 안에서 화석화된다. 왜냐하면 그에게 이 이미지가 구원의 원칙이 되어 버렸기 때문이다. 그는 자신에게서 진정한 자기를 빼앗고, 자신의 전체 삶을 추상적인 관념으로 바꿔놓는다. 말하자면 그가 추상 관념으로 굳어지는 것이다.

공감 유형의 사람도 비슷한 운명을 맞는다. 그의 활동성과 생명력이 대상으로 이입되기 때문에, 그 사람 자신이 대상 속으로 들어간다. 대상으로 이입된 내용물이 그 사람 본인의 핵심적인 부분이기 때문이다. 그가 곧 대상이 되는 것이다. 그는 대상과 자신을 동일시하고, 그런 식으로 자신의 밖으로 빠져나온다. 자기 자신을 대상으로 바꿔놓음으로써, 그는 자기 자신을 주체에서 벗어나게 한다. 보링거는 이렇게 말한다.

이 활동 의지를 다른 대상으로 이입하면서, 우리는 그 대상 안에 있게 된다. 경험하려는 내면의 충동이 우리를 자신의 밖에 있는 형태인 대상에 몰입하게 하는 한, 우리는 우리의 개별적인 존재로부터 벗어나 있다. 우리는 우리의 개성이 개인의 의식의 무한한 변화와 정반대인, 고정된 경계선 안으로 흘러들어가는 것을 느낀다. 바로 이 자기 객관화에 자기 소외가 있다. 우리의 개인적 활동 욕구를 이런 식으로 실현하는 것은 동시에 활동의 무한한 가능성을 제한하는 것을 뜻한다. 말하자면, 활동의 혼란스런 다양성을 부정하는 셈인 것이다. 내면에서 일어나는 온갖 활동 충동에도 불구하고, 우리는 이 객관화의 한계 안에서 편하게 쉬어야 한다. 〈Abstraction and Empathy〉

추상하는 유형에게 추상적인 이미지가 무의식에서 활기 넘치는 것으로 여겨지고 있는 대상들의 파괴적인 영향을 막아주는 장벽인 것과 똑같이, 공감 유형에게는 대상으로의 전이가 내면의 주관적 요소들에 의해 일어나는 분열에 맞서는 방어가 되어 준다. 여기서 말하는 내면의 주관적 요소들은 끝없는 공상과 그에 따른 행동 충동을 말한다. 아들러에 따르면, 외향적 유형의 신경증 환자는 자신을 전이시킨 대상에, 내향적 유형의 신경증 환자가 "인도하는 허구"(guiding fiction)(알프레드 아들러의 개인 심리학에 쓰이는 용어로, 개인이 삶을 살아가면서 가이드라인으로 채택하고 있는 원칙을 말한다. 정신이 건강한 사람일수록 이 허구는 현실과 가깝다/옮긴이)에 매달리는 만큼 강하게 집착한다. 내향적 유형은 대상들을 통한 좋거나 나쁜 경험들에서 "인도하는 허구"를 끌어내고 또 삶이 엮어내는 끝없는 가능성으로부터 자신을 보호하기 위해 그 허구를 믿는다.

　추상과 공감, 내향성과 외향성은 적응과 방어의 메커니즘이다. 적응에 이롭게 작용하는 한, 이것들은 어떤 사람을 외부의 위험으로부터 보호해준다. 또 방향성 있는 기능들인 한, 이것들은 그 사람을 우연한 충동으로부터 자유로워지도록 만든다. 정말로, 이것들은 우발적인 충동을 막아주는 방어 역할을 톡톡히 해낸다. 왜냐하면 이런 것들이 자기 소외가 가능하도록 하기 때문이다. 일상의 심리적 경험이 보여주듯이, 방향성 있는 기능과 완벽하게 동일시된 사람들이 아주 많다. 우리가 지금 논하고 있는 유형의 사람들도 그런 사람들에 포함된다. 어떤 사람이 집단의 요구와 기대에 가장 잘 적응할 수 있게 한다는 점에서 본다면, 방향성 있는 기능과의 동일시에는 부정할 수 없는 이점이 있다. 더욱이, 이 동일시는 그 사람이 자기 소외에 의해서 자신의 기능들 중에서 열등하고 분화되지 않고 방향성 없는 기능으로부터 벗어날 수 있게 해 준다. 게다가 그런 "욕심 없는 태도"는 사회 도덕성의 관점에서 언제나 특별한 덕목으로 여겨진다.

　그런 한편, 우리는 방향성 있는 기능과의 동일시에 따르는 중대한 단점, 즉 개인의 퇴화를 조심해야 한다. 틀림없이 사람은 상당한 수준까지 기계적인 존재가 될 수 있다. 그러나 자기 자신을 완전히 포기하는 수준까지 기계적인 존재가 될 수는 없다. 왜냐하면 사람이 어떤 한 기능과 동일시할수록 그 기능에 리비도를 더 많이 쏟는 한편 다른 기능들로부터 리비도를 철수해야 하기 때문이다. 다른 기능들은 상당히 오랫동안 리비도를 박탈당하는 것을 참아낼 수 있다. 그러나 결국엔 이 다른 기능들이 리비도의 박탈에 반응하고 나설 것이다. 리비도를 빼앗겼기 때문에, 이 다른 기능들은 점차 의식의 문턱 아래로 잠길 것이고 또 의식과의 연상(聯想)적 연결을 잃다가 최종적으로 무의식으로 빠져들 것이다. 이것이 바로 퇴행적인 발달, 즉 유치하고 미발달한 수준으로 역행하는 현상이다. 인류가 문명화된 상태에서 보낸 기간은 불과 몇 천 년에 지나지 않는다. 반면에 인류가 야만의 상태에서 보낸 기간은 수십 만 년에 이른다. 그렇기 때문에 미발달한 형태의 기능이 여전히 강력하며 쉽게 다시 활성화된다. 따라서 어떤 기능이 리비도의 박탈로 인해 붕괴될 때, 무의식에 있던 그 기능의 미발달한 바탕이 다시 작동하게 된다.

이 같은 상태는 인격의 분열을 초래한다. 왜냐하면 미발달한 유형의 기능들이 의식과 직접적 연결을 갖지 않고 또 그 기능과 무의식 사이에도 협상의 길을 열어줄 다리가 전혀 존재하지 않기 때문이다. 따라서 자기 소외의 과정이 깊어질수록, 무의식적 기능들은 원시적인 수준으로까지 더 깊이 떨어지고 그만큼 무의식의 영향이 더 커지게 된다. 그러면 무의식이 방향성 있는 기능을 방해하면서 징후를 일으키기 시작한다. 그리하여 많은 신경증 환자의 특징인 악순환의 고리가 형성된다. 환자가 방해하는 영향력들을 방향성 있는 기능 쪽의 특별한 업적으로 보상하려 드는데, 방향성 있는 기능과 방해하는 영향력들 사이의 경쟁이 종종 신경 붕괴를 초래할 만큼 치열하게 전개되는 것이다.

방향성 있는 기능과 동일시를 꾀할 경우에 자기 소외가 일어날 가능성이 높은 이유는 그 사람이 그 한 가지 기능으로 엄격히 제한한다는 사실 때문만 아니라 방향성 있는 기능 자체가 자기 소외를 필요로 하는 원리이기 때문이기도 하다. 따라서 방향성 있는 모든 기능은 그 본질에 어울리지 않는 모든 것을 엄격히 배제한다. 예를 들면 사고는 사고를 교란시키는 모든 감정을 배제한다. 감정이 감정을 교란시키는 사고를 전적으로 배제하는 것과 똑같다. 방향성 있는 기능은 자신에게 적절하지 않은 모든 것을 억압하지 않은 상태에서는 제대로 작동하지 못한다.

한편, 살아 있는 유기체의 자기 조절은 그 성격상 한 인간 존재의 전체가 조화를 이루도록 한다. 그렇기 때문에 덜 선호되는 기능들에 대한 고려도 반드시 필요하며, 또한 인류를 위한 교육에서 이 기능들을 가르치는 것은 피할 수 없는 임무이다.

7장

[현대 철학의 유형 문제]

윌리엄 제임스의 유형

두 가지 유형이 존재한다는 주장은 현대의 실용주의 철학, 특히 윌리엄 제임스(William James)의 철학에서도 발견된다. 제임스는 이렇게 말하고 있다.

철학의 역사는 상당 부분이 인간의 기질이 서로 충돌한 역사이다. …… 전문적인 철학자는 어떤 기질의 소유자든 불문하고 사색할 때에는 자신의 기질을 버리려고 노력한다. …… 그럼에도 철학자의 기질은 보다 객관적인 그의 전제들보다 훨씬 더 강한 편향을 철학자에게 안겨준다. 철학자의 기질은 철학자로 하여금 보다 감상적인 우주관이나 보다 냉철한 우주관을 갖도록 하면서 그에게 이런저런 증거를 제시한다. 그렇듯, 철학자의 기질도 이 사실 혹은 저 원칙이 철학자의 우주관에 미치는 영향과 똑같은 영향력을 발휘하는 것이다. 철학자는 자신의 기질을 신뢰한다. 자신의 기질에 적합한 우주를 바라면서, 그는 그런 우주를 의미하는 것이면 무엇이든 믿으려 한다. 그는 자기와 반대되는 기질의 소유자들에 대해 세상의 본질과 어울리지 않는 존재라고 느낀다. 그러면서 마음속으로 그런 사람들은 무능하고 철학에 어울리지 않는다고 생각한다. 정작 그런 사람들의 논증 능력이 철학자 본인보다 훨씬 더 뛰어날 수 있는데도 말이다.

그럼에도 토론회장에 나서면, 이 철학자도 자신의 기질을 바탕으로 해서는 어떠한 권위도 더 주장하지 않는다. 따라서 우리의 철학적 논의의 장에 위선이 생겨나게 된다. 전제들 중에서 가장 강력한 전제인 철학자의 기질에 대해 언급하는 예가 절대로 없기 때문이다. 〈Pragmatism〉

여기서부터 제임스는 두 가지 기질의 특징을 규명하는 작업에 들어간다. 예절과 관습의 영역에 인습에 얽매이는 사람과 편하게 살려고 드는 사람이 있고, 정치에 권위주의자와 무정부주의자가 있고, 문학에 순수주의자와 현실주의자가 있고, 예술에 고전주의자와 낭만주의자가 있듯이, 제임스에 따르면, 철학에서도 두 가지 유형, 즉 "합리주의자"와 "경험주의자"가 발견된다. 합리주의자는 "추상적이고 영구한 원칙을 신봉하는 사람"이다. 경험주의자는 "온갖 형태의 사실들을 사랑하는 사람"이다. 그 어떤 사람도 사실이나 원칙 없이 살아가지 못한다. 그럼에도 불구하고 사실들과 원칙들은 서로 완전히 다른 관점을 낳으며, 이 관점에 따라 사람들은 사실이나 원칙 중 어느 한 쪽을 강조하게 된다.

제임스는 "합리주의"를 "주지주의"와 동일시하고 "경험주의"를 "감각주의"와 동일시한다. 나의 의견에는 이 동일시가 타당하지 않은 것처럼 보이지만, 이에 대한 비판은 잠시 접어두고 일단은 제임스의 사고 체계를 따를 생각이다. 그의 관점에서 보면, 주지주의는 이상주의적이고 낙관주의적인 성향과 연결되어 있는 한편, 경험주의는 물질주의와 매우 제한적인 낙관주의로 기우는 경향을 보인다. 주지주의는 언제나 일원론적이다. 주지주의가 전체로, 보편으로 시작하여 사물들을 통합시킨다면, 경험주의는 부분으로 시작해 전체를 하나의 집합으로 만든다. 그러므로 경험주의는 다원론적이라고 할 수 있다.

합리주의자는 감정의 인간이지만, 경험주의자는 빈틈없는 인간이다. 합리주의자는 자연히 자유 의지에 대한 믿음을 갖게 되고, 경험주의자는 운명론 쪽으로 기울게 된다. 합리주의자에겐 독단적인 성향이 있고, 경험주의자에겐 회의적인 성향이 있다. 제임스는 합리주의자에 대해 'tender-minded'(관념적인)라는 표현을 쓰고, 경험주의자에 대해 'tough-minded'(현실적인)라는 표현을 쓴다. 여기서 제임스가 두 가지 유형의 특징을 건드리고 있는 것이 분명하다. 이 특징을 구분하는 작업에 대한 비판은 뒷부분에서 하게 될 것이다. 여기서는 각 유형이 상대 유형에 대해 품고 있는 편견에 대해 제임스가 어떤 식으로 말했는지 들어보는 것도 흥미로울 것 같다.

각 유형의 사람들은 상대 유형을 낮춰본다. 시대를 막론하고 개인들의 기질이 팽팽해질 때마다, 그들의 적대감은 당대의 철학적 분위기의 일부를 이뤘다. 이 적대감은 오늘날에도 사회 분위기의 일부를 이루고 있다. 현실적인 사람은 관념적인 사람에 대해 감상주의자고 저능아라고 생각한다. 관념적인 사람은 현실적인 사람에 대해 세련되지 못하고 냉담하거나 잔인하다고 느낀다. … 각 유형은 상대 유형이 자기보다 열등하다고 믿는다.

제임스는 두 유형의 특징을 다음과 같이 표로 만들어 제시하고 있다.

관념적 유형	현실적 유형
합리주의자	경험주의자
주지주의자	감각주의자
이상주의자	물질주의자
낙관적	비관적
종교적	비종교적
자유 의지 옹호자	운명론자
단일론자	다원론자
독단적	회의적

이 목록은 실재론과 유명론을 논하는 장에서 접했던 여러 문제들을 건드리고 있다. 이상주의적인 유형의 사람은 실재론자들과 공통

점을 보이고, 현실적인 유형의 사람은 유명론자들과 공통점을 보인다. 앞에서 언급했듯이, 실재론은 내향성에 해당하고, 유명론은 외향성에 해당한다. 보편을 둘러싼 논쟁은 틀림없이 제임스가 언급하는 철학에서의 "기질의 충돌"의 일부를 이루고 있다. 이 같은 연결이 관념적인 사람을 내향적인 유형으로, 현실적인 사람을 외향적인 유형으로 분류하도록 유혹한다. 그러나 이런 식으로 동등하게 다뤄도 되는지 여부에 대해서는 앞으로 살피게 될 것이다.

제임스의 글에 대한 다소 제한적인 나의 지식으로는 그가 두 가지 유형에 관해 보다 세세하게 내린 정의나 설명을 찾아내는 것은 불가능한 일이다. 제임스가 자주 두 가지 종류의 사고에 대해 언급하고 그 유형들을 두고 "얇다"(thin)거나 "두껍다"(thick)는 식으로 묘사하고 있지만, 어쨌든 제임스에 대한 나의 지식은 제한적이다. 스위스 심리학자 플루르노이(Théodore Flournoy)는 "얇다"는 표현을 "얄팍한, 가느다란, 야윈, 연약한" 등을 뜻하는 것으로, "두껍다"는 표현을 "빽빽한, 견고한, 묵직한, 호화로운" 등을 뜻하는 것으로 해석하고 있다. 우리가 본 것처럼, 제임스는 어느 대목에서 이상주의적인 사람을 "어리석은 자"(soft-heads)라고 부른다. "soft"와 "tender"는 섬세하고, 부드럽고, 점잖고, 그래서 약하고 억제되고 무기력한 무엇인가를 암시한다. 물질의 본질과 관련하여 저항의 냄새를 풍기고 또 단단하고 좀처럼 변하지 않는 것을 암시하는 "thick"와 "tough"와는 정반대이다. 따라서 플루르노이는 두 종류의 사고에 대해 다음과 같이 설명한다.

그것은 추상적인 사고방식과 구체적인 사고방식 사이의 대조적인 차이이다. 이 중에서 추상적인 사고방식은 순수하게 논리적인 방식이고 철학자들에게 사랑을 받는 방법이지만 구체적인 대상들과 너무 동떨어진 관계로 제임스에게는 허약하고 공허하고 얇은 것으로 받아들여진다. 반면에 구체적인 사고방식은 경험의 사실들을 바탕으로 이뤄지며 명확한 자료라면 어느 것도 빠뜨리지 않는다.

그러나 이 같은 주장을 근거로 제임스가 구체적인 사고를 선호하는 편향을 갖고 있다고 결론을 내려서는 안 된다. 그는 두 가지 관점의 진가를 똑같이 높이 평가하고 있다. "사실들은 물론 훌륭하다. … 사실들을 많이 제시하라. 원칙도 훌륭하다. … 원칙을 많이 제시하라." 어떤 한 가지 사실은 그 자체로는 절대로 존재하지 못하고 우리가 보아 줄 때에야 비로소 존재하게 된다. 그러므로 제임스가 구체적인 사고에 대해 설명하면서 "두껍다"거나 "거칠다"는 표현을 썼을 때, 그는 자신에게는 이런 종류의 사고가 실질적이고 저항적인 무엇인가를 갖고 있는 것처럼 느껴진다고 말하고 있다. 반면 추상적인 사고에 대해서는 그는 보기에 연약하고, 얇고, 흐릿하고, 병약하고, 쇠약한 것 같다고 말하고 있다.

당연히 이런 관점은 실재성과 구체적인 사고를 선험적으로 연결하는 사람에게만 가능하다. 이미 말한 대로, 바로 이 지점이 기질의 문제가 끼어드는 곳이다. 경험주의자가 저항적인 어떤 실재성의 원인을 자신의 구체적인 사고로 돌릴 때, 추상적인 관점에서 보면 그는 자신을 속이고 있다. 왜냐하면 실재성 또는 견고성은 외적 사실들의 특성이지 경험적인 사고의 특성이 아니기 때문이다.

정말로, 경험주의적 사고는 특별히 연약하고 비효과적인 것으로 드러난다. 경험주의적 사고는 외부의 사실들 앞에서 독립적인 입장을 견지하기는커녕 언제나 사실들을 뒤쫓고 있고 사건들에 의존하고 있으며 따라서 순수하게 분류하거나 묘사하는 수준 그 이상으로 좀처럼 올라서지 못한다. 따라서 경험주의적 사고는 대단히 허약하고 자립적이지 못하다. 왜냐하면 그 같은 사고방식이 자체적으로 안정성을 전혀 확보하지 못하고 있으며 그 안정성을 오직 대상에 의존하고 있기 때문이다. 이 사고방식에서는 대상이 가치들을 결정하는 요소로 사고방식 자체보다 월등히 더 중요한 위치를 차지한다. 감각에 따른 표현이 연속적으로 이어지는 것이 특징인 그런 사고방식이다. 이때 감각에 따른 표현은 항상 변화하는 감각 인상의 흐름에 의해 이뤄지는 것이지 내면의 사고 행위에 의해서 이뤄지는 것이 아니다. 감각적 지각에 의해 일어나는 일련의 구체적 표현들은 추상적인 사상가가 사고라고 부르는 것과 똑같지 않으며 기껏해야 수동적인 통각(統覺)에 지나지 않는다.

따라서 구체적인 사고를 선호하며 그런 사고에 실재성을 부여하는 기질은 능동적인 통각과 비교하면 감각에 따른 표현을 더 중요하게 여기는 특징을 보인다. 여기서 말하는 능동적 통각은 의지의 주관적 행위에서 나오며, 그런 표현들을 주어진 어떤 관념의 의도에 맞춰 조직하려고 노력한다. 한 마디로 말하면, 구체적인 사고를 선호하는 기질에 중요한 것은 대상이다. 대상과의 공감이 이뤄지고, 이 대상은 주체의 관념 세계 안에서 반(半)독립적인 존재를 영위하고, 이해는 일종의 추가 부분 같은 것으로서 자연히 따르게 되어 있다. 그러므로 구체적인 사고를 선호하는 기질은 외향적 기질이다.

외향적인 유형의 사고는 구체적이다. 이 사고의 안정성은 밖에, 그러니까 공감을 느낀 대상에 있다. 이것이 바로 제임스가 그 같은 사고를 "거칠다"(tough)고 표현한 이유이다. 구체적인 사고, 즉 사실들의 표현을 선호하는 사람에게는 추상적인 사고가 허약하고 비효율적으로 보일 것임에 틀림없다. 왜냐하면 구체적인 사고를 선호하는 사람이 구체적이고 감각에 근거한 대상의 안정성을 바탕으로 추상적인 사고를 평가할 것이기 때문이다. 추상을 선호하는 사람에게는 결정적인 요소가 감각에 의해 결정되는 표현들이 아니고 추상적인 관념이다.

일반적으로, 하나의 관념은 경험들의 총합에서 끌어낸 추상 관념에 지나지 않는 것으로 여겨진다. 사람들은 인간의 마음에 대해 본래 '빈 서판'이라고 생각하는 경향이 있다. 시간이 지남에 따라, 이 빈 서판이 점진적으로 삶과 세상의 지각과 경험으로 덮인다는 식으로 생각하는 경향이 있는 것이다. 경험 과학의 관점인 이 관점에서 본다면, 하나의 관념은 경험에서 나오는, 부수적이고 귀납적인 추상 관념 외에 다른 것이 될 수 없으며, 따라서 경험보다 더 약하고 더 흐릿할 수밖에 없다.

그러나 우리는 인간의 마음이 빈 서판이 될 수 없다는 것을 잘 알고 있다. 왜냐하면 인식론적 비판이 어떤 범주들의 사고는 선험적으로 주어지는 것이라는 점을 밝혀내고 있기 때문이다. 이 범주들의 사고는 최초의 사고 행위와 함께 나타나는 것으로서 경험보다 앞선다. 이 최초의 사고 행위가 수행되도록 하는 것이 바로 이 범주들의 사고이다.

칸트가 논리적 사고와 관련하여 보여주었던 것은 심리 분야 전체에도 그대로 진리로 통한다. 심리가 빈 서판이 아닌 것은 마음 자체가 빈 서판이 아닌 것과 똑같다. 물론 구체적인 내용물은 결여되어 있다. 그러나 잠재적 내용물은 유전으로 물려받은 기능적 성향에 의해 선험적으로 주어진다. 이것은 단지 선조들을 통해 내려오는 뇌 기능의 산물이며, 또 조상 대대로 내려오는 경험과 적응 노력의 저장소이다. 이렇게 보면 새로 태어난 뇌는 꽤 구체적인 목적에 적합하도록 다듬어진, 역사가 대단히 깊은 도구인 셈이다.

이 도구는 수동적으로 통각할 뿐만 아니라 능동적으로 자체의 경험을 배열하고 어떤 결론과 판단을 내린다. 이 같은 유형의 경험은 절대로 우연적이거나 자의적이지 않다. 이 경험은 어떤 조건들을 엄격히 따르는데, 이 조건들은 이해의 내용물로서 경험을 통해 전달되는 것이 아니라 모든 이해의 선제 조건이다. 이런 유형의 경험은 '사물에 앞서는' 관념들이고, 형식의 결정자들이고, 또 경험의 실체에 특별한 외형을 부여하는, 일종의 선재(先在)하는 기초계획 같은 것이다. 그렇기 때문에 우리는 이 유형의 경험에 대해, 플라톤이 한 것처럼, 이미지로, 도식으로, 아니면 물려받은 기능적 가능성으로 생각할 것이다.

이는 마음의 가장 자유로운 활동인 공상까지도 결코 무한히 떠

돌아다니지 못하고(시인에게는 공상이 무한히 나래를 펴는 것처럼 보일지라도) 미리 형성된 이런 원형들을, 이런 근본적인 이미지들을 벗어나지 못하는 이유를 설명해준다. 서로 아주 멀리 떨어져 있는 민족들의 동화도 주제의 유사성을 통해서 이와 똑같은 끈을 보여주고 있다. 일부 과학적 이론, 이를테면 에테르와 에너지, 에너지의 변형과 항구성, 원자이론 등의 바탕에 깔린 이미지들조차도 이 같은 제한을 증명하고 있다.

구체적인 사고가 감각에 따른 표현들의 지배를 받는 것과 똑같이, 추상적인 사고는 구체적 내용이 결여된, "표현될 수 없는" 원초적 이미지들의 지배를 받는다. 대상에 공감하고 따라서 대상이 사고의 결정적인 요소가 되는 한, 추상적인 사고는 상대적으로 힘을 잃은 상태로 남는다. 그러나 대상으로 감정 이입이 이뤄지지 않고 대상이 사고 작용에 대한 지배력을 상실하게 되면, 대상에 쏟지 않은 에너지가 주체의 내면에 축적된다. 이제 무의식적으로 강조되고 있는 것은 주체이다. 그러면 원초적 이미지들이 얕은 잠에서 깨어나 사고 작용에 하나의 요소로 등장한다. 그러나 이때에도 원초적 이미지들은 표현될 수 없는 형식으로 나타난다. 마치 무대 뒤에 있어서 사람들의 눈에 띄지 않는 무대 감독처럼 말이다.

이 원초적 이미지들이 표현될 수 없는 이유는 그것들이 기능적 가능성에 지나지 않는 탓에 내용물을 결여하고 있기 때문이다. 따라서 이 원초적 이미지들은 속을 채울 무엇인가를 찾는다. 원초적 이미지들은 빈 형식 안에 경험의 알맹이를 집어넣으며, 사실들을 표현하기보다는 사실들을 통해서 스스로를 표현한다. 말하자면, 이 이미지들은 사실들을 옷처럼 두른다. 따라서 이 이미지들은 그 자체로는 구체적인 사고의 경험적 사실과는 달리 잘 알려진 바탕은 아니며 경험적 자료를 무의식적으로 그림으로써만 경험될 수 있을 뿐이다. 경험론자도 마찬가지로 이 경험의 자료를 조직하고 거기에 의미를 부여할 수 있지만 이때는 어디까지나 자신의 과거 경험의 바탕 위에 세운 어떤 구체적인 관념이 그 기준이 된다.

한편 추상적인 사고를 하는 사람은 무의식적 원형을 이용하며, 오직 최종적 산물이 나온 다음에야 자신이 모양을 갖추게 한 그 관념을 경험하게 된다. 경험주의자는 추상적 사고를 하는 사람의 정신 과정을 언제나 자신의 정신 과정을 바탕으로 판단하면서, 추상적 사고를 하는 사람은 활력도 없고 허약하고 부적절한 전제를 바탕으로 경험의 자료들을 상당히 자의적으로 정리할 것이라고 단정하는 경향을 보인다. 그러나 추상적인 사고를 하는 사람의 실제 전제, 즉 관념이나 원초적 이미지는 추상적인 사고를 하는 사람 본인에겐 잘 알려져 있지 않다. 이는 경험주의자가 아주 많은 실험을 거친 뒤에야 경험에서 끌어내게 되는 이론이 그때까지 경험주의자 본인에게 알려지지 않는 것과 똑같다.

1장에서 보여준 것처럼, 한 유형(이 경우에는 경험주의자)은 오직 개별적 대상을 보고 그 대상의 행동에 주목하는 반면, 다른 유형, 즉 추상적 사고를 하는 사람은 주로 대상들의 유사점에 주목하며 대상들의 특이성을 무시한다. 왜냐하면 추상적인 사고를 하는 사람은 세상의 복잡성을 통일되고 일관된 무엇인가로 바꿔놓는 데서 마음의 평온을 얻기 때문이다. 경험주의자는 유사점에 대해 솔직히 따분하고 불안하게 만드는 요소라고, 또 대상의 개성을 지각하는 것을 방해하는 그 무엇이라고 생각한다. 개별 대상과의 공감이 이뤄질수록, 경험주의자는 그 대상의 개성을 더 쉽게 식별하고 동시에 다른 대상들과의 유사점을 더욱 무시하게 된다. 만약에 경험주의자가 다른 대상들과 마찬가지로 공감하는 방법을 알기만 한다면, 그는 대상들을 오직 바깥에서만 보는 추상적 사색가보다 그 대상들의 유사점을 훨씬 더 잘 느끼고 인식할 수 있을 것이다.

구체적인 사고를 하는 사람이 대상들 간의 유사점을 파악하는 데 매우 느린 이유는 그가 먼저 이 대상과 공감하고 나서 그 다음 대상과 공감하는 식으로 대상에 접근하기 때문이다. 이런 식의 접근법은 당연히 시간이 많이 걸리게 되어 있다. 이런 이유로 인해 구체적인 사고를 하는 사람의 사고는 느리고 끈적해 보인다. 그러나 그의 공감은 유동적이다.

추상적 사고를 하는 사람은 유사성을 아주 빨리 포착하고, 개별 대상들 대신에 일반적인 특징들을 놓고, 자신의 정신 활동을 바탕으로 경험의 자료를 다듬는다. 그럼에도 이 과정도 그림자 같은 원초적 이미지의 영향을 강하게 받는다. 이 영향의 크기는 구체적 사고를 하는 사람이 대상의 영향을 받는 만큼은 된다. 대상이 사고에 미치는 영향이 클수록, 대상이 개념적인 이미지에 각인하는 특징도 더 많아진다. 그러나 대상이 마음에 미치는 영향이 작을수록, 원초적 관념이 경험에 끼치는 영향은 더욱 커질 것이다.

대상에 중요성을 과도하게 부여하면, 과학에서 전문가들이 선호하는 그런 종류의 이론이 생겨난다. 정신의학 분야에 나타난 그런 이론의 예를 들자면, 5장에서 언급한 "뇌 신화"가 있다. 그런 이론들을 보면, 매우 광범위한 영역의 경험을 원칙이라는 이름으로 설명하려는 시도가 어김없이 보이는데, 이 원칙이 다른 분야에서는 아주 부적절한 것으로 드러난다. 거꾸로, 추상적 사고는 개별적 사실들을 오직 다른 대상들과의 유사성을 통해 인식함으로써 일반적 가설을 만들어내는데, 이 가설도 주요 관념을 다소 순수한 형태로 제시하지만 구체적인 사실들의 본질과는 신화만큼이나 관계가 없다. 그러므로 극단적으로 몰고 가면, 두 유형의 사고는 어떤 신화를 창조하게 되어 있다. 한 유형은 세포와 원자, 진동 등을 빌려 아주 구체적으로 표현하고, 다른 유형은 "영구한" 관념들을 빌려 추상적으로 표현한다. 적어도 극단적인 경험주의는 사실들을 가능한 한 순수하게 제시하는 이점을 누린다. 극단적인 이상주의가 원초적인 이미지들을 거울에 비추듯 반영하는 것과 똑같다. 극단적인 경험주의의 이론적 결과들은 경험적 자료의 제약을 받고, 극단적인 이상주의의 실용적 결과들은 심리적 이상을 표현하는 것으로 한정된다.

현재의 과학적 태도는 전적으로 구체적이고 경험적이기 때문에 관념들의 가치를 전혀 평가하지 않는다. 이는 사실들이 원초적인 형태들에 대한 지식보다 월등히 더 높은 자리를 차지하게 된 결과 나타난 현상이지만, 그럼에도 인간의 정신은 그 사실들을 원초적인 형태를 통해 인식한다. 이처럼 구체주의로 경도된 현상은 비교적 최근의 상황이며, 계몽 운동의 잔재이다. 그 결과는 정말로 놀랍다. 그러나 그 같은 현상이 경험적 자료의 축적으로 이어졌고, 이

338

자료의 방대함이 명쾌함보다는 혼란을 더 많이 낳고 있다. 이에 따라 불가피하게 과학적 분리주의와 전문가 신화가 생겨났으며, 이것이 보편성의 종말을 예고하고 있다. 경험주의의 우세는 능동적인 사고의 억압을 의미할 뿐만 아니라 과학의 각 영역에서 이론을 구축하는 것까지 위험에 빠뜨리고 있다. 그러나 종합적인 관점의 결여는 신화적인 이론의 구축을 촉진시키고 있다. 경험적인 기준의 부재가 신화적인 이론의 구축을 부르는 것과 똑같다.

그러므로 나는 묘사적인 용어로서 제임스의 'tough-minded'와 'tender-minded'가 한쪽 방향으로 치우쳐 있으며 그 바닥에 어떤 편견을 숨기고 있다는 의견을 제시한다. 그럼에도 불구하고, 지금까지의 논의를 통해서 제임스의 성격 묘사가 내가 말하는 내향적 유형과 외향적 유형과 똑같은 유형을 다루고 있다는 점은 분명히 밝혀졌으리라 믿는다.

제임스의 유형에 나타나는 상반된 짝들

a. 합리주의 vs 경험주의

나는 이 짝을 교조(敎條)주의와 경험주의 사이의 대비로 인식하면서 거기에 대해 이미 앞부분에서 논의했다. 거기서 나는 "합리주의"라는 용어를 피했다. 구체적인 경험적 사고도 능동적인 교조주의적 사고 만큼이나 "합리적"이기 때문이다.

구체적인 경험적 사고와 능동적인 교조주의적 사고는 똑같이 이성의 지배를 받는다. 게다가, 논리적인 합리주의만 있는 것이 아니라 감정의 합리주의도 있다. 왜냐하면 합리주의 자체가 사고뿐만 아니라 감정의 합리성을 추구하려는 일반적인 심리적 태도이기 때문이다. 합리주의를 이런 식으로 인식하면서, 나는 나 자신이 "합

340

리주의적"이라는 단어를 "교조주의적"이라는 뜻으로 사용하면서 합리주의에서 관념의 우월성을 보는 역사적 및 철학적 견해와 충돌을 빚고 있다는 사실을 깨닫는다.

분명히, 현대의 철학자들은 이성으로부터 순수하게 이상적인 성격을 박탈하고 이성을 하나의 기능으로, 동기로, 의도로, 심지어 하나의 감정으로, 아니 하나의 방법으로 묘사하기를 좋아한다. 여하튼, 심리학적으로 고려한다면, 이성은 테오도어 립스가 말한 바와 같이 "객관성"의 지배를 받는 어떤 태도이다.

미국 철학자 볼드윈(James Mark Baldwin)은 이성을 "마음을 구성하고 규제하는 원칙"으로 보고 있다. 헤르바르트(Johann Friedrich Herbart)는 이성을 "숙고의 능력"으로 인식한다. 쇼펜하우어는 이성은 오직 한 가지 기능을, 즉 개념을 형성하는 기능을 갖고 있다고 말한다. 쇼펜하우어에 따르면, 바로 이 기능에 의해서, "앞에 언급한 이성의 모든 표현들, 즉 인간의 삶과 짐승들의 삶을 구분하게 하는 그런 표현들이 쉽게 설명될 것이다. 시대와 장소를 불문하고, 사람들이 합리적이거나 비합리적이라고 부르는 것은 바로 이 기능을 적용하고 있는지 여부를 말해준다". 여기서 "앞에 언급한 표현들"이라고 한 부분은 쇼펜하우어가 나열한 이성의 표현들을 가리킨다. 거기에는 "감정과 열정의 통제, 결론을 내리는 능력, 일반적인 원칙을 조직적으로 다듬어내는 능력 … 개인 몇 명의 통일된 행동 … 문명, 국가, 과학, 경험의 저장 등이 포함된다".

만약에 쇼펜하우어가 단언한 것처럼 개념을 형성하는 것이 이성의 기능이라면, 이성은 사고 활동을 통해 개념을 형성하는 기능을 가진 어떤 심리적 태도의 성격을 가졌음에 틀림없다. 오스트리아 철학자 예루잘렘(Wilhelm Jerusalem)이 이성에 대해, 사람이 결정을 내릴 때 이성을 이용하게 하고 열정을 통제하게 하는 의지의 어떤 기질로 인식한 것은 바로 그 같은 심리적 태도에서다.

그러므로 이성은 합리적일 수 있는 능력, 말하자면 객관적 가치들에 맞춰 생각하고 느끼고 행동하게 만드는 어떤 명확한 태도이다. 경험주의의 관점에서 보면 객관적인 가치들은 경험의 산물이지만, 교조주의의 관점에서 보면 이 가치들은 합리적 평가라는 명확한 행위의 결과이다. 칸트의 관점에서 보면 이 합리적 평가는 "근본적인 원칙에 맞춰 판단하고 행동하는 능력"일 것이다. 칸트에게 이성은 관념이 나오는 원천이며, 칸트는 관념을 "그 대상이 경험에서 발견되지 않는 합리적인 개념"이라고 정의한다. 칸트가 말하는 관념은 "이성을 온갖 목적에 실용적으로 활용하는 원형(元型)을, … 합리적인 기능을 경험적으로 활용하는 것이 일관성을 유지하게 하는 어떤 규제적 원칙"을 포함하고 있다. 이것은 순전히 내향적인 관점으로서, 분트의 경험주의적 관점과 대조를 이룬다. 분트에 따르면, 이성은 복잡한 지적인 기능들의 집단에 속하는데, 이 지적 기능들은 "바로 그 기능들에게 절대적으로 필요한 감각적 토대를 주는 단계들을 거치게 되어 있으며" "하나의 일반적인 용어"로 함께 묶어진다. 분트의 글을 보자.

"지적"이라는 개념은 옛날의 기능 심리학에서 살아남았으며, 이 개념은 심리학과 전혀 아무런 관계가 없는 논리적 관점과의 혼동으로 인해 기억과 이성, 공상 등 다른 옛날 개념에 비해 더 큰 피해를 입고 있음에 틀림없다. 그래서 "지적"이라는 개념이 포함하는 심리적 내용물이 다양할수록, 그 개념은 더욱 불명확해지고 더욱 자의적으로 변한다. … 과학적인 심리학의 관점에서, 만약에 기억이나 이성 또는 공상 같은 것은 전혀 없고, <u>단지 구별이 제대로 이뤄지지 않아서 그런 이름 아래에 하나의 덩어리로 존재하는 그런 기본적인 정신 과정들과 그 과정들의 상호 연결만 있다면</u>, 엄격한 기준에 부합하는 순수한 개념으로서의 "지성" 또는 "지적 기능들"도 훨씬 더 적을 것이다. 그럼에도 불구하고 기능 심리학의 목록에서 차용한 이 개념들을 이용하는 것이 유리한 경우가 여전히 있다. 비록 이 개념들을 심리학적 접근에 의해 변화된 의미로 사용할지라도 말이다. 기능 심리학의 개념이 유리하게 작용하는 때는 다음과 같은 경우이다. 우리가 매우 이질적인 요소들로 이뤄진 복잡한 현상들을, 말하자면 그 결합의 규칙성과 특히 실용적인 이유 때문에 고려해 줄 것을 요구하는 복잡한 현상을 만날 때, 아니면 개인의 의식이 그 성향과 구조에서 명확한 어떤 경향을 보일 때, 또 아니면 결합의 규칙성이 그런 복잡한 정신적 성향의 분석을 요구할 때가 그런 경우다. <u>그러나 이 모든 예에서도, 심리학적 연구라면 이런 식으로 형성된 일반 개념들에 전적으로 의존하지 않고 그 개념들을 가능한 한 단순한 요소로 정리하는 것이 당연한 의무로 여겨진다.</u> 〈Grundzüge der Physiologischen Psychologie〉

여기선 외향적인 유형이 말을 하고 있다. 외향적인 유형의 특징을 특히 두드러지게 보이는 부분에 밑줄을 그었다. 내향적인 사람에게 기억이나 이성, 지능 같은 "일반적인 개념"은 "기능", 즉 다수의 정신적 과정으로 이뤄진 기본적인 기능인 반면에, 외향적인 경험주의자에게 있어서 그런 일반적인 개념은 기초적인 과정들을 다듬은, 부차적이고 파생적인 개념에 지나지 않는다. 외향적인 경험주의자에겐 이 기초적인 과정들이 훨씬 더 중요하다. 물론 이 관점에서 봐도 그런 개념들은 피해야 할 것은 아니다. 그러나 원칙적으로는 그 개념들을 가능한 한 단순한 요소로 정리해야 한다. 경험주의자에겐 축소적인 사고를 제외하고는 어떤 것이든 논외인 것이 분명하다. 왜냐하면 그가 볼 때 일반 개념은 단지 경험의 파생물에 지나지 않기 때문이다.

경험주의자는 어떠한 "합리적 개념"도, 어떠한 선험적 관념도 인정하지 않는다. 그의 수동적이고 통각적인 사고가 늘 감각 인상을 따르고 있기 때문이다. 이 같은 태도 때문에 언제나 대상이 강조된다. 대상은 그가 통찰을 추구하고 복잡한 추론을 하도록 자극하는 행위자이며, 이 같은 통찰과 추론은 어떤 현상들을 하나의 집단적인 이름으로 묶는 데 도움을 주는 선에서만 일반 개념의 존재를 필요로 한다. 경험주의자에게 일반 개념은 자연히 언어와 따로 떨어져서는 어떠한 존재도 갖지 못하는, 이차적인 요소가 된다.

따라서 이 세상에 진정으로 존재하는 유일한 것은 감각들에 의해 지각되는 일차적인 사실들이라는 주장을 버리지 않는 한, 과학은 이성과 공상 등에게 독립적으로 존재할 권리를 절대로 인정하지 못한다. 그러나 내향적인 성향에서 보듯 사고가 능동적인 통각에 따라 이뤄질 때, 이성과 공상 등은 내면에서 작동하는 기본적인 기능으로서의 가치를 획득한다. 왜냐하면 내향적 유형의 사람에게는 가치를 지니는 것이 개념이지 개념에 가려져 있는 기초적인 과정이 아니기 때문이다.

이 같은 사고 유형은 처음부터 통합적이다. 이 사고 유형은 경험을 통해 얻는 자료들을 개념에 따라 조직하고 그 자료들을 생각들을 채우는 속으로 이용한다. 여기서 개념은 경험된 자료를 이해하고 해석하는, 그 자체의 영향력 때문에 행위자가 된다.

외향적 유형의 사람은 개념이 발휘하는 힘의 원천이 단지 자의적인 선택에 있거나 아니면 그 자체로 제한적인 경험을 신속히 일반화하는 데 있다고 추측한다. 이 같은 비난 앞에서, 자신의 사고 과정에 대해 제대로 알지도 못하고 또 심지어 시대의 유행에 맞춰 경험주의를 삶의 원칙으로 택한 내향적 유형의 사람은 무력할 수밖에 없다. 그러나 이 같은 비난은 외향적인 사람이 자신의 심리를 투사하고 있는 것에 지나지 않는다. 왜냐하면 능동적인 사고 유형은 자신의 사고 과정을 위한 에너지를 자의적 선택으로부터 끌어내지도 않고 경험에서 끌어내지도 않으며 관념에서, 즉 자신의 내향적 태도가 활성화시키는 고유의 기능적인 형태로부터 끌어내기 때문이다.

능동적인 사고 유형의 사람은 이 원천에 대해 알지 못한다. 이유는 이 원천 안에 선험적인 내용이 전혀 없는 까닭에 능동적인 사고 유형의 사람이 관념을 인식할 수 있는 것은 그가 그 관념에 형태를 부여한 뒤의 일이기 때문이다.

그러나 외향적인 유형의 사람에겐 대상과 기초적인 과정이 중요하고 또 반드시 있어야 한다. 왜냐하면 그가 무의식적으로 관념을 대상에 투사하고 경험적 자료의 축적과 비교를 통해서만 그 관념에 닿을 수 있기 때문이다.

두 가지 유형은 놀라운 방식으로 서로 맞서고 있다. 내향적인 유형의 사람은 자신의 무의식적인 생각을 바탕으로 자료를 다듬어 경험 쪽으로 다가서고, 외향적 유형의 사람은 자신의 무의식적 투사를 포함하는 자료에 스스로를 맡기면서 관념 쪽으로 다가간다. 이 같은 태도의 충돌에는 본래 당혹스러운 면이 있으며, 기본적으로 그것이 가장 뜨거우면서도 무용한 과학적 논쟁의 원인이 되고 있다.

지금까지 논한 내용은 합리주의, 즉 이성을 하나의 원칙으로까지 고양시키는 것이 교조주의의 특징일 뿐만 아니라 경험주의의 특징이기도 하다는 나의 견해를 아주 쉽게 보여주었을 것이라고 나는 믿는다. 교조주의 대신에 "관념주의"라는 단어를 사용할 수도 있었겠지만, "관념주의"의 반대는 "물질주의"일 것이며, 우리는 물질주의자의 반대가 교조주의자라고 말하지 못한다. 철학의 역사는 물질주의자도 사고에서 교조주의자가 될 수 있음을 자주 보여주고 있다. 즉 경험적으로 생각하지 않고 물질에 대한 일반적 생각으로 사고를 시작하게 되면, 물질주의자도 아주 쉽게 교조주의자가 되는 것이다.

b. 주지주의 vs 감각주의

감각주의는 극단적인 경험주의를 의미한다. 감각주의는 감각 경험을 인식의 유일한 원천으로 정하고 있다. 감각주의적 태도는 전적으로 감각의 대상들에 좌우된다. 제임스는 분명히 미학적 감각주의보다는 지적 감각주의를 의미하고 있다. 이런 이유 때문에 감각주의와 반대되는 용어로 "주지주의"가 적절하지 않다. 심리학적으로 말한다면, 주지주의는 지성에, 말하자면 개념적 차원의 인식 작용에 결정적 가치를 부여하는 태도이다. 그러나 나는 그런 태도를 갖고도 감각주의자가 될 수 있다. 예를 들면, 나의 사고가 감각 경험에서 비롯된 구체적인 개념에 몰입하고 있을 때가 그런 때이다. 똑같은 이유로, 경험주의자도 주지주의자가 될 수 있다. 주지주의와 합리주의가 철학에서 서로 무차별적으로 쓰이고 있다. 그렇다면 이 경우에도 감각주의와 반대되는 용어로 교조주의를 써야 했을 것이다. 감각주의가 기본적으로 극단적 경험주의를 뜻하기 때문이다.

c. 관념주의 vs 물질주의

제임스가 "감각주의"라는 표현으로 극단적 경험주의, 즉 앞에서 요약한 지적 감각주의를 의미한 것은 아닌가, 혹은 "감각주의적"이라는 표현으로 "감각적인" 것을, 그러니까 지성과 꽤 먼 기능으로서

"감각에 속하는" 특성을 의미한 것은 아닌가 하고 이미 궁금해 하는 사람이 있을지도 모르겠다. "감각에 속하는"이라는 표현을 나는 쾌락을 뜻하는 통속적인 의미로서가 아니라 진정한 감각성이란 뜻으로 쓰고 있다. 방향을 결정하는 요소가 감정 이입된 대상이 아니라 감각 자극이라는 단순한 사실인 그런 심리적 태도를 말한다.

이 같은 태도는 또한 반사적인 것으로 묘사될 수도 있다. 왜냐하면 전체 심리 상태가 감각 인상에 의존하기 때문이다. 대상은 추상적으로 인식되지도 않고 대상에 대한 공감도 이뤄지지 않는다. 대상은 그 자체의 본질과 존재에 의해 어떤 효과를 발휘한다. 주체는 전적으로 대상이 일으키는 감각 인상에 따라 움직인다. 이런 태도는 원시인의 심리 상태와 비슷하다. 이런 태도와 반대되는 것은 즉시적 느낌 혹은 이해가 두드러진 특징인 직관적인 태도이며, 이 즉시적 느낌 혹은 이해는 사고에 의존하지도 않고 감정에 의존하지도 않으며 사고와 감정의 결합에 의존한다. 감각의 대상이 지각하는 주체 앞에 나타나듯이, 정신적 내용물도 직관적인 사람 앞에 반(半)환상 같은 것으로 나타난다.

제임스가 현실적인 것을 "감각주의적"이고 "물질주의적"이라고 묘사한 점은 그도 내가 생각하는 것과 같은 상반된 짝을 마음에 두고 있었던 것이 아닌가 하는 생각을 품게 만든다. 일반적으로 이해되는 물질주의는 "물질적" 가치에 영향을 강하게 받는 태도이다. 달리 말하면, 일종의 도덕적 감각주의이다. 만약에 우리가 이 용어들에 일반적인 의미를 부여한다면, 제임스의 성격 분류는 썩 좋지 않은 그림을 제시할 것이다. 이것은 분명히 제임스가 의도한 것이 아니며, 제임스가 유형에 관한 이야기를 하면서 쓴 단어들은 그런 오해를 불식시키기에 충분하다. 그가 주로 마음에 두었던 것이 그런 단어들의 철학적 의미였다고 가정해도 무방할 것이다.

이런 의미에서 본다면, 물질주의는 분명히 물질의 가치에 좌우되는 태도이지만, 그 가치들은 객관적이고 구체적인 현실을 언급하는 것으로서 감각적이기보다는 사실에 입각하고 있다. 물질주의의 반대는 관념을 최고로 높이 평가하는, 철학적 의미에서 말하는 관념주의이다. 물질주의의 반대가 여기서 의미하는 그런 도덕적 관념주의가 될 수는 없다. 왜냐하면 그것이 도덕적 관념주의라면 우리는 제임스의 의도와 반대로 그가 물질주의라는 용어를 도덕적 감각주의를 뜻하는 것으로 썼다고 단정해야 할 것이기 때문이다.

그러나 만약에 제임스가 물질주의라는 단어를 가치들에 영향을 강하게 받는 어떤 태도를 의미하는 것으로 썼다면, 우리는 다시 이 태도에서 외향성의 특성을 발견할 수 있고, 따라서 우리의 의문도 말끔히 사라지게 된다. 우리는 이미 철학적인 관념주의가 내향 유형의 교조주의와 일치한다는 것을 보았다. 그러나 도덕적 관념주의는 특별히 내향적 유형의 특징은 아닐 것이다. 왜냐하면 물질주의자도 도덕적 관념주의자가 될 수 있기 때문이다.

d. 낙관주의 vs 비관주의

나는 인간의 기질 중에서 잘 알려진 이 상반된 짝이 제임스의 유형에 적용될 수 있는지에 대해 매우 회의적이다. 예를 들어, 찰스 다윈(Charles Robert Darwin)의 경험적 사고도 비관적인가? 관념주의적인 세계관을 가진 상태에서 무의식적으로 투사된 감정이라는 렌즈를 통해 다른 유형을 보는 사람에게 다윈은 틀림없이 비관주의자로 비친다. 그러나 이것은 경험주의자인 다윈 자신이 비관적인 세계관을 갖고 있다는 것을 의미하지 않는다. 혹은 제임스의 유형학에 따라서, 순수한 관념주의적 세계관을 가진 사상가 쇼펜하우어를 낙관주의자라고 말할 수도 있는가? 극도로 내향적인 유형인 칸트 본인은 위대한 경험주의자 어느 누구 못지 않게 낙관주의나 비관주의로부터 벗어나 있다.

그러므로 내가 볼 때 이 상반된 짝은 제임스의 유형과 아무런 관계가 없는 것 같다. 세상에는 낙관적인 외향적 유형뿐만 아니라 낙관적인 내향적 유형도 있고, 외향적 유형과 내향적 유형 모두 비관주의자가 될 수 있다. 그러나 제임스가 무의식적 투사로 인해 이런 실수를 저질렀을 가능성이 꽤 크다. 관념주의자의 관점에서 보면, 물질주의적 또는 경험주의적 또는 실증주의적 세계관은 아주 재미없어 보이고, 따라서 비관적인 것으로 느껴지게 되어 있다. 그러나 똑같은 세계관도 "물질"이라는 신에 대한 믿음을 가진 사람에게는 낙관적으로 보인다. 관념주의자에게 물질주의적 관점은 그의 신경을 잘라버리는 결과를 낳는다. 왜냐하면 관념주의자의 힘이 나오는 주요 원천이 말라버리기 때문이다. 달리 표현하면, 관념주의자가 중요하게 여기는 능동적인 통각과 원초적인 이미지들의 실현이 어려워진다는 뜻이다.

그런 세계관은 관념주의자에겐 완전히 비관적으로 보일 것임에 틀림없다. 그 세계관이 그에게서 영구한 관념이 현실 세계에서 구현되는 것을 볼 희망을 완전히 빼앗아 버리기 때문이다. 그에게 사실들로만 구성된 세계는 망명과 영원한 노숙(露宿)을 의미한다. 그래서 제임스가 물질주의자와 비관적 관점을 연결시킬 때, 거기서 우리는 그가 개인적으로 관념주의의 입장에 서 있었을 것이라고 추론할 수 있다. 이 철학자의 삶에 나타나는 수많은 다른 특징으로도 쉽게 입증하는 추론이다. 현실주의자에 다소 모호한 3가지 형용사, 말하자면 '감각주의적인' '물질주의적인' '비종교적인' 같은 표현이 따라붙는 이유도 이것으로 설명된다.

이 같은 추론은 제임스가 자신의 저서 『실용주의』(Pragmatism)에서 2가지 유형의 상호 혐오를 미학적 관심이 높은 보스턴 관광객들과 콜로라도 주 광산 지역인 크리플 크리크의 주민들 사이의 만남에 비유한 단락에 의해서도 뒷받침된다. 그것은 상대 유형에 결코 좋게 받아들여질 수 없는 비유이다. 이 비유는 사람들로 하여금 감정적 혐오를 추론하도록 만든다. 아주 강력한 정의감조차도 완전히 누르지 못할 그런 혐오이다.

사소해 보이는 이 약점이 내가 볼 때에는 2가지 유형 사이에 존재하는, 상대방을 짜증나게 만드는 그 차이를 재미있게 입증하고 있다. 감정의 양립 불가능성을 이런 식으로 보여주는 것은 어쩌면 사소해 보일 수 있지만, 수많은 경험을 통해서 나는 아주 멋진 추론까지 편향되게 만들고 또 이해를 방해하는 것이 바로 배경에 도사리고 있는 이런 감정이라는 사실을 알고 있다. 크리플 크리크의 주민들도 보스턴 관광객들을 편견을 가진 눈으로 보았을 것이라는 상상은 누구나 할 수 있는 일이다.

e. 종교성 vs 비종교성

이 상반된 짝의 유효성은 자연히 종교성의 정의에 좌우된다. 만약에 제임스가 전적으로 관념주의자의 관점에서 종교성을 종교적 관념이 지배적인 역할을 하는 그런 태도로 인식한다면, 그가 현실주의를 비종교적인 것으로 분류한 것은 분명히 옳다. 그러나 제임스의 사고가 워낙 넓고 인간적이기 때문에, 종교적인 태도가 똑같이 감정에 의해서도 결정될 수 있다는 사실을 그가 보지 못했을 리가 없다. 그는 이렇게 말한다. "하지만 사실들에 대한 존중이 우리의 내면에 있는 종교성을 모두 무력화시키지는 않았다. 사실들에 대한 존중 자체도 거의 종교적이다. 우리의 과학적 기질 또한 독실하다."

경험주의자인 제임스는 "영원한" 관념들에 대한 숭배 대신에 사실들에 대해 거의 종교나 다름없는 믿음을 갖고 있다. 심리학적으로 본다면, 어떤 사람이 신이라는 관념의 지배를 받든 물질이라는 관념의 지배를 받든, 아니면 사실들이 그의 태도를 결정하는 요인으로 찬양을 받든, 이 태도들 사이에 전혀 아무런 차이가 없다. 이 같은 태도가 절대적일 때, 그 태도는 "종교적"이라는 평가를 받게 된다. 이런 고상한 관점에서 본다면, 사실들도 관념이나 원초적인 이미지들 못지않게 절대적인 가치를 가질 수 있다. 수백 만 년에 걸쳐 현실의 확고한 사실들과 충돌한 결과 인간의 심리에 각인되게 된 원초적인 이미지들 만큼이나 절대적인 가치를 말이다. 여하튼 사실들에 절대적으로 종속하는 것은 심리학적 관점에서 보면 절대로 비종교적인 것으로 여겨질 수 없다.

　현실적인 태도를 가진 사람은 나름으로 경험주의적인 종교를 갖고 있다. 관념적인 태도를 가진 사람이 나름으로 관념주의적인 종교를 갖고 있는 것이나 마찬가지이다. 과학이 대상의 지배를 받고, 종교가 주체, 즉 주관적인 관념의 지배를 받는 것은 오늘날 문화의 한 현상이다. 왜냐하면 관념이 과학 안에서 차지하던 자리를 대상에게 빼앗기고 쫓겨난 뒤에 다른 어딘가에서 피난처를 찾아야 했기 때문이다. 만약에 종교가 이런 의미에서 우리 문화의 한 현상으로 이해된다면, 경험주의자를 비종교적인 것으로 묘사한 제임스가 옳다. 그러나 그것은 어디까지나 이런 의미에서만 옳을 뿐이다. 왜냐하면 철학자들도 별도로 동떨어진 계급이 아니기에 그들의 유형도 당연히 철학자를 넘어 문명화된 모든 인류에게로 확장될 것이기 때문이다. 이런 일반적인 근거에서 보아도 문명화된 인류의 반을 비종교적인 존재로 분류하는 것은 용납될 수 없다. 우리는 또한 원시인들의 심리를 통해서 종교적 기능이 심리의 근본적인 요소라는 것을, 그리고 종교적 기능이 언제 어디서나 발견된다는 것을 알고 있다.

　제임스의 "종교" 개념이 지닌 한계를 지적하면서, 우리는 그가 흔히 그러듯 자신의 감정 때문에 다시 한 번 혼란에 빠졌다는 점을 인정해야 한다.

f. 비결정론 vs 결정론

이 상반된 짝은 심리학적으로 매우 흥미롭다. 경험주의자가 인과 관계로 설명하는 것은 이치에 맞다. 경험주의자에겐 원인과 결과의 연결이 너무나 당연한 것으로 여겨지기 때문이다. 경험주의자는 공감하는 대상에 좌우된다. 말하자면 그는 외부의 사실에 의해 "활성화"되고, 원인이 있으면 당연히 결과가 있기 마련이라는 느낌에 강한 인상을 받는다. 인과 관계의 연결이 불가피하다는 인상이 그런 태도를 강화하는 것은 심리학적으로 매우 자연스럽다. 내면의 정신 과정들과 외부 사실들의 동일시는 처음부터 암시되어 있다. 왜냐하면 공감 행위를 통해서 주체의 활동 중에서, 그리고 주체의 생명력 중에서 상당한 양이 무의식적으로 대상에 투입되기 때문이다. 그것으로 인해 공감 유형은 대상에 동화된다. 대상이 그에게로 동화되는 것처럼 느껴지지만 실상은 그 반대이다.

그러나 대상의 가치가 강조될 때마다, 동시에 대상이 중요성을 띠게 되고, 이 중요성은 거꾸로 주체가 자신과 "동화하지 않도록 강요함으로써" 주체에 영향을 미친다. 의료 현장에서 활동하는 심리학자가 일상적 경험을 통해 확인하는 바와 같이, 인간 심리는 카멜레온 같다. 그래서 대상이 지배할 때마다, 대상으로의 동화가 일어난다. 사랑하는 대상과의 동일시는 분석 심리학에서 중요하게 다뤄진다. 그리고 원시인의 심리학을 보면, 토템 동물이나 조상의 영혼 쪽으로 동화되는 예로 넘쳐나고 있다. 중세는 물론이고 최근에도 나타나고 있는, 성자들의 성흔(聖痕)도 이와 비슷한 현상이다.『그리스도를 본받아』(Imitatio Christi)를 보면 자기 자신과 동화하지 않는 것이 하나의 원칙으로까지 권장되고 있다.

자기 자신과의 부동화(不同化)라는 인간 심리의 명백한 능력에 비춰 본다면, 대상과의 인과적 연결이 주체에게 넘어가는 현상이 쉽게 이해된다. 그러면 정신은 인과적 원칙만이 진리라는 인상을 강하게 받는 상태에서 작동하게 되고, 그럴 경우에 이 인상의 과도한 힘을 물리치려면 모든 인식론이 다 동원되어야 할 것이다. 경험주의적인 태도의 본질이 주체로 하여금 내면의 자유를 믿지 않도록 막기 때문에, 이 같은 현상은 더욱 심화된다.

경험주의적 태도를 가진 사람에게는 내면의 자유 같은 것은 증거가 부족한 것으로 여겨질 수밖에 없다. 엄청나게 많은 객관적 증거들이 반대 방향을 가리키고 있는 상황에서, 모호하고 정의조차 어려운 자유의 감정이 무슨 소용이 있겠는가? 그러므로 경험주의자의 결정론은 미리 정해져 있는 결론이나 다름없다.

앞에서 본 바와 같이, 관념주의는 기본적으로 관념이 무의식적으로 활성화되는 것이 특징이다. 이 활성화는 훗날 삶을 사는 과정에 획득한 공감에 대한 혐오 때문에 일어날 수도 있고 아니면 태어날 때부터 자연이 준 선험적 태도로 그 사람의 내면에 들어 있을 수도 있다(나는 치료 활동을 하면서 이런 예를 다수 보았다). 후자의 경우라면 관념은 처음부터 능동적이다. 단지 내용물의 결여와 표현 불가능성 때문에 관념이 의식에 나타나지 않을 뿐이다. 그럼에도 눈에 보이지 않는 내면의 지배자로서, 관념은 외부 세계의 모든 사실들보다 우위에 서고 자신의 자율과 자유의 감각을 주체에게 전한다. 그러면 주체는 내면에서 관념과 동화하고, 그 결과 대상과의 관계에서 독립과 자유를 느낀다. 관념은 방향을 결정하는 중요한 요소일 때 주체를 완벽하게 동화시킨다. 이때도 주체가 경험의 자료를 다듬음으로써 관념을 동화시키려 노력할 때만큼이나 완벽하게 동화가 이뤄진다. 따라서 주체는 대상을 대하는 태도에서와 마찬가지로 자기 자신으로부터 멀어지지만, 이번에는 거꾸로 그 부동화가 관념에 유리한 쪽으로 이뤄진다.

조상들로부터 물려받는 원초적 이미지는 모든 개인적 경험을 앞서거나 대체하면서 시대와 온갖 변화에도 끄떡없이 이어진다. 따라서 원초적 이미지에는 엄청난 힘이 실려 있음에 틀림없다. 원초적 이미지가 활성화될 때, 그것은 주체가 무의식적 공감을 통해 이미지와 동화하도록 함으로써 주체에게 권력 감정을 전한다. 이것이 주체가 독립과 자유와 영생의 느낌(참조: 칸트의 세 가지 공리: 신, 자유, 불멸)을 받는 이유를 설명할 것이다. 주체가 내면에서 관념이 사실들로 이뤄진 현실을 지배한다고 느낄 때, 그에겐 자연히 자유의 관념이 생겨난다. 만약 그의 관념주의가 순수하다면, 그는 자유 의지를 믿게 되어 있다.

여기서 논의되고 있는 상반된 짝은 우리의 유형의 특징이다. 외향적 유형은 대상에 대한 갈망과 공감, 대상과의 동일시, 대상에 대한 자발적 의존 등이 특징이다. 외향적 유형은 대상과 동화하려고 노력하는 만큼 대상의 영향을 받는다. 내향적 유형은 대상 앞에서 자기주장을 내세우는 것이 특징이다. 내향적 유형은 대상에 대한 의존을 피하려고 노력하며, 대상의 영향력을 떨쳐버리려 하고,

심지어 두려워하기도 한다. 그런 만큼 내향적 유형은 관념에 더 강하게 의존한다. 이 의존이 그로 하여금 외적 현실을 보지 못하도록 막고 그에게 내면적 자유의 감정을 준다.

g. 일원주의 vs 다원주의

앞에서 이미 밝힌 내용을 통해서, 관념에 경도된 태도는 일원주의가 되는 경향을 강하게 보인다는 사실이 자연스레 드러난다. 관념은 언제나 계급적 성격을 갖고 있다. 그 관념이 추상의 과정에서 나온 것이든 아니면 무의식적인 형태로 선험적으로 존재하는 것이든 똑같이 그런 성격을 갖고 있다. 추상의 과정에서 나온 관념인 경우에 그 관념은 말하자면 건축물의 꼭대기를 이룬다. 그 아래 놓인 모든 것을 요약하는 최종적인 지점이라는 뜻이다. 선험적으로 존재하는 관념은 사고의 가능성과 논리적 필연을 지배하는 무의식적 입법자이다. 두 가지 경우 모두에서 관념은 지배적인 성격을 지닌다. 여러 개의 관념이 있을지라도, 언제나 그 중 하나가 한동안 최고의 자리를 차지하면서 마치 군주처럼 다른 정신적 요소들을 거느린다.

대상에 경도된 태도는 언제나 다수의 원칙들 쪽으로 기우는 것이 분명하다. 다수의 객관적인 특성들이 다수의 개념들을 필요로 하기 때문이다. 다수의 개념이 없다면, 대상의 본질이 적절히 해석되지 못한다. 일원주의적 경향은 내향적 유형의 특징이고, 다원주의적 경향은 외향적 유형의 특징이다.

h. 독단주의 vs 회의주의

이 경우에도 독단주의는 특별히 관념에 매달리는 태도라는 것이
쉽게 드러난다. 비록 관념을 무의식적으로 실현하는 것이 반드시
독단적이지는 않을지라도 말이다. 그럼에도 불구하고 어떤 무의식
적 관념이 스스로를 실현하는 그 강압적인 방법이 아웃사이더들에
게 관념에 경도된 사람은 무슨 경험이든 엄격한 사상적 틀 안에 집
어넣을 어떤 신조를 갖고 시작한다는 인상을 주는 것이 사실이다.

대상에 경도된 사람이 처음부터 모든 관념에 회의적일 것이라는
점도 똑같이 분명하게 드러난다. 왜냐하면 이 사람의 최고 관심은
모든 대상과 모든 경험이 일반적인 개념들의 방해를 받지 않고 스
스로의 힘으로 말하도록 내버려두는 것이기 때문이다. 이 같은 의
미에서 본다면, 회의주의는 모든 경험주의에 필요한 조건이다. 여
기서 우리는 제임스의 유형과 나의 유형의 기본적인 유사점을 뒷
받침할 또 하나의 상반된 짝을 보고 있다.

03
제임스의 유형론에 대한 전반적 비판

제임스의 유형론을 비판하면서, 나는 먼저 제임스의 유형론이 거의 전적으로 유형들의 사고의 특성에 관심을 두고 있다는 점을 강조해야 한다. 철학적인 책에서 그 밖에 다른 것을 기대하기는 사실상 어렵다. 그러나 이런 철학적 바탕에서 비롯되는 편향은 쉽게 혼란을 야기한다. 이런저런 특성이 동시에 반대 유형의 특징이라는 점을 보여주는 것도 어렵지 않다. 예를 들면, 독단적이고, 종교적이고, 관념적이고, 주지적이고, 합리적인 경험주의자들도 있다. 마찬가지로 물질주의적이고, 비관적이고, 결정론적이고, 비종교적인 관념주의자도 있다. 물론 이 용어들이 극도로 복잡한 사실들을 두루 가리키고 있는 것은 사실이다. 또 온갖 종류의 미묘한 차이도 고려되어야 하는 것도 사실이다. 그러나 이런 점들을 고려한다고 해서 혼란의 가능성이 완전히 배제되는 것은 아니다.

개인적으로 보자면, 제임스의 용어들은 지나치게 넓어서 전체적으로 고려될 때에만 상반된 유형의 그림을 대략적으로 그리는 것이 가능해진다. 제임스의 용어들은 유형을 단 하나의 공식으로 바꿔놓지는 않지만, 그래도 우리가 다른 자료들에서 얻은 유형에 대한 그림을 보완하는 것으로 아주 소중하다. 제임스는 기질이 철학적 사고에 영향을 끼친다는 사실에 주의를 기울인 최초의 인물이라는 사실 하나만으로도 높이 평가받을 만하다. 그가 실용주의적 접근을 택한 목적은 기질적 차이에 나타나는 철학적 대립을 화해시키기 위한 것이었다.

실용주의는 영국 철학에서 시작하여 폭넓게 확산되고 있는 철학 운동이다. 이 운동은 "진리"의 가치를 실용적인 효용성과 유용성으로 국한시킨다. 그 진리가 다른 관점에서 논쟁의 대상이 되는지 여부는 별로 중요하지 않다. 실용주의에 대한 설명을 이처럼 유형의 상반된 특징을 갖고 시작하는 것이 제임스의 특징이다. 마치 실용적 접근의 필요성을 보여주고 그것을 정당화하려는 것처럼 보인다. 따라서 이미 중세에 공연되었던 드라마가 여기서 다시 반복되고 있다.

중세의 상반된 특징은 유명론과 실재론의 형식을 취했으며, 이 두 가지 태도를 자신의 "개념론"을 통해서 화해시키려고 노력한 인물이 바로 아벨라르였다. 그러나 심리학적 관점이 전혀 없었기 때문에, 아벨라르가 시도한 해결책은 논리적 및 지적 편향에 의해 훼손되었다.

제임스는 그 갈등의 원인을 더 깊이 파고들어가 심리학적 뿌리까지 닿은 다음에 실용적인 해결책을 제시했다. 그러나 실용적인 해결책의 가치에 대해 환상을 품어서는 안 된다. 실용주의도 하나의 임시변통에 지나지 않는다. 실용주의는 기질의 영향을 받기 마련인 지적 능력 외에 다른 원천이 전혀 발견되지 않는 한에서만 유효성을 주장할 수 있을 뿐이다.

베르그송(Henri-Louis Bergson)이 직관의 역할과 "직관적인 방법"의 가능성에 주의를 기울인 것은 사실이지만, 그도 그 선에서 끝났다. 베르그송이 자신의 "생명의 약동"(élan vital)과 "창조적 지속"(durée créatrice)이 직관의 산물이라고 주장하고 있음에도 불구하고, 직관적인 방법을 뒷받침할 증거는 불충분하며 앞으로도 그런 증거는 쉽게 나타나지 않을 것이다. 이런 직관적인 개념들이 심지어 고대에, 특히 신(新)플라톤주의에도 나타난다는 사실을 바탕으로 심리학적 정당화를 추구하고 있음에도 불구하고, 베르그송의 방법은 직관적이지 않고 지적이다.

니체가 직관적인 원천을 훨씬 더 잘 이용하면서 자신의 철학적 사상을 다듬을 때, 그는 지성의 굴레로부터 자유로워질 수 있었다. 얼마나 자유로워졌던지, 니체는 순수한 철학 체계의 한계에서 빠져나와 철학적 비판에서 거의 자유로운 예술 작품을 창조하기에 이르렀다. 물론 니체의 작품 『차라투스트라는 이렇게 말했다』를 두고 하는 말이다. 지적인 방법 때문에 철학적 비판에 노출되어 있는 그의 철학적 아포리즘을 두고 하는 말은 아니다.

만약에 직관적인 방법에 대해 논한다면, 내가 볼 때 『차라투스트라는 이렇게 말했다』가 그 방법의 가장 좋은 예이며 그와 동시에 그 문제가 비(非)지적이면서 철학적인 방법으로는 어떤 식으로 포착될 수 있는지를 생생하게 보여주는 예이다. 니체의 직관적 접근의 선구자로 나는 쇼펜하우어와 헤겔을 언급하고 싶다. 쇼펜하우어의 경우에는 직관적인 감정이 사고에 결정적인 영향을 미쳤기 때문이고, 헤겔의 경우는 직관적인 관념이 전체 철학 체계의 바탕을 이루고 있기 때문이다. 그러나 양쪽 모두에서 직관이 지성에 종속되고 있지만, 니체의 경우에는 직관이 지성보다 우위에 선다.

두 개의 "진리" 사이에 갈등이 빚어질 때, 상대 관점을 정당하게 다루기 위해서는 실용적인 태도가 요구된다. 그럼에도 실용적인 태도가 전혀 불필요한 것은 아니지만, 실용주의는 지나치게 많은 포기를 전제로 하고 있으며 그래서 반드시 창의성의 고갈을 낳게 되어 있다. 상반된 태도 사이의 갈등을 푸는 해결책은 개념론의 지적 타협으로도 가능하지 않고 논리적으로 타협 불가능한 관점들의 실용적 가치를 평가하는 것으로도 가능하지 않다. 오직 상반된 태도를 조정에 필요한 요소들로 동화시키는 적극적인 창조 행위를 통해서만 가능하다. 조화로운 근육 운동이 상반된 근육 집단들의 신경 지배에 좌우되는 것과 똑같은 이치이다. 실용주의는 편견을 제거함으로써 창조적 행위가 일어날 길을 닦는 과도적인 태도 그 이상은 아니다. 제임스와 베르그송은 독일 철학이 이미 밟아온 길에 걸려 있는 푯말에서 결코 벗어나지 않고 있다.

미래로 가는 길을 진정으로 개척한 사람은 니체였다. 니체의 창조적 행위는 아벨라르 이후 철학의 무의식적 개념론을 초월하여 진리의 생생한 가치를 인정하면서 불만스런 실용주의적 해결책 그 이상으로 나아가고 있다. 그럼에도 아직 올라야 할 고지들은 많다.

8장

전기에 나타난 유형 문제

쉽게 예상할 수 있듯이, 전기(傳記)도 심리 유형 문제에 나름대로 기여할 몫이 있다. 이 문제에 있어서는 독일 화학자 빌헬름 오스트발트(Wilhelm Ostwald)의 역할이 아주 컸다. 오스트발트는 유명한 과학자 다수의 전기를 비교함으로써 상반되는 심리적 짝을 하나 제시할 수 있었다. 이를 그는 고전적 유형과 낭만적 유형이라고 불렀다. 그의 글을 보도록 하자.

고전적 유형은 자신의 모든 작품에서 완벽을 추구하는 것이 특징이다. 또 다소 삼가는 태도를 보이고, 주변에 그다지 영향을 미치지 않는 그런 성격이 특징이다. 반면에 낭만적 유형은 이와 반대되는 특성을 두드러지게 보인다. 낭만적 유형인 사람의 특별한 점은 개별 작품의 완벽에 있는 것이 아니라 연이어 나오는 수

많은 작품들의 다양성과 놀라운 독창성에 있다. 그리고 동시대인들에게 강력한 영향력을 직접적으로 행사하려는 성향도 낭만적 유형의 특징이다.

정신적 반응의 속도도 과학자의 심리 유형을 결정하는 중요한 기준이 된다는 점도 강조되어야 한다. 정신적 반응이 빠른 과학자는 낭만적 유형이고, 정신적 반응이 느린 과학자는 고전적 유형이다. 〈Gross Männer〉

고전적 유형은 결과물을 서서히 내놓는다. 대체로 인생 후반기에 가장 무르익은 정신적 결실을 거두게 된다. 오스트발트에 따르면, 고전적 유형에 반드시 나타나는 특징은 "대중의 눈에 오점이 하나도 없는 것으로 비치려는 욕구"이다. "개인적 영향력의 결여"에 대한 보상으로서, "고전적 유형은 자신의 글을 통해서 보다 강력한 영향력을 발휘한다".

그러나 헬름홀츠(Hermann von Helmholtz)의 전기에서 인용한 다음 에피소드가 보여주듯이, 여기에도 한계가 있는 것 같다. 헬름홀츠가 유도 충격의 효과를 놓고 벌인 수학적 연구에 대해, 그의 동료인 뒤 부아 레이몽(Du Bois-Reymond)은 헬름홀츠에게 이런 내용의 편지를 썼다. "부디 나쁘게 듣지 않길 바라는데, 당신은 당신 자신과 과학적 관점을 따로 떼어놓는 문제에 대해 조금 더 적극적으로 생각해야 하겠어요. 그런 다음에 당신의 과학적 관점이 무엇인지에 대해, 아니면 당신이 논의하고자 하는 것이 무엇인지에 대해 아무것도 모르는 사람의 입장에 서서 생각하도록 노

력해보세요." 이 편지에 대해 헬름홀츠는 이렇게 대답했다. "이
번에는 논문을 쓰면서 정말로 많이 힘들었어요. 마침내 나 자신
이 만족할 수 있는 논문이 나왔다고 생각해요." 오스트발트는 이
에 대해 이렇게 논평한다. "헬름홀츠는 독자의 관점은 전혀 고려
하지 않는다. 왜냐하면 그가 고전적 심리 유형에 충실하면서 자
기 자신을 위해 글을 쓰고 있기 때문이다. 그래서 그의 설명은 본
인에게는 흠잡을 데 없는 것처럼 보인다. 다른 사람에게는 그렇게
느껴지지 않는데도 말이다." 뒤 부아 레이몽이 헬름홀츠에게 보
낸 같은 편지에서 한 말이 고전적 유형의 특징을 고스란히 보여주
고 있다. "나는 당신의 논문과 요약본을 몇 차례나 읽었지만 당신
이 한 말이나 당신이 한 방식에 대해서는 알 수 없었어요. … 결국
당신의 방법을 나 스스로 찾아냈어요. 그리고 나니 그때서야 당신
의 논문이 조금씩 이해가 되기 시작하더군요."

　이것은 자신과 비슷한 정신의 소유자들의 마음을 움직이는 데
도 좀처럼 성공하지 못하거나 절대로 성공하지 못하는 고전적 유
형의 삶에 전형적으로 일어나는 일이다. 이는 고전적 유형의 영향
력이 글을 통해서 대체로 사후에 나타나게 되는 이유를 설명해준
다. 말하자면 독일 물리학자 로베르트 마이어(Julius Robert von
Mayer)의 경우처럼, 다른 사람들이 그 사람의 저작물에서 저자를
발굴해낼 때에야 비로소 고전적인 유형의 영향력이 드러나게 된
다는 뜻이다. 게다가 그 사람의 저작물은 종종 설득력이 떨어지
고, 영감을 주지 못하고, 직접적 호소력이 부족하다. 왜냐하면 어
떤 사람이 글을 쓰는 방식은 결국 그 사람이 말을 하거나 강의를

하는 방식만큼이나 자기 자신을 표현하는 일이기 때문이다. 고전적 유형의 사람이 어떤 영향력이라도 행사하게 된다면, 그 영향력은 그의 글이 가진, 외적으로 자극하는 요소보다는 그 글이 어쨌든 그 사람 자신의 것이고 그 글을 통해서만 그의 성취가 재구성될 수 있다는 사실에서 나올 것이다. 오스트발트의 설명을 보면, 고전적 유형은 자신이 하고 있는 일과 자신이 하고 있는 방식에 대해 좀처럼 외부에 알려주지 않고 오직 최종적 결과물만을 발표하는 것이 확실하다. 그의 결과물을 접할 대중이 그가 어떤 식으로 그 같은 결론에 도달했는지에 대해 아무것도 알지 못한다는 사실은 그에겐 관심 밖의 일이다. 분명히 그의 연구 방식이나 방법은 그에게 거의 중요하지 않다. 왜냐하면 그 방식이나 방법이 그의 인격과 아주 밀접히 연결되어 있고, 그 인격이 그가 언제나 배경에 간직하고 있는 것이기 때문이다.

오스트발트는 2가지 유형과 4가지 고전적 기질을 서로 비교하면서 자신의 눈에 근본적인 것으로 보이는 반응 속도에 대해 언급하고 있다. 느린 반응은 냉담한 기질이나 우울한 기질과 관계있고, 빠른 반응은 낙천적인 기질이나 화를 잘 내는 기질과 관계있다. 오스트발트는 냉담한 기질과 낙천적인 기질을 평균적인 유형으로 보고 있다. 반면에 화를 잘 내는 기질과 우울한 기질은 기본적인 성격이 병적으로 과장된 것으로 본다.

한편으론 영국 화학자 험프리 데이비(Humphry Davy)와 독일 화학자 유스투스 폰 리비히(Justus von Liebig)의 전기를, 다른 한편으론 로베르트 마이어와 마이클 페러데이(Michael Faraday)의

전기를 훑어보면, 전자는 명백히 낭만적이고 낙천적이고 화를 잘
내는 반면에 후자는 고전적이고 냉담하고 우울하다는 것이 쉽게
확인된다. 오스트발트의 이 같은 관찰은 나에겐 아주 강한 설득력
을 발휘한다. 왜냐하면 4가지 기질의 원칙이 오스트발트의 고전적
및 낭만적 유형과 똑같은 경험적 원칙을 바탕으로 하고 있기 때문
이다. 4가지 기질은 분명히 감정 상태의 분화이다. 말하자면 정서
적 반응과 관련 있다는 뜻이다. 그러나 심리학적 관점에서만 본다
면, 이것은 피상적인 분류이다. 단지 외관만을 바탕으로 판단하고
있기 때문이다.

이 분류에 따르면, 겉으로 차분하고 행동이 주의를 끌지 않는 사
람은 냉담한 기질을 갖고 있다. 그러나 실제로 보면 그는 전혀 냉
담한 기질이 아닐 수 있다. 그는 아주 민감하고 심지어 열정적인
천성을 갖고 있을 수 있으며, 그의 치열하고 내향적인 정서가 외적
으로 차분함으로 나타날 수 있다. 4장에서 논한 조던은 자신의 유
형론에서 이 같은 사실을 고려하고 있다. 조던은 겉으로 드러나는
인상뿐만 아니라 인간 본성에 대한 보다 깊은 관찰을 바탕으로 판
단하고 있다. 오스트발트의 구분 기준은 옛날의 기질 구분처럼 외
양에 바탕을 두고 있다. 오스트발트의 낭만적인 유형은 신속한 외
적 반응이 특징이다. 물론 고전적인 유형도 신속히 반응할 수 있다.
단지 내면적으로 한다는 것만 다를 뿐이다.

오스트발트가 비교한 전기들을 읽다 보면, 낭만적인 유형은 외
향적 유형과 일치하고 고전적 유형은 내향적 유형과 일치한다는
점을 누구나 쉽게 확인할 수 있다. 험프리 데이비와 리비히는 전자

의 완벽한 예이고, 마이어와 패러데이는 후자의 완벽한 예이다.

외적 반응은 외향적 유형의 특징이다. 내적 반응이 내향적 유형의 특징인 것과 똑같다. 외향적 유형은 자신을 표현하는 데 어려움을 전혀 겪지 않는다. 외향적 유형은 거의 자동적으로 자신의 존재를 주변에 느껴지도록 만든다. 왜냐하면 그의 전체 천성이 밖으로 대상을 향하고 있기 때문이다.

외향적 유형의 사람은 유쾌하고 용인될 수 있는 형식으로 자기 자신을 세상에 쉽게 내맡긴다. 그리고 세상은 유쾌하지 않을 때조차도 언제나 이해된다. 감정의 신속한 반응성과 방전 때문에, 소중하거나 무가치한 정신적 내용물이 똑같이 대상으로 투사될 것이다. 외향적 유형의 사람은 엄격한 생각과 감정뿐만 아니라 매력적인 태도로도 반응할 것이다. 똑같은 이유로 이 정신적 내용물은 별로 다듬어지지 않을 것이고 따라서 쉽게 이해될 것이다. 신속히 이어지는 즉각적 반응들은 대중에게 그가 어떤 길을 따르고 있는지를 보여주고 그가 그 같은 결과에 닿기까지 동원한 수단이 무엇인지를 보여준다.

반면에 거의 전적으로 내면적으로 반응하는 내향적 유형은 대체로 감정의 폭발 같은 형태가 아니고는 자신의 반응을 드러내지 않는다. 내향적 유형은 반응을 억누른다. 그럼에도 반응 자체는 외향적 유형만큼 신속할 것이다. 내향적인 사람의 반응은 겉으로 드러나지 않는다. 그렇기 때문에 내향적인 사람은 곧잘 느리다는 인상을 준다. 즉각적인 반응은 언제나 아주 개인적이기 때문에, 외향적인 사람은 자신의 성격을 드러내 보이지 않을 수가 없다. 그러나 내향적인 사람은 자신의 즉각적 반응을 모두 억누름으로써 자신의 성격을 숨긴다. 공감은 내향적인 사람의 목표가 아니다. 대상에게 정신적 내용물을 전이하는 것도 내향적인 사람의 목표가 아니다. 그보다는 대상을 바탕으로 추상하는 것이 내향적인 사람의 목표이다.

내향적인 사람은 자신의 반응을 즉시적으로 방전하지 않는다. 대신에 반응을 오랫동안 내면에서 다듬는 쪽을 택한다. 그러다가 최종적 산물로 반응을 내놓는다. 그의 끊임없는 노력은 그 산물에서 개인적인 모든 것을 지우고 개인적인 관계를 모두 벗겨내게 된다. 오랜 시간 이어지는 내면적 노동을 통해 성숙해진 결실은 아주 추상적으로 객관화된 형식으로 세상에 모습을 드러낸다. 그러므로 그 결과물을 이해하기가 참으로 어렵다. 왜냐하면 대중이 그 결과물이 나오기까지 거친 예비적 단계나 그 결과에 이른 길에 대해서 아는 것이 아무것도 없기 때문이다.

대중과 내향적인 사람 사이의 개인적 관계도 결여되어 있다. 왜냐하면 내향적인 사람이 자기 자신을 억누르면서 자신의 성격을 대중에게 감추기 때문이다. 그러나 지적 이해가 이뤄지지 않은 곳에서 개인적 관계가 중요한 경우가 자주 있다. 내향적인 사람의 내면에 대해 판단할 때에는 이 점을 끊임없이 명심해야 한다. 대체로 보면 내향적인 사람에 대한 정보가 크게 틀릴 수 있다. 이는 내향적인 사람의 진정한 자기가 겉으로 드러나지 않기 때문에 나타나는 현상이다. 내향적인 사람이 즉시적으로 자신의 반응을 겉으로 드러내지 못하기 때문에, 그의 성격은 언제나 숨어 있다. 그러므로 내향적인 사람의 성취가 일반적인 관심의 대상이 된다면, 그 사람의 삶은 공상적인 해석과 투사의 여지를 많이 남기게 된다.

그렇다면 오스트발트가 "정신적 조숙"이 낭만적 유형의 특징이라고 말할 때, 그의 말도 상당히 진리인 것이 사실이긴 하지만 우리는 고전적 유형의 사람도 마찬가지로 정신적으로 조숙한데 그 결과물을 자신의 내면에 숨기고 있을 뿐이라는 말을 덧붙여야 한다. 물론 그 숨김은 의도적인 것이 아니고 즉시적으로 표현하지 못하는 무능력 때문이다. 이처럼 감정의 분화가 불충분한 결과, 내향적인 사람의 내면에 약간의 불편함이 자리 잡게 되고, 이것이 어떻게 보면 다른 사람들과의 개인적 관계에서 유치한 모습으로 나타난다.

내향적 사람의 겉으로 드러난 성격이 아주 불확실하고 명확하지 않은 데다가 그 사람 본인도 이 점에 아주 민감하기 때문에, 그는 자신의 눈으로 봐서 완벽한 결과물을 내놓을 수 있을 때에만 대중 앞에 나서려 한다. 그는 자신이 연구 결과를 과감히 옹호하고 나서는 것보다는 연구 결과가 자신을 대신해 말해주기를 바란다. 그런 태도 때문에 세계무대에 등장하는 시기가 상당히 늦어진다. 그래서 그가 늦게 성숙한다는 인상을 주게 된다. 그러나 이 같은 피상적인 판단은 조숙하고 외적으로 분화된 외향적인 사람이 가진 유치한 부분은 모두 내면적인 것이라는 사실을 간과하고 있다. 외향적인 사람의 내면적 유치함은 인생의 말년에 도덕적 미성숙으로, 그리고 사고의 유치함으로 나타난다. 오스트발트가 관찰하는 바와 같이, 발달과 성장의 조건은 고전적 유형보다 낭만적 유형에 더 유리하다. 낭만적 유형의 사람이 대중 앞에서 보이는 자신감 넘치는 겉모습과 외향적 반응은 즉시 그의 개인적 중요성을 널리 알리게 된다. 이런 식으로 소중한 관계들이 재빨리 형성되고, 이 관계는 그의 일을 더욱 풍성하게 가꾸고 폭을 더욱 넓히게 된다. 반면에 고전적 유형의 사람은 숨어 있으며, 그의 개인적 관계의 결여는 연구 분야의 확장을 제한한다. 그럼에도 그의 활동은 깊이를 더하고, 그의 연구는 영구한 가치를 지니게 된다.

두 유형 모두 열정을 발휘할 수 있다. 외향적인 사람의 가슴을 채우는 것은 그의 입에서 흘러나오지만, 내향적인 사람의 열정은 바로 그의 입술을 다물게 만드는 그것이다. 내향적인 사람은 타인의 가슴에 전혀 아무런 불꽃을 일으키지 못한다. 그래서 그의 주위엔 같은 역량을 가진 동료들이 부족하다. 내향적인 사람은 자신의 지식을 전파할 욕망을 갖고 있다 하더라도 간결한 표현 방식과 그런 방식에 따른 몰이해 때문에 의사소통을 위해 추가로 노력하겠다는 마음을 품지 않게 된다. 그러다 보면 사람들이 그에게서는 비중 있는 말이 전혀 나오지 않는다고 믿는 현상이 나타난다. 내향적인 사람의 표현 방식과 "인격"은 피상적으로 보면 평범해 보인다.

반면에 낭만적인 사람은 본래 "재미있는" 사람처럼 보이며 또 공평한 수단이나 반칙을 이용하여 그 같은 인상에 영합하는 기술을 잘 이해하고 있다. 낭만적인 사람의 입심은 찬란한 아이디어를 마구 뱉어낼 배경이 되어주고 또 대중이 그의 사고에 나타나는 열등을 보지 못하도록 막아준다. 그러므로 오스트발트가 낭만적인 사람들의 성공적인 학문적 경력을 강조한 것은 핵심을 정확히 찌른 것이다. 낭만적인 사람은 자신의 제자들과 공감하며 어떤 때 어떤 말을 해줘야 하는지를 잘 알고 있다. 그러나 고전적 유형은 자신의 생각과 문제에 빠져 지내며 제자들이 스승의 말을 이해하느라 겪는 어려움을 완전히 무시한다. 오스트발트는 헬름홀츠에 대해 이렇게 말한다.

> 비범한 학식과 폭넓은 경험, 극히 창의적인 정신에도 불구하고, 헬름홀츠는 절대로 훌륭한 선생은 아니었다. 그가 즉각적으로 반응한 적은 한 번도 없었다. 언제나 한참 시간이 지난 뒤에야 반응했다. 실험실에서 어떤 학생이 질문을 던지면, 그는 생각해 보겠다고 약속한다. 그런 다음에 며칠 지나서야 그 질문에 대한 대답을 내놓았다. 질문과 대답 사이의 시간적 거리가 너무 멀었기 때문에 학생이 자신이 겪은 어려움과 그 질문에 대한 대답으로 자신에게 제시된 이론 사이에 어떤 연결이 있다는 사실을 확인하는 경우는 무척 드물었다. 모든 초심자들이 간절히 바라는 즉시적 도움만 없었던 것이 아니었다. 학생의 인격에 맞춘 지도도 없었다. 그런 지도가 있어야 학생들이 초심자로서 당연히 거치게 되는 의존 단계에서 빨리 벗어나고 주제를 통달할 수 있을 텐데도 말이다. 이 모든 결함의 원인은 학생의 필요에 즉각적으로 반응하지 못하는 선생의 무능력에

있다. 학생이 간절히 바라던 반응이 선생에게서 나올 때면, 이미 그 효과를 기대하기 어렵게 된 뒤이다.

　내향적인 사람의 느린 반응을 바탕으로 한 오스트발트의 설명은 내가 볼 때 충분하지 않은 것 같다. 이것은 헬름홀츠가 느리게 반응했다는 점을 보여주는 증거가 절대로 아니다. 그는 단지 외향적으로가 아니라 내향적으로 반응했을 뿐이다. 그는 자신의 학생과 공감하지 않았으며 따라서 학생이 필요로 하는 것을 이해하지 못하고 있었다. 헬름홀츠의 태도는 전적으로 자신의 생각을 향하고 있었다. 따라서 그는 학생의 개인적인 필요가 아니라 학생의 질문이 자신의 내면에 일으킨 생각들에 반응하고 있었다.
　또 그는 아주 신속히, 그리고 철저히 반응했다. 그래서 그는 그 즉시 추가적인 연결을 지각했으며, 그 순간 그는 그 문제를 완벽히 평가할 수 없었기 때문에 당연히 대답을 추상적인 형식으로 제시할 수 없었다. 이런 현상이 나타나는 것은 그의 사고가 지나치게 느렸기 때문이 아니라 그가 소중히 여기는 문제의 전모를 한 순간에 파악하지 못했기 때문이다. 학생이 그 문제의 해결을 위한 암시조차 갖고 있지 못하다는 사실을 관찰하지 못한 가운데, 그는 당연히 이 문제는 반드시 해결되어야 하는 것이라고 생각했다. 그러면서 그가 즉석에서 해 줄 수 있는, 극히 간단한 몇 마디의 조언으로는 해결될 문제가 아니라고 판단했다. 그러나 내향적 성격의 소유자이기 때문에, 그는 타인의 심리와 공감하지 못했다. 그의 감정 이입은 내적으로 자신의 이론적인 문제들로 향했으며, 학생의 필요는 완전히 무시한 가운데 학생의 문제로부터 넘겨받은 실타래를 푸는 일에 열중했다. 학생을 대상으로 한 교육의 관점에서 본다면, 이 같은 특이한 태도는 좋지 않은 인상을 안겨줄 뿐만 아니라 매우 부적절하기도 하다. 내향적인 선생은 겉으로 느리고, 다소 괴상하고, 머리가 둔해 보인다. 이 때문에 내향적인 선생은 자신의 생각이 다른 연구원들에 의해 받아들여져 다듬어지는 미래의 어느 날까지 다소 거리가 있는 사람들뿐만 아니라 동료들로부터도 제대로 평가를 받지 못한다.

수학자 가우스(Carl Friedrich Gauss)는 가르치는 일을 아주 싫어했던 까닭에 학생들에게 자신이 강의를 하는 일은 없을 것이라고 일러주곤 했다. 학생들에게 강의를 해야 하는 의무에서 놓여나기 위해서였다. 그에게 있어서 가르치는 일은 정말 싫은 일이었다. 학생들에게 가르친다는 것은 곧 "단어들을 사전에 꼼꼼히 점검하고 다듬는 과정을 거치지 않은 상태에서 과학적 결과를 발표해야 한다는 것을 의미했기 때문이다. 또 그런 검증을 거치지 않은 상태에서 자신의 발견을 남에게 전달하는 의무를 지는 것이 그에게는 이방인들 앞에 잠옷 바람으로 나서는 것 같은 느낌으로 다가왔기 때문이다". 여기서 오스트발트는 우리가 이미 언급한 매우 근본적인 사항을 강조하고 있다. 내향적인 사람의 경우에는 철저히 객관적인 커뮤니케이션 외의 다른 것을 혐오한다는 점이다.

오스트발트는 대체로 보면 낭만적인 유형의 사람이 점점 심화되는 고갈로 인해 경력을 비교적 일찍 종식시킬 수밖에 없다는 점을 지적한다. 이 같은 사실의 원인을 오스트발트는 보다 신속한 반응 속도로 돌리고 있다. 나의 의견에는 정신적 반응의 속도는 아직 과학적으로 설명되지 않고 있을 뿐만 아니라 외적 반응이 내적 반응보다 더 빠르다는 점을 뒷받침하는 증거도 없기 때문에, 외향적 성격의 과학자들이 비교적 일찍 고갈되는 것은 기본적으로 반응 속도보다는 그런 유형에 특별한 외향적 반응과 관계있는 것 같다. 외향적인 유형의 과학자는 매우 일찍 발표를 시작하고, 또 빨리 이름을 날리며 곧 학자나 저자로 치열한 활동을 시작한다. 그는 광범위한 영역에 걸쳐서 친구들이나 지인들과 개인적 관계를 맺는다. 이런 일들 외에도, 외향적인 과학자는 학생들의 발달에도 비상한 관심을 보인다.

내향적인 과학자는 발표를 비교적 늦게 시작한다. 그의 연구 성과물은 비교적 긴 시간적 간격을 두고 나오며 대체로 발표를 아낀다. 새로운 무엇인가가 포함되지 않는 한, 한 가지 주제를 되풀이하는 일은 가급적 피한다. 내향적 과학자가 과학적 성과물을 놓고 의사소통을 하는 방식은 간결하다. 그러다 보니 그가 그 같은 결과에 이른 길에 대한 암시는 모두 배제되고, 따라서 그의 연구를 전반적으로 이해하거나 연구 성과에 대해 인정하는 것이 쉽지 않게 된다. 그래서 그는 명성을 좀처럼 얻지 못한다. 가르치는 일 자체를 싫어하기 때문에 내향적인 과학자에게는 학생도 없다. 명성이 높지 않다 보니 지인과의 관계도 그리 넓지 않다.

대체로 내향적인 과학자는 필요에 의해서만 아니라 선택에 의해서도 은퇴생활이나 다름없는 삶을 영위한다. 그 결과 그는 자기 자신을 지나치게 낭비하는 위험을 피한다. 그의 내향적 반응은 그를 끊임없이 좁은 연구의 길로 이끈다. 이런 내향적 반응은 그 자체로 매우 엄격하다. 그 반응이 시간이 흐를수록 너무나 많은 것을 소진시키기 때문에 다른 사람들을 위한 소비가 전혀 허용되지 않는다.

낭만적 유형의 사람에게는 대중적 성공이 힘을 불어넣는 효과를 발휘한다. 그러나 고전적 유형의 사람에게는 대중적 성공의 기회가 좀처럼 주어지지 않는다. 그렇기 때문에 고전적 유형의 사람은 자신의 연구를 완벽하게 다듬는 데서 만족을 추구할 수밖에 없다. 이 같은 측면에서 본다면, 낭만적 유형의 천재가 비교적 일찍 소모를 경험하는 것은 보다 빠른 반응보다 외적 반응 때문인 것 같다.

오스트발트는 자신의 유형 구분이 절대적이라고 주장하지 않는다. 모든 연구자가 동시에 두 유형에 속할 수 있다는 점을 보여주고 있기 때문이다. 그러나 그는 "진정으로 위대한 인물들"은 반응 속도를 기준으로 이 범주 아니면 저 범주로 명확히 분류될 수 있다는 의견을 갖고 있다. 반면에 "보통 사람들"은 그 중간 영역을 차지한다는 것이 오스트발트의 견해이다. 결론으로서 나는 오스트발트가 분석한 전기들이 부분적으로 유형의 심리학에 가치를 지니는 자료를 포함하고 있고 또 낭만적인 유형은 외향적인 유형과, 고전적인 유형은 내향적인 유형과 일치한다는 사실을 보여주고 있다는 점을 밝히고 싶다.

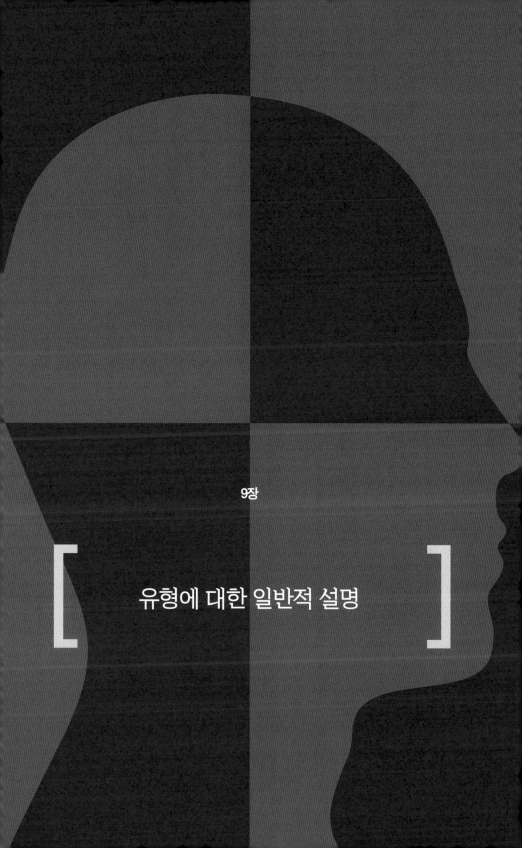

9장

[유형에 대한 일반적 설명]

01
서론

이젠 유형들의 심리학에 관한 일반적 설명을 시도할 것이다. 내가 이미 내향적 유형과 외향적 유형이라고 이름을 붙인 2가지 기본적인 유형에 대한 설명부터 할 것이다. 이어서 개인이 주로 분화가 가장 잘 된 기능을 이용하여 적응하고 행동 방향을 정한다는 사실 때문에 나타나는 보다 특별한 유형들에 대해 설명할 것이다. 앞의 2가지 기본적 유형을 나는 관심의 방향 혹은 리비도의 운동 방향에 따라 달라지는 것으로서 '태도 유형'이라고 부르고, 후자를 '기능 유형'이라고 부른다.

앞의 여러 장에서 거듭해서 강조한 바와 같이, 태도 유형은 대상을 대하는 태도에 따라 달라진다. 내향적 유형의 태도는 추상하는 태도이다. 내향적 유형은 언제나 대상으로부터 리비도를 빼앗는 일에 관심을 기울인다. 마치 대상이 자신을 지배하지 못하도록 막아야 하는 것처럼 행동하는 것이다. 반대로, 외향적 유형은 대상과 결정적인 관계를 맺는다. 외향적 유형은 대상의 중요성을 아주 강하게 확신한다. 때문에 그의 주관적인 태도를 보면 끊임없이 대상과 관련되어 있고 대상의 영향을 받고 있다. 그에게 대상의 가치는 절대로 충분할 수 없다. 대상의 중요성은 끊임없이 높아져야 한다. 이렇듯, 2가지 유형은 너무나 다르고 아주 두드러진 대조를 보인다. 그렇기 때문에 그런 유형이 존재한다는 사실은 보통 사람의 눈에도 꽤 분명하게 보인다.

우리 모두는 유보적이고 수수께끼 같고 또 수줍어하는 사람들을 알고 있다. 공개적이고 사교적이고 유쾌하거나, 아니면 적어도 가까이하기 쉬운 성격의 사람들과 극명한 대조를 보이는 사람들이다. 한편, 외향적인 유형의 사람은 모든 사람들과 잘 지내거나 모든 사람들과 다툴 수 있지만 언제나 어떤 식으로든 다른 사람들과 연결되어 있고 또 다른 사람들의 영향을 받고 있다.

이런 차이가 보이면 사람들이 우선 그것을 그 사람의 성격적 특이성으로 여기는 것은 너무나 당연하다. 그러나 인간의 본성에 관한 지식이 있는 사람이라면 곧 그 같은 대조가 어느 한 사람의 개인적 문제가 아니고 유형에 따른 태도의 문제라는 사실을 쉽게 알 것이다. 심리학적 경험이 많지 않은 사람들이 생각하는 것보다 훨씬 더 보편적인 유형의 문제라는 사실이 쉽게 확인된다는 뜻이다. 정말로, 앞의 여러 장에서 보여주었듯이, 그 대조는 근본적인 차이이다. 인격이 어떤 식으로든 두드러진 개인들을 다룰 때면, 간혹 아주 분명할 때도 있고 흐릿할 때도 있지만 거의 언제나 그 같은 대조가 나타난다. 인격이 뚜렷한 사람은 교육을 잘 받은 사람들 사이에서만 나타나는 것이 아니라, 사회의 모든 계층에서 나타난다. 그래서 유형은 공동체 중에서 분화가 가장 잘 된 사람들뿐만 아니라 노동자들과 농민들 사이에서도 확인된다. 남녀에 따른 차이도 전혀 없다. 모든 계급의 여자들 사이에서도 똑같은 대조가 나타난다. 만약에 유형의 극명한 대조가 단순히 태도를 의식적으로 선택하는 것에 따른 문제라면, 유형의 대조가 그처럼 광범위하게 나타나지 않을 것이다. 그것이 그런 문제라면, 공통의 교육이나 공통의 배경을 바탕으로 서로 연결된 특별한 계급 안에서는 한 가지 특별한 태도가 발견되어야 할 것이다.

그러나 현실은 그렇지 않다. 정반대로, 유형은 꽤 무작위로 분포되어 있는 것 같다. 같은 가족 안에서도 한 아이는 내향적이고, 다른 아이는 외향적이다. 이런 여러 가지 사실들이 태도 유형은 무작위로 분포된 일반적인 현상이라는 점을 보여주고 있기 때문에, 유형은 의식적 판단이나 의도의 문제가 될 수 없고 무의식적이고 본능적인 어떤 원인 때문에 나타나는 것임에 틀림없다. 따라서 일반적인 심리적 현상으로서 유형의 대조는 어떤 생물학적 바탕을 갖고 있음이 분명하다.

생물학적으로 고려한다면, 주체와 대상의 관계는 언제나 적응의 관계이다. 왜냐하면 주체와 대상의 모든 관계가 상호 영향을 통해서 상대편을 변화시키게 되어 있기 때문이다. 적응은 이처럼 끊임없이 변화하는 것을 말한다. 그러므로 각 유형이 대상을 대하는 태도는 적응의 과정이다. 자연에는 기본적으로 2가지 유형의 적응이 있으며, 각 적응 유형은 저마다 살아 있는 유기체의 지속적 생존을 확보하기 위한 것이다. 한 가지 적응 유형은 높은 번식력과 개체의 약한 방어력, 단명(短命)이 특징이다. 다른 한 가지 적응 유형은 개체에게 자기 보존의 수단을 많이 부여하는 한편으로 번식력을 낮추는 것이다. 내가 볼 때, 이 같은 생물학적 차이는 단순히 2가지 심리적 적응 방식과 비슷할 뿐만 아니라 심리적 적응 방식의 바탕을 이루는 것 같다.

여기서 나는 이런 식으로 대략적으로 암시하는 것으로 만족해야 한다. 외향적 유형의 특별한 본성이 그 사람으로 하여금 온갖 방법으로 자신을 소비하고 선전하도록 충동질하는 한편, 내향적인 사람의 성향은 외부의 온갖 요구에 맞서 자신을 지키고 대상에 에너지를 쏟지 않음으로써 자신의 에너지를 보존하고 그렇게 함으로써 자신의 위치를 공고히 한다는 점을 지적하는 것만으로도 충분할 것 같다.

영국 시인 윌리엄 블레이크(William Blake)가 2가지 부류의 인간을 "다작하는" 인간과 "몰입하는" 인간으로 묘사했을 때, 그의 직관은 틀리지 않았다. 생물학적으로 말하면, 2가지 유형의 적응 노력이 나름의 방법으로 똑같이 잘 통하고 성공을 거두는 것과 똑같이, 유형의 태도도 마찬가지로 똑같이 성공을 거둔다. 한 태도는 관계의 증식을 통해서 목적을 성취하고, 다른 한 태도는 관계의 독점을 통해서 목적을 이룬다.

아이들이 꽤 어릴 때조차도 유형적 태도를 상당히 일관되게 보인다는 사실 앞에서, 우리는 특별한 태도를 결정하는 것이 일반적 의미에서 말하는 생존을 위한 투쟁일 수는 없다고 단정하지 않을 수 없다. 이에 대해, 엄마의 젖을 빠는 아기마저도 무의식적으로 심리적 적응 행위를 수행한다는 식의 반대 의견이 제시될 수 있다. 엄마의 영향이 아이에게 특별한 반응을 불러일으킨다는 점에서 보면 그럴 수도 있다. 이 주장은 이처럼 확실한 증거의 뒷받침을 받는 한편, 똑같이 확실한 사실 앞에서, 말하자면 같은 어머니의 아이 둘이 어릴 때 정반대의 태도를 보일 수 있다는 사실 앞에서 대책 없이 무너진다. 정말로, 엄마의 태도에 아무런 변화가 없는 때조차도 아이들은 서로 다른 유형을 보일 수 있다. 나도 부모의 영향력이 지니는 엄청난 중요성을 절대로 과소평가하지 않는다. 그럼에도 불구하고, 흔하게 접하는 이 같은 경험 때문에 나는 유형을 결정짓는 중요한 요인은 아이의 기질에서 찾아야 한다는 식으로 결론을 내리지 않을 수 없다.

종국적으로, 아이가 외부 조건들의 항구성에도 불구하고 이 유형에 속할 것인지 저 유형에 속할 것인지를 결정하는 것은 그 개인의 기질임에 틀림없다. 당연히 나는 정상적인 경우에 대해서만 생각하고 있다. 비정상적인 조건이라면, 즉 엄마의 태도가 극단적인 상태라면, 엄마와 비슷한 태도가 아이들에게 강요되어 아이들의 기질을 훼손시킬 수도 있다. 그런 조건에서는 외부의 비정상적인 환경이 전혀 개입하지 않는다 하더라도 아이들이 자신의 기질과 다른 유형을 선택하게 될 것이다. 대체로, 부모의 영향에 따라서 그런 식으로 유형의 왜곡이 일어날 때마다, 아이는 훗날 신경증을 일으키게 되고 그러면 그의 본성과 일치하는 태도를 발달시킴으로써만 치료가 가능해진다.

개인의 기질에 관해서라면, 나로서는 이런저런 식으로 적응하는 능력이 특별히 더 크거나 적응을 쉽게 받아들이는 사람이 있다는 정도밖에는 더 할 말이 없다. 아마도 아직 그 실상이 밝혀지지 않은 어떤 생리적 원인들이 이 개인적 기질의 차이에 중요한 역할을 하고 있을 것이다. 유형을 거꾸로 바꿔놓으면 심한 육체적 고갈이 일어나는 등 유기체의 생리적 행복이 크게 깨어진다는 경험에 비춰볼 때, 나는 이 같은 짐작이 영 터무니없는 것은 아니라고 생각한다.

02
외향적 유형

이 유형과 다음 유형에 대한 묘사에서, 그 설명을 보다 명쾌하게 하기 위해 의식의 심리학과 무의식의 심리학을 명확히 구분할 필요가 있다. 의식의 현상부터 먼저 설명할 것이다.

a. 의식의 일반적 태도

모든 사람이 외부 세계가 공급하는 자료에 맞춰서 자신의 방향을 맞추는 것은 사실이다. 그럼에도, 우리는 그 자료 자체는 상대적으로만 결정적이라는 사실을 매일 확인하고 있다. 밖이 추우면 어떤 사람은 코트를 걸친다. 그러나 다른 사람은 몸을 단련하길 원하면서 코트가 필요하지 않다고 생각한다. 어떤 사람은 모든 사람이 어떤 테너를 좋아한다는 이유 하나만으로 자기도 그 테너를 좋아한다. 그러나 다른 사람은 그 테너를 좋아하지 않는다. 그 테너를 정말로 좋아하지 않아서가 아니다. 그보다는 그가 볼 때 보편적으로 숭배의 대상이 되고 있는 사람이 존경할 만한 인물인 경우가 무척 드물다는 생각 때문이다.

어떤 사람은 자신의 경험에 비춰 볼 때 그 외에는 달리 방법이 없다는 이유로 환경에 굴복한다. 그러나 다른 사람은 어떤 일이 천 번이나 똑같이 되풀이된다 하더라도 그 다음 천한 번째는 달라질 수 있다는 믿음을 갖고 있다. 전자는 주어진 사실들의 영향에 자신을 내맡기고, 후자는 자신과 객관적 자료 사이에 어떤 관점을 개입시킨다.

방향이 대상에 의해 결정되는 현상이 지배적인 까닭에 결정과 행동이 주관적인 관점이 아니라 객관적인 조건에 의해 결정될 때, 그런 태도를 우리는 외향적 태도라고 부른다. 이런 태도가 습관적으로 일어날 때, 우리는 외향적 유형이라고 한다. 만약에 어떤 사람이 객관적인 조건과 그 조건이 요구하는 것과 직접적 관련이 있는 쪽으로 생각하고 느끼고 행동하면서 산다면, 그는 외향적인 사람이다. 그의 삶을 보면 그의 의식에서 결정적인 역할을 하는 것은 주관적인 관점이 아니라 대상이라는 사실이 아주 명확하게 드러난다. 물론 그 사람도 주관적 관점을 갖고 있다. 다만 주관적 관점의 가치가 객관적인 조건의 가치보다 훨씬 떨어질 뿐이다. 따라서 그는 자신의 내적 삶에서 절대적인 요소를 발견할 것이라고는 아예 기대조차 하지 않는다. 왜냐하면 그가 아는 것들은 모두 자신의 밖에 있기 때문이다. 그리스 신화에 뒤늦게 깨우치는 존재로 묘사되는 에피메테우스처럼, 그의 내면적 삶은 외적 필요에 종속되고 있다.

물론 그의 내면적 삶과 외적 필요 사이에 갈등이 전혀 없는 것은 아니다. 그러나 그 갈등에서 최종적으로 승리를 거두는 것은 언제나 객관적인 요소이다. 그의 의식 전체는 밖으로 향하고 있다. 왜냐하면 근본적이고 최종적인 결정이 언제나 바깥에서 오기 때문이다. 그러나 그런 결정적인 것들이 바깥에서만 오는 이유는 그가 바깥에서 그런 것을 기대하기 때문이다. 그의 심리의 모든 특성들은 특별한 어느 한 가지 심리 기능의 우위나 성격의 특이성에 의존하는 것을 제외하고는 모두 이 같은 기본적인 태도를 따르고 있다. 그의 관심과 주의는 객관적인 일들, 특히 주변에서 일어나는 일들 쪽으로 경도되어 있다. 사람뿐만 아니라 사물도 그의 주의를 잡아끈다. 따라서 사람과 사물들이 그의 행동을 결정하며, 그의 행동은 이 바탕에서 충분히 설명된다.

외향적인 사람의 행동은 외적 조건과 분명하게 연결되어 있다. 그 사람의 행동이 단순히 환경의 자극에 대한 반응이 아니라면, 그 행동은 언제나 실제 환경에 적응하는 성격을 띠고 있으며 객관적인 상황의 한계 안에서 그 방법을 충분히 발견한다. 이 한계를 뛰어넘으려는 진지한 노력은 절대로 일어나지 않는다. 그의 관심도 마찬가지다. 그에게는 객관적인 일들이 엄청난 매력을 발휘한다. 그래서 외향적인 유형의 사람은 객관적인 일 외에는 다른 것을 절대로 찾지 않는다.

그의 행동을 지배하는 도덕법은 사회적 요구, 즉 지배적인 도덕적 관점과 일치한다. 만약에 지배적인 도덕적 관점이 변한다면, 외향적인 사람의 주관적인 도덕적 지침도 그에 따라 변할 것이다. 그래도 이 변화는 그의 전반적인 심리적 습관에는 아무런 영향을 미치지 않는다. 이처럼 엄격히 객관적인 요인들에 의해 결정된다는 것이 흔히들 생각하는 것처럼 전반적 삶의 조건에 완벽하게 적응한다는 의미는 아니다. 물론 외향적인 사람의 눈에는 객관적 상황에 이런 식으로 조정하는 것이 완벽한 적응처럼 보일 것임에 틀림없다. 왜냐하면 외향적인 사람에겐 그 외에 다른 기준이 전혀 존재하지 않기 때문이다.

그러나 보다 높은 관점에서 본다면, 객관적인 상황이 어떠한 환경에서나 정상적인 상황인 것은 결코 아니다. 객관적인 상황이 일시적으로나 부분적으로 비정상일 수도 있는 것이다. 객관적 상황에 스스로를 맞추는 개인은 아마 자신의 환경이 요구하는 유형과 일치할 것이다. 그러나 그 사람을 둘러싼 전체 환경을 고려한다면, 그는 보편적으로 타당한 삶의 법칙과 관련해서 비정상적인 상황에 처해 있을 수도 있다. 그는 그런 환경에서도 진정으로 번창할 수 있지만, 그 번창은 어디까지나 그와 그의 환경이 보편적으로 합당한 삶의 법칙을 위반하는 데 따른 재앙을 직면하기 전까지만 가능하다. 그런 재앙 앞에서, 그는 그 전의 상황에 자신을 조정했던 만큼 전반적인 붕괴를 겪을 것이다. 조정은 적응이 아니다. 적응은 그때그때 조건에 맞춰 부드럽게 흘러가는 것보다 훨씬 더 많은 것을 요구한다. 적응은 시간과 장소의 즉시적인 조건보다 훨씬 더 보편적인 법을 따를 것을 요구한다. 정상적인 외향적 유형이 하는 조정이 곧 그 사람의 한계이다.

외향적 유형의 정상성은 부분적으로 그 사람이 기존의 조건에 비교적 쉽게 맞출 줄 아는 능력에 있기도 하다. 그가 필요로 하는 것들은 객관적으로 가능한 것, 예를 들면 지금 이 순간에 장래가 밝아 보이는 경력 같은 것으로 한정된다. 그는 자신에게 요구되는 것이나 다른 사람이 자신에게 기대하는 일을 하며, 아주 확실하지 않거나 주변 사람의 기대를 넘어서는 혁신이면 무엇이든 멀리한다. 또 부분적으로 보면, 외향적 유형의 정상성은 기본적으로 그 사람이 자신의 주관적 요구와 필요조건을 고려하는지 여부에 좌우된다. 그런데 이 부분이 외향적 유형의 약점이다. 왜냐하면 외향적 유형이 지나치게 외부 지향적인 까닭에 주관적인 사실들 중에서 아주 명백한 것들까지도, 예를 들면 그 사람의 육체적 조건까지도 그의 관심을 거의 받지 못하기 때문이다. 육체는 충분히 객관적이지 않거나 "외적"이지 못하다. 그렇기 때문에 육체적 행복에 반드시 필요한 사항들이 적절한 보살핌을 받지 못하게 된다. 따라서 육체가 고통을 당하게 된다. 정신의 고통에 대해서는 말할 필요조차 없다. 외향적 유형의 사람은 좀처럼 정신의 고통을 자각하지 못한다. 그러나 그의 가족에게는 그 고통이 아주 뚜렷이 보인다.

외향적인 사람은 정신적 균형을 상실했다는 사실이 비정상적인 육체적 감각을 통해 분명하게 드러나야만 그 상실을 느낄 수 있다. 외향적인 사람도 비정상적인 육체적 감각까지 무시하지는 못한다. 그가 비정상적인 육체적 감각을 구체적이고 "객관적인" 것으로 여기는 것은 너무나 당연하다. 왜냐하면 외향적인 사람에게는 비정상적인 감각이 다른 것으로 보일 수가 없기 때문이다. 만약에 다른 사람에게서 그런 비정상적인 감각이 보였다면, 외향적인 사람은 그 사람의 내면에서 "상상"이 작동하고 있다고 생각할 것이다. 지나치게 외향적인 태도가 주체를 아주 쉽게 망각하기 때문에, 주체는 소위 말하는 객관적 요구에, 예를 들어 지속적으로 확장하는 사업의 요구에 완전히 희생되고 만다. 왜냐하면 주문이 산더미처럼 쌓이고 있고, 이익을 남길 수 있는 기회는 당연히 활용해야 하기 때문이다.

외향적인 사람은 대상에 파묻혀 완전히 자신을 망각해 버릴 위험을 안고 있다. 그로 인해 나타나는 신경적 혹은 육체적 기능 장애는 보상적 가치를 지닌다. 그 장애들이 강제적으로 그로 하여금 자제하도록 만들기 때문이다. 그 징후들이 기능적인 것으로 나타나야 한다면, 징후들의 특별한 성격은 상징으로 그의 심리적 상황을 표현할 것이다.

예를 들면, 인기가 위험할 만큼 높이 치솟아 에너지를 과다하게 쏟아 부을 수밖에 없는 가수가 갑자기 어떤 신경성 장애 때문에 고음을 내지 못하게 될 수도 있다. 아니면 미천한 집안에서 엄청난 영향력을 행사할 수 있는 지위에 올라선 사람이 더욱 활짝 펼쳐질 미래 앞에서 갑자기 고산병의 징후를 보일 수 있다. 또 의문스런 성격의 어떤 여인을 사모하여 과대평가하게 된 남자가 결혼을 앞두고 돌연 식도에 경련을 일으켜 하루에 우유 두 잔밖에 마시지 못하는 상황이 벌어질 수도 있다. 이 남자가 우유 한 컵을 소화시키는 데도 아마 3시간은 걸릴 것이다. 그 일로 인해 연인을 찾는 일도 사실상 중단되었으며, 그에겐 자신의 육체를 보양하는 일에 전념하는 외에 다른 선택이 없다. 아니면 자신이 키워오던 사업의 무게를 이기지 못하게 된 사람이 갑자기 갈증에 목말라 하면서 알코올에 빠져들 수도 있다.

내가 볼 때, 히스테리는 외향적 유형의 사람들에게 훨씬 자주 나타나는 신경증이다. 전형적인 히스테리의 두드러진 특징은 주변 사람들과의 관계를 비정상적으로 과장하고 주변 조건을 모방한다는 소리를 들을 만큼 그 조건에 맞춰 자신을 철저히 조정한다는 점이다. 자기 자신을 재미있는 존재로 만들고, 주변 사람들에게 강한 인상을 심으려는 성향이 히스테리 환자의 기본적인 특징이다. 이에 따라 나타나는 것이 다른 사람의 영향력과 암시에 쉽게 넘어가는 것이다.

외향적인 유형의 히스테리 환자에게 두드러지게 나타나는 또 다른 신호는 요란스러움이다. 경우에 따라서는 이 요란스러움이 그 사람을 공상의 영역으로까지 몰고 가고, 그러면 그는 "히스테리성 거짓말"을 한다는 비난을 듣게 된다. 히스테리성 성격은 정상적인 태도를 과장하는 데서 비롯된다. 거기에다가 무의식의 보상적 반응이 작용함에 따라 그 성격은 더욱 복잡해진다. 이때 무의식의 보상적 반응은 리비도가 내면으로 향하도록 하는 육체적 징후를 통해서 과장된 외향성을 중화시킨다. 이 무의식의 반응은 또 다른 종류의 징후들을 낳는데, 이 징후들은 내향적 성격을 더 많이 지니게 되며 대표적인 예 중 하나가 공상의 활동이 병적일 만큼 강화된다는 점이다.

외향적인 태도를 전반적으로 살펴보았으니, 이제는 외향적 태도로 인해 기본적인 심리적 기능들이 겪는 변화를 보도록 하자.

b. 무의식의 태도

"무의식의 태도"에 대해 논하는 것이 이상하게 여겨질지 모르겠다. 자주 말한 바와 같이, 나는 무의식의 태도를 의식을 보상하는 것으로 여긴다. 이 견해에 따르면, 무의식도 의식만큼이나 "태도"라고 주장할 권리를 갖는다.

앞에서 나는 정신적 사건들의 흐름보다 대상을 더 소중히 여기는 것으로 인해 외향적 유형의 태도에 나타나게 된 일방적인 성향을 강조했다. 외향적 유형은 대상을 위해 자기 자신을 끊임없이 소비하고, 주체를 대상과 동화시키고 싶은 유혹에 시달린다. 나는 외향적 태도의 과도함, 즉 주관적 요소를 억압하는 데 따르는 해로운 결과에 대해 세세하게 논했다. 따라서 외향적 유형의 의식적 태도에 대한 심리적 보상이 주관적인 요소에 무게를 특별히 더 더하게 되고, 또 무의식에서 이기적인 경향이 두드러지게 나타날 것이라는 추측이 자연스럽게 일어날 수 있다.

현실의 경험도 이것이 사실이라는 점을 증명한다. 여기서 나는 실제 사례를 나열하고 싶지는 않다. 그래서 독자들에게 내가 앞으로 기능 유형별로 무의식에 나타나는 태도를 논할 때 제시할 사례들을 참고해주길 부탁한다. 여기서는 단지 외향적 태도에 대한 보상에만 관심을 기울일 것이다. 그래서 나는 무의식적 태도에 대해서도 똑같이 일반적인 용어로 설명하는 선에서 끝낼 것이다.

의식적인 외향적 태도에 대한 효과적인 보상으로서의 무의식적 태도는 분명히 내향적 성격을 갖고 있다. 이 무의식적 태도는 주관적 요소, 즉 의식적 태도에 의해 질식되거나 억압된 욕구에 리비도를 집중하고 있다. 앞에서 말한 내용을 통해 알 수 있듯이, 대상 쪽으로만 향하는 방향성은 다수의 주관적인 충동과 의도, 욕구, 욕망에 피해를 입히며 또 이 요소들로부터 타고난 권리인 리비도를 빼앗아 버린다.

사람이란 존재는 상황에 따라 목적에 맞게 부속을 뜯어서 손쉽게 바꿀 수 있는 그런 기계가 아니다. 사람은 언제나 인간의 전체 역사를 안고 다닌다. 그 사람의 구조 안에 인류의 역사가 쓰여 있는 것이다. 사람의 내면에 있는 이 역사적인 요소는 결정적으로 중요한 어떤 욕구를 표현하는데, 현명한 정신 조직은 이 욕구에 반응해야 한다. 아무튼 과거도 생생하게 살아 움직여야 하고 또 현재의 순간에도 참여해야 한다. 대상과의 완전한 동화는 언제나 과거에 속하면서 처음부터 존재해 왔던 요소들 중 억압된 일부 요소들의 항의를 불러일으키게 되어 있다.

이런 대략적 고려만으로도, 외향적 유형의 무의식적 욕구가 기본적으로 원시적이고, 유치하고, 이기적인 성격을 지니는 이유를 쉽게 확인할 수 있다. 프로이트가 무의식은 "소망하는 외에는 아무 일도 할 수 없다"고 말했는데, 이는 외향적 유형의 무의식에는 거의 맞는 말이다. 외향적 유형의 사람이 객관적인 상황에 맞춰 조정하고 대상과 동화함에 따라 힘이 약해진 그의 주관적 충동은 의식에 닿지 못한다. 이 충동들(생각과 소망과 정서와 욕구와 감정 등)은 억압의 정도에 따라서 퇴행적인 성격을 띤다. 이 충동들은 인정을 적게 받을수록 유치하고 발달하지 못한 모습을 더 강하게 보인다. 의식적 태도가 이 충동들로부터 즉시적으로 쓸 수 있는 에너지를 몽땅 빼앗아 버린다. 그러면 이 충동들에는 의식적 태도가 빼앗지 못한 에너지만 겨우 남게 된다. 그래도 무시해서는 안 될 정도의 잠재력을 갖고 있는 이 잔존물은 원초적 본능으로 묘사될 수밖에 없다. 본능은 자의적인 조치에 의해서는 개인의 내면에서 뿌리 뽑히지 않는다. 본능이 근본적 변화를 이루기 위해서는 여러 세대에 걸친, 느리고 조직적인 변화가 필요하다. 왜냐하면 본능이 유기체의 구성을 역동적으로 표현하는 것이기 때문이다.

따라서 억압된 충동마다 거기에는 본능적 성격을 지닌 에너지가 상당량 남아 있다. 그 충동을 무의식적인 것으로 만들어 버린 힘의 탈취가 있었음에도 불구하고, 이 에너지는 잠재력을 간직하고 있다. 외향적 유형의 의식적 태도가 완벽할수록, 무의식적 태도는 더 유치하고 덜 발달되었을 것이다. 외향적 유형의 무의식적 태도에 나타나는 특징인 이기심은 단순히 유치한 이기심 그 이상이다. 이 이기심은 무모함과 냉혹함에 가까울 것이다. 여기서 우리는 프로이트가 묘사한 근친상간적인 소망이 만개하고 있는 모습을 보고 있다. 이런 것들이 철저히 무의식적이고 보통 사람이 보지 못하는 곳에 숨어 있다는 사실에 대해선 말할 필요조차 없다. 의식적인 태도의 외향성이 극단적으로 발휘되지 않는 한 그렇다.

그러나 외향적 태도가 과도해질 때마다, 무의식이 징후의 형식으로 전면으로 나타난다. 무의식적 태도의 이기심과 유치함, 미성숙이 원래의 보상적인 성격을 잃고 의식적 태도에 다소 공개적으로 반대하는 모습으로 나타나는 것이다. 이것은 무의식을 추가적으로 억압할 목표를 갖고 의식적 관점을 불합리할 만큼 과장하는 것으로 시작하지만 대체로 재앙으로 끝난다. 이 재앙은 객관적인 형태를 취할 수 있다. 왜냐하면 객관적인 목표들이 주관적인 목표에 의해 점진적으로 왜곡되기 때문이다.

나는 말단 사원으로 시작하여 몇 년 동안 노력한 끝에 마침내 번창하는 사업장의 소유자가 된 어떤 인쇄업자를 기억하고 있다. 사업이 확장할수록, 그 사업이 그를 옥죄는 강도도 더욱 심해졌다. 그러다 사업이 그의 다른 모든 관심사를 삼켜버리기에 이르렀다. 이것이 곧 그의 파멸로 확인되었다. 그가 사업에 모든 관심을 쏟아붓는 데 대한 무의식적 보상으로서, 어린 시절의 어떤 기억이 생생하게 떠올랐다. 어릴 적에 그는 그림 그리는 데서 큰 기쁨을 느꼈다. 그러나 그는 그림 그리는 일을 보상적인 취미로 부활시키지 못하고 그것을 자신의 사업에 접목시키면서 어떻게 하면 자신의 제품을 "예술적"으로 장식할 수 있을 것인지를 놓고 고민하기 시작했다. 불행하게도, 그의 공상이 구체화되기에 이르렀다. 실제로 그가 자신의 원시적이고 유아적인 취미에 어울리는 제품을 만들어낸 것이다. 그 결과, 겨우 몇 년 뒤에 그의 사업은 망하고 말았다. 그는 모험적인 기업인은 모든 것을 단 한 가지 목표에 집중해야 한다는, 우리 시대의 "이상"(理想)에 맞춰 행동했다. 그러나 그는 지나치게

멀리 나가버렸으며, 그 결과 자신의 유아적 욕구의 힘에 희생되고
말았다.

그러나 재앙이 주체에게 신경쇠약의 형태로 나타날 수도 있다.
무의식의 영향이 최종적으로 모든 의식적 활동을 마비시킬 때, 불
가피하게 그런 일이 일어난다. 그러면 무의식의 욕구가 의식에 영
향력을 행사하며 불길한 분열을 야기하며, 이때 분열은 두 가지 방
법 중 하나로 나타난다. 주체가 자신이 진정으로 원하는 것을 더
이상 알지 못하고 어떤 일에도 관심을 쏟지 못하게 되든가, 아니면
주체가 동시에 지나치게 많은 것을 원하고 불가능한 일에 지대한
관심을 보이든가 하는 것이다. 문화적인 이유로 유아적이고 원초
적인 욕구를 억압하게 되면 신경증이 일어나거나 알코올이나 모르
핀, 코케인 같은 중독성 물질의 남용을 부르게 된다. 극단적인 경우
에 분열은 자살로 끝나기도 한다.

의식적인 인정이 따르지 않아 에너지를 박탈당하게 될 때 파괴
적인 성격을 띠는 것이 무의식적 충동의 두드러진 특징이다. 무의
식적 충동이 보상적인 역할을 하지 못하게 되는 순간, 이 같은 파
괴적인 특징이 나타난다. 무의식적 충동이 우리의 문화적 수준과
절대로 양립할 수 없는 그런 문화적 수준으로 깊이 떨어지자마자,
무의식적 충동의 보상적 기능은 중단된다. 이 순간부터 무의식적
충동은 어떤 장벽을 형성하면서 의식적 태도에 온갖 방식으로 반
대하게 되며, 그런 무의식적 충동의 존재 자체가 공개적 갈등으로
이어진다.

대체로 말하면, 무의식의 보상적인 태도는 정신적 균형을 유지

하기 위해 나타난다. 물론, 정상적인 외향적 태도라는 것이 언제나 외향적 도식에 맞춰 행동한다는 것을 의미하지는 않는다. 같은 사람의 내면에서조차도 내향성의 도식을 포함한 온갖 심리적 과정들이 관찰될 것이다. 외향성의 메커니즘이 지배적일 때에만 외향적 행동 유형이라고 부른다. 이런 유형의 사람들을 보면 분화가 가장 잘 된 기능은 언제나 외향적인 방향으로 동원된다. 반면에 열등한 기능들은 내향적으로 작동한다.

달리 말하면, 탁월한 기능은 가장 의식적인 기능으로 완전히 의식의 통제 하에 있는 반면에, 분화가 덜 된 기능들은 부분적으로 무의식이며 의식의 통제를 훨씬 덜 받는다. 탁월한 기능은 언제나 의식적인 인격과 그 인격의 목표와 의지, 그리고 전반적인 실행을 나타내고 있는 반면에, 분화가 덜 된 기능들은 그 사람에게 그냥 "일어나는" 일들의 범주에 속한다. 그냥 일어나는 일이라고 해서 반드시 말을 잘못 하거나 글을 잘못 쓰는 등 가벼운 실수만 해당되는 것은 아니다. 반쯤 혹은 4분의 3 정도 의도된 일일 수도 있다. 왜냐하면 분화가 덜 된 기능들도 어느 정도의 의식을 갖고 있기 때문이다. 이를 보여주는 대표적인 예가 외향적인 감정 유형이다. 이 유형의 사람은 주변 사람들과 탁월한 감정적 관계를 유지하면서도 "어쩌다" 대단히 거친 의견을 표현한다. 이 의견은 그 사람의 열등하고 반(半)의식적인 사고에서 비롯되며, 이 같은 사고는 반 정도만 그의 통제를 받고 대상과도 충분히 연결되어 있지 않기 때문에 냉혹한 결과를 낳을 수 있다.

외향적 유형의 덜 분화된 기능들은 언제나 이기심과 개인적 편향을 갖고 있는 상태에서 매우 주관적인 색깔을 보인다. 이는 곧 덜 분화된 기능들이 무의식과 밀접히 연결되어 있음을 보여준다. 무의식은 덜 분화된 기능들을 통해서 지속적으로 밖으로 드러나고 있다.

　무의식이 겹겹이 쌓인 층들 밑에 깊이 묻혀 있다는 이유로 힘든 발굴 과정을 거쳐야만 밖으로 드러날 수 있다고 상상해서는 안 된다. 정반대로, 무의식의 내용물이 의식적인 정신 과정으로 끊임없이 유입되고 있다. 이 유입이 얼마나 활발하게 이뤄지는지, 외부의 관찰자가 어떤 성격적 특징이 의식에 속하고 어떤 성격적 특징이 무의식에 속하는지를 결정하기가 어려울 때가 종종 있다. 이 같은 어려움은 다른 사람들에 비해 자기 자신을 더욱 활발하게 표현할 기회가 주어진 사람을 대할 때 특별히 더 강하게 느껴진다. 당연히, 관찰자가 관찰 대상이 된 사람의 의식적 성격을 포착하느냐 아니면 무의식적 성격을 포착하느냐 하는 문제는 대부분 관찰자의 태도에 달려 있다. 대체로 말하면, 판단의 성향이 강한 관찰자는 의식적 성격을 포착하는 경향을 보이고, 지각하는 관찰자는 무의식적 성격의 영향을 더 강하게 받을 것이다. 왜냐하면 판단은 주로 정신적 과정의 의식적 동기에 관심을 기울이는 한편, 지각은 정신적 과정 자체를 기록하기 때문이다. 그러나 판단과 지각을 같은 비중으로 적용한다면, 관찰 대상이 된 인격은 내향적으로도 보이고 외향적으로도 보인다. 그래서 우리는 어떤 사람의 우월한 기능이 어느 태도에 속하는지를 처음에는 제대로 결정하지 못한다. 그런 경우에는 오직 각 기능의 특성들을 철저히 분석해야만 어느 정도 정확한 판단을 내릴 수 있다. 어느 기능이 철저히 의식의 통제를 받고 있고 또 어느 기능이 우연적이고 무의식적인 성격을 갖고 있는지를 관찰해야 하는 것이다. 의식의 통제를 받고 있는 기능이 유아적이고 원시적인 특징을 가진 기능보다 언제나 훨씬 더 잘 분화되어 있다. 다른 기능들이 다소 비정상적이거나 병적인 측면을 가진 상황에서도, 탁월한 기능이 정상이라는 인상을 주는 예도 가끔 있다.

c. 외향적 태도에 나타나는 기본적 심리 기능들의 특성

사고

외향성의 일반적 태도의 결과, 사고는 대상과 객관적 자료의 영향을 받는다. 이것이 사고에 한 가지 두드러진 특성을 안겨준다. 대체로 보면 사고는 한쪽으로는 주관적이고 또 무의식적이기까지 한 자료를 바탕으로 삼고, 다른 한쪽으로는 감각과 지각을 통해 들어오는 객관적 자료를 바탕으로 삼는다. 외향적인 유형의 사고는 대부분 전자보다 후자 쪽이다.

판단은 언제나 어떤 기준을 전제로 한다. 외향적인 유형의 판단에는 외부 조건들에서 나오는 기준이 유효하고 또 결정적인 기준이 된다. 그 기준이 객관적이고 지각 가능한 어떤 사실을 바탕으로 하고 있는가, 아니면 객관적인 관념에 바탕을 두고 있는가 하는 문제는 여기서 중요하지 않다. 왜냐하면 객관적인 관념이 주관적으로 인정 받은 때조차도 똑같이 외부 자료에 의해 결정되거나 외부에서 차용되기 때문이다. 그러므로 외향적 유형의 사고가 반드시 순수하게 구체적인 사고여야 할 필요는 없다. 예를 들어서 외향적 유형의 사고가 처리하고 있는 관념들이 대부분 외부에서 차용한 것이라면, 이를테면 전통과 교육에 의해 전달된 것이라면, 외향적 유형의 사고도 순수하게 관념적인 사고일 수 있다.

그렇다면 구체적인 어떤 사고가 외향적인지 아닌지를 판단할 때, 우리는 먼저 이런 질문을 던져야 한다. 사고가 어떤 기준으로 판단하고 있는가? 그 기준이 외부에서 오는가, 아니면 그 기원이 주관적인가? 추가적인 한 가지 기준은 사고가 결론을 끌어낼 때 취하는 방향이다. 사고가 원칙적으로 외부로 향하고 있는지 여부가 중요한 것이다. 사고가 구체적인 대상을 다루고 있다고 해서 그 사고가 외향적인 성격을 갖고 있다는 증거는 절대로 아니다. 왜냐하면 내가 어떤 구체적인 대상으로부터 나의 생각을 추상하고 있을 때에도 대상에 몰두하고, 또 내가 어떤 대상을 통해서 나의 생각을 구체화할 때에도 대상에 몰두할 것이기 때문이다. 나의 사고가 구체적인 사물에 몰입하고 있어서 어느 정도 외향적 사고라고 묘사될 수 있을 때조차도, 사고가 취하는 방향은 여전히 근본적인 특징으로서 미결정의 상태에 있다. 말하자면, 앞으로 그 사고의 방향이 객관적인 자료, 그러니까 외적 사실로 향할지 아니면 일반적으로 받아들여진 관념으로 향할지 모른다는 뜻이다.

사업가와 기술자 혹은 과학자의 실용적 사고에 관한 한, 그 사고가 외부로 향하는 것은 꽤 분명하다. 그러나 철학자의 경우에 사고가 관념들로 향할 때, 그 방향은 꽤 불분명해진다. 그러면 우리는 이 관념들이 단순히 객관적인 경험에서 나온 추상적인 관념인지, 아니면 전통에서 끌어내거나 당대의 지적 분위기에서 차용한 것인지를 물어야 한다. 후자의 경우라면, 관념들은 객관적인 자료의 범주에 속할 것이고, 따라서 그 사고는 당연히 외향적 사고라 불려야 한다.

내향적 사고의 본질에 대해서는 뒷부분에서 다룰 것이기 때문에 여기서 논하지 않겠지만, 나는 현재의 논의를 더욱 발전시키기 위해서 여기서 내향적 사고에 대해 몇 마디 하지 않을 수 없다. 왜냐하면 어떤 사람이 내가 외향적 사고에 대해 방금 말한 내용을 곰곰 생각한다면, 그 사람이 그 내용에 대해 일반적으로 사고로 이해되는 것을 모두 설명하고 있다는 식으로 쉽게 결론을 내릴 수 있기 때문이다. 객관적인 사실로도 향하지 않고 일반적인 관념으로도 향하지 않는 사고는 "사고"라는 이름으로 불릴 가치가 없다는 주장도 나올 수 있다.

나는 우리 시대와 우리 시대를 대표하는 탁월한 인물들이 오직 외향적 유형의 사고만을 알고 있고 또 인정하고 있다는 사실을 잘 알고 있다. 이런 현상이 나타나고 있는 이유는 과학이나 철학 또는 심지어 예술의 형식으로 겉으로 드러나는 사고가 대부분 대상들로부터 직접 나오거나 일반적인 관념들 쪽으로 흐르고 있기 때문이다. 모든 사고가 대상에서 나오거나 그렇지 않을 경우에 일반적인 관념 쪽으로 흘러가는 이 두 가지 이유 때문에, 사고는 언제나 자명하지는 않아도 기본적으로 이해 가능해 보이고 따라서 유효한 것으로 여겨진다. 이런 의미에서 본다면, 객관적인 자료의 영향을 받는 외향적인 지성이 유일하게 인정받을 수 있는 지성이라고 할 수 있다. 그러나 이와 완전히 다른 종류의 사고도 존재한다. 나는 지금 내향적인 지성의 문제를 건드리고 있다. 외향적인 사고와 완전히 다른 종류인 이 내향적인 지성에도 "사고"라는 용어를 거부하지 못한다. 이 사고는 대상의 즉시적인 경험의 영향도 받지 않고 전통적인 관념의 영향도 받지 않는 그런 종류의 사고이다.

나는 다음과 같은 방법을 통해서 이 특이한 종류의 사고에 이를 수 있다. 나의 생각이 어떤 구체적인 대상이나 일반적인 관념에 몰두하고 있는데, 사고의 흐름이 최종적으로 나를 다시 출발점으로 이끈다. 이때 이 지적 과정이 나의 마음에서 일어나고 있는 유일한 정신 과정은 아니다. 나는 나의 생각의 기차를 따라다니며 마음을 어지럽히고 있는 온갖 감각과 감정들을 방해 요소로 여기며 무시할 것이고, 또 대상에서 시작하여 대상으로 다시 돌아오는 바로 이 사고 과정이 주체와 지속적인 관계를 맺고 있다는 점을 강조할 것이다. 이 관계는 반드시 있어야 하는 필수 조건이며, 이 조건이 없으면 어떠한 사고 과정도 일어나지 못한다. 비록 나의 사고 과정이 가능한 한 객관적인 자료로 향하고 있을지라도, 사고 과정은 여전히 나의 주관적인 과정이며 주체성의 혼합을 피하지도 못하고 또 이 혼합은 없어서도 안 된다. 나는 나 자신의 생각의 기차에 객관적 방향을 제시하려고 노력하고 있음에도 불구하고 그와 동시에 일어나고 있는 주관적인 과정을 절대로 막지 못한다. 이 과정을 막으면 반드시 나의 사고에서 피어나는 바로 그 생명의 불꽃이 꺼지게 되어 있다. 병행하여 일어나는 이 주관적 과정은 객관적 자료를 주관적으로 해석하고 또 그 자료를 주체와 동일시하는, 자연스럽고 피할 수 없는 어떤 경향을 갖고 있다.

이제 주관적인 과정에 방점을 찍으면, 외향적 사고와 정반대인 다른 종류의 사고가 일어난다. 말하자면, 내가 내향적 사고라고 부르는, 순전히 주관적 방향성을 지닌 사고가 가능해지는 것이다. 이 사고는 객관적인 자료에 의해 결정되지도 않고 그 자료로 향하지도 않는다. 그것은 주체에서 시작하여 주관적인 관념들이나 주관적인 사실들로 향하는 사고이다. 여기서 나는 이 같은 종류의 사고를 더 깊이 파고들지 않을 것이다. 단지 외향적 사고를 보완하는 것으로서 내향적 사고가 존재한다는 사실만을 확실히 밝혀두고 싶어서 잠시 거기에 초점을 맞췄을 뿐이다.

그렇다면 외향적 사고는 객관적인 방향성이 지배할 때에만 존재하게 된다. 이 같은 사실은 사고의 논리에는 아무런 영향을 미치지 않는다. 그것은 단지 윌리엄 제임스가 기질의 문제로 여겼던, 사상가들 사이의 차이를 보여줄 뿐이다. 이미 설명한 바와 같이, 대상으로 향하는 방향성은 사고의 기능에 근본적인 변화를 전혀 일으키지 않는다. 다만 사고의 외양만 바꿀 뿐이다. 사고 기능의 겉모습을 보면 대상에 사로잡히는 것처럼 보인다. 마치 외부로 향하는 방향성이 없으면 사고가 존재할 수 없는 것처럼 보인다. 또 마치 사고 기능이 외적 사실들의 단순한 결과에 지나지 않는 것처럼 보인다. 아니면 마치 사고 기능이 일반적인 관념 쪽으로 흘러갈 때에야 절정에 달할 수 있는 것처럼 보인다. 사고 기능이 객관적인 자료의 영향을 지속적으로 받고 또 객관적인 자료의 동의를 받아서만 결론을 끌어내는 것처럼 보인다. 그러다 보니 사고의 기능은 대상이 경계를 정한 영역 안에서 아주 기민하게 움직이고 있음에도 불구하고 자유가 결여되어 있다는 인상을, 또 근시안적이라는 인상을 풍긴다. 지금 내가 묘사하고 있는 것은 단지 이런 종류의 사고가 관점이 다를 게 틀림없는 관찰자에게 남기는 인상이다. 다른 관점을 갖지 않은 사람이라면 외향적인 사고라는 현상을 관찰하는 것 자체가 불가능할 것이기 때문이다. 그러나 다른 관점 때문에 관찰자는 사고의 본질이 아니라 외향적인 측면만을 보는 반면에, 사고를 하는 사람 본인은 사고의 본질만을 이해하고 외향적인 측면은 이해하지 못한다. 무엇이든 겉모습만으로 판단해서는 본질을 제대로 판단하지 못하는 법이다. 그렇기 때문에 판단은 대부분의 경우에 본질을 훼손하게 되어 있다.

그 본질을 본다면, 외향적 사고도 내향적 사고에 비해 절대로 덜 창의적이거나 덜 효과적이지 않다. 단지 외향적 사고는 다른 목적에 이바지할 뿐이다. 이 차이는 외향적인 사고가 내향적 사고의 특별한 영역에 속하는 자료를 다루게 될 때 매우 두드러지게 나타난다. 예를 들면, 어떤 주관적인 확신이 객관적인 자료를 바탕으로 분석적으로 설명되거나 객관적인 관념에서 끌어낸 것으로 설명될 때가 그런 경우이다. 그러나 우리의 과학적인 의식에는, 내향적인 사고가 객관적인 자료를 대상에 의해 정당화되지 않는 연결 속으로 억지로 집어넣으려고 할 때, 다시 말해 객관적인 자료를 주관적인 관념에 종속시키려 들 때, 그 차이가 더욱더 분명해진다. 각 유형의 사고는 상대 유형이 자신의 영역을 침범하는 것으로 느끼고, 따라서 일종의 그림자 효과 같은 것이 나타남에 따라 서로가 서로에게 가장 덜 바람직한 면을 드러내 보이게 된다. 그러면 내향적 사고는 상당히 독단적인 것처럼 보이는 반면에, 외향적 사고는 둔하고 진부해 보인다. 그래서 두 가지 방향성은 끊임없이 전쟁 상태에 놓이게 된다.

객관적 자료와 주관적 자료를 명확히 구분하기만 하면 이 갈등에도 쉽게 종지부를 찍을 수 있지 않을까 하는 생각이 들지 모르겠다. 불행히도, 많은 사람이 그런 노력을 펼쳤음에도 불구하고, 그건 가능한 일이 아니다. 설령 그게 가능하다 할지라도, 갈등을 해소하는 과정 자체가 재앙에 가까울 것이다. 왜냐하면 두 개의 방향성이 똑같이 본래부터 일방적이고 유효성도 제한적이기 때문이다. 그래서 각각의 방향성은 상대의 영향을 필요로 하게 되어 있다.

객관적인 자료가 사고를 상당히 많이 지배하게 될 때, 사고는 삭막해지고 단순히 대상의 부속물이 되며 독립적인 개념을 더 이상 추상해내지 못하게 된다. 그러면 사고는 일종의 "재고(再考)" 같은 것으로 전락하고 만다. "재고"라는 표현을 나는 "숙고"라는 뜻이 아니라 순전히 모방적인 사고라는 뜻으로, 다시 말해 객관적인 자료 안에 들어 있는 것 그 이상의 것은 아무것도 제시하지 못하는 사고라는 뜻으로 쓰고 있다. 이 같은 사고는 자연히 곧장 대상으로 돌아가게 되어 있지만, 그 너머로는 절대로 나아가지 못한다. 심지어 경험과 객관적인 관념을 연결시키는 것조차 하지 못한다. 거꾸로, 이 사고는 어떤 대상을 표현할 관념을 떠올렸을 때에도 그 관념의 실질적이고 개별적인 가치를 제대로 경험하지 못하고 다소

중언부언하는 상태에 빠지게 된다. 물질주의자의 사고방식이 이를 보여주는 좋은 예이다.

외향적 사고는 대상에게 과도하게 치우친 탓에 객관적인 자료에 종속될 경우에 개인적인 경험에만 완전히 몰두하면서 소화되지 않은 경험적 자료를 많이 축적하게 된다. 개인의 내면에 축적된, 서로 거의 아무런 관계가 없는 경험의 압도적인 무게가 사고의 분열을 낳으며, 이 사고의 분열은 대체로 심리적 보상을 필요로 한다. 이 심리적 보상은 무질서한 전체 사고에 일관성을 부여하거나 적어도 그럴 가능성을 초래할, 단순하고 일반적인 관념으로 나타날 것임에 틀림없다. "물질"이나 "에너지" 같은 관념들이 이 목표에 이바지한다. 그러나 사고가 원칙적으로 객관적인 자료가 아닌 간접적인 관념에 의존할 때, 이 사고의 빈약성은 편협한 어떤 관점을 중심으로 사실들이 인상적일 만큼 많이 축적되는 것에 의해 보상을 받는다. 그러면 결과적으로 가치 있고 의미 있는 많은 측면들이 그 사실들에 가려지며 시야에서 완전히 사라지게 된다. 우리 시대에 과학적 분출로 여겨지는 것들 중 많은 것이 이 같은 잘못된 방향성 때문에 생겨나게 되었다.

외향적 사고 유형

같은 사람의 내면에서도 기본적인 심리 기능들이 서로 똑같은 강도와 발달의 정도를 절대로 보일 수 없다는 점은 경험을 통해서도 확인되는 사실이다. 대체로 이 기능 아니면 저 기능이 강도와 발달이라는 측면에서 지배적인 위치에 선다. 사고가 심리적 기능들 중에서 최우선적인 자리를 차지할 때, 즉 어떤 개인의 삶이 주로 사색적인 사고의 영향을 받고 그 결과 중요한 모든 행동이 지적으로 고려된 동기에서 나올 때, 우리는 이 유형을 사고 유형이라고 부른다. 이 유형은 내향적이거나 외향적일 것이다. 먼저 외향적 사고 유형부터 논한다.

외향적 사고 유형은 정의상 자신의 모든 행동의 바탕을 지적 결론에 두는 사람일 것이다. 이때 지적 결론은 외부 사실이든 아니면 일반적으로 받아들여지는 관념이든 언제나 객관적인 자료의 영향을 강하게 받을 것이다. 이 유형의 사람은 객관적인 현실 혹은 객관적으로 다듬은 지적 의견을 자신뿐만 아니라 자신의 환경을 위해서 지배적인 원칙으로 승화시킨다. 이 원칙에 따라, 선과 악이 평가되고 아름다움과 추함이 결정된다. 이 원칙과 일치하는 것은 모두 옳은 것이고, 이 원칙과 모순되는 것은 모두 잘못된 것이다. 그리고 이 원칙과 무관하게 그냥 지나가는 모든 것은 단지 우발적인 사건에 지나지 않는다. 이 원칙은 삶의 전체 의미를 구현하는 것처럼 보이기 때문에 언제 어디서나, 개인적으로나 집단적으로 반드시 실천되어야 할 보편적인 법으로 만들어진다.

외향적 사고 유형이 자신을 자신의 원칙에 종속시키듯이, 그의 주변에 있는 모든 사람들도 자신들의 이익을 위해서 그 원칙을 지켜야 한다. 그 원칙을 따르길 거부하는 사람은 모두 잘못되었기 때문이다. 그 원칙을 따르지 않는 사람은 보편적인 법에 저항하고 있으며, 따라서 불합리하고 부도덕하고 비양심적인 사람이다. 외향적 사고 유형의 도덕적 규범이 이 유형으로 하여금 예외에 관용을 베풀지 않도록 한다. 그의 이상은 어떠한 상황에서도 실현되어야 한다. 왜냐하면 그의 눈에는 그 도덕적 규범이 객관적 현실을 가장 순수하게 담아내고 있는 공식으로, 따라서 보편적으로 유효한 진리로, 또 인류의 구원을 위해 반드시 필요한 원칙으로 비치기 때문이다.

이 규범은 그의 이웃 사랑에서 나온 것이 아니라 보다 고결한 정의와 진리의 관점에서 나온 것이다. 그의 본성 중에서 이 원칙에 위배되는 것처럼 보이는 것은 무엇이든 결함이고, 비본질적인 실패이며, 다음에 꼭 제거되어야 하며, 또 다시 실패할 경우엔 틀림없이 병이 될 그 무엇이다. 만약에 병에 걸린 사람이나 고통 받는 사람 또는 비정상적인 사람에 대한 관용이 그 규범의 한 요소가 되어야 한다면, 인도주의 단체와 병원, 교도소, 사회 구제 시설 등에 관한 특별한 조항이 만들어지거나 적어도 포괄적인 계획이 마련될 것이다.

대체로 정의와 진리의 동기만으로는 그런 프로젝트의 실천을 보장하지 못한다. 이를 위해서는 기독교의 진정한 사랑이 필요하며, 그 프로젝트의 실천은 지적 원칙보다 감정과 관계가 더 깊다. 이 프로그램에는 "해야 한다"는 표현이 중요하다. 만약에 원칙이 충분히 광범위하다면, 이 유형은 개혁가나 검사, 양심의 정화자(淨化者) 아니면 중요한 혁신의 선전자로서 사회생활에 매우 유익한 역할을 맡을 것이다. 그러나 원칙이 엄격할수록, 외향적 사고 유형이 규율가나 학자연하는 사람이 될 위험성 또한 더 커진다. 그렇게 되면 외향적 사고 유형은 자기 자신은 물론이고 다른 사람들까지 같은 틀 안에 강제로 집어넣으려 들 것이다. 지금 여기서 우리는 2개의 극단을 만나고 있으며, 이 유형의 다수는 그 극단 사이에 자리 잡고 있다.

외향적인 태도의 본질에 따라, 이런 인격들의 영향과 활동은 그 반경의 중심에서 멀어질수록 더욱 이로워지고 유익해진다. 그들의 가장 바람직한 측면은 이 영향력이 미치는 영역의 주변에서 발견된다. 사람들은 외향적인 유형의 힘의 영역 안으로 깊이 들어갈수록 그 유형의 독재에 따른 불쾌한 기분을 더욱 강하게 느낀다. 외향적인 유형의 영향력이 미치고 있는 영역의 주변에서는 꽤 다른 생명이 박동한다. 거기서는 그 원칙의 진실이 나머지 사람들에게 하나의 소중한 장식처럼 느껴질 수 있다. 그러나 그 원칙이 작동하는 힘의 중심부에 가까이 다가갈수록, 그 원칙과 부합하지 않는 모든 것들의 생명은 더 심하게 시들어갈 것이다. 대체로 외향적인 유형의 원칙에 따른 불쾌한 결과를 감내해야 하는 사람은 그 사람과 가장 가까운 친척들이다. 왜냐하면 그들이 외향적 유형의 무모한 영향을 가장 먼저 받는 사람들이기 때문이다. 그러나 최종적으로 가장 심하게 고통 받게 될 사람은 외향적 사고 유형 본인이다. 이 점이 우리로 하여금 이 유형의 심리의 뒷면을 들여다보게 한다.

삶의 다양한 가능성을 두루 포용하고 표현할 수 있는 어떤 지적인 원칙이 지금까지 한 번도 고안되지 않았고 또 앞으로도 결코 고안되지 않을 것이라는 사실은 반드시 중요한 삶의 방식이나 다양한 활동들에 대한 금지 또는 배제를 낳게 되어 있다. 우선, 감정에 좌우되는 모든 활동이 외향적 사고 유형의 내면에서 억압될 것이다. 그런 활동의 예를 들자면, 미학적 활동과 취향, 예술적 감각, 교우(交友) 등이 있다. 종교적 경험과 열정 같은 비합리적인 현상은 종종 무의식으로까지 억압된다.

틀림없이, 특별한 원칙에 자신의 인생을 몽땅 희생시킬 수 있는 예외적인 사람들도 있다. 그러나 우리 대부분에게 그런 배타적인 희생을 장기간 감내하는 것은 불가능한 일이다. 조만간 외부 환경 또는 내면의 성향에 따라, 지적 태도에 의해 억압된 잠재력이 삶의 의식적인 행위를 교란하는 식으로 간접적으로 모습을 드러낼 것이다. 그 교란이 치명적일 만큼 심해질 때, 신경증 운운하는 소리가 들리게 된다. 대부분의 경우에 교란이 그 정도까지 심각해지지는 않는다. 왜냐하면 개인이 본능적으로 합리적인 구실을 내세우며 스스로 그 원칙을 약화시킬 것이기 때문이다. 말하자면 안전밸브를 창조해내는 것이다.

의식적 태도에 의해 배제된 경향들과 기능들이 부분적으로나 전체적으로 무의식에 남는다는 사실 때문에, 그 경향들과 기능들은 미개발의 상태로 남게 된다. 의식적 기능과 비교하면, 그 경향들과 기능들은 열등하다. 무의식으로 남아 있는 한, 그 경향과 기능들은 무의식적인 내용물의 나머지와 융합하게 되고, 따라서 기이한 성격을 얻게 된다. 그것들은 의식적인 것이 되어도 오직 이차적인 역할만 맡는다. 물론 그런 역할도 심리의 전반적인 그림에는 상당히 중요한 것이긴 하지만 말이다.

의식적인 억압에 가장 먼저 영향을 받는 기능은 감정이다. 왜냐하면 감정이 엄격한 지적 신조와 반대되는 성격이 가장 크고, 따라서 가장 강하게 억압되기 때문이다. 어떠한 기능도 완벽하게 제거되지 않는다. 단지 크게 왜곡될 뿐이다. 감정은 고분고분하게 굴며 스스로를 기꺼이 종속시키려면 의식적인 태도를 밀어주고 의식의 목표에 적응해야 한다.

그러나 이것은 오직 어느 선까지만 가능한 일이다. 감정의 일부가 완강하게 버틸 것이고, 그래서 억압되어야 하기 때문이다. 만약에 억압이 성공하게 된다면, 잠재의식적 감정이 의식적 목적에 반대하는 쪽으로 작동하며 심지어 본인조차도 그 원인을 모르는 어떤 결과를 낳게 된다. 예를 들면, 이 유형의 꽤 특출한 의식적인 이타심이 사심 없는 행위를 이기적인 행동으로 왜곡시키는 은밀한 이기적 태도 때문에 방해를 받을 수 있다. 이 은밀한 태도가 그 자체로 이타적인 행위들에 이기적인 색채를 입히는 것이다. 순수한 도덕적 의도들이 간혹 그 사람을 도덕과는 거리가 먼 동기에서 비롯된 것처럼 보이는 위기 상황으로 끌고 갈 수 있는 것이다. 또 공중도덕의 수호자가 별안간 자신이 타협적인 상황에 처했다는 사실을 깨닫기도 한다. 혹은 본인이 구조를 간절히 바라는 상황에 처하게 되는 구조요원도 있다. 다른 사람들을 구하고자 하는 욕망이 그들로 하여금 피하고자 하는 바로 그것을 초래할 수단을 동원하도록 만든다. 인류를 구원하려는 욕망에 사로잡힌 나머지 자신의 이상을 추구하기 위해서라면 거짓말이나 사기도 서슴지 않는 외향적 관념론자도 있다. 과학 분야에는 자신의 원칙의 진리와 전반적 유효성을 지나치게 확신한 나머지 그 원칙을 위해 증거까지 조작하는 비양심적인 사람이 적지 않다. 그들의 변명은 간단하다. 목적이 수단을 정당화한다는 것이다. 오직 열등한 감정만이 무의식적으로, 그리고 비밀리에 작용하면서 그렇지 않았더라면 평판이 좋았을 사람을 그런 탈선 쪽으로 유혹할 것이다.

외향적 사고 유형에서 감정의 열등성은 다른 길로도 나타난다. 의식적인 태도가 객관적인 원칙을 지키면서 다소 비개인적으로 변하며, 그 변화가 개인적인 관심사들이 방해를 받을 만큼 심한 경우도 종종 있다. 만약에 그 같은 태도가 극단적으로 흐른다면, 모든 개인적 고려 사항은 사라지고 말 것이다. 심지어 주체 본인에게 영향을 미치는 고려 사항까지도 무시될 것이다. 그의 건강도 무시되고, 그의 사회적 지위도 약해지고, 그의 가족이 신경을 가장 많이 쓰는 것들, 이를테면 건강과 돈과 도덕성이 이상(理想)을 위해 피해를 입게 될 것이다. 만약에 다른 사람들이 똑같은 이상을 신봉하지 않는다면, 그들과의 개인적 공감도 여하튼 피해를 입을 것임에 틀림없다. 그의 가족 중에서 가장 가까운 구성원인 아이들은 그런 아버지를 종종 잔인한 폭군으로 알고 있다. 그런데 바깥 세상에서는 그의 인간성이 꽤 괜찮다는 칭송의 소리가 자자하다. 의식적인 태도가 매우 비개인적인 성격을 띠기 때문에, 무의식적 감정이 극도로 개인적이고 민감해지면서 은밀한 편견을 낳는다. 예를 들면, 자신의 원칙에 반대하는 사람이 나타나면 그 사람 개인이 자신에게 악감정을 품고 있다는 식으로 해석하거나 다른 사람의 주장을 사전에 무효화시키기 위해 그 사람을 부정적으로 예단하는 경향을 보일 수 있다. 이는 당연히 자신을 방어하기 위해서이다.

무의식적 민감함이 그를 예민하고 신랄한 사람으로 만든다. 그의 감정은 거칠고 화를 잘 내는 경향을 보인다. 이것은 언제나 그 기능이 열등하다는 표시이다. 그가 지적 목표를 위해 자신을 희생시키는 일에 관대할지는 몰라도, 그의 감정은 사소하고, 불신하고, 변덕스럽고, 보수적이다. 그는 자신의 원칙에 이미 포함되지 않은 새로운 것이 있으면 언제나 무의식적 증오라는 장막을 통해서 보며, 따라서 그것을 비난하게 된다. 19세기 중엽에 인도주의로 유명한 어떤 의사는 자기 조수에게 감히 체온계를 사용하려 한다는 이유로 해고하겠다고 협박하기도 했다. 체온은 반드시 환자의 맥박을 짚으면서 재야 한다는 원칙 때문이었다.

감정들이 억압될수록, 그 감정들이 사고에 비밀리에 미치는 영향은 더욱 독해진다. 그 고유한 가치 때문에 전반적인 인정을 바라게 되어 있는 지적 원칙은 이 같은 개인의 무의식적 민감성 때문에 뚜렷한 변화를 겪게 되어 있다. 독단적인 방향으로 변하는 것이다. 그 인격의 자기주장이 원칙으로 넘겨진다. 그렇게 되면 이젠 진리가 스스로 목소리를 내는 것은 더 이상 허용되지 않는다. 진리는 주체와 동일시되면서 사악한 비판자에게 시달린 연약한 애인처럼 소중히 모셔진다. 그 비판자는 가능하다면 그가 내뱉은 욕설과 함께 분쇄되어야 할 존재로 전락하며, 이 비판자를 공격하는 데는 어떠한 비난도 부족하다. 그 진리는 자랑삼아 넌지시 보여질 것이다. 그러다 마침내 대중들 사이에 그것은 진리의 문제가 아니라 순전히 개인의 관점의 문제라는 생각이 들기 시작한다.

지적인 원칙의 독단성은 간혹 억눌린 개인적 감정들이 무의식적으로 혼합되는 때문이 아니라 억눌린 개인적 감정들과 융합된 다른 무의식적 요소들에 의한 오염 때문에 두드러진 변화를 추가로 더 겪는다. 이성이 모든 지적 원칙은 부분적인 진리 그 이상은 절대로 될 수 없고, 따라서 일반적인 유효성을 절대로 주장하지 못한다고 말하고 있음에도 불구하고, 실제로 보면 지적 원칙이 너무나 막강한 영향력을 발휘하기 때문에 다른 모든 가능한 관점들이 뒤로 밀려나고 있다. 이 원칙은 그것보다 더 일반적이고, 덜 한정적이고, 더 신중하고, 따라서 진리에 더 가까운 관점들이 설 자리를 빼앗아 버린다. 이 원칙은 심지어 우리가 종교라고 부르는 그 일반적인 관점마저도 대체한다. 따라서 이 원칙 자체가 하나의 종교가 된다. 본질을 보면 종교와는 조금의 연결도 보이지 않는데도 말이다. 동시에 이 원칙은 절대성이라는, 기본적으로 종교적인 특성을 띤다. 이제 원칙은 지적 미신이 된다.

그러나 지금 이 원칙이 억누른 모든 심리적 경향이 무의식 안에서 정반대의 자리에 앉아 회의(懷疑)를 일으키고 있다. 이 원칙이 회의를 물리치려고 애를 쓸수록, 의식적인 태도는 더욱 광적으로 변한다. 왜냐하면 광기라는 것도 회의에 대한 과잉 보상에 지나지 않기 때문이다.

이 같은 전개는 종국적으로 의식적 태도에 과도한 방어가 일어나게 하고, 그리고 무의식에서 의식적인 태도와 정반대되는 태도가 형성되도록 한다. 예를 들어, 의식적 합리주의에 반대하여 무의식에서 극단적인 비합리성이 나타날 것이고, 과학적 태도에 반대하여 무의식에서 미신적이고 미발달한 태도가 나타날 것이다. 이는 과학의 역사에서 잘 알려진, 탁월한 인물들이 우스꽝스러운 견해를 제시한다는 사실에 대한 설명이 될 것이다. 나의 경험에 비춰 볼 때, 외향적 사고 유형은 주로 남자들에게서 발견된다. 왜냐하면 대체로 사고가 여자들보다 남자들 사이에서 지배적인 기능이 될 확률이 더 높기 때문이다. 사고가 여자의 지배적인 기능이 될 때, 그 사고는 대체로 직관적인 마음의 틀과 연결되어 있다.

외향적 유형의 사고는 생산적이다. 이 사고는 새로운 사실들의 발견으로 이어지거나 다양한 경험적 자료를 바탕으로 일반 개념을 낳는다. 외향적 유형의 사고는 보통 통합적이다. 외향적 유형의 사고는 분석하고 있을 때조차도 구성하고 있다. 왜냐하면 이 사고가 늘 분석을 뛰어넘어 새로운 결합 쪽으로, 말하자면 분석된 자료를 다른 방향으로 재결합하거나 거기에 무엇인가를 더하는 새로운 개념 쪽으로 나아가고 있기 때문이다. 이런 종류의 판단을 '서술적' 판단이라고 부를 수 있을 것이다. 여하튼 한 가지 두드러진 특징은 외향적 유형의 사고가 전적으로 파괴적인 경우는 절대로 없다는 점이다. 이 사고가 언제나 파괴된 가치 대신에 새로운 가치를 내세우기 때문이다. 이런 현상이 나타나는 이유는 이 유형의 사고 자체가 그 사람의 활력이 흐르는 주요 경로이기 때문이다. 생명의 줄기찬 흐름이 그의 사고를 통해 나타난다. 그렇기 때문에 그의 사고는 진보적이고 창조적인 특징을 갖고 있다. 그의 사고는 정체되어 있거나 퇴행적이지 않다.

그러나 사고가 그의 의식 안에서 최우선적인 위치를 지키지 못한다면, 그 사고는 진보적이거나 창조적이지 못하게 된다. 그런 경우에 사고는 긍정적이고 활기찬 특성을 잃는다. 이제 사고는 다른 기능들의 뒤를 따르게 되고, 과거와 흘러가 버린 것들에 대해 곰곰 생각하고 또 그것들을 분석하고 소화하기 위해 끊임없이 되새김질을 하는 것으로 만족하면서 뒤늦은 깨달음에 힘들어 하는 에피메테우스 같은 존재가 된다. 창조적인 요소가 지금 다른 기능 안에 들어 있기 때문에, 사고는 이제 더 이상 앞으로 나아가지 못한다. 사고가 정체하는 모습을 보인다.

판단은 고유의 어떤 특성을 분명히 갖고 있다. 주어진 자료의 범위 안에만 전적으로 국한되는 것이다. 절대로 그 범위를 넘어서지 못한다. 판단은 다소 추상적인 진술에 만족한다. 판단은 언제나 대상을 향하고 있으며, 어떤 경험에 대해 그 경험의 객관적이고 고유한 의미 외에 다른 것은 아무것도 확인시켜주지 않는다. 어떤 인상이나 경험에 대해 객관적인 자료의 범위를 절대로 넘어서지 않는, 하나마나한 의견이라도 제시하지 않고는 못 배기는 사람의 내면에서 우리는 이런 유형의 사고를 쉽게 관찰할 수 있다. 그런 의견은 그 바탕을 보면 "일단 이해했어. 생각은 나중에 해도 돼."라고 말하는 것이나 다름없다. 그것으로 문제는 끝이다. 그런 판단은 기껏해야 그 경험을 원래부터 속해 있던 객관적인 환경 안에 다시 놓는 것에 지나지 않는다.

그러나 사고 외의 다른 기능이 의식을 두드러지게 지배하게 될 때면 사정은 달라진다. 그런 경우에 사고는 의식적이고 그 지배적인 기능에 직접적으로 의존하지 않는 한 부정적인 성격을 띠게 된다. 만약에 사고가 지배적인 기능에 종속되어 있다면, 그 사고는 겉으로 긍정적인 양상을 보이고 있는 것 같지만 면밀히 들여다보면 단순히 지배적인 기능을 흉내내면서 사고에 고유한 논리와 모순되는 주장으로 지배적 기능을 뒷받침하고 있는 것이 확인될 것이다. 이런 종류의 사고는 지금 진행되고 있는 해설에 전혀 중요하지 않다. 우리의 관심은 스스로를 다른 기능에 종속시키지 못하면서 자체의 원칙에 충실한 그런 사고의 본질에 있다.

이런 사고를 관찰하고 조사하는 일은 결코 쉽지 않다. 왜냐하면 그런 사고가 의식적 태도에 다소 지속적으로 억압되고 있기 때문이다. 따라서 그 사고가 무방비 상태의 어느 순간에 꼴사나운 모습으로 겉으로 드러나는 것을 바라지 않는다면, 대부분의 경우에 먼저 그 사고를 의식의 배경에서 끌어내야 한다. 대체로, 사고를 향해 "지금 네가 진정으로 생각하고 있는 것이 무엇이냐?"라거나 "그 문제에 대한 너의 개인적 의견은 무엇이냐?"라는 식의 질문을 던지면 사고가 꾐에 빠져 의식의 배경에서 앞으로 나오게 되어 있다. 아니면 조금 더 교활하게 굴어야 할지도 모르겠다. "그렇다면 너는 내가 그 문제에 대해 어떻게 생각하고 있다고 상상하는가?"라는 식으로 질문을 조금 바꾸면 된다. 진정한 사고가 무의식에서 투사되고 있을 때, 누구나 이 같은 장치를 이용해야 한다.

이런 식으로 꼬여서 밖으로 나온 사고는 뚜렷한 특징을 갖고 있으며, 내가 그 사고에 대해 부정적으로 묘사했을 때 마음에 두었던 것이 바로 이 특징이었다. 그 사고의 습관적인 태도는 "오직 이것만"이라는 2개의 단어에 의해 잘 표현되고 있다. 괴테는 이 같은 사고를 『파우스트』에 등장하는 악마 메피스토펠레스를 통해 구체화했다. 무엇보다 그 사고는 판단의 대상을 진부한 측면까지 깊이 파고들면서 그 대상이 원래 가졌던 중요성을 모조리 빼앗아 버리는 경향을 보인다. 그 비결은 사고가 아주 평범한 무엇인가에 의존하고 있는 것처럼 보이도록 만드는 것이다. 겉보기에 객관적이고 비개인적인 무엇인가를 놓고 두 사람이 갈등을 빚고 있을 때마다, 부정적인 사고가 "여자를 찾아봐."(모든 사건에 여자가 끼어 있다는 뜻이다/옮긴이)라고 속삭인다. 누군가가 어떤 명분을 옹호할 때마다, 부정적인 사고는 그 명분의 중요성에 대해서는 절대로 묻지 않고 그저 "저 사람이 이 일에서 무엇을 얻을 수 있지?"라고만 묻는다. 야곱 몰레스쵸트(Jacob Moleschott)가 남긴 것으로 전해지는 "사람은 먹는 대로 된다"는 격언도 마찬가지로 이 범주에 속한다. 여기서 다른 많은 경구까지 인용할 필요는 없을 것이다.

이 사고의 제한적인 유용성뿐만 아니라 파괴적인 특성도 굳이 강조할 필요 없다. 그러나 다른 형태의 부정적인 사고도 있다. 얼핏 보면 부정적인 사고로 보이지 않을 수도 있는 사고다. 바로 오늘날 전 세계적으로 급속도로 전파되고 있는 신지학적 사고이다. 짐작컨대 과거의 물질주의에 대한 반작용으로 일어나고 있는 사고이다. 신지학적 사고는 전혀 환원적이지 않은 분위기를 풍긴다. 이 사고가 모든 것을, 세상을 두루 포용하는 초월적인 어떤 관념으로 끌어올리기 때문이다. 예를 들면, 꿈은 더 이상 꿈이 아니고 "또 다른 차원"의 경험이다. 지금까지 규명되지 않고 있는 텔레파시는 이 사람에게서 저 사람에게로 전달되는 "진동"으로 매우 간단히 설명된다. 일상의 신경질은 무엇인가가 영체(靈體)와 충돌하는 것으로 설명된다. 대서양 연안에 사는 주민들의 일부 인종적 특성은 아틀

란티스의 가라앉음에 의해 쉽게 설명된다. 무엇인가 궁금한 것이 있으면 그냥 신지학 관련 서적을 뒤지기만 하면 된다. 그러면 모든 것이 거기에 이미 다 설명되어 있고, "영적 과학"이 풀지 않은 채 남겨놓은 수수께끼가 하나도 없다는 깨달음에 놀라게 될 것이다.

그러나 근본적으로 이런 종류의 사고는 물질주의 사고만큼이나 부정적이다. 물질주의 사고가 심리를 신경절에 일어나는 화학물질의 변화로, 혹은 세포의 위족(僞足)의 움직임으로, 아니면 내부의 분비로 볼 때, 이 사고도 신지주의 못지않은 미신이 된다. 유일한 차이가 있다면, 물질주의는 모든 것을 생리학으로 돌리는 반면에, 신지학은 모든 것을 인도의 형이상학으로 돌리고 있다는 점이다. 어떤 꿈의 원인에 대한 설명이 음식을 지나치게 많이 섭취한 위(胃)로까지 거슬러 올라갈 때, 그것은 절대로 꿈에 대한 설명이 아니다. 텔레파시를 진동으로 설명할 때, 우리는 텔레파시에 대해서는 거의 아무런 이야기도 들려주지 못한다. 두 가지 설명 방법 모두 쓸모없는 데서 그치지 않는다. 실제로 보면 파괴적이기까지 하다. 왜냐하면 관심을 근본적인 이슈로부터 전자의 경우엔 위(胃)로, 그리고 후자의 경우엔 가상의 진동으로 돌리게 함으로써, 그 방법들이 엉터리 설명을 내세우면서 그 문제에 대한 진지한 조사를 방해하고 있기 때문이다. 두 가지 사고가 똑같이 그 자체로 무익하고 또 다른 것까지 무익하게 만들고 있다. 그 사고의 부정적인 특징은 그 사고가 너무나 값싸고 빈약하고 또 창조적인 에너지를 결여하고 있다는 사실 때문에 생겨난다. 그것은 다른 기능들이 마음대로 부려먹을 수 있는 그런 사고이다.

감정

외향적 태도의 감정도 마찬가지로 객관적인 자료의 영향을 강하게 받는다. 대상이 감정의 특징을 결정하는 불가피한 요소이기 때문이다. 외향적 유형의 감정은 언제나 객관적 가치와 조화를 이룬다. 감정을 오직 주관적인 것으로만 알았던 사람에게, 외향적 감정의 본질을 파악하는 것은 어려운 일일 것이다. 왜냐하면 그 감정이 주관적인 요소를 최대한 멀리하면서 전적으로 대상의 영향에 종속되어 있기 때문이다. 심지어 그 감정은 구체적인 대상에 의해 결정되지 않는 것처럼 보일 때조차도 통념적으로 받아들여진 가치들의 주문(呪文)에서 벗어나지 못한다.

예를 들어, 내가 무엇인가를 보고 "아름답다"거나 "훌륭하다"는 말을 하고 싶다는 느낌을 받을 수 있다. 이때 나 자신의 주관적 감정이 그것을 보고 "아름답다"거나 "훌륭하다"는 사실을 알아서가 아니라 단지 그렇게 말하는 것이 예의에 적절하기 때문인 경우가 있다. 왜냐하면 반대의 판단을 내놓았다가 분위기를 깨뜨릴 수 있기 때문이다. 이런 종류의 감정 판단은 결코 겉치레도 아니고 거짓말도 아니다. 그것은 단지 조정 행위일 뿐이다. 예를 들면, 어떤 그림을 보고 아름답다고 감탄하는 것이 거실에 걸린 유명 화가의 그림은 일반적으로 아름다운 작품으로 여겨진다는 인식 때문일 수 있다. 아니면 그 그림을 보고 "괴상하다"고 할 경우에 즉각적으로 소유자 가족의 마음을 상하게 할 위험이 있거나 방문객이 화기애애한 분위기를 가꾸길 원하기 때문일 수 있다. 이 감정들은 어떤 객관적인 기준의 지배를 받는다. 이 감정들은 그 자체로 순수하며 대체로 감정 기능을 대표한다.

외향적 사고가 스스로 주관적인 영향에서 벗기 위해 노력하는 것과 똑같이, 외향적 감정도 주관적인 온갖 장식을 벗어던지기 위해서는 분화 과정을 거쳐야 한다. 감정의 행위에서 비롯되는 가치 판단은 객관적 가치들과 일치하거나, 전통적이고 일반적으로 통용되는 기준들과 일치한다. 아주 많은 사람들이 바로 이런 종류의 감정 때문에 극장이나 콘서트에 가고 교회에 나간다. 패션 역시 이런 감정이 있기에 존재할 수 있다.

이런 종류의 감정 덕분에 일어나는 것으로 이보다 훨씬 더 소중한 일들을 꼽는다면, 사회적, 박애주의적, 문화적 제도들에 대한 긍정적 지원이 있다. 이 분야들에서는 외향적 감정이 창의적인 요소로 확인된다. 외향적 감정이 없다면, 아마 조화로운 사회적 삶이 불가능할지도 모른다. 그렇다면 외향적 감정도 효과 면에서 외향적 사고만큼 이롭고 합리적이다. 그러나 대상이 우월한 지위를 누리게 되는 순간, 이 같은 건전한 효과가 그만 사라지고 만다. 그렇게 되면 외향적 감정의 힘이 그 사람을 대상 속으로 끌어들이고 이어 대상이 그를 동화해 버린다. 그 결과, 감정의 주요 매력을 이루는 개인적 특성이 사라진다. 이제 감정은 냉담하고, "느끼지 못하고", 신뢰할 수 없게 된다. 감정이 이면의 동기를 갖고 있거나, 아니면 적어도 객관적인 관찰자들이 그런 식으로 의심하도록 만든다.

그 감정은 이제 더 이상 순수한 감정을 불러일으키는 그런 유쾌하고 산뜻한 인상을 안겨주지 못한다. 대신에 사람들이 그런 감정을 가진 사람의 마음을 의심하거나, 아니면 그 사람이 마치 자신의 이기적 동기들을 의식하지 못하는 것처럼 행동하게 된다. 과도하게 외향적인 감정은 미학적 기대를 충족시킬 수는 있겠지만 사람들의 마음까지 움직이지는 못한다. 그런 감정은 단지 감각 또는 이성에만 호소할 뿐이다. 그 감정은 어떤 상황을 미학적인 것으로 채울 수는 있을 것이지만 거기까지이다. 그 너머로는 효과가 전혀 미치지 않는다. 그 감정은 이제 불모의 상태가 되어 버린다. 만약에 이 과정이 그 이상으로 나아간다면, 그로 인해 감정의 모순적 분열이 일어난다. 모든 것이 감정적 평가의 대상이 되고, 따라서 서로 충돌을 빚는 관계가 수없이 많이 형성된다. 주체가 적절히 강조되기만 해도 이 같은 상황이 거의 일어나지 않기 때문에, 진정한 개인적인 관점의 마지막 흔적마저도 억압된다. 주체가 개인적인 감정 작용들의 네트워크 안에 완전히 갇혀 있기 때문에, 외부 관찰자들에게는 마치 감정 작용만 있고 감정의 주체는 없는 것처럼 보인다. 이 같은 상태에서의 감정은 인간의 온기를 모두 잃는다. 그런 감정은 겉으로 꾸미고, 변덕스럽고, 믿을 수 없고, 최악의 경우에는 매우 우스꽝스럽다는 인상을 준다.

외향적 감정 유형

감정이 사고에 비해 여자의 심리에 더 분명하게 나타나는 특징이기 때문에, 가장 확실한 감정 유형은 여성들 사이에서 발견되게 마련이다. 외향적인 감정이 지배적인 사람을 두고 우리는 외향적 감정 유형이라고 부른다.

이런 유형의 예로 내가 떠올릴 수 있는 사람들은 거의 예외 없이 여자들이다. 이런 유형의 여자는 평생 동안 자신의 감정을 길잡이로 삼으며 따른다. 교육의 결과 그녀의 감정은 의식의 통제에 복종하는, 조화로운 기능으로 발달한다. 극단적인 경우를 제외하곤 외향적인 감정 유형인 여자의 감정은 개인적 특성을 간직하고 있다. 그녀가 주관적인 요소를 상당히 억누를지라도 개인적 특성이 완전히 사라지지는 않는 것이다. 그녀의 인격은 외부 조건과의 관계 속에서 조정된 것처럼 보인다. 그녀의 감정은 객관적인 상황과 일반적인 가치들과 조화를 잘 이룬다.

사랑을 선택하는 문제에서 이 같은 사실이 가장 분명하게 드러난다. "적당한" 남자가 그녀의 사랑을 받게 될 것이며, 그 외의 다른 어떤 사람도 그녀의 사랑을 받지 못한다. 그 남자가 적당한 파트너인 이유는 그가 그녀의 숨겨진 주관적 본성에 호소력을 발휘하기 때문이 아니다. 그녀는 자신의 숨겨진 주관적 본성에 대해 대체로 모르고 있다. 그 남자가 적당한 이유는 다른 데에 있다. 그가 나이와 지위, 소득, 용모, 가문 등의 문제에서 합리적인 기대에 부응하기 때문이다. 이렇게 말하면 사람들은 대체로 그런 그림이 모순된다는 이유로 부정한다. 그러나 나는 이런 유형의 여자가 느끼는 사랑의 감정이 그녀의 선택과 완벽하게 일치한다고 확신한다. 그 감정은 약삭빠른 것이 아니라 순수하다. 이런 종류의 "합리적인" 결혼이 무수히 많으며, 그 결혼은 결코 최악의 선택이 아니다. 남편과 자식들의 정신적 구성이 전통적인 한, 이 여자들은 훌륭한 동반자가 되고 탁월한 엄마가 된다.

그러나 외향적 감정 유형이 "옳게" 느낄 수 있는 때는 감정이 다른 것의 방해를 전혀 받지 않을 때뿐이다. 감정을 방해하는 요소로는 사고만한 것이 없다. 그러므로 이 유형의 내면에서 사고가 가능한 한 중단되는 것은 충분히 이해할 만하다. 그렇다고 그녀가 전혀 생각을 하지 않는다는 뜻은 아니다. 반대로, 그녀는 대단히 많이, 그리고 매우 분명하게 생각할 수 있다.

그러나 그녀의 사고는 절대로 독자적이지 못하다. 그녀의 사고는 감정에 딸린 부속물 같다. 그녀는 자신이 느끼지 못하는 것을 의식적으로 생각하지 못한다. 그런 유형의 어느 여자가 언젠가 화난 목소리로 나에게 "하지만 내가 느끼지도 않는 것을 어떻게 생각할 수 있단 말이에요?"라고 말한 적이 있다. 그녀도 자신의 감정이 허용하는 한도 안에서는 생각을 매우 잘할 수 있다. 그러나 아무리 논리적일지라도 감정의 혼란을 야기할 수 있는 결론이면 무엇이든 즉시 거부당하게 된다. 그런 것은 그저 생각이 아닐 뿐이다. 따라서 객관적인 가치들과 맞아떨어지는 것은 모두 훌륭하고, 그 외의 다른 모든 것은 그녀에겐 다른 세상에 존재하는 것처럼 보인다.

그러나 대상의 중요성이 보다 높은 수준에 이르면, 그림 전체에 변화가 일어난다. 이미 설명한 바와 같이, 그러면 주체가 대상과 아주 깊이 동화해 버리기 때문에 감정의 주체가 대상에 완전히 삼켜져 버린다. 감정은 개인적 특성을 상실하고 감정을 위한 감정이 된다. 인격이 순간순간의 감정 안에 완전히 용해되어 버리는 것처럼 보인다. 그러나 실제 생활을 보면 서로 다를 뿐만 아니라 모순되기까지 한 감정이 연속적으로 일어나기 때문에, 인격이 다양한 감정 상태로 쪼개진다. 겉으로 보기에 이 순간에는 이런 감정 상태였다가, 다음 순간에는 아주 다른 감정 상태가 된다. 왜냐하면 현실적으로 복합적인 인격은 불가능하기 때문이다. 자아의 바탕은 언제나 똑같으며, 따라서 자아 자체가 늘 변화하는 감정 상태와 불화를 빚는다는 사실을 깨닫게 된다. 그러므로 외부 관찰자의 눈에, 감정 표출이 더 이상 그 주체의 개인적인 표현으로 보이지 않고 자아의 변화로 보인다. 자아와 순간의 감정 상태 사이의 분리가 어느 정도이냐에 따라, 자기 불일치를 보여주는 신호들의 강도가 달라진다. 왜냐하면 원래 보상적이었던 무의식의 태도가 공개적으로 반대하는 입장에 서기 때문이다.

이 같은 자기 불일치는 무엇보다도 감정의 과도한 표출과 격한 언어, 고성을 동반한 훈계 등으로 나타난다. 그럴 때면 사람들 사이에 "저 부인이 아주 세게 항의하는군."이라는 반응이 나오기 마련이다. 여기서 어떤 종류의 저항에 대한 보상이 과도하게 이뤄지고 있음이 분명해진다. 그러면 이 사람의 감정 표출이 다양하게 나타나지 않을까, 하고 사람들은 궁금해 하기 시작한다. 아니나 다를까, 조금 지나면 이 사람의 감정 표출이 정말 다양하게 나타난다. 정말이지, 상황에 약간의 변화만 있어도 똑같은 대상이 그 사람에게서 정반대의 감정을 끌어낸다. 이런 경험들의 결과, 관찰자는 어떠한 감정 표출도 심각하게 받아들이지 않을 수 있다. 관찰자는 판단을 유보하기 시작한다. 그러나 이 유형의 사람에게는 환경과 관계를 맺고 있다는 감정이 아주 중요하기 때문에, 이제 이 같은 유보를 극복하는 데 배의 노력이 필요하다. 따라서 악순환의 고리가 형성되고 상황은 더욱 나빠진다. 대상과의 감정 관계가 치열할수록, 그에 대한 무의식적 반대도 더 뚜렷하게 표면으로 드러나게 된다.

외향적 감정 유형의 사람에겐 감정을 가장 강하게 방해하는 기능이 사고이다. 그렇기 때문에 이 유형이 사고를 가장 강하게 억누른다는 사실을 우리는 앞에서 이미 보았다. 똑같은 이유로, 사고도 어떠한 것이든 순수한 결과를 끌어내길 원한다면 감정을 완전히 차단해야 한다. 왜냐하면 편견을 낳고 사고를 마구 헝클어 놓는 것으로 감정적인 가치들만한 것이 없기 때문이다.

그러나 내가 말한 바와 같이, 외향적 감정 유형의 사고가 독립적인 기능으로서 억압을 당한다 하더라도, 억압 자체가 완벽할 수는 결코 없다. 외향적인 감정 유형의 사고는 냉혹한 논리가 사고로 하여금 감정과 양립할 수 없는 결론을 내리게 하는 한에서만 억압된다. 사고는 감정의 하인으로, 아니 감정의 노예로 존재하느라 힘들어 한다. 사고의 등뼈는 이미 부러졌고, 사고는 더 이상 자신의 책임으로 자신의 법에 따라 작동하지 못한다. 그러나 그럼에도 불구하고 논리가 엄연히 존재하면서 냉혹한 결론을 내리라고 강요할 것이기 때문에, 이 결론은 다른 어딘가에서 반드시 나와야 한다. 그런데 이 결론이 의식 밖에서, 말하자면 무의식에서 일어난다. 따라서 이 유형의 무의식은 무엇보다 기이한 사고를 포함하고 있다. 유치하고, 발달하지 않았고, 부정적인 그런 사고이다.

의식적인 감정이 개인적인 특징을 지키고 있는 한, 달리 말해 인격이 연속적인 감정 상태에 완전히 삼켜지지 않은 한, 이 무의식적인 사고는 보상적인 것으로 남는다. 그러나 인격이 분열되어 연속적이으로 일어나는 모순적인 감정 상태들 속으로 해체되기만 하면, 자아의 정체성이 상실되고 주체는 무의식 쪽으로 빠져든다. 이런 일이 벌어지면, 자아는 무의식적 사고 과정들과 연합하면서 때때로 무의식적 사고 과정들이 표면으로 나오는 것을 돕는다. 의식적 감정이 강해질수록, 그리고 의식적 감정에 자아가 적게 실릴수록, 무의식적 반대는 더욱 강해진다.

무의식적 생각들은 가치가 가장 높은 대상들 주변으로 끌려가 그 대상들로부터 가치를 무자비하게 탈취한다. 여기서 "오직 이것만"이라는 사고 유형이 진가를 발휘한다. 이 사고 유형이 대상과 연결된 모든 감정들로부터 그 잠재력을 효과적으로 빼앗아 버리기 때문이다. 무의식적 사고는 강박관념으로 표면에 나타나고, 이 강박관념은 반드시 부정적이고 얕보는 성격을 갖고 있다. 이 유형의 여자들은 자신의 감정이 아주 소중히 여기는 대상들에게 섬뜩한 생각들이 달라붙는 순간들을 경험한다. 이 같은 부정적인 사고는 감정의 가치를 비방할 목적으로 온갖 유아적인 편견이나 비교를 이용하고 또 "오직 이것만"이라는 식의 해석을 끌어내기 위해 온갖 원시적인 본능을 다 불러낸다. 이 과정이 집단 무의식을 동원하면서 거기에 있는 원초적 이미지들의 창고를 활성화시키고, 그렇게 함으로써 태도가 다른 바탕에서 부활할 가능성을 낳는다는 점에 대해서는 여기서 새삼 다시 언급할 필요가 없을 것 같다. 이 유형의 경우에는 신경증이 주로 히스테리로 나타나는데, 이 히스테리는 무의식의 관념 세계가 유치한 성욕을 보인다는 점이 특징이다.

외향적인 합리적 유형들에 대한 요약

나는 앞에 설명한 2가지 유형을 합리적 유형 또는 판단 유형이라고 부른다. 이 유형들의 특징이 추리와 판단 기능의 탁월함이기 때문이다. 이 유형의 삶에 나타나는 특징은 합리적 판단을 상당히 많이 따른다는 점이다. 그러나 여기서 우리는 "합리적"이라는 표현을 그 사람의 주관적 심리의 관점에서 쓰고 있는지 혹은 바깥에서 지각하고 판단하는 관찰자의 관점에서 쓰고 있는지에 대해 생각해 보아야 한다. 만약에 관찰자가 관찰되고 판단되고 있는 사람을 놓고 겉으로 드러나는 행동만을 직관적으로 평가하고 있다면, 적절하지 않은 판단이 나올 가능성이 크다. 대체로 보면, 이 유형의 삶은 합리적 판단에만 의존하지 않는다. 이 유형의 삶은 무의식적 비합리성의 영향도 그 못지않게 강하게 받는다. 만약에 관찰이 그 사람의 의식의 내적 상태에 대해서는 전혀 고려하지 않고 외적인 행동에만 국한된다면, 관찰자는 그 사람의 의식적 의도와 동기의 합리성보다는 무의식적 표현의 비합리적이고 우연적인 본질에 훨씬 더 강한 인상을 받을 것이다. 그래서 나는 모든 판단의 근거를 그 사람 본인이 의식적 심리라고 느끼는 것에 둔다.

그러나 나는 관찰자가 정반대의 각도에서도 그런 심리를 제대로 파악할 수 있다는 점을 기꺼이 인정한다. 또한 나는 나 자신이 다른 심리를 가졌다면 무의식의 관점에서 합리적인 유형을 거꾸로, 그러니까 비합리적인 유형으로 설명할 수도 있었을 것이라고 믿는다. 이런 점이 심리적인 문제들을 명쾌하게 설명하는 일을 더욱 어렵게 만든다. 동시에 오해의 가능성도 크게 높인다. 이런 오해로 인해 제기된 주장들은 대체로 절망적이다. 왜냐하면 각 주장이 서로 엇갈린 의도를 갖고 말을 하기 때문이다.

이 같은 경험이 나로 하여금 설명의 바탕을 개인의 의식적인 심리에 두게 만들었다. 의식적 심리에는 적어도 명확하고 객관적인 기반이 있기 때문이다. 우리가 심리에 대한 해석의 근거를 무의식에 두려고 노력하는 순간, 그 기반은 깡그리 무너지고 만다. 왜냐하면 그런 경우에 관찰되는 대상이 자신의 무의식에 대해 아는 바가 전혀 없는 까닭에 그 문제에 목소리를 전혀 내지 못하기 때문이다. 그렇게 되면 판단은 전적으로 주관적인 관찰자에게 맡겨지게 된다. 당연히, 판단은 관찰자 본인의 개인적 심리에 근거할 것이고, 따라서 관찰자 본인의 심리가 관찰 대상자의 심리를 뿌옇게 가려버릴 것이다. 나의 생각에는 프로이트와 아들러의 심리학이 그런 것 같다. 이들의 심리학에서는 개인이 자신을 관찰자의 처분에 완전히 내맡기고 있는데, 관찰되고 있는 대상의 의식적 심리를 그 바탕으로 받아들인다면 그런 일은 절대로 일어날 수 없다. 어쨌든 관찰 대상이 된 개인이 유일하게 능력을 갖춘 판사이다. 왜냐하면 그 사람만이 자신의 의식적 동기를 알고 있기 때문이다.

외향적 사고 유형과 감정 유형이 영위하는 삶의 의식적 행동에 두드러지게 나타나는 특징인 합리성은 비합리적이고 우연적인 모든 것을 배제한다. 그런 심리에서 합리적인 판단은 삶의 어수선하고 우연적인 것들을 명확한 패턴으로 정리하거나 적어도 그렇게 하려고 노력하는 어떤 힘이다. 삶이 제시하는 모든 가능성들 중에서 어떤 명백한 선택이 이뤄진다. 이때 오직 합리적인 가능성만이 선택된다. 그러나 한편에서는, 삶의 사건들을 지각하는 것을 돕는 정신적 기능들의 독립과 영향이 제약을 받게 된다.

당연히 감각과 직관이 받는 이 같은 제약도 절대적이지 않다. 이 기능들도 예전처럼 존재하지만, 이 기능들의 산물은 합리적 판단에 의한 선택의 지배를 받는다. 예를 들어, 행동을 결정하는 것은 어떤 감각의 강도가 아니라 판단이다. 따라서 어떻게 보면 지각의 기능들은 사고 유형의 감정 또는 감정 유형의 사고와 똑같은 운명에 처한다. 지각의 기능들이 상대적으로 억압되고, 따라서 분화가 열등한 상태에 있는 것이다. 이것이 두 유형의 무의식에 특별한 어떤 특징을 준다. 이 유형들이 의식적으로 또 의도적으로 하는 것은 이성(물론 이 유형들의 이성이다)과 조화를 이루지만, 그들에게 그냥 일어나는 일은 유치하고 원초적인 감각과 직관의 본성과 일치하는 것이다. 여하튼, 이 유형들에게 그냥 일어나는 일은 (이 유형들의 관점에서) 비합리적이다. 그러나 합리적인 의도에 의한 행동보다 그냥 일어나는 일이 훨씬 더 많은 그런 삶을 사는 사람들이 엄청나게 많기 때문에, 그런 사람은 우리가 논한 두 유형의 사람들을 면밀히 관찰한 뒤에 두 유형 모두가 비합리적이라고 말할 수 있다. 또 관찰자에게 사람들의 무의식이 의식보다 훨씬 더 강렬한 인상을 남기는 경우가 너무나 많다는 사실도 인정해야 한다. 또 사람들의 행동이 그들의 합리적인 의도보다 훨씬 더 중요하다는 점도 인정해야 한다.

두 유형의 합리성은 대상 지향적이고 객관적인 자료에 의존한다. 이 합리성은 집단이 합리적이라고 생각하는 것과 조화를 이룬다. 이 유형들의 사람들에게는 일반적으로 합리적인 것으로 받아들여지는 것을 제외하고는 그 어떤 것도 합리적이지 않다. 그러나 이성은 대부분 주관적이고 개인적이다. 두 유형의 내면에서 이성의 대부분은 억압되며, 대상이 중요성을 얻을수록 이성은 점점 더 많이 억압된다. 그러므로 주체와 그의 주관적 이성은 끊임없이 억압당할 위험에 처한다. 그리고 주체와 그의 주관적인 이성은 억압에 굴복할 경우에 무의식의 전횡에 시달리게 되며, 이 경우에 무의식은 매우 불쾌한 특징을 보인다. 무의식의 특이한 사고에 대해서는 이미 앞에서 말한 바가 있다.

그러나 그것 외에도 충동적으로 표현되는 원시적인 감각들이 있다. 예를 들면, 이 원시적인 감각들은 상상 가능한 온갖 형식을 통해 쾌락을 충동적으로 추구하려 든다. 또한 그 사람의 곁에 있는 모든 사람들에게 고문이 될 수도 있는 원시적인 직관도 있다. 불쾌하고 고통스런 모든 것, 혐오스럽고 증오스럽고 사악한 모든 것은 냄새를 풍기며 의심의 대상이 된다. 그런 것들을 보면 대부분이 사악한 오해를 불러일으키기 위해 만들어진 반쪽의 진실이다. 적대적인 무의식의 요소들은 너무나 강한 나머지 이성의 의식적 지배를 자주 방해한다. 그러면 개인은 우연적인 일들의 희생자가 되고, 이 우연적인 일들은 그 개인에게 강압적으로 영향력을 행사한다. 여기서 영향력 운운하는 이유는 우연적인 일들이 그 개인의 감각을 이용하거나 그가 우연적인 일들의 무의식적 중요성을 직관적으로 이해하기 때문이다.

감각

외향적 태도에서, 감각은 대상의 영향을 강하게 받는다. 느낌을 인식하는 것으로서, 감각은 당연히 대상에 의존한다. 그러나 감각은 너무나 당연하게도 주체에도 의존한다. 이 같은 이유 때문에 객관적인 감각과 아주 다른 종류의 주관적인 감각이 있다. 외향적인 태도에서 감각의 주관적인 요소는 감각을 의식적으로 적용하는 한 금지되거나 억압된다. 마찬가지로, 사고나 감정이 우선적인 위치를 차지하고 있을 때, 하나의 비합리적인 기능으로서 감각은 상당 부분 억압된다. 말하자면, 감각은 의식의 합리적인 태도가 우연적인 지각들을 의식의 내용물로 허용하는 한해서만 의식적인 기능이 된다는 뜻이다. 물론, 감각 기능은 보다 엄밀한 의미에서 절대적이다. 예를 들어, 모든 것이 생리적 한계까지 보이거나 들리지만 모든 것이 다 지각으로 통각되는 데 필요한 한계치를 얻지는 못한다. 감각이 단순히 다른 기능을 뒷받침하지 않고 그 자체로 최고의 자리를 차지하고 있을 때, 감각 기능 자체가 달라진다. 이 경우에는 객관적인 감각의 어떠한 요소도 배제되지 않으며, (이미 언급한 주관적 요소를 제외하고는) 어떠한 것도 억압되지 않는다.

감각이 주로 대상에 좌우되기 때문에, 가장 강력한 감각을 불러일으키는 대상이 그 개인의 심리에 결정적으로 중요하다. 그 결과 그 대상과 강력한 감각적 연결이 형성된다. 그러므로 감각은 가장 중요한 본능을 갖추고 있는 결정적인 기능이라고 할 수 있다. 대상들은 감각을 자극하는 한 높이 평가를 받게 된다. 그리고 감각의 힘이 닿는 범위 안에 있는 한, 대상들은 전적으로 의식 속으로 받아들여진다. 대상들이 주체의 합리적 판단과 양립할 수 있는지 여부는 중요하지 않다. 대상들의 가치를 평가하는 유일한 기준은 대상의 객관적인 특징이 낳는 감각의 강도이다. 따라서 조금의 감각이라도 일으키는 모든 객관적인 과정들은 의식에 나타난다. 그러나 외향적 유형의 사람에게 감각을 일으키는 것은 오직 구체적이고 유쾌하게 지각되는 대상들이나 과정들뿐이다. 모든 사람이 어디서나 구체적인 것으로 느낄 것들이다. 따라서 그런 개인의 방향성은 순수하게 감각적인 현실과 일치한다. 판단을 내리는 합리적인 기능들은 감각의 구체적인 사실들에 종속되고, 따라서 그 기능들은 분화가 덜 된 기능들의 온갖 특징을 두루 보이면서 부정적이고 유치하고 미숙한 측면을 드러내게 된다. 가장 세게 억압되는 기능은 당연히 감각의 반대이고 무의식적인 지각 기능인 직관이다.

외향적 감각 유형

현실성이라는 측면에서는 그 어떤 유형도 외향적 감각 유형에 필적하지 못한다. 외향적 감각 유형이 객관적인 사실들을 느끼는 능력은 대단히 잘 발달되어 있다. 그의 삶은 곧 구체적인 대상들을 실제로 경험한 내용물의 축적이다. 외향적 감각이 두드러지는 사람일수록 자신의 경험을 덜 이용한다. 어떤 경우를 보면, 외향적 유형의 삶에 일어난 사건들은 "경험"이라는 이름으로 불리기 어려울 정도이다. 그가 경험하는 것들은 기껏 새로운 감각으로 이끄는 안내자 역할밖에 하지 않는다. 그의 관심권으로 들어오는 새로운 모든 것은 감각을 통해 획득되고 또 감각의 목적에 이바지해야 한다.

대체로 사람들이 매우 잘 발달한 현실 감각을 합리성의 한 신호로 보기 때문에, 이 유형의 사람들은 매우 합리적이라는 평가를 받을 것이다. 그러나 실제로 보면 그렇지 않다. 왜냐하면 그들이 비합리적이고 우연적인 일들 앞에서도 합리적인 일들 앞에서와 마찬가지로 자신들의 감각에 휘둘리기 때문이다. 대다수가 남자인 이 유형의 사람은 당연히 자신이 감각에 휘둘리고 있다고 생각하지 않는다. 그는 이런 견해에 대해 과녁을 크게 벗어났다고 조롱할 것이다. 왜냐하면 그에게 있어서 감각은 구체적인 삶의 표현이기 때문이다. 말하자면 감각이야말로 진정으로 충실하게 사는 삶으로 여겨지는 것이다.

그의 전체 목표는 구체적인 즐거움이고, 그의 도덕성도 거기에 맞춰져 있다. 정말이지, 진정한 즐거움은 그 나름의 특별한 도덕성과 합법성, 이타심 그리고 희생을 감수하려는 의지를 갖고 있다. 외향적 감각의 사람이 그저 감각적이거나 천박한 것은 절대로 아니다. 왜냐하면 그의 감각이 아무리 추상적일지라도 그가 구체적인 감각이라는 자신의 원칙에서 일탈하지 않은 가운데 미학적 순수성을 확보할 수 있을 만큼 자신의 감각을 분화시켰기 때문이다. 빌렘 판 불펜(Willem van Wulfen)의 『향락주의자』(Der Genussmensch)는 이 유형의 솔직한 고백이다. 내가 볼 때 이 한 가지 이유만으로도 읽어볼 가치가 충분한 책이다.

보다 낮은 차원에서, 이 유형은 손에 잡히는 현실을 사랑하는 사람이다. 숙고하려는 경향도 거의 보이지 않고 지배의 욕망도 전혀 보이지 않을 것이다. 대상을 느끼고, 가능하다면 그 감각들을 즐기는 것이 이 유형의 일관된 목표다. 그렇다고 그가 사랑스런 존재가 아닌 것은 절대로 아니다. 반대로 활기차게 즐길 줄 아는 능력 때문에 매우 훌륭한 동행이 된다. 그는 언제나 유쾌한 동료이며 가끔은 세련된 예술 애호가가 되기도 한다.

즐길 줄 아는 능력이 뛰어난 존재라면, 훌륭한 만찬이냐 변변찮은 만찬이냐 하는 점이 인생의 중요한 문제가 될 것이다. 또 예술 애호가라면, 취향이 아주 중요한 문제가 될 것이다. 어떤 대상이 그에게 감각을 주기만 한다면, 그 대상에 대해서는 더 이상 할 행동도 없어지고 할 말도 없어진다. 이 유형에겐 구체적이고 현실적인 것이 아니면 대상이 될 수 없다. 구체적인 범위를 넘어서는 추측은 그것들이 감각을 강화하는 경우에만 허용된다. 이 강화가 반드시 유쾌한 것이어야 하는 것은 아니다. 왜냐하면 이 유형이 굳이 쾌락에 빠지는 사람일 필요는 없기 때문이다. 그는 단지 아주 강한 감각을 욕망하고 있으며, 그의 본성 때문에 그 감각을 외부에서만 받을 수 있을 뿐이다. 내부에서 오는 것은 그에게 병적으로 보이거나 의문스러워 보인다. 그는 언제나 자신의 사고와 감정을 객관적인 원인으로, 이를테면 논리의 방해에도 별로 흔들리지 않는 대상들의 영향력으로 돌린다. 그러다가도 어떤 방식으로든 구체적인 현실을 접하기만 하면, 그는 다시 숨을 쉴 수 있다.

이 점에서 보면 그는 놀랄 만큼 쉽게 믿어버리는 편이다. 그는 기압이 떨어지는 것과 심인성(心因性) 징후를 주저하지 않고 연결시킬 것이다. 그런 한편으로 정신적 갈등은 그에게 병적인 상상처럼 보인다. 그의 사랑은 틀림없이 대상의 육체적 매력에 근거를 두게 될 것이다.

정상적이라면, 그는 현실에 맞춰 조정이 잘 되어 있다. 그것이 그의 이상이며, 그런 이상이 그로 하여금 다른 사람들을 배려하도록 만든다. 그에게는 관념과 연결된 이상은 전혀 없다. 그렇기 때문에 그는 사물들의 실제 모습과 모순되는 쪽으로 행동할 이유를 전혀 갖고 있지 않다. 이는 그의 삶의 모든 외관에 나타난다. 그는 상황에 맞게 옷을 잘 차려 입는다. 식탁에 친구들을 위해 술을 풍족하게 준비해 둔다. 그렇게 함으로써 친구들이 자신에 대해 매우 근사하다고 느끼게 하거나, 적어도 친구들에게 자신의 세련된 취향을 보여줌으로써 자신이 그들에게 약간의 요구를 하더라도 그렇게 할 만한 자격을 충분히 갖추고 있다는 인상을 심어준다. 그는 심지어 친구들에게 스타일을 위해서라면 약간의 희생도 감수할 필요가 있다는 점을 확신시키려 들 것이다.

그러나 감각이 더 많이 지배하게 되면, 주체가 감각 뒤로 사라지고 따라서 이 유형은 별로 호감이 가지 않는 존재가 된다. 그는 조잡한 쾌락을 추구하는 사람으로 전락하거나 양심도 없고 나약한 탐미주의자로 전락한다. 그런 그에게도 대상은 여전히 그 자체로 존재하는 그 무엇으로 필요 불가결한 요소이지만, 그럼에도 불구하고 대상은 평가 절하된다. 대상이 무모하게 착취당하여 말라비틀어지게 된다. 왜냐하면 지금 대상의 유일한 쓰임새는 감각을 자극하는 것뿐이기 때문이다.

대상에 속박되는 현상이 극단적인 방향으로 흐른다. 따라서 무의식이 어쩔 수 없이 보상적인 역할에서 빠져나와 공개적으로 반대하는 입장에 선다. 무엇보다 억압된 직관이 투사(投射)의 형식으로 주제넘게 나서기 시작한다. 터무니없는 의심들이 일어난다. 만약에 대상이 성적인 것이라면, 질투 어린 공상과 갈망의 상태가 우위를 점하게 된다. 더욱 심한 사람들은 온갖 종류의 공포증을, 특히 강박 징후를 일으킨다. 병적인 내용물은 두드러지게 비현실적인 성격을 보인다. 거기서 도덕적 또는 종교적 기미가 자주 보인다. 말꼬리를 잡으며 궤변을 늘어놓거나 무서울 정도로 꼼꼼한 도덕성이 나타나기도 하는데, 이때는 난해한 의식(儀式)에 의존하는 원시적이고 "마법적인" 미신이 수반된다.

이 모든 것들은 의식적 태도에 거칠게 맞서도록 강요당하고 있는 억압된 열등 기능들에서 비롯된다. 또 이 모든 것들은 터무니없는 가정에 근거한 까닭에 더욱 두드러지게 나타난다. 현실에 대한 의식적 감각과는 정반대인 그런 모습이다. 이 같은 제2의 인격에서 사고와 감정의 전체 구조가 병적인 모습으로 뒤틀린 것 같다. 이성이 사소한 것을 놓고 따지고 드는 융통성 없는 모습으로, 도덕성이 뻔뻔한 형식주의로, 종교가 터무니없는 미신으로, 인간의 소중한 재능인 직관이 참견을 일삼는 버릇으로 바뀌어 온 곳을 들쑤시게 되는 것이다. 이렇게 되면 사고와 감정의 전체 구조는 먼 곳을 보지 못하고 아주 야비한 수준으로 타락하게 된다.

신경증적 징후들이 특별히 충동적인 성격을 지니는 것은 합리적인 판단이라는 관점에서 자신에게 일어나는 모든 것을 무차별적으로 받아들이는 순수한 감각 유형의 태평스런 태도를 무의식적으로 보상하는 성격을 지니기 때문이다. 그렇다고 해서 완전한 무법이나 자제력의 완전한 결여가 나타난다는 뜻은 결코 아니다. 그럼에도 불구하고, 신경증 증후들의 충동적인 성격은 신경증 환자로부터 근본적인 판단의 자제력을 빼앗아 버린다. 그러나 합리적인 판단은 합리적인 유형이 자신의 자유 의지로 자신에게 강요하는 일종의 의식적인 강제이다. 이 강제가 무의식에서 충동 형식으로 감각 유형을 압도해 버린다. 게다가, 어떤 판단이 존재한다는 것은 곧 합리적인 유형과 대상의 관계는 감각 유형에서와 마찬가지로 절대적인 끈이 결코 될 수 없다는 점을 의미한다. 그러므로 합리적인 유형의 태도가 비정상적일 정도의 일방성을 보일 때, 그는 의식적으로 대상에 사로잡히는 것 만큼이나 무의식에 압도당할 위험에 처해 있다. 만약에 그가 신경증 환자가 된다면, 그를 합리적인 수단으로 치료하기가 훨씬 더 어려워진다. 왜냐하면 분석가가 기댈 기능들이 상대적으로 분화가 되지 않은 상태이고, 따라서 그 기능들에 의존하는 것이 거의 또는 전혀 불가능하기 때문이다. 그를 의식적인 존재로 만들기 위해서는 그가 견뎌낼 수 있을 만한 수준의 감정적 압박을 일으킬 특별한 기술이 종종 필요하다.

직관

외향적 태도에서, 무의식적 지각의 기능으로서 직관은 전적으로 외부 대상으로 향하고 있다. 직관이 주로 무의식적 작용이기 때문에, 직관의 본질을 파악하기가 참으로 어렵다. 직관적인 기능은 기대하는 어떤 태도나 공상과 통찰 등을 통해 의식으로 표출된다. 그러나 "보인" 것 중에서 실제로 그 대상 안에 있는 것은 어느 정도이며 또 그 대상 안에 있는 것으로 "해석된" 것은 어느 정도인지는 오직 뒤이은 결과를 통해서만 확실하게 가려질 수 있다. 감각이 지배적인 기능일 때 대상에 추가적인 의미를 전혀 더하지 않고 단순히 반응만 하는 그런 과정이 아니라 그 대상을 포착하고 이해하는 작용이 되는 것과 똑같이, 직관도 단순한 지각이나 상상이 아니라 대상에서 끌어내는 것 못지않게 많은 것을 대상에 집어넣기도 하는, 능동적이고 창조적인 작용이다. 이런 일이 무의식적으로 일어나기 때문에, 직관은 대상에 무의식적 효과를 미치기도 한다.

그러나 직관의 일차적 기능은 단순히 이미지를 전달하거나 사물들 사이의 관계에 대한 지각을 전달하는 것이다. 이 이미지나 사물들 사이의 관계는 다른 기능을 통해서는 전달되지 못한다. 이 이미지들은 직관에게 우선권이 주어질 때마다 행위에 결정적인 영향을 미치는 특별한 통찰의 가치를 지닌다. 직관이 중요한 상황에서, 정신적 적응은 거의 전적으로 직관에 바탕을 둘 것이다. 그러면 사고와 감정, 감각은 상당 부분 억눌러지는데, 그 중에서도 감각이 가장 강하게 억압된다. 왜냐하면 감각이 의식적인 감각 기능으로서 직관에 가장 큰 방해가 되기 때문이다. 감각은 명료하고 순수한 지각을 방해하는 요소이다. 침투하려는 성격이 강한 감각의 감각적인 자극이 주의(注意)를 자꾸 물리적인 표면으로, 그리고 사물 자체로 쏠리게 만들기 때문이다. 정작 직관은 이 사물들 주변을, 아니 이 사물들 그 너머를 들여다보려고 하는데 말이다.

그러나 외향적 직관이 주로 대상으로 향하기 때문에, 직관은 실제로 감각에 매우 가까이 다가간다. 정말로, 외부의 대상을 기대하는 태도가 감각을 이용할 수도 있다. 따라서 만약에 직관이 제대로 기능을 발휘하려면, 감각이 상당 부분 억압되어야 한다. 이 예에서 내가 감각이라고 하는 것은 명백한 생리적 및 정신적 자료로 이해되는, 단순하고 즉시적인 감각 인상을 의미한다. 이 점을 사전에 분명히 밝혀둬야 한다. 왜냐하면 만약에 내가 직관적인 유형의 사람에게 사태 판단을 어떤 식으로 하느냐고 묻는다면, 그 사람이 감각 인상과 거의 구별되지 않는 것들에 대해 말할 것이기 때문이다.

직관적인 유형의 사람은 "감각"이라는 단어를 매우 자주 사용한다. 물론 그에게도 감각이 있다. 그러나 그는 감각의 안내를 받지 않는다. 그는 단지 감각을 자신의 지각을 위한 출발점으로 이용한다. 그는 자신의 무의식적 편향에 따라 감각을 선택한다. 이때 최고의 가치가 부여되는 감각은 생리학적 의미에서 가장 강력한 감각이 아니다. 직관 유형의 무의식적 태도에 의해서 가치가 올라갈 수 있는 감각이면 어떤 것이든 최고로 여겨질 수 있다. 이런 식으로 어떤 감각이든 최고의 가치를 얻을 수 있으며, 그의 의식적 마음에는 그것이 순수한 감각처럼 보인다. 그러나 실제로는 그렇지 않다.

외향적인 감각이 현실성만이 충만한 삶처럼 보인다는 이유로 최고 수준의 현실성에 닿으려고 노력하듯이, 직관은 가능성들에 대한 상상을 통해서만 만족을 느끼기 때문에 가장 넓은 범위의 가능성들을 이해하려고 노력한다. 직관은 객관적인 상황이 품고 있을 가능성을 모두 찾아내려고 노력한다. 따라서 직관은 종속적인 기능일 때에는 다른 기능이 절망적인 상황에서 빠져나올 길을 찾지 못하고 헤매고 있을 때 자동적으로 활동을 시작하게 되는 보조물이 된다. 또 직관이 지배적인 기능일 때에는, 삶의 모든 정상적인 상황이 직관이 열어줘야 할 잠긴 방처럼 보인다.

직관은 외적 삶에서 신선한 출구와 새로운 가능성을 끊임없이 찾는다. 직관 유형의 사람에게는 기존의 모든 상황은 금방 감옥이 되고, 끊어야 할 사슬이 된다. 만약에 대상들이 어떤 해결책이나 해방의 길을 찾는 데 이바지하거나 새로운 가능성의 발견을 낳는다면, 한동안 그 대상들은 과도한 가치를 지닌 것처럼 보인다. 그럼에도 대상들이 디딤돌이나 다리로서 목표에 이바지할 바를 다 하기만 하면, 그것들은 금방 가치를 잃고 거추장스런 부속물로 전락하고 만다. 사실들은 오직 그 사실들 너머로 나아갈 새로운 가능성을 열어주고 또 개인이 그 사실들의 힘에서 풀려날 가능성을 열어줄 때에만 인정을 받는다. 이제 막 싹을 틔우고 있는 가능성들은 직관이 절대로 외면할 수 없는 동기들이고 직관이 다른 모든 기능들을 희생시켜가며 추구해야 할 그런 동기들이다.

외향적 직관 유형

직관이 지배할 때마다, 분명하고 특이한 어떤 심리가 나타난다. 외향적 직관이 대상의 영향을 강하게 받기 때문에, 외부 상황에 대한 의존이 분명히 보인다. 그러나 이 의존은 감각 유형의 의존과는 크게 다르다. 직관 유형은 현실의 가치를 소중히 여기는 세계에서는 절대로 발견되지 않는다. 그러나 직관 유형은 새로운 것이나 현재 다듬어지고 있는 것을 찾아내는 예리한 코를 갖고 있다. 외향적 직관 유형이 언제나 새로운 가능성을 찾고 있기 때문에, 안정적인 조건은 이 유형을 질식시킨다. 그는 새로운 대상이나 상황을 아주 좋아하며 뜨거운 열정으로 맞기도 한다. 그러다가도 그 대상이나 상황이 다 파악되고 추가적 발전이 점쳐지지 않기만 하면, 그는 냉정하게 그것들을 포기하고, 또 그렇게 하면서도 양심의 가책을 전혀 느끼지 않고 기억조차 하려 하지 않는다.

새로운 어떤 가능성이 모습을 드러내려 할 때, 직관 유형은 운명의 족쇄로 거기에 묶인다. 그의 삶 전체가 마치 새로운 상황 속으로 완전히 사라져버린 것처럼 보인다. 그러면 사람들은 그가 언제나 이제 막 최종 전환점에 도달했다는 인상을 받는다. 그 사람 본인도 물론 이런 인상을 공유한다. 이제 그는 그 외의 다른 것에 대해서는 생각하지도 못하고 느끼지도 못한다. 그것이 아무리 합리적이고 적당해 보일지라도, 그리고 온갖 주장이 그것의 안정성을 옹호할지라도, 그에게 자유와 해방을 약속할 것 같았던 바로 그 상황이 감옥처럼 느껴지는 날은 반드시 오고야 말 것이다. 그럴 때면 어떤 것도 그가 그 상황을 버리지 못하도록 막지 못한다. 이성도 감정도 그가 새로운 가능성을 멀리하도록 만들지 못한다. 그 가능성이 그가 그 전에 가졌던 확신과 완전히 어긋나는 때에도 그런 현상은 나타난다.

확신의 요소인 사고와 감정은 외향적인 직관 유형에겐 열등한 기능이다. 그래서 사고와 감정은 어떠한 중요성도 지니지 않으며, 따라서 직관의 힘에 효과적으로 저항하지 못한다. 그럼에도 사고와 감정만이 직관 유형에게 절대적으로 부족한 판단을 제공함으로써 직관의 우월을 보상할 수 있는 기능이다.

직관 유형의 도덕성은 사고의 지배도 받지 않고 감정의 지배도 받지 않는다. 직관 유형은 자기만의 독특한 도덕성을 갖고 있으며, 그 도덕성은 자신의 비전에 충실하고 그 비전의 권위에 자발적으로 복종하는 데에 있다. 다른 사람들의 행복에 대한 배려가 약하다. 그에게 타인의 정신적 행복은 자신의 정신적 행복만큼이나 중요하지 않다.

직관 유형은 타인의 신념이나 삶의 방식도 별로 소중하게 여기지 않는다. 이 때문에 직관 유형은 비도덕적이고 양심이 없는 모험가로 무시당하곤 한다. 그의 직관이 외적인 것들과 그것들의 가능성을 찾아내는 일에 신경을 쓰기 때문에, 그는 이 능력을 최대한 발휘할 수 있는 직업으로 눈길을 돌린다. 경제계의 거물과 기업가, 투기꾼, 주식 중개인, 정치인 등이 이 유형에 속한다.

그러나 직관 유형은 남자들보다 여자들 사이에 더 많은 것 같다. 여자들의 경우에는 직관적 능력이 직업보다는 사교 영역에서 드러난다. 그런 여자들은 온갖 사교 행사를 활용하는 기술을 이해하고 있다. 그들은 사회적 연결을 제대로 만들고 전도유망한 남자들을 찾아낸다. 그러다가도 새로운 가능성을 위해서 다시 모든 것을 포기한다.

이런 유형이 경제적으로나 문화적으로 아주 중요하다는 사실은 말할 필요조차 없다. 만약에 그의 의도들이 훌륭하다면, 즉 그의 태도가 지나치게 이기적이지 않다면, 그는 새로운 사업의 창시자나 촉진자로서 큰 이바지를 하게 된다. 그는 장래성을 가진 모든 소수자들의 옹호자가 된다. 직관 유형이 사물보다 사람들을 향하게 될 때, 그는 사람들의 능력과 잠재력을 직관적으로 진단하는 능력을 발휘한다. 직관 유형이 용기를 고무하거나 새로운 것에 대한 열정에 불을 지피는 능력은 아무도 따라잡지 못한다. 이튿날이면 그가 그 새로운 것을 버릴지라도 당장엔 그렇다. 그의 직관이 강할수록, 그의 자아는 자신이 꿈꾸는 모든 가능성과 더욱더 강하게 하나가 된다. 직관 유형은 자신의 비전에 생명력을 불어넣는다. 말하자면 확신에 찬 모습으로 비전을 열정적으로 제시하고 현실로 구현하는 것이다. 그러나 이것은 연극이 아니라 일종의 운명이다.

자연히 이 같은 태도는 큰 위험을 안고 있다. 왜냐하면 직관 유형이 사물들과 사람들에게 너무나 쉽게 자신의 삶을 쏟아 부으면서 자신이 아닌 다른 사람들이 살 삶을 전파하고 나설 것이기 때문이다. 만약에 그가 지긋이 한자리에 머물 수만 있다면, 그는 자신의 노동의 결실을 거둘 것이다. 그러나 언제나 보면 직관 유형은 다른 사람들이 추수를 하고 있는 동안에도 경작한 들판을 버리고 새로운 가능성을 추구하고 있을 것이다. 그러다 결국 직관 유형은 빈손으로 떠나게 된다. 직관 유형의 무의식은 감각 유형의 무의식과 닮은 점이 있다.

대부분 억압되는 사고와 감정은 감각 유형과 비슷하게 유치하고 미발달한 생각들과 감정들로 나타난다. 이 생각과 감정들은 감각 유형의 생각과 감정 만큼이나 부조리한 그런 투사(投射)에 의해 생긴 것이다. 비록 이 생각과 감정이 감각 유형의 "마법적" 성격을 결여하고 있고 주로 성적 의심이나 경제적 위험, 병의 전조 등과 같은 유사 현실에 관심을 쏟지만 말이다. 이 차이는 진정한 감각들을 억압하는 때문에 생기는 것 같다. 진정한 감각들을 진정으로 느끼는 때를 예로 든다면, 직관 유형의 남자가 별안간 자신이 매우 부적절한 여자와 얽혀 있다는 사실을 깨닫거나 직관 유형의 여자가 별안간 자신이 부적절한 남자와 얽혀 있다는 사실을 깨닫는 경우이다. 이때 진정한 감각들이 느껴지는 이유는 부적절한 여자나 남자가 미발달한 감각들을 휘저어 놓았기 때문이다. 이것은 아무에게도 좋은 것을 예고하지 않는, 무의식적이고 충동적인 끈으로 이어진다.

이런 부류의 사람들은 강박의 징후를 보이는데, 이 징후에 직관 유형도 감각 유형만큼이나 취약하다. 직관 유형의 사람은 자신의 결정을 절대로 합리적인 판단에 맡기지 않고 대신에 자신의 삶에 우연히 나타나는 가능성들을 잘 탐지해내는 자신의 코를 주로 믿으면서, 속박으로부터의 자유와 탈출을 주장한다. 그는 자신을 이성의 구속으로부터 제외시키려다가 그만 강박 신경증의 희생자가 되고 만다. 이때 강박 신경증은 과도한 추론, 사소한 일을 따지려 드는 버릇, 대상이 일으키는 감각과의 충동적 연결 등으로 나타난다. 감각과 대상을 대하는 그의 의식적 태도는 우월성을 거침없이 드러내는 그런 태도이다. 그가 거침없이 굴거나 우월하려 드는 것은 아니다. 단지 그는 다른 모든 사람들이 눈으로 보고 또 힘들게 다루고 있는 대상을 보지 않을 뿐이다. 감각 유형에게 대상의 영혼을 보는 눈이 전혀 없는 것과 똑같다. 그러나 조만간 대상이 강박적인 건강염려증과 공포증, 상상 가능한 온갖 종류의 터무니없는 육체적 감각 등의 형태로 복수하고 나설 것이다.

외향적인 비합리적 유형들에 대한 요약

나는 지금까지 설명한 두 가지 유형을 앞에서 논의한 바로 그런 이유로 비합리적이라고 부른다. 즉 그 유형들이 하거나 하지 않는 모든 것은 합리적인 판단이 아니라 지각의 순수한 강도에 근거한다는 뜻이다. 이 유형들의 지각은 오직 일어나는 사건 쪽으로 경도되어 있다. 당연히 판단에 의한 선택은 전혀 이뤄지지 않는다. 이 점에서, 이 유형들은 2가지 판단 유형에 비해 결정적 이점을 누린다. 객관적인 사건들은 법칙을 따르면서도 우연적이다. 사건들은 법칙을 따르는 한도 안에서 이성의 접근을 허용하고, 우연적인 한도 안에서 이성의 접근을 허용하지 않는다.

거꾸로 보면, 어떤 사건은 이성의 접근을 허용하는 측면에서 법칙을 따르고 있고, 우리가 법칙을 발견하지 못한다는 측면에서 우연적이라고 말할 수 있다. 보편적 법칙성이라는 원칙은 이성의 원칙이지 어떤 의미로도 지각적 기능들의 원칙은 아니다. 지각적 기능들은 전혀 이성의 원칙에 기반을 두고 있지 않기 때문에 본래부터 비합리적이다. 그것이 내가 지각 유형을 본래 "비합리적인" 유형이라고 부르는 이유이다.

그러나 단지 지각 유형들이 판단을 지각에 종속시킨다는 이유만으로 지각 유형들을 "비합리적"이라고 여기는 것은 큰 잘못이다. 그보다는 지각 유형들이 극도로 '경험적'이라고 말하는 것이 오히려 더 진실에 가깝다. 지각 유형들은 전적으로 경험에 의존한다. 그럼에도 불구하고 판단 기능은 엄연히 존재한다. 그 기능들 대부분이 무의식에 존재하고 있을 뿐이다. 무의식이 의식적인 주체와 분리되어 있음에도 불구하고 언제나 현장에 있기 때문에, 우리는 비합리적인 유형들의 실제 생활에서 판단과 선택의 행동을 볼 수 있다. 그러나 그 판단과 선택의 행동은 명백한 궤변과 냉정한 비판, 사람과 상황에 대한 계산된 선택 등으로 나타난다. 이 측면은 조금 유치하고 심지어 원시적인 성격까지 보인다.

두 유형 모두 무정하고, 퉁명스럽고, 폭력적일 뿐만 아니라 간혹 놀랄 정도로 순진하기도 하다. 합리적인 유형들에게는 이런 사람들의 진짜 성격이 합리적인 것으로 보이기도 하고 나쁜 의미로 계산적인 것으로 보일 수 있다. 그러나 이 같은 판단은 두 유형의 무의식에만 통할 뿐이며, 따라서 순전히 지각에 따라 움직이는 그들의 의식적 심리에 대한 평가로는 적절하지 않다. 그리고 두 유형의 의식적 심리는 그 비합리적인 본질 때문에 합리적 판단에는 제대로 이해되지 않는다. 합리적인 정신에는 그런 잡동사니가 과연 "심리"라는 이름으로 불릴 가치가 있는지조차 의심스러워 보인다.

비합리적인 유형도 반대 유형의 사람을 똑같이 경멸적인 의견으로 공격한다. 비합리적인 유형은 합리적인 유형을 인생의 반쪽만 사는 사람들로 여긴다. 비합리적인 유형에겐 합리적인 유형의 유일한 목적이 살아 있는 모든 것들에게 이성의 족쇄를 채우고 판단으로 목을 죄는 일인 것처럼 보인다. 이것은 지극히 극단적인 예이지만, 그럼에도 불구하고 그런 예가 현실에서 일어나고 있다.

합리적인 유형의 관점에서 본다면, 말하자면 다른 유형의 사람에게 일어난 일을 바탕으로 판단한다면, 다른 유형은 열등한 부류의 합리주의자로 여겨질 수 있다. 왜냐하면 합리적인 유형의 눈에는 다른 유형의 사람들에게 일어나는 일이 결코 우연적인 일이 아닌 것으로 보이기 때문이다. 어쨌든 그 일에서는 그 사람이 주인공이 아닌가. 또 그 사람에게 닥친 일들은 합리적인 판단과 합리적인 의도에 따른 것으로 보이는데, 그가 바로 그런 일들에 걸려 비틀거리고 있기 때문이다. 합리적인 마음에는 사람들에게 일어나는 일들이 우연적이라는 생각은 상상도 안 되지만, 그 상상 불가능성은 비합리적인 유형이 합리적인 관념을 실제로 일어나는 사건보다 더 소중히 여기는 사람을 만날 때 느끼는 놀람과 별로 다르지 않다. 관념을 더 소중히 여기는 것이 비합리적인 사람에게는 믿을 만한 것으로 여겨지지 않는다. 이런 일들을 놓고 비합리적인 사람과 원칙의 문제로 논의하는 것은 대체로 절망적인 일이다. 왜냐하면 비합리적인 사람에게는 모든 합리적인 의사소통이 낯설고 불쾌하게 느껴지기 때문이다. 이는 합리적인 사람에게 상호 협의를 거쳐 의무를 정하지 않은 상태에서 계약을 맺는 것이 도무지 이해가 되지 않는 것이나 마찬가지이다.

이렇게 논하다 보니 이 두 가지 유형 사이의 정신적 관계라는 문제에 닿게 되었다. 프랑스 학파 최면술사들이 쓰는 용어에 따라, 현대 정신의학계에서 정신적 관계가 "라포르"(rapport)라 불리고 있다. 기본적으로 라포르는 일반적으로 인정받는 차이가 있음에도 불구하고 느끼는 동의의 감정에 있다. 정말이지, 차이가 존재한다는 사실을 인정하는 것은, 만약에 그것이 상호적이라면, 그 자체로 동의의 감정, 즉 라포르이다. 만약에 주어진 어떤 상황에서 이 동의의 감정을 평소보다 더 강하게 의식한다면, 우리는 이 감정이 그 본질을 더 이상 분석될 수 없는 어떤 감정일 뿐만 아니라 동시에 합의점을 개념의 형식으로 나타내고 있는 어떤 통찰이라는 사실을 발견한다.

이런 합리적인 설명은 오직 합리적인 유형에게만 통할 뿐 비합리적인 유형에게는 통하지 않는다. 비합리적인 유형의 라포르는 판단이 아니라 생활 속의 생생한 사건들의 유사성에 근거하기 때문이다. 비합리적인 유형이 느끼는 동의의 감정은 어떤 감각 또는 직관을 공통적으로 지각하는 데서 비롯된다. 합리적인 유형은 비합리적인 유형과의 라포르는 순전히 운에 좌우될 뿐이라고 말할 것이다.

만약에 어떤 사건에 의해서 객관적인 상황들이 정확히 조성된다면, 거기서 인간관계 같은 것이 일어나겠지만, 그 관계가 어느 정도 유효하고 또 어느 정도 이어질 것인지에 대해서는 아무도 예상하지 못한다. 합리적인 유형의 사람에게는 인간관계가 오직 외적 상황과 운명의 이해관계가 일치하는 선까지만 지속된다는 생각이 종종 고통스럽게 여겨진다. 이것이 합리적인 유형에게는 특별히 인간적인 것처럼 보이지 않지만, 비합리적인 유형이 특별히 아름다운 인간적인 상황을 보는 것은 바로 여기서다.

그 결과, 각 유형은 상대 유형에 대해 인간관계가 부족하고 신뢰할 만하지 못하며 친한 관계를 맺어서는 안 될 사람이라고 여기게 된다. 그러나 이런 불행한 결과가 나타나는 것은 사람이 다른 유형과의 관계의 본질을 평가하려고 의식적으로 노력할 때뿐이다. 이런 식으로 심리적으로 성실하게 노력하는 사람이 그다지 흔하지 않기 때문에, 관점의 절대적 차이에도 불구하고 서로 간에 라포르가 형성된다. 이런 식이다. 한 쪽 당사자는 말로 표현되지 않는 투사를 통해 상대방이 근본적으로 자신과 동일한 의견을 갖고 있다고 생각한다. 다른 한쪽은 객관적인 이해 공동체를 예측하거나 느낀다. 이때 전자는 이 공동체에 대해 전혀 의식하고 있지 않으며 공동체의 존재에 대한 이야기가 나오면 즉시 이의를 제기할 것이다. 이것은 후자에게 인간관계가 공통의 관점에 바탕을 둬야 한다는 생각이 절대로 떠오르지 않는 것과 똑같다. 이런 종류의 라포르는 아주 빈번하게 일어난다. 그것은 상호 투사에 의존하며, 이 투사가 훗날 많은 오해를 낳게 된다.

외향적인 태도에서 정신적 관계는 언제나 객관적인 요인들과 외적 결정 요인들의 지배를 받는다. 어떤 사람이 내면적으로 어떤 존재인가 하는 문제는 결코 결정적 중요성을 지니지 않는다. 현재 우리의 문화에서는 인간관계 문제에 외향적 태도를 취하는 것이 중요한 원칙이다. 물론 내향적 원칙도 있다. 그러나 내향적 원칙은 아직은 예외이며 시대의 관용에 기대야 한다.

03
내향적 유형

a. 의식의 일반적 태도

앞에서 이미 설명한 바와 같이, 내향적 유형이 외향적 유형과 두드
러지게 다른 점은 내향적 유형은 외향적 유형과 달리 대상이나 객
관적인 자료의 영향을 받지 않고 주관적인 요소들의 영향을 받는
다는 점이다. 나는 또한 내향적 유형은 대상에 대한 지각과 자신의
행동 사이에 자신의 주관적 관점을 끼워 넣고 있으며, 이 관점 때
문에 내향적 유형의 행동이 객관적인 상황에 적절한 그런 성격을
띠지 못한다는 점에 대해서도 언급했다. 당연히 이것은 내향적 유
형을 쉽게 보여주기 위한 특별한 예일 뿐이다. 이제 보다 넓은 바
탕에서 공식화를 시도할 때이다.

내향적인 의식도 당연히 외적 조건들을 알고 있지만, 이 의식은 주관적인 요소들을 결정적인 것으로 선택한다. 따라서 내향적인 의식은 지각과 인식에서 개인의 주관적 성향과 일치하는 감각 자극에 반응하는 요소에 좌우된다. 예를 들어, 두 사람이 똑같은 대상을 보고 있어도 그들이 받는 이미지가 똑같은 경우는 절대로 없다. 감각 기관의 민감도와 개인적 편차와 별도로, 지각된 이미지의 정신적 동화(同化)에서도 그 강도와 종류의 측면에서 근본적인 차이가 있다.

외향적 유형은 대상으로부터 자신에게로 오는 것에 지속적으로 끌리는 반면에, 내향적 유형은 주로 감각 인상이 주체의 내면에 일으키는 것에 의존한다. 물론 단 하나의 통각을 놓고 보면 그 차이는 매우 미미할 것이다. 그러나 정신의 전체 활동을 놓고 보면 차이가 아주 뚜렷해진다. 자아에 미치는 영향이 특히 더 두드러지게 나타난다. 오스트리아 철학자 오토 바이닝거(Otto Weininger)처럼 내향적 성격을 이기적이고, 자기중심적이고, 주관적이라고 설명하는 관점은 원칙적으로 그 성격을 오도하고 또 얕보고 있다고 나는 생각한다. 그 관점은 외향적인 태도를 가진 사람이 내향적인 사람의 본성에 대해 흔히 품는 편향을 반영하고 있다.

우리는 지각과 인식이 순수하게 객관적일 수는 없고 당연히 주관적이라는 점을 잊지 말아야 한다. 이 세상은 단순히 제 스스로의 모습으로만 존재하는 것이 아니라 나에게 비치는 모습으로도 존재한다. 정말이지, 근본을 파고들다 보면 우리에겐 주체에 의해 동화되지 않은 그런 세상을 판단할 기준이 전혀 없다는 사실이 확인된다. 만약에 우리가 주관적인 요소를 무시한다면, 그것은 절대적 인식의 가능성에 대한 회의(懷疑)를 전적으로 부정하는 것이나 다름없다. 이는 20세기로 바뀌는 시점에 세상을 망쳐놓은, 진부하고 공허한 실증주의로 퇴보한다는 것을 의미할 것이다. 실증주의라면 감정을 무시하고 지적으로 오만하게 굴면서 삶의 활력을 훼손시키는 그런 태도가 아닌가.

우리는 우리의 객관적 인식 능력을 과대평가함으로써 주관적인 요소의 중요성을 억누르고 있다. 그것은 곧 주체의 부정을 의미한다. 그런데 주체가 무엇인가? 주체는 인간 자신이다. 우리가 주체인 것이다. 오직 병적인 정신만이 인식이 주체를 가져야 한다는 사실을, 그리고 "나는 알아"라는 말을 하지 않고는 어떠한 지식도 없고 이 세상도 없다는 사실을 망각할 수 있을 것이다. "나는 알아"라는 말 자체가 이미 모든 지식의 주관적 한계를 암시하고 있다.

이는 모든 정신적 기능들에 두루 적용된다. 정신적 기능들은 모두 대상만큼이나 불가결한 주체를 갖고 있다. 현재 외향 쪽으로 경도되어 있는 우리 현대인의 가치관에 나타난 한 가지 특징이 바로 "주관적"이라는 단어가 대체로 비난처럼 들린다는 점이다. 여하튼 대상의 절대적 우월성을 무조건적으로 확신하지 않는 사람의 머리 위로 "주관적일 뿐"이라는 표현이 마치 무슨 무기처럼 휘둘러지고 있다. 그래서 우리는 이 탐구에서 "주관적"이라는 표현이 의미하는 바를 명확히 알 필요가 있다.

주관적인 요소를 통해서 나는 대상이 일으킨 효과와 통합되는 그 심리적 작용이나 반작용을 이해하고, 또 그렇게 함으로써 새로운 정신적 자료를 낳는다. 주관적인 요소가 아주 오래 전부터 또 모든 사람들 사이에 상당히 일정하게 남아 있고 또 기본적인 지각과 인식이 거의 똑같은 한, 주관적인 요소도 외부의 대상만큼이나 확고한 하나의 현실이다. 만약에 그렇지 않다면, 영구하고 기본적으로 불변하는 현실 같은 것은 상상도 할 수 없을 것이며, 과거에 대한 어떠한 이해도 불가능할 것이다. 따라서 이런 의미에서 본다면, 주관적 요소는 바다의 넓이와 지구의 반경만큼이나 불가피한 자료이다. 게다가, 주관적인 요소는 우리가 살고 있는 세상의 한 공통적인 결정 요소로서, 말하자면 우리의 계산에서 절대로 배제될 수 없는 요소로서의 모든 가치를 두루 지니고 있다. 주관적인 요소는 또 하나의 보편법이며, 자신을 보편법에 바탕을 둔 사람이면 누구나 대상에 의존하는 사람만큼이나 확실하고 영원하고 유효한 토대를 갖고 있다.

그러나 대상과 객관적인 자료가 변화하고 따라서 영구히 똑같을 수 없는 것과 마찬가지로, 주관적인 요소도 개인에 따라 다 다르기 마련이다. 이런 이유 때문에 주관적 요소의 가치도 오직 상대적일 뿐이다. 말하자면, 내향적인 관점이 과도하게 발달했다고 해서 주관적 요소의 활용이 더 훌륭하고 더 건전해지는 것은 아니라는 뜻이다. 내향적인 관점이 지나치면 오히려 "주관적일 뿐"이라는 비난을 피하기 어렵게 만드는, 의식의 인위적 주체화를 낳을 가능성이 있다. 그러면 탈(脫)주체화로 균형이 이뤄져야 하는데, 이때 탈주체화는 과장된 외향적인 태도로 나타난다. 그러나 내향적 태도가 정신적 적응에, 말하자면 언제나 존재하고 있고 또 아주 현실적이며 반드시 필요한 적응에 그 바탕을 두고 있기 때문에, "이기적" 이라거나 "자기중심적"이라는 따위의 표현은 적절하지 못하다. 이 표현들이 내향적 태도가 언제나 이기적인 자아의 문제라는 편견을 불러일으킬 것이기 때문이다. 이런 가정만큼 잘못된 것도 없다. 그런데도 외향적 유형이 내향적 유형을 판단하는 것을 보면 그런 가정이 끊임없이 보인다. 물론 나는 이 잘못을 외향적인 사람들 개인에게로 돌리지 않는다. 그보다 나는 그 탓을 사회 전반에 퍼진 외향적 관점으로 돌리고 싶다. 외향적 관점은 외향적 유형만 갖고 있는 것이 아니다. 왜냐하면 내향적인 사람들 중에도 스스로에게 피해를 입혀가면서까지 외향적 관점을 가지려는 사람들이 많기 때문이다. 자신의 본성에 솔직하지 못하다는 비난은 내향적 유형에게만 해당되고 또 그 유형에만 불리하게 작용할 뿐이며, 외향적 유형에게는 해당되지 않는다.

내향적 태도는 대체로 정신적 구조의 영향을 강하게 받으며, 이 정신적 구조는 원칙적으로 유전적으로 타고나는 것이다. 그러나 정신 구조를 단순히 주체의 자아와 동일한 것으로 여겨서는 안 된다. 정신 구조는 자아의 발달이 일어나기 전에 존재하는 것이다. 진정으로 근본적인 주체, '자기'는 자아보다 훨씬 더 포괄적이다. 왜냐하면 자기는 무의식을 포함하는 반면에 자아는 기본적으로 의식의 중심이기 때문이다. 만약에 자아가 자기와 동일하다면, 우리가 가끔 꿈 속에서 우리 자신을 아주 다른 형태로, 그리고 완전히 다른 의미를 지닌 존재로 보는 것이 터무니없는 일이 될 것이다. 그러나 자신의 자아와 자기를 혼동하고, 자아를 정신 작용의 주체로 찬양하고, 그리하여 앞에서 언급한 바와 같이 자신을 대상으로부터 소외시키는 의식의 주체화를 야기하는 것이 내향적 유형의 이상한 특징이다.

정신적 구조는 리하르트 제몬(Richard Semon)이 "밈"(mneme)이라고 부르는 것과 내가 "집단 무의식"이라고 부르는 것과 같다. 개별적 자기는 살아 있는 모든 생명체들의 내면에 있는 무엇인가의 한 부분 또는 조각 또는 표본이고 또 특별한 유형의 심리적 행동의 한 전형이다. 이 심리적 행동의 전형은 종(種)에 따라 다르며, 종의 구성원 각자에게 태어날 때부터 심어져 있다. 타고난 종류의 행동은 오래 전부터 본능으로 알려져 왔으며, 타고난 종류의 정신적 이해에 대해 나는 원형(原型)이라고 부르자고 제안했다. 나는 본능에 의해 이해되는 것은 우리 모두에게 익숙하다고 생각한다. 그처럼 익숙한 것이 원형의 또 다른 특성이다. 내가 본능으로 이해하고 있는 그것은 내가 야코프 부르크하르트(Jacob Burchhardt)의 용어를 빌려 "원초적 이미지"라고 부르는 그것과 동일하다. 여기서 나는 독자들에게 "이미지"의 정의에 대해 언급해야 한다.

원형은 언제나 의식적인 관념이 전혀 없거나 내적 혹은 외적 이유로 억눌러질 때 작동하기 시작하는 어떤 상징적인 공식이다. 집단 무의식의 내용물은 사물을 보는 방식과 선호를 통해서 의식에 영향을 미친다. 이 같은 주관적인 성향과 관점은 대체로 대상에 의해 결정되는 것으로 여겨진다. 그런데 이건 틀린 생각이다. 왜냐하면 주관적 성향과 관점이 원형의 무의식적 구조 안에 박혀 있으면서 단지 대상의 효과에 의해 방출되기 때문이다. 그 성향과 관점이 대상의 영향력보다 더 강하고, 그것들의 정신적 가치도 더 높다. 그렇기 때문에 그 성향과 관점은 모든 인상에 영향을 미치게 되어 있다. 따라서 내향적 유형의 사람에게 대상이 언제나 결정적인 요인이 되어야 한다는 점이 이해되지 않듯이, 외향적인 사람에게는 주관적인 관점이 객관적 상황보다 우위에 설 수 있다는 것이 수수께끼처럼 들린다. 그래서 외향적인 유형은 내향적인 유형의 사람을 두고 자부심 강한 이기주의자라거나 바보 같은 고집쟁이라는 식으로 결론을 내리지 않을 수 없다.

오늘날 내향적 유형은 무의식에 권력 콤플렉스를 품고 있다는 의심을 살 것이다. 내향적 유형은 확실히 이런 의심의 눈길을 받을 짓을 한다. 왜냐하면 처음부터 다른 사람의 의견을 배제하는 듯한 내향적 유형의 표현 방식이 외향적 유형의 모든 편견을 뒷받침하는 것처럼 보이기 때문이다. 게다가 객관적인 자료를 모두 무시하는 듯한 내향적 유형의 주관적 판단의 경직성은 그 자체로 자기중심적이라는 인상을 주기에 충분하다.

이 같은 편견 앞에서 내향적 유형은 언제나 적절히 해명할 길을 찾지 못해 당혹스러워 한다. 왜냐하면 그가 자신의 주관적 판단과 지각의 바탕이 되고 있는, 무의식적이지만 꽤 유효한 가정들에 대해 잘 모르고 있기 때문이다. 그래서 내향적 유형의 사람도 시대 분위기에 편승하며 어떤 대답을 찾아 바깥을 본다. 그 대답을 자신의 의식 뒤에서 찾으려 하지 않고 말이다. 내향적 유형의 사람이 신경증을 보인다면, 그것은 그 사람이 자아와 자기를 완전히 동일시하고 있다는 신호이다. 그러면 자기의 중요성이 거의 바닥으로 떨어지는 반면에 자아는 상상을 초월할 만큼 부풀려진다. 그러면 세상을 창조해내는 주관적 요소의 힘이 무한한 권력 콤플렉스와 어리석은 이기심을 일으키면서 자아에 집중하게 된다. 인간의 본질을 무의식적 권력으로 돌리는 모든 심리학은 이런 종류의 경향에서 나온다.

b. 무의식의 태도

주관적인 요소가 의식을 지배하는 현상은 당연히 대상의 평가절하를 수반한다. 대상에게 응당한 중요성을 부여하지 않는 것이다. 대상은 외향적인 태도에서는 매우 중요한 역할을 하지만 내향적인 유형에게는 아주 작은 의미밖에 지니지 못한다. 내향적 유형의 의식이 주체화되고 자아에 과도한 중요성이 부여되기 때문에, 대상은 결국엔 허물어지고 말 그런 위치에 놓이게 된다. 대상은 그 힘을 부정할 수 없는 요소인 반면에, 자아는 매우 제한적이고 연약하다. 만약에 자기가 대상과 맞선다면, 그것은 아주 다른 문제가 될 것이다. 자기와 세상은 균형 잡힌 요소들이다. 따라서 정상적인 내향적 태도라면 정상적인 외향적 태도만큼이나 정당하고 유효하다.

　그러나 만약에 자아가 주체의 권리를 몽땅 다 빼앗아 버린다면, 이는 자연히 보상에 의해서 대상의 영향력을 무의식적으로 강화하는 현상을 낳는다. 그러면 자아의 우월을 확보하기 위한 발작적 노력에도 불구하고, 대상이 압도적인 영향력을 행사하게 되고, 이 영향력을 극복하는 일은 더욱 어려워진다. 왜냐하면 이 영향력이 그 개인을 부지중에 붙잡고 늘어지며 그의 의식에 힘을 발휘하기 때문이다. 자아와 대상의 관계가 적응과 거리가 먼 관계가 됨에 따라, 무의식에 보상적인 어떤 관계가 일어나고 이 관계는 대상과 절대적이고 억압 불가능한 연결을 맺는 형식으로 나타난다. 여기서 적응과 거리가 먼 관계라고 말하는 이유는 대상을 지배하려는 욕망이 결코 적응은 아니기 때문이다.

자아는 의무로부터의 자유와 독립성, 우월성 등을 지키려는 투쟁을 강하게 벌일수록 더 심하게 객관적 자료의 노예가 된다. 개인의 정신의 자유는 경제적 의존이라는 족쇄가 채워져 있고, 행동의 자유는 여론 앞에 떨고 있고, 도덕적 우월은 열등한 관계들의 곤경 속에 붕괴되고, 지배하려는 욕망은 사랑 받고자 하는 갈망으로 바뀌고 만다. 이제 대상과의 관계를 돌보는 것은 무의식이며, 이 무의식은 권력의 환상과 우월의 공상을 완전히 깨뜨려 버리는 쪽으로 그 관계를 이끌게 된다.

대상은 대상을 깎아내리려는 의식의 시도에도 불구하고 놀라울 정도의 비중을 차지한다. 따라서 대상으로부터 스스로를 떼어 놓는 방식으로 대상을 통제하려던 자아의 노력은 그만큼 더 폭력적으로 변하게 된다. 결국엔 자아는 우월의 착각만이라도 간직할 목적으로 스스로를 방어 체계로 에워싼다(아들러에 의해 적절히 묘사되었다). 이제 대상으로부터 소외되려는 내향적 유형의 노력이 마무리된다. 내향적 유형의 사람은 한편으로는 방어조치로 스스로를 지치게 만들고 다른 한편으로는 대상에 자신의 의지를 강조하고 자신을 내세우려는 헛수고를 계속한다. 이 노력은 대상에게서 받는 압도적인 인상들 때문에 끊임없이 좌절된다. 대상은 그 사람의 의지와 상관없이 그에게 강하게 가 닿고, 그의 내면에서 매우 불쾌한 정서를 불러일으키고, 걸음마다 그를 괴롭힌다. 내향적 유형이 "계속 앞으로 나아가기" 위해서는 엄청난 내면의 투쟁이 필요하다. 그의 신경증이 취하는 전형적인 형태가 정신쇠약인데, 이 병의 특징은 과도한 민감성과 만성 피로이다.

이런 개인의 무의식을 분석해보면, 권력에 관한 공상이 많이 드러난다. 그 공상엔 그가 강제적으로 활성화시킨, 대상들에 대한 두려움도 수반된다. 그런데 그가 종종 이 두려움의 희생자가 된다. 대상에 대한 두려움은 기이한 종류의 소심함으로 발전한다. 그는 자신이나 자신의 의견을 드러내길 꺼린다. 그렇게 할 경우에 대상의 권력만 키워줄 뿐이라는 두려움에서다. 그는 타인들의 내면에 일어날 강력한 감정들을 무서워하며 적대적인 영향을 받을 수 있다는 공포로부터 좀처럼 놓여나지 못한다.

대상들은 그에게 무섭게 다가오는 특성들을 갖고 있다. 이 특성들은 그가 대상을 보면서 의식적으로 식별하지 않지만 무의식적 지각을 통해 보고 있다고 상상하는 그런 특성들이다. 그와 대상의 관계가 대부분 억압되어 있기 때문에, 대상과의 관계는 무의식을 통해서 일어나며 무의식은 대상의 특성들로 채색된다. 이 특성들은 대부분이 유치하고 발달하지 않았으며, 따라서 대상과의 관계도 마찬가지로 원시적이며 대상은 마법의 힘을 지닌 것처럼 보인다. 이상하고 새로운 모든 것은 마치 미지의 위험을 숨기고 있는 것처럼 두려움과 불신을 불러일으킨다. 조상 대대로 내려오는 세습 재산 같은 것이 그의 영혼에 눈에 보이지 않는 끈으로 연결되어 있다. 어떠한 변화도, 심지어 명백히 위험해 보이지 않는 변화조차도 그를 당황하게 만든다. 그 변화가 대상의 마법 같은 생명력을 상징하는 것처럼 보이기 때문이다. 그의 이상향은 자신이 허용하는 것 외에는 아무것도 움직이지 않는 외딴 섬이다. 독일 소설가 피셔(Friedrich Theodor Vischer)의 소설 '또 다른 사람'(Auch Einer)이 내향적인 사람의 심리의 이런 측면과 집단 무의식의 바탕에 깔린 상징성에 대한 통찰을 제시하는 작품이다. 그러나 여기서 집단 무의식의 문제는 옆으로 밀어놓아야 한다. 이유는 집단 무의식이란 것이 유형의 묘사에만 특유한 것이 아니고 일반적인 현상이기 때문이다.

c. 내향적 태도에 나타나는 기본적 심리 기능들의 특성

사고

외향적 사고를 논하는 대목에서 내향적 사고에 대해서도 간단히 설명했지만 여기서 다시 언급해야 한다. 내향적 사고는 주로 주관적 요소의 영향을 강하게 받는다. 주관적인 요소는 종국적으로 판단을 결정하는 어떤 안내의 감정으로 모습을 드러낸다. 간혹 주관적인 요소는 다소 완전한 이미지로 나타나는데, 이때 이 이미지는 기준의 역할을 한다. 그러나 내향적 사고가 구체적인 대상에 관심을 갖든 아니면 추상적인 대상에 관심을 갖든, 그 사고는 결정적인 순간에는 언제나 주관적 자료에 의존한다.

내향적 사고는 구체적인 경험에서 시작하지도 않고 다시 대상으로 돌아가지도 않으며 언제나 주관적인 내용으로 돌아간다. 외적 사실들은 이 사고의 목표도 아니고 기원도 아니다. 내향적 유형의 사람이 종종 자신의 사고가 그런 식으로 보이길 원하지만, 실제로는 전혀 그렇지 않다. 내향적 사고는 현실의 영역으로 깊이 들어갈지라도 어디까지나 주체에서 시작하여 다시 주체로 돌아간다.

새로운 사실들을 확립하는 일과 관련해서 내향적 사고는 오직 간접적으로만 가치를 지닌다. 왜냐하면 내향적 사고의 주요 관심이 새로운 사실들에 대한 지식보다는 새로운 관점에 있기 때문이다. 내향적 사고는 질문들을 체계적으로 만들어내고 이론을 세우고 또 새로운 전망과 통찰을 제시하지만 사실들과 관련해서는 유보적인 태도를 취한다. 사실들은 실제적인 예로서 매우 훌륭하지만 사실들에게 지배권을 행사하는 것까지 허용해서는 안 된다. 사실들은 이론의 증거로 수집되지만 사실 자체를 위해 수집되는 것은 아니다. 만약에 사실들이 사실 자체를 위해 수집되는 일이 벌어진다면, 그것은 단지 외향적 스타일에 양보하는 것일 뿐이다.

이런 종류의 사고에 사실들은 부차적인 중요성을 지닌다. 이런 종류의 사고에 가장 중요하게 여겨지는 것은 주관적 관념의 발달과 표현이다. 말하자면, 마음의 눈 앞에 흐릿하게 떠돌고 있는 상징적 이미지의 발달과 표현이 중요하다는 뜻이다. 내향적 사고의 목표는 구체적인 어떤 사실을 지적으로 다시 구축하는 것이 아니라, 흐릿한 이미지를 명쾌한 관념으로 다듬어내는 것이다. 내향적 사고는 현실에 가닿기를 원하고, 외적 사실이 관념의 틀과 어떻게 맞아떨어지는지 알길 원한다. 이 사고의 창조적인 힘은 실제로 어떤 관념을 창조할 때, 그러니까 구체적인 어떤 사실 안에 고유하지 않음에도 불구하고 그 사실을 추상적으로 가장 적절히 표현할 관념을 창조해낼 때 아주 잘 드러난다. 내향적 사고가 다듬어낸 관념이 너무나 당연히 외적 사실들로부터 나오는 것처럼 보이면서 그 외적 사실들이 그 관념의 유효성을 입증하게 될 때, 내향적 사고의 임무는 마무리된다.

그러나 외향적 사고가 구체적인 사실들로부터 건전한 경험적 개념을 끌어내거나 새로운 개념을 창조하지 못하는 것은 내향적 사고가 원래의 이미지를 사실들에 적절히 적용된 관념으로 좀처럼 바꿔놓지 못하는 것이나 마찬가지이다. 왜냐하면 외향적 사고의 경우에 사실들을 순수하게 경험적으로만 축적하는 것이 오히려 사고를 마비시키고 사실들의 의미를 은폐하듯이, 내향적 사고도 사실들을 이미지의 형태로 강제적으로 바꾸거나 공상이 맘껏 나래를 펴도록 하기 위해 사실들을 무시하는 위험한 성향을 갖고 있기 때문이다. 그런 경우에, 완성된 산물, 즉 관념이 미발달한 흐릿한 이미지에서 파생물이 나오는 것을 막는 것은 불가능할 것이다. 그런 관념은 사람들이 "독창성"으로 해석하거나 조금 더 뚜렷한 경우에는 단지 기이한 생각으로 해석할 수 있는 그런 신화적인 색채를 띨 것이다. 왜냐하면 그 관념의 원시적인 성격이 신화적인 주제를 잘 알지 못하는 전문가들에게 즉시 명확하게 보이지 않기 때문이다.

이런 종류의 관념이 발휘하는 확신의 주관적인 힘은 대체로 아주 강하다. 이 관념이 외적 사실들과 접촉을 덜할수록 그 주관적인 힘은 더욱더 강해진다. 이 관념을 창조한 사람에게는 사실들이라는 자신의 빈약한 창고가 이 관념의 진실성과 유효성의 실제 원천처럼 보일 테지만, 실제로 보면 그렇지 않다. 왜냐하면 이 관념은 그 확신의 힘을 영원히 유효한 진리인 무의식적 원형에서 끌어내고 있기 때문이다. 그러나 이 진리는 너무나 보편적이고 너무나 상징적이다. 그렇기 때문에 이 진리가 삶에 어떤 가치를 지니는 실용적 진리가 되기 위해서는 먼저 그 시대의 인정받는 지식과 동화될 수 있어야 한다. 예를 들어, 이 진리가 어디서도 실질적 원인과 실질적 결과로 인정을 받지 못한다면, 도대체 이 진리의 인과성은 어떻게 되는가?

이런 종류의 사고는 주관적인 요소라는 거대한 진리 속에서 쉽게 길을 잃고 만다. 이 사고는 이론을 위한 이론을 창조한다. 이때 이 사고는 진정한 사실들 또는 적어도 가능한 사실들을 고려하지만 언제나 관념의 세계로부터 단순한 이미지로 넘어가려는 경향을 분명하게 보인다. 따라서 수없이 많은 가능성의 환상이 나타나지만 그 중에서 현실이 되는 것은 하나도 없다. 그러다 종국적으로 이미지들이 만들어지지만, 그 이미지들은 더 이상 외적으로 진정한 것을 아무것도 표현하지 않는다. 이미지들은 이제 말로도 표현하지 못하고 알지도 못하는 것들의 상징에 지나지 않는다. 이 사고는 지금 단순히 신비주의적 사고에 지나지 않으며, 이젠 객관적인 자료에 집착하는 사고만큼이나 무익해 보인다.

객관적인 자료에 집착하는 사고가 단순히 사실들을 재현하는 수준으로 떨어지는 한편, 신비주의적 사고는 이미지로 표현될 수 있는 것들을 훨씬 뛰어넘으면서 표현할 수 없는 것들에 대한 표현 속으로 증발해 버린다. 사실들의 표현은 명백한 진리를 담고 있다. 왜냐하면 주관적인 요소가 배제되고 사실들이 스스로를 증명하고 있기 때문이다. 마찬가지로, 표현될 수 없는 것들에 대한 표현도 확신이라는 주관적인 힘을 갖는다. 왜냐하면 그 표현될 수 없는 것이 스스로 존재를 드러내 보이기 때문이다. 한 사람은 "나는 존재한다. 고로 나는 존재한다."라고 말하고, 다른 사람은 "나는 생각한다. 고로 나는 생각한다."라고 말한다.

내향적인 사고가 극단으로 흐를 경우에 사고 자체의 주관적 존재를 뒷받침하는 증거에 닿고, 외향적인 사고가 극단으로 흐를 경우에 객관적인 사실과의 완전한 동일시를 뒷받침하는 증거에 닿는다. 후자가 대상 속으로 증발해 버림으로써 자기 자신을 부정하듯이, 전자는 모든 내용물을 다 비우고 단순히 존재하는 것만으로 만족해야 한다. 두 경우 모두, 삶의 추가적인 전개는 사고 기능에서 빠져나와 그때까지 상대적으로 무의식 상태에 있던 다른 정신적 기능의 영역에서 이뤄진다. 내향적 사고의 특별한 빈약은 무의식적 사실들의 풍부함에 의해 보상된다. 의식이 사고 기능에 의해서 가장 좁고 빈곤한 영역으로 몰릴수록, 무의식적 공상들이 미발달한 내용물의 증식에 의해 더욱 풍성해질 것이다. 아마 무의식적 공상들은 비합리적이고 신비적인 형상들이 모인 "복마전(伏魔殿)"이 될 것이며, 이 형상들의 특징은 삶의 도구로서 사고 기능을 대체할 기능의 본질과 일치할 것이다.

만약에 그 기능이 직관 기능이라면, 그 "다른 면"은 오스트리아 화가 알프레드 쿠빈(Alfred Kubin)이나 소설가 구스타프 마이링크 같은 사람의 눈을 통해서 보게 될 것이다. 만약에 그것이 감정 기능이라면, 좀체 들어보지 못한 공상적인 감정 관계가 모순적이고 이해할 수 없는 가치 판단과 더불어 형성될 것이다. 만약에 그것이 감각 기능이라면, 감각들이 신체의 안과 밖에서 새로운 무엇인가, 한 번도 경험해보지 않은 무엇인가의 냄새를 맡을 것이다. 이 변화를 면밀히 들여다보면, 온갖 특징을 두루 갖춘 원시적인 심리가 재연되는 것이 쉽게 확인될 것이다. 당연히 그런 경험들은 원시적인 것만은 아니다. 그 경험들은 상징적이기도 하다. 사실, 원초적이고 원생적인 경험일수록 미래의 어떤 진리를 더 많이 표현하고 있다. 왜냐하면 무의식 안의 오래된 모든 것은 다가오는 무엇인가를 암시하고 있기 때문이다.

보통 상황에서도, "다른 면"에 도달하려는 시도는 성공하지 못할 것이다. 그러니 무의식을 통한 보상의 여정은 성공하기가 더욱 어렵다. 그 여정은 대체로 자아를 무의식의 실체와 무의식의 결정에 종속키는 데 대한 의식의 저항에 의해 봉쇄된다. 바로 이것이 분열 상태이다. 달리 말하면, 정신 쇠약의 징후들이 특징인 그런 신경증이다.

내향적 사고 유형

다윈을 정상적인 외향적 사고 유형의 한 예로 여길 수 있듯이, 내향적 사고 유형은 칸트로 대표될 수 있다. 다윈은 사실들을 바탕으로 말하고, 칸트는 주관적인 요소에 의존한다. 다윈은 넓은 범위의 객관적 현실을 다룬다. 칸트는 인식에 대한 비판으로 스스로를 한정시킨다. 프랑스 동물학자 조르주 퀴비에(Georges Cuvier)와 니체는 이보다 더 극명한 대조를 이룬다.

내향적 사고 유형은 내가 방금 묘사한 종류의 사고가 으뜸을 차지하는 것이 그 특징이다. 외향적 사고 유형처럼, 내향적 사고 유형도 관념의 영향을 강하게 받는다. 비록 관념의 기원이 객관적인 자료가 아니라 그 사람의 주관적 바탕이긴 하지만 말이다. 내향적 사고 유형은 외향적 유형처럼 자신의 관념을 따를 것이지만 그 방향은 외향적 유형과 정반대이다. 외향이 아니라 내향인 것이다. 내향적 유형의 목표는 넓이가 아니고 치열함이다.

이런 근본적인 점들에서, 내향적 사고 유형은 외향적 사고 유형과 꽤 다르다. 외향적 유형을 두드러지게 만드는 것, 즉 대상과의 밀접한 관계는 모든 내향적 유형에서와 마찬가지로 내향적 사고 유형에도 거의 없다. 만약에 그 대상이 어떤 사람이라면, 이 사람은 내향적 사고 유형에게 자신이 부정적인 쪽으로만 중요하다는 느낌을 받을 것이다. 이 사람은 비교적 부드러운 내향적 사고 유형 앞에서는 자신이 불필요한 존재라는 느낌을 받을 것이지만, 극단적인 유형을 상대하고 있다면 자신이 불온한 존재로 배척당하고 있다는 느낌을 받을 것이다. 무관심에서부터 혐오에 이르기까지 다양한 모습으로 나타나는 대상과의 이런 부정적인 관계는 모든 내향적 유형의 특징임과 동시에 이 유형에 대한 설명을 아주 어렵게 만드는 요소이다. 내향적인 사고 유형에 관한 모든 것은 사라지고 숨겨지는 경향을 보인다. 그의 판단은 냉정하고, 완고하고, 자의적이고, 무모하다. 왜냐하면 그 판단이 대상보다 주체와 훨씬 더 관련이 깊기 때문이다. 사람들은 그의 판단에서 대상에 보다 높은 가치를 부여할 수 있는 것을 아무것도 느끼지 못한다.

내향적 사고 유형의 판단은 언제나 대상을 우회하고 주변 사람들에게 주체가 우월하다는 인상을 남긴다. 그 사람 자신은 점잖고 상냥하고 친절하겠지만, 다른 사람은 그를 보면서 이면의 동기, 즉 반대자를 무장해제시키고자 하는 동기를 폭로하고 있는 어떤 거북함을 끊임없이 보게 된다. 내향적 사고 유형에게 이 반대자는 자신에게 해를 입히지 않도록 하기 위해 어떠한 수단을 써서라도 달래고 진정시켜야 할 대상이다. 물론 어떠한 의미에서도 여기서 말하는 다른 사람은 그의 반대자가 아니다. 그러나 만약에 다른 사람이 아주 민감하다면, 그 사람은 자신이 배척 당하는 듯한 느낌을 받고 심지어 내향적 사고 유형 앞에서 초라해지는 기분을 느낄 것이다.

대상은 반드시 어느 정도 무시를 당해야 하며, 병적인 경우에는 그 대상을 놓고 아주 불필요한 예방조치까지 취해진다. 따라서 이 유형은 오해의 구름 뒤로 사라지는 경향이 있다. 만약에 그가 보상에 의해서나 아니면 자신의 열등한 기능의 도움을 받아서 자신의 진짜 본성과 영 딴판으로 세련미를 풍기려 든다면, 그 구름은 더욱 두터워진다. 그는 자신의 관념 세계를 구축하는 데 따를 위험 앞에서 절대로 주춤하지 않으며, 또 위험하거나 파괴적이거나 다른 사람의 감정을 상하게 할 우려가 있다는 이유로 해야할 생각을 생각하지 않고 그러지는 않는다. 그럼에도 불구하고 그는 자신의 생각을 객관적인 현실로 담아내야 하는 상황에 처하면 불안한 마음에 무척 힘들어할 것이다. 그것이 성미에 맞지 않기 때문이다. 그리고 자신의 사상을 세상에 제시할 때, 그는 아이들을 달래는 엄마처럼 그것들을 부드럽게 소개하지 않고 세상에 마구잡이로 쏟아붓고는 사상들이 제대로 뿌리를 내리지 못하기라도 하면 대단히 괴로워하게 된다. 그의 심각한 비실용성과 공개적인 자리에 대한 두려움도 이것과 관계가 있다.

만약에 그의 눈에 자신의 산물이 옳고 진실해 보인다면, 그것은 실제에 있어서도 옳고 진실해야 하며 다른 것들은 그 진실 앞에 머리를 조아려야 한다. 그가 자신의 산물에 대해 다른 사람, 특히 영향력 있는 사람의 평가를 들으려고 자신의 길에서 벗어나는 경우는 거의 일어나지 않는다. 만약에 혹시라도 이 유형의 사람이 그런 식으로 한다면, 그 사람은 대체로 그 일을 어색하게 해낼 것이기 때문에 오히려 의도한 것과 정반대의 결과를 부를 수 있다.

그는 자기 분야의 라이벌과는 대체로 좋지 않은 경험을 하게 된다. 왜냐하면 그가 경쟁자들의 비위를 맞추는 방법을 제대로 알지 못하기 때문이다. 대체로 그는 경쟁자들에게 그들이 자신에게 얼마나 불필요한 존재인지를 보여주는 데에만 성공할 뿐이다. 그는 자신의 관념들을 추구하면서 완고하고, 고집 세고, 남의 영향을 절대로 허용하지 않는 모습을 보일 것이다. 그가 개인적인 영향력에 취약하다는 점은 이와 이상할 만큼 대비를 이룬다. 그는 어떤 사람이 악의를 품고 있지 않다는 확신만 서면 아주 바람직하지 않은 요소에도 자신을 그냥 노출시켜 버린다. 이 요소들은 무의식에서 그를 사로잡는다. 그는 평화롭게 자신의 관념을 추구할 수만 있다면 자신이 아주 비열하게 착취당하더라도 가만 있는다. 그는 자신이 등 뒤로 약탈당하고 속임수에 넘어가면서도 그 같은 사실을 보지 않는다. 그에겐 사람들이나 사물들과의 관계가 이차적이고 또 자신의 산물에 대한 객관적인 평가가 신경써야 할 만큼 중요한 것이 아니기 때문이다.

그는 자신의 문제를 최대한 깊이 파고든다. 그래서 그는 오히려 문제를 더욱 복잡하게 만들고, 그러면서 양심의 가책과 오해에 끊임없이 시달린다. 그의 생각들의 내적 구조가 그에게 아무리 명확하게 보일지라도, 그 생각들이 현실의 세계와 어디서 어떤 식으로 연결되고 있는지에 대해 그는 거의 알지 못한다. 그는 자신에게 분명한 것이 다른 사람에게는 그만큼 분명하지 않을 수 있다는 점을 인정하는 데에도 무척 힘들어 한다. 그의 글에서 온갖 종류의 부가 설명과 유보, 단서 조항, 의심 등이 발견될 것이다. 이 모든 것은 그의 꼼꼼함 때문에 생기는 것이다. 그의 일은 느리고 힘들게 진행될 것이다.

개인적 관계에서 그는 무뚝뚝하게 굴거나 자신을 이해하지 못하는 사람들을 공격한다. 왜냐하면 그에겐 자기를 이해하지 못한다는 것은 곧 그 사람이 어리석다는 점을 증명하는 증거이기 때문이다. 어쩌다 이해를 받기라도 하면, 그는 자신의 역량에 대한 타인의 과대평가를 경솔하게도 그냥 믿어 버린다. 야심에 찬 여자들은 이런 유형의 남자가 실질적인 문제에 무지하다는 사실을 이용하면 쉽게 그 사람을 휘어잡을 수 있다. 그런 일이 일어나지 않으면, 이런 유형의 남자는 어린애 같은 마음을 가진 비관적인 독신자가 될 것이다.

종종 그는 행동에서 서툰 면을 보이고, 타인의 시선을 피하려 노심초사하거나 아니면 세상사에 무관심하거나 아이처럼 순진한 모습을 보일 것이다. 그는 자신의 전문 분야에서 대단히 심한 반대를 불러일으키면서도 그것을 다루는 방법에 대해서는 아는 바가 전혀 없다. 그를 대충 알고 지내는 사람은 그가 정도 없고 거만하다고 생각한다. 그러나 그를 깊이 아는 사람은 그에 대해 좋은 평가를 내놓는다. 가까운 친구는 그의 친밀을 대단히 높이 평가한다. 아웃사이더들에게는 그가 성가시고, 가까이하기 어렵고, 오만하고, 가끔 비사교적인 편향 때문에 꽤 까다로운 존재로 느껴진다. 개인적인 스승으로서 그는 거의 아무런 영향력을 발휘하지 못한다. 왜냐하면 학생들의 심리 상태를 잘 모르기 때문이다. 게다가, 가르치는 일이 이론적인 문제를 제기하지 않는다면 그의 관심을 전혀 끌지 못한다. 그는 형편없는 선생이다. 왜냐하면 학생들을 가르치는 내내 그의 생각이 생각 자체에 몰입해 있는 탓에 그가 자신의 생각을 학생들에게 전달하는 일에 소홀하기 때문이다.

그의 유형이 강화되면, 그의 확신 또한 그만큼 더 엄격해지고 완강해진다. 외부 영향이 차단되고, 한 사람의 개인으로서 그는 넓은 범위의 지인들에게 무감각해지고, 따라서 몇 사람의 친한 사람들에게 더욱 의존하게 된다. 그의 말투도 보다 개인적이고 무뚝뚝해지며, 사상이 그의 내면에서 깊이를 얻음에도 불구하고 적절히 표현되지 못한다. 이를 보상하기 위해, 그는 감격성과 민감성에 의지한다. 그가 무뚝뚝하게 막았던 외부의 영향이 안쪽에서부터, 그러니까 무의식으로부터 그를 공격하게 되고, 그는 자신을 방어하기 위한 노력으로 아웃사이더들에게는 너무나 하찮아 보이는 것을 공격하고 나선다.

대상과의 관계가 부족한 탓에 일어나는 의식의 주체화 때문에, 그때까지 그가 은밀히 끌렸던 것들이 이제는 극도로 중요한 것처럼 보인다. 그는 주관적인 진리와 자신의 인격을 혼동하기 시작한다. 비록 그가 자신의 확신을 개인적으로 다른 사람들에게 강요하려 들지는 않을지라도, 그는 정당한 비판에 대해서조차도 악의적으로 대응할 것이다. 따라서 그의 고립은 점점 더 심화된다. 원래 그의 정신세계를 비옥하게 가꿨던 관념들이 이젠 비통(悲痛)의 퇴적물에 오염되어 파괴적으로 변했다. 그의 외적 고립이 심화됨에 따라, 무의식에서 나오는 영향력에 맞서려는 그의 투쟁 또한 격화된다. 그러다 마침내 그 영향력이 그를 절름거리게 만든다. 그는 자신이 고독 속으로 더욱 깊이 파고들면 무의식의 영향력을 피할 수 있을 것이라고 생각한다. 그러나 대체로 보면 그런 식의 대응은 그가 내면에서 자신을 파괴하고 있는 갈등 속으로 더욱 깊이 빠져들도록 만든다.

내향적 유형의 사고는 원초적인 이미지들의 영원한 타당성과 더욱더 가까운 관념들을 개발하는 일에 적극적이고 또 통합적인 모습을 보인다. 그러나 그 관념들과 객관적인 경험의 연결이 갈수록 약해지기 때문에, 관념들은 신화적인 분위기를 풍기고, 따라서 현재 상황에는 더 이상 통하지 않게 된다. 따라서 그의 사고는 당시의 알려진 사실들과 지적으로 명백히 연결되는 경우에 한해서만 동시대인들에게 가치를 지니게 된다. 그의 사고는 신화적인 분위기를 띠는 순간 더 이상 적절하지 못하게 되며, 자체의 논리로 계속 이어지게 된다. 감정과 직관과 감각의 평형 기능은 상대적으로 무의식적이고 열등하며, 따라서 기본적으로 외향적인 성격을 갖고 있다. 바로 이 점이 내향적 사고 유형이 귀찮은 외적 영향에 취약한 이유를 설명해줄 것이다. 그런 사람들이 자신의 주위에 둘러치고 있는 다양한 보호 장치와 심리적 지뢰밭은 모두에게 잘 알려져 있다. 여기서 그 보호 장치와 심리적 지뢰밭에 대해 상세히 설명할 필요까지는 없을 것이다. 그것들은 모두 "마법적인" 영향들을 방어하는 역할을 맡는다. 그 중에는 여자에 대한 막연한 두려움도 포함된다.

감정

내향적 감정은 원칙적으로 주관적 요인에 의해 결정된다. 내향적 감정도 외향적 감정과 근본적으로 다르다. 내향적 사고가 외향적 사고와 다른 것과 마찬가지이다. 내향적 감정이 작용하는 과정을 지적으로 설명하는 작업은 극도로 어렵다. 대충 설명하는 것조차도 힘든 일이다. 이런 종류의 감정이 지니는 특이한 성격을 알기만 하면 그 감정을 눈으로 확인하기가 쉽긴 하지만 말이다.

내향적 감정은 주관적으로 일어나고 대상에는 이차적으로만 관심을 기울인다. 그렇기 때문에 이 감정은 좀처럼 겉으로 드러나지 않으며 일반적으로 오해를 받게 된다. 내향적 감정은 대상을 과소평가하는 듯한 감정이며, 따라서 대부분 부정적으로 나타난다. 내향적 감정이 명확히 존재한다는 사실은 오직 간접적으로 추론될 수밖에 없다. 내향적 감정의 목표는 스스로를 대상에 맞게 조정하는 것이 아니라 기본적인 이미지들을 실현시키려는 무의식적 노력에서 대상을 종속시키는 것이다.

내향적 감정은 현실에 존재하지 않는, 환상 같은 것에서 본 어떤 이미지를 지속적으로 추구한다. 내향적 감정은 목적에 부합하지 않는 대상에는 조금도 신경을 쓰지 않고 그 위를 미끄러지듯 스쳐 지나친다. 그러면서 내향적 감정은 내적 강도를 높이려고 노력하는데, 이때 대상들은 기껏 그 강도를 높이는 자극제로 작용한다. 내향적 감정의 깊이는 짐작하는 수밖에 없다. 그 깊이가 명쾌하게 포착되는 예는 절대로 없다. 이 감정은 그 사람을 침묵하게 만들고 사람들이 접근하기 어려운 존재로 만든다. 이 감정은 주체의 깊이를 채우기 위해서 대상의 야만적인 본성 앞에서 제비꽃처럼 수줍은 듯 움츠러든다. 그러면서 이 감정은 부정적인 판단을 하거나 방어 수단으로 무관심을 꾸며 보인다.

물론, 원초적인 이미지들은 감정 못지않게 관념이다. 신과 자유와 불멸 같은 근본적인 관념들은 중요한 관념인 만큼 감정 가치들이다. 따라서 우리가 내향적 사고에 대해 한 말들 모두는 내향적 감정의 경우에도 그대로 통한다. 다만 내향적 감정의 경우에는 모든 것이 느껴지는데 내향적 사고의 경우에는 모든 것이 생각된다는 차이밖에 없다. 그러나 생각이 대체로 감정에 비해 보다 지적으로 표현될 수 있다는 바로 그 점 때문에, 내향적 감정의 풍성한 내용물이 밖으로 표현되거나 전달되기 위해서는 보통 수준 이상의 서술적 혹은 예술적 능력이 요구된다.

주관적 사고가 겉으로 명확히 언급되지 않는다는 사실 때문에 이해가 어렵다면, 주관적 감정의 경우에는 어려움의 정도가 주관적 사고보다 더 심하다. 주관적 감정이 다른 사람들에게 전달되려면, 그 감정은 감정 자체에도 받아들여질 수 있는 형식을 발견해야 할 뿐만 아니라 다른 사람들의 내면에서도 그와 비슷한 감정을 불러일으킬 수 있는 외적 형식까지 발견해야 한다. 주관적 감정이 주로 깊이 모를 원초적인 이미지들의 창고로 향하고 있는 한 그 감정이 받아들일 수 있는 형식을 찾는 것이 지극히 어렵긴 하지만, 사람들의 내면이 서로 비교적 비슷한 덕분에 그런 형식을 발견하는 것은 실제로 가능하다.

그러나 만약에 감정이 이기적인 태도로 인해 왜곡된다면, 그 감정은 즉시 자아에게 관심을 쏟게 될 것이기 때문에 공감 능력을 잃게 된다. 그러면 감정은 불가피하게 감상적인 자기애 또는 심한 경우에는 병적인 허영심의 인상을 낳게 된다. 내향적 사고 유형의 주체화된 의식이 추상 개념을 최대한 추구하고 그 결과 본래 공허한 사고 과정을 치열하게 만드는 데에만 성공하는 것과 똑같이, 자기중심적인 감정의 강화도 오직 감정 자체를 위한 감정의 공허한 황홀 상태로 이어진다. 이것이 바로 감정이 억압했던 외향적 기능들을 위해 길을 열어주는 신비주의적인 무아경의 단계이다.

내향적 사고가 원시적인 감정에 의해 균형이 맞춰지듯이, 내향적 감정은 원시적인 사고에 의해 균형이 맞춰진다. 그런데 이 원시적인 사고의 구체주의와 사실들에 대한 종속은 모든 한계를 넘어선다. 그러면 감정은 점진적으로 대상들로부터 해방되며 스스로의 힘으로 행동과 양심의 자유를 창조하는데, 행동과 양심의 자유는 순수하게 주관적이고 심지어 전통적 가치까지 부정할 것이다. 그러나 감정이 그런 식으로 흐를수록, 무의식적인 사고는 객관적인 현실의 힘에 더 심하게 희생될 것이다.

내향적 감정 유형

내향적 감정 유형은 주로 여자들 사이에서 발견된다. "고요한 물이 깊이 흐른다."라는 표현은 바로 그런 여자들을 두고 하는 말이다. 그들은 대부분 조용하고, 접근하기 어렵고, 또 이해하기 어렵다. 종종 유치하거나 진부한 가면 뒤로 숨는다. 그들의 기질은 쉽게 우울해진다. 그들은 부끄러워하지도 않고 자신을 드러내지도 않는다. 그들이 주로 자신의 주관적 감정의 지배를 받기 때문에, 그들의 진정한 동기는 대체로 숨겨져 있다. 그들의 외향적 처신은 조화롭고, 두드러지지 않으며, 평안하다는 인상을 주고, 다른 사람들에게 영향력을 행사하려는 욕망을 보이지 않는 가운데 공감 어린 반응을 보인다.

만약에 밖으로 드러나는 태도가 더 분명해지면, 내향적 감정 유형은 무관심하거나 냉담한 사람이 아닌가 하는 의심을 불러일으킨다. 이 무관심과 냉담이 실제로 타인들의 안락과 행복에 대한 무시로 이어질 수 있다. 그러면 주변 사람들은 그 사람의 감정이 대상으로부터 멀어지고 있다는 것을 분명히 느끼게 된다. 그러나 정상적인 유형이라면 대상의 영향이 지나치게 강할 때에만 이런 일이 일어난다. 따라서 대상이 원래의 적당한 길을 계속 유지하며 다른 대상의 길을 가로지르려 들지 않는 한, 조화의 느낌이 지속된다. 다른 사람의 진정한 감정에 반응하려는 노력은 거의 보이지 않으며, 오히려 다른 사람들의 진정한 감정이 종종 부정적인 가치 판단에 의해 약화되거나 저지당하거나 식어 버린다.

내향적 감정 유형이 평화롭고 조화로운 공존에 필요한 준비를 지속적으로 하고 있음에도 불구하고, 이 유형이 이방인을 따뜻한 손길이나 눈길로 진정으로 맞는 경우는 절대로 없다. 오히려 명백한 무관심과 배타적인 냉정함으로 이방인을 대한다. 그러다 보면 이방인은 내향적 감정 유형 앞에서 종종 자신이 불필요한 존재라는 느낌을 받는다. 이 유형은 넋을 놓게 하거나 흥분하게 만드는 일 앞에서도 호의적이면서도 비판적인 중립 상태를 지킨다. 그러면서 자신이 우월하다는 감정을 슬쩍 비치는데, 이 같은 태도는 민감한 사람의 허를 찌르게 될 것이다.

그러나 만약에 폭풍 같은 감정도 내향적 감정 유형인 여자의 무의식적 측면을 건드리지 않는다면, 즉 그 감정이 어떤 원초적 이미지를 불러일으킴으로써 그녀의 감정을 건드리지 않는다면, 그런 감정도 그녀의 지독한 냉정함에 박살나고 말 것이다. 그런 경우에 그녀는 우선 당장 마비되는 느낌을 받게 되고, 이것은 때가 되면 반드시 더욱 완고한 저항을 낳고, 이 저항은 남자의 가장 취약한 지점을 찌를 것이다. 가능한 한, 감정 관계는 안전한 중도의 길을 지켜야 하고, 과도한 열정은 절대적으로 금기시된다. 그러므로 내향적 감정 유형의 여자는 감정 표현에 인색하고, 그러면 다른 유형의 남자는 그 같은 사실을 파악하게 되는 순간 자신이 그녀에게 과소평가를 받고 있다는 느낌에 괴로워하게 된다. 그러나 언제나 그런 것은 아니다. 왜냐하면 남자를 향한 여자의 감정 표현이 인색하다는 점을 정작 남자가 제대로 알아차리지 못하는 경우가 많기 때문이다. 이런 경우에 감정의 무의식적 요구들이 주의를 끌게 만들 징후를 낳게 될 것이다.

내향적 감정 유형이 오히려 냉정하고 말수가 적은 것처럼 보이기 때문에, 피상적으로만 보면 그런 여자들이 전혀 감정을 갖고 있지 않은 것처럼 보일 수 있다. 그러나 이는 아주 잘못된 관찰이다. 그 여자들의 감정이 넓지 않고 치열하기 때문이다. 그 여자들은 깊이 발달한다. 얄팍하고 폭넓은 공감의 감정은 적절한 단어나 행동으로 표현되었다가 재빨리 다시 정상의 모습으로 돌아가는 반면에, 치열한 공감의 감정은 모든 표현 수단으로부터 차단되어 있기 때문에 열정적인 깊이를 얻는데, 이 깊이는 비참한 세상을 품다가 금방 멍해진다. 치열한 공감이 도를 넘는 형태로 폭발하면서 거의 영웅적 성격의 행동으로 이어질 수도 있으며, 이때 행동은 주체인 그녀 자신이나 그 폭발을 야기한 대상과 거의 아무런 관계가 없을 수도 있다. 외부 세계 또는 외향적 유형의 맹목적인 눈에는 이처럼 치열한 공감이 냉정함으로 비친다. 그 이유는 보통 내향적 감정 유형의 공감이 눈에 보이는 일을 전혀 하지 않는데, 외향적인 의식은 눈에 보이지 않는 힘들을 믿지 않기 때문이다.

이런 오해는 내향적 감정 유형의 삶에 다반사로 일어나고 있으며 이 유형이 대상과 보다 깊은 감정 관계를 맺을 가능성을 부정하는 주장의 근거로 이용되기도 한다. 그러나 이 감정의 진정한 대상은 정상적인 유형인 여자 본인에 의해서만 희미하게 파악된다. 이 감정은 불경스런 시선으로부터 힘들게 지켜오는 비밀스런 신앙심으로 나타날 수도 있다. 아니면 개인적으로 잘 지켜온 시(詩)의 형식으로 나타날 수도 있다. 거기서는 이 수단을 통해서 다른 사람들보다 우월하다는 점을 드러내 보이려는 야망이 언제나 은근히 느껴진다. 여자들은 종종 자신들의 열정이 은밀히 아이들에게로 흐르도록 하면서 아이들을 통해 자신의 감정을 표현한다.

그녀의 은밀한 감정으로 다른 사람을 압도하거나 위협하려는 이런 성향이 정상적인 유형의 내면에서 장애를 일으키는 역할을 하는 경우는 무척 드물며, 그런 종류의 시도를 심각하게 꾀하는 경우는 절대로 없다. 그럼에도 불구하고, 내향적 감정 유형 여자의 은밀한 감정들이 남자에게 미치는 개인적 영향에 이 같은 성향이, 정의하기가 참으로 어려운, 폭군 같은 영향의 형식으로 조금은 스며들게 되어 있다. 그 성향은 질식할 듯한 느낌이나 압제적인 느낌으로 다가오는데, 이런 느낌에 그녀 주변의 모든 사람들은 매료당한다. 내향적인 감정은 이 유형의 여자에게 외향적인 남자를 사로잡는 신비한 힘을 안겨준다. 왜냐하면 이 감정이 외향적인 남자의 무의식을 건드리기 때문이다. 이 신비의 힘은 깊이 느껴지는 무의식의 이미지들에서 나오지만, 그 여자는 의식적으로 그 힘을 곧잘 자신의 자아와 연결시킨다. 그 결과, 그녀의 영향은 개인적인 횡포로 타락하고 만다. 무의식적 주체와 자아가 동일시될 때마다, 치열한 감정의 신비한 힘은 지배하길 원하는 진부한 욕망으로, 또 허영과 전제적인 횡포로 변한다. 이는 비양심적인 야망과 잔인성으로 악명 높은 그런 유형의 여자를 낳는다. 그러나 그것은 신경증으로 안내하는 변화이다.

자아가 무의식적인 주체에 종속되어 있다는 것을 느끼고 감정이 자아보다 더 높고 더 강한 무엇인가를 알고 있는 한, 내향적 감정 유형은 정상이다. 비록 무의식적 사고가 제대로 발달되어 있지 않을지라도, 무의식적 사고의 축소적인 성향은 이따금 자아를 주체로 찬양하려 드는 것을 보상한다. 그럼에도 불구하고 만약에 이런 일이 균형을 잡아주는 잠재의식적 과정들이 완전히 억압된 결과 일어난다면, 무의식적 사고는 공개적으로 반대하고 나서고 투사된다. 이젠 자아 중심적인 주체가 평가 절하된 대상의 힘과 중요성을 느끼게 된다.

그녀는 "다른 사람들이 생각하는 것"을 의식적으로 느끼기 시작한다. 당연히 다른 사람들은 온갖 사악한 생각을 다 하고 있고, 악을 책동하고, 음모를 꾸미고 있다. 이런 것들을 미연에 방지하기 위해 그녀 자신도 음모에 맞설 계략을 짜고, 다른 사람들을 의심하고, 대응책을 마련하지 않을 수 없다. 소문에 시달리던 그녀는 복수를 하고 승자가 되기 위해 광적으로 노력해야 한다. 은밀한 경쟁자들이 끝없이 나타나고, 그녀는 이들을 상대로 한 투쟁에서 어떠한 야

비함이나 사악함도 마다하지 않으며 심지어 최후의 수단으로 자신의 미덕까지 팔 것이다. 그런 사태가 빚어지면 그 끝은 반드시 소진이다. 신경증의 형태는 히스테리보다 신경쇠약으로 나타날 것이며, 빈혈과 그 후유증 같은 심각한 육체적 합병증을 동반하는 경우가 종종 있다.

내향적인 합리적 유형들에 대한 요약

앞에서 설명한 두 가지 유형은 똑같이 합리적이라고 불릴 수 있다. 왜냐하면 이 유형들이 합리적인 판단 기능에 근거하고 있기 때문이다. 합리적인 판단은 객관적인 자료뿐만 아니라 주관적인 자료에도 근거를 둔다. 그러나 종종 어린 시절부터 존재하는 정신적 성향의 결과로 객관적 자료 또는 주관적 자료가 우세하게 되고, 이같은 사실 때문에 판단이 그에 상응하는 편향을 보이게 된다. 진정으로 합리적인 판단은 객관적인 요소와 주관적인 요소에 똑같이 호소력을 발휘할 것이고 또 두 가지 요소를 똑같이 정당하게 다룰 것이다. 그러나 그것은 어디까지나 이상적인 경우이며 내향성과 외향성의 동등한 발달을 전제로 하고 있다.

실제로 보면 한쪽으로의 이동은 다른 쪽으로의 이동을 배제하게 되어 있다. 이 딜레마가 남아 있는 한, 내향성과 외향성은 서로 나란히 존재하지 못하고 기껏해야 앞뒤로 연속적으로 존재할 수 있을 뿐이다. 따라서 정상적인 조건이라면, 이상적인 합리성은 불가능하다. 합리적인 유형의 합리성은 언제나 어떤 전형적인 편향을 갖고 있다. 한 예로, 내향적인 합리적 유형들의 판단은 틀림없이 합리적이며 또 주관적인 요소의 영향을 더 많이 받는다. 이 같은 사실이 반드시 논리적 편향을 암시하는 것은 아니다. 왜냐하면 편향이 전제 자체에 이미 들어 있기 때문이다. 이 전제는 바로 모든 결론과 판단에 앞서서 주관적인 요소가 지배하게 된다는 사실이다.

객관적인 요소와 비교할 때 주관적인 요소가 우월적 가치를 지니는 것은 처음부터 자명해 보인다. 그것은 가치를 할당하는 문제가 아니라, 이미 말한 바와 같이, 모든 합리적 가치 평가보다 앞서 존재하는 타고난 성향의 문제이다. 따라서 내향적 유형의 합리적인 판단과 외향적 유형의 합리적인 판단은 서로 많이 다르다.

아주 일반적인 예를 들자면, 내향적인 유형에게는 주관적인 요소로 이어지는 추론이 대상으로 이어지는 추론보다 다소 더 합리적인 것처럼 보인다. 하나씩 놓고 보면 아주 작아서 실제로 눈에 띄지 않고 넘어갈 수 있는 차이도 조금씩 쌓이다 보면 결국엔 다리로도 연결하지 못할 만큼 넓게 벌어지게 된다. 게다가 중요한 실수가 규칙적으로 끼어든다. 왜냐하면 사람들이 전제에 들어 있는 차이를 알아차리지 못하고 엉뚱하게도 결론에서 오류를 찾아내려고 노력하기 때문이다. 이 같은 인식은 모든 합리적인 유형에게 어려운 일이다. 그것이 합리적인 유형 자신의 원칙의 절대적 유효성에 결정적인 타격을 입히기 때문이다. 이것은 그에게 재앙이나 다름없다.

내향적 유형은 외향적 유형에 비해 오해를 받기가 훨씬 더 쉽다. 외향적 유형이 내향적 유형에 비해서 더 무정하거나 더 비판적이라서 그런 것이 아니다. 그보다는 내향적 유형이 모방하고 있는 시대의 유행이 내향적 유형에게 불리하게 작용하기 때문이다. 내향적 유형은 자신이 소수라는 사실을 깨닫는다. 외향적 유형에 비해 수적으로 적어서 소수라는 것이 아니라, 그의 감정이 판단하는 바와 같이 서구의 전반적인 세계관과의 관계에서 소수라는 뜻이다.

내향적 유형이 확신을 갖고 시대의 전반적인 유행에 동참하는 한, 그는 자신의 바탕을 손상시키게 되어 있다. 왜냐하면 사회 전반의 유행이 비록 눈에 드러나고 손에 잡히는 가치들만을 다루고 있을지라도 내향적인 유형의 구체적인 원칙과 반대되기 때문이다. 그는 눈에 드러나지 않는다는 사실 때문에 주관적인 요소를 어쩔 수 없이 경시해야 하고 또 외향적인 유형이 주도하는 사회 분위기에 휩쓸리며 대상을 과대하게 평가해야 한다. 그가 스스로 주관적인 요소의 가치를 지나치게 낮게 정하게 되는데, 그의 열등감은 이 죄에 대한 벌인 셈이다. 그러므로 주관적인 요소가 풍자 만화나 다름없는, 과장되고 무미건조한 표현 형식으로 모습을 드러내고 있는 것이 바로 이 시대의, 보다 구체적으로는 다소 시대를 앞서간다는 운동들의 특징이라는 사실은 조금도 놀랄 일이 아니다. 오늘날의 예술을 두고 하는 말이다.

내향적인 유형 본인이 자신의 원칙을 과소평가하는 것 자체가 오히려 그 사람을 이기적인 존재로 만들고, 그에게 약자의 심리를 안겨준다. 내향적인 유형이 이기적인 존재로 변할수록, 다른 사람들, 즉 양심의 가책을 느끼지 않고 사회의 전반적인 유행에 잘 맞춰 나가는 사람들이 그에게는 자신을 지키기 위해 맞서 싸워야 할 압제자처럼 보일 가능성이 더 커진다. 내향적 유형은 자신의 중대한 실수가 주관적인 요소를, 외향적 유형이 대상에 의지할 때 보이는 그런 믿음과 정성으로 의지하지 않는다는 사실에 있다는 점을 대체로 간파하지 못한다. 그가 자신의 원칙을 과소평가하다 보니 불가피하게 이기주의 쪽으로 기울게 되고, 이 때문에 그는 외향적 유형으로부터 비난의 소리를 들어 마땅한 인간이 되어 버린다. 만약에 그가 자신의 원칙에 계속 충실했다면, 이기주의라는 비난이 터무니없는 것으로 보일 것이다. 왜냐하면 그의 태도가 그의 원칙에 따르는 효과에 의해 정당화될 것이고, 그러면 오해가 해소될 것이기 때문이다.

감각

그 성격상 대상과 대상의 자극에 의존하는 감각은 내향적 태도에서 상당한 변화를 겪는다. 감각도 주관적 요소를 갖고 있다. 왜냐하면 감각되는 대상 외에 객관적인 자극에 주관적인 성향을 더하는, 감각하는 주체가 있기 때문이다. 내향적 태도인 경우에 감각은 주로 지각의 주관적 요소에 근거한다. 이 말의 뜻은 외부 대상을 그리는 그림을 예로 들며 설명하면 이해가 아주 쉽다. 화가 몇 명이 똑같은 풍경을 그리고 있다고 가정하자. 각 화가는 풍경을 화폭에 충실히 옮기려고 노력하고 있다. 화가들은 능력만 아니라 대상을 보는 방법도 서로 다를 것이다. 정말이지, 화가들이 그린 그림들을 보면 분위기와 색깔과 형태의 처리에서 정신적 차이가 명백하게 드러난다. 이 특징들이 주관적인 요소의 영향을 잘 보여준다.

감각의 주관적 요소도 우리가 논한 다른 기능들의 주관적 요소와 기본적으로 똑같다. 주관적인 요소는 감각 지각을 그 원천에서 부터 바꿔놓는 무의식적 성향인데, 이 때문에 감각 지각은 순수하게 객관적인 영향력이라는 성격을 빼앗긴다. 이 경우에 감각은 주로 주체와 관련 있으며 대상과는 오직 이차적으로만 관련 있다.

주관적 요소의 영향력이 매우 강하다는 사실은 예술에서 가장 분명하게 드러난다. 주관적 요소가 지나치게 우세한 나머지 객체의 영향력을 완전히 압도하는 경우도 간혹 있다. 그럼에도 감각은 어디까지나 감각이다. 비록 감각이 주체적인 요소가 지각하는 것이고 또 대상이 단순히 자극의 수준으로 떨어질지라도 말이다. 진정한 감각 지각은 틀림없이 존재한다. 그러나 언제나 대상은 스스로의 힘으로 주체의 내면을 뚫고 들어가지 못하는 것처럼 보이고, 주체는 대상을 아주 다르게 보고 있거나 다른 사람들이 보는 것과 아주 다른 것을 보고 있는 것처럼 보인다. 실제로 보면, 내향적인 감각 유형은 다른 사람들이 지각하는 것과 똑같은 대상을 지각하지만 다른 사람들과 달리 순수하게 객관적인 영향을 지각하는 데서만 그치지 않고 객관적 자극이 일으키는 주관적 지각에도 관심을 기울인다.

주관적인 지각은 객관적인 지각과 크게 다르다. 주관적으로 지각하는 것은 대상 안에서 전혀 발견되지 않거나 대상에 의해 겨우 암시될 뿐이다. 말하자면, 그 지각은 다른 사람들의 지각과 비슷할 수 있을지라도 사물들의 객관적인 행동에서 직접적으로 나온 것은 아니다. 그 지각은 사람들에게 의식의 산물에 불과하다는 인상을 주지 않는다. 그런 인상을 주기에는 너무나 진실되다. 그러나 그 지각은 정신적인 인상을 명확히 불러일으킨다. 왜냐하면 그 지각 안에서 보다 고차원적인 정신적 질서가 보이기 때문이다. 그러나 이 정신적 질서는 의식의 내용물과 일치하지 않는다. 이 질서는 집단 무의식의 성향과 신화적 이미지, 그리고 관념들의 원초적 가능성과 관계있다. 주관적인 지각의 특징은 거기에 의미가 결합되어 있다는 점이다. 주관적인 지각은 대상의 단순한 이미지 그 이상을 의미한다. 물론 그 주관적인 요소가 어떤 의미라도 지니는 사람에게만 해당되는 말이긴 하지만 말이다. 그렇지 않은 사람에게는, 재생된 주관적 인상은 대상과 충분히 비슷하지 않다는 사실 때문에 엉성해 보이고, 따라서 뜻한 목표를 달성하지 못하는 것처럼 보인다.

내향적인 감각은 물질적인 세계의 표면보다는 그 배경을 이해한다. 결정적으로 중요한 것은 대상의 실체가 아니고 주관적인 요소의 실체, 말하자면 어떤 정신적 '거울 세상'(mirror-world)을 이루고 있는 원초적인 이미지들의 실체가 중요하다는 뜻이다. 이 '거울'은 의식의 기존 내용물을 비추는 특별한 능력을 가진 그런 거울인데, 이 거울에 비치는 의식의 내용물은 잘 알려져 있는 그런 관습적인 형태로 되어 있지 않고 백만 년 된 의식이 볼 수 있는 그런 '보편적인 형태'로 되어 있다. 그런 의식은 사물들이 형성되고 흘러가는 것은 물론이고 지금 이 순간의 존재까지도 볼 것이다. 그것만이 아니다. 사물들이 지금의 모습이 되기 전에 무엇이었는지, 또 지금의 존재를 끝내면 어떤 모습이 될 것인지, 그런 것까지도 볼 수 있을 것이다. 물론 이것은 말로 그리는 그림에 지나지 않지만, 내향적 감각의 특이한 본질을 어떤 식으로든 보여주기 위해서는 반드시 필요한 그림이다.

내향적 감각은 어떤 이미지를 전달하는데, 이 이미지는 대상을 재현하는 것이 아니라 그 대상 위로 수많은 세대를 내려오는 주관적인 경험의 분위기와 아직 일어나지 않은 사건들의 기미를 퍼뜨린다고 할 수 있다. 그야말로 순수한 감각 인상은 깊이 발달하면서 과거와 미래로 닿는 한편, 외향적 감각은 낮의 햇살에 드러나는 사물들의 일시적 존재를 포착한다.

내향적 감각 유형

내향적 감각이 우세하면 명확한 유형이 생겨난다. 이 유형에도 당연히 몇 가지 특이한 점이 발견된다. 이 유형은 비합리적인 유형이다. 이 유형이 사건들의 흐름 속에서 합리적 판단에 따라 움직이지 않고 단순히 벌어지고 있는 사건들에 따라 움직이기 때문이다. 외향적인 감각 유형이 대상의 영향의 강도에 좌우된다면, 내향적인 감각 유형은 대상의 자극에 따라 일어나는 주체의 감각의 강도에 영향을 크게 받는다. 따라서 내향적 유형의 경우에는 대상과 감각 사이에 균형 잡힌 관계가 전혀 존재하지 않으며, 예측하기 어렵고 자의적인 그런 관계가 존재한다.

이런 유형에게 어떤 것이 인상을 일으키고 어떤 것이 인상을 일으키지 않을 것인지를 밖에서 예측하는 것은 불가능한 일이다. 어떻든 감각의 강도에 비례하여 표현하려는 성향이 있다면, 이 유형의 비합리성은 아주 두드러져 보일 것이다. 그 개인이 창조적인 예술가인 경우가 그런 예이다. 그러나 이것은 예외일 뿐이며, 내향적 유형이 자신을 잘 표현하지 못한다는 점이 그의 비합리성을 덮어준다. 그래서 반대로, 내향적인 감각 유형은 차분함과 수동성 또는 이성적 자제가 두드러져 보일 것이다. 종종 피상적으로 판단하게 만드는 이 특성은 그가 대상과 별로 관계를 맺지 않기 때문에 나타나는 현상이다. 대상이 의식적으로 평가절하되는 것은 아니지만, 대상의 자극이 대상에서 제거되고 그 자리를 대상의 실체와 아무런 관계가 없는 주체의 반응이 차지하게 된다. 이것이 대상을 평가절하하는 것과 똑같은 효과를 낸다.

밖에서 보면, 마치 대상의 효과가 주체에게 전혀 침투하지 않은 것처럼 보인다. 주관적인 어떤 내용물이 실제로 무의식으로부터 개입하면서 대상의 효과를 가로채고 있는 한, 이 같은 인상은 맞다. 이 개입이 너무나 갑작스러울 수 있기 때문에, 개인이 마치 대상의 모든 영향력으로부터 자신을 직접적으로 보호하고 있는 것처럼 보인다. 보다 심각한 경우라면, 그런 보호적인 방어가 실제로 존재한다. 무의식의 힘이 약간만 더 세어져도, 감각의 주관적인 요소가 아주 생생해지면서 대상의 영향을 거의 완전히 지워버린다. 만약에 그 대상이 사람이라면, 그 사람은 자신이 완전히 평가절하되고 있다는 느낌을 받는 반면에, 주체는 현실에 대해 어떤 착각을 품게 된다. 병적인 경우라면 그 착각이 아주 커질 것이고, 따라서 주체는 실제의 대상과 주관적인 지각을 구분하지 못하는 상황에 이를 것이다. 우리의 삶에 아주 중요한 그런 식별력이 정신병의 상태에서만 사라진다 할지라도, 주관적 지각은 그 상태에 이르기 오래 전부터 사고와 감정과 행동에 큰 영향을 미칠 수 있다. 대상이 여전히 실제 모습 그대로 명쾌하게 보이고 있음에도 불구하고, 그런 현상이 나타난다.

주관적 지각은 그 영향력이 아주 강하거나 무의식의 이미지와 거의 일치할 경우에 주체에 침투하며 영향력을 발휘한다. 그런 일이 벌어지면, 정상적인 유형조차도 무의식적 원형에 맞춰 행동하지 않을 수 없게 된다. 그런 행동은 객관적 현실과 아무런 관계가 없는 망상적인 성격을 보이고 극도로 혼란스런 모습을 보일 것이다. 그런 행동은 이 유형의 특징인, 현실을 도외시하는 주관성을 잘 보여준다.

그러나 대상의 영향력이 주체를 완전히 침투하지 못할 때, 대상은 선의의 중립성을, 말하자면 공감을 거의 보이지 않으면서도 지속적으로 진정시키고 조정하려고 노력하는 중립적인 태도를 만나게 될 것이다. 지나치게 낮은 수준으로 떨어진 것은 약간 높이고, 지나치게 높이 올라간 것은 약간 낮추고, 열광은 어느 정도 누그러뜨리고, 방종은 자제하고, 일상의 모든 것을 적정한 수준으로 유지하려는 노력이 전개된다. 이 모든 노력의 목적은 대상의 영향을 필요한 범위 안에 묶어놓는 것이다.

이런 식으로 하다 보면, 내향적 감각 유형은 주변 환경에 위협적인 존재가 된다. 왜냐하면 불쾌감을 주지 않으려는 그의 태도가 의심을 사기 때문이다. 이런 경우에 내향적 감각 유형은 쉽게 타인들의 공격성과 횡포의 희생이 된다. 내향적 감각 유형의 남자들은 가만히 학대 당하고 있다가 아주 부적절한 일을 놓고 매우 둔감하고 완고하게 복수하고 나설 것이다.

만약에 예술적인 표현 능력이 전혀 없다면, 모든 인상이 마음 속 깊이 가라앉으면서 의식을 매혹시키며 좌지우지할 것이다. 그렇게 되면 인상들을 의식적으로 적절히 표현함으로써 인상들의 매력을 지배하는 것은 불가능해진다. 대체로 이 유형은 자신이 받은 인상들을 원시적인 방식으로만 조직할 수 있다. 왜냐하면 사고와 감정이 상대적으로 무의식이고, 또 사고와 감정이 의식이라 하더라도 가장 기본적이고 진부한 표현 수단만을 사용할 수 있기 때문이다. 의식적인 기능으로서의 사고와 감정은 이 유형의 주관적 지각을 적절히 담아내지 못한다. 따라서 이 유형은 가끔 객관적인 이해력을 발휘하지 못할 뿐만 아니라 자기 자신을 이해하는 데도 조금도 더 나은 모습을 보여주지 못한다.

무엇보다도, 이 유형의 발달은 그 사람으로 하여금 대상의 현실을 멀리하도록 만든다. 그래서 이 유형의 사람은 자신의 주관적인 지각에 휘둘리게 되는데, 이 사람의 주관적 지각은 그의 의식을 어떤 원시적인 현실에 맞춘다. 그럼에도 이 유형의 사람은 판단력이 상대적으로 떨어지기 때문에 그런 사실을 깨닫지 못한다.

실제로 보면 이 유형은 신화의 세계에 살고 있다. 이 세계에서는 사람과 동물, 기차와 집, 강과 산들이 자비로운 신이나 해코지하는 악마처럼 보인다. 그런데도 이 유형의 사람에겐 이런 것들이 그런 식으로 보인다는 생각은 절대로 떠오르지 않는다. 이 유형이 그 같은 사실을 까맣게 모르고 있는 것이 바로 그런 것들이 그의 판단과 행동에 영향을 미치기 때문인데도 말이다. 그는 마치 자신이 그런 것들을 다룰 수 있는 힘을 가진 것처럼 판단하고 행동한다. 그러나 그 사람이 신화의 세계에 살고 있다는 사실을 깨닫기 시작하는 것은 오직 그가 자신의 감각들이 현실과 완전히 다르다는 사실을 발견할 때뿐이다. 만약 그에게 객관적인 이성을 발휘할 능력이 있다면, 그는 자신의 감각과 현실의 차이를 병적이라고 느낄 것이다. 그러나 만약에 그가 자신의 불합리한 점을 그대로 고수하면서 자신의 감각에게 현실 가치를 인정한다면, 객관적인 세계가 마치 공상이나 코미디처럼 보일 것이다. 그러나 극단적인 경우에만 이런 난국에 빠지게 된다. 대체로 보면 내향적 감각 유형은 고립의 길을 받아들이고 자신이 무의식적으로 조악하게 만든 세상의 진부함도 받아들인다.

그의 무의식의 특징은 직관을 억압하고 있다는 점이다. 이 억압으로 인해 직관은 외향적이고 원시적인 어떤 성격을 얻게 된다. 진정한 외향적 직관 유형이 임기응변의 재능이 뛰어나고 객관적으로 진정한 가능성을 찾아내는 "훌륭한 코"를 갖고 있는 반면에, 이처럼 미발달한 직관은 그 배경에 도사리고 있는, 모호하고 그림자 같고 위험한 가능성을 알아내는 놀라운 직감을 갖고 있다. 대상의 진정하고 의식적인 의도들은 미발달한 직관에는 아무런 의미를 지니지 못한다. 대신에 미발달한 직관은 그런 의도의 밑바닥에 깔려 있는 온갖 고리타분한 동기들을 찾아낸다. 따라서 미발달한 직관은 의식적 태도의 건전함과 극명하게 대조를 이루면서 위험하고 파괴적인 특성을 갖고 있다. 개인이 대상에 대해 지나치게 무관심하지 않은 이상, 그 사람의 무의식적 직관은 오히려 공상적이고 쉽게 믿으려 드는 의식의 태도를 건전하게 보상하는 효과를 발휘한다. 그러나 무의식이 대립적인 모습을 보이는 순간, 미숙한 직관이 전면으로 나서며 그 사람으로 하여금 괴팍하기 짝이 없는 충동적인 관념을 떠올리게 하면서 파괴적인 영향력을 발휘하게 된다. 그 결과는 언제나 강박 신경증으로 나타나는데, 이 증상이 보일 때에는 히스테리의 특징들이 극도의 탈진 징후에 가려지게 된다.

직관

내향적 직관은 내면의 대상, 즉 무의식의 내용물 쪽을 향하고 있다. 내면의 대상과 의식의 관계는 외적 대상과 의식의 관계와 아주 비슷하다. 내적 대상의 실체가 물질적인 것이 아니고 정신적인 것일지라도 말이다. 내적 대상들은 직관적인 지각에 외부 세계에서 만나지 못하는 무의식의 내용물을, 특히 집단 무의식의 내용물을 이루는 것들의 주관적인 이미지들로 나타난다. 이 무의식의 내용물 그 자체는 당연히 경험의 대상이 될 수 없다. 이것은 무의식의 내용물이 외적 대상들과 공유하는 특성이다. 왜냐하면 외적 대상들이 그 대상들에 대한 우리의 지각과 상대적으로만 일치하듯이, 내면적 대상들의 현상적 형태들도 마찬가지로 상대적이기 때문이다. 내면의 대상들이 상대적인 이유는 거기에 우리가 결코 접근하지 못하는 핵심이 있고 또 직관 기능이 특이한 본질을 갖고 있기 때문이다.

감각과 마찬가지로, 직관도 주관적인 요소를 갖고 있다. 그런데 이 주관적인 요소가 외향적 태도에서는 최대한 억압되지만 내향적 유형의 직관에는 결정적인 요소가 된다. 비록 내향적 유형의 직관이 외부 대상에 자극을 받을지라도, 그 직관은 외적 가능성에 신경을 쓰지 않고 외적 대상이 그 사람의 내면에 일으키는 것들에 신경을 쓴다. 내향적 감각이 주로 무의식을 통해서 신경 지배의 현상을 지각하는 데 국한되고 또 거기서 정지하는 반면에, 내향적 직관은 주관적인 요소의 이런 측면을 억압하고 신경 지배를 야기한 이미지를 지각한다.

예를 들어, 어떤 사람이 심인성 현기증을 일으킨다고 가정하자. 감각은 이 소란스런 신경 지배의 특이한 본질에 사로잡혀서 이 소동의 온갖 특성과 그 강도와 과정, 그리고 그것이 일어난 방식과 진행되는 방식을 지각하지만, 그 이상으로 소동의 내용물이나 소동을 야기한 원인까지 나아가지는 않는다. 한편, 직관은 감각으로부터 즉시적 행동에 필요한 동력만을 얻는다. 직관은 현장의 뒤를 들여다보면서 현기증의 공격이라는 이 특별한 형태의 표현을 일으킨 내면의 이미지를 재빨리 지각한다. 그러면서 직관은 심장에 화살이 꽂힌 채 비틀거리고 있는 남자의 이미지를 본다. 이 이미지가 직관을 매료시킨다. 직관은 이 이미지에 사로잡혀 이미지의 온갖 세부적인 것을 탐구하려 한다. 직관은 그 환상에 매달리면서 그 그림이 어떻게 변화하고 전개되다가 사라지는지를 아주 열심히 관찰한다.

이런 식으로 내향적 직관은 의식의 뒤에서 일어나고 있는 모든 과정을 지각한다. 이때 지각의 명확성을 보면 외향적 감각이 외적 대상을 관찰하는 것만큼이나 뚜렷하다. 따라서 내향적 직관 유형에게 무의식적 이미지는 사물의 존엄성까지 획득한다. 그러나 직관은 감각과의 협동을 배제하기 때문에 그 신경 지배의 소동에 대해서나, 무의식적 이미지들이 일으키는 육체적 효과에 대해서는 거의 알지 못하거나 전혀 알지 못한다. 그 이미지들은 마치 주체와 떨어져 있는 것처럼, 아니 주체와는 아무런 상관 없이 그 자체로 존재하는 것처럼 보인다. 따라서 앞에 언급한 예에서, 내향적 직관 유형은 현기증의 공격을 받으면서도 자신이 지각하는 이미지가 아무튼 자기 자신과 관련 있다는 점을 절대로 상상하지 못할 것이다. 판단 유형의 사람에게는 일이 그런 식으로 전개된다는 생각 자체가 터무니없는 소리로 들리겠지만, 그럼에도 불구하고 그것은 내가 직관 유형의 사람들을 접하면서 자주 경험하는 사실이다.

외향적 직관 유형이 외적 대상에 보이는 놀랄 정도의 무관심은 내향적 직관 유형이 내적 대상들과의 관계에 보이는 놀랄 정도의 무관심과 비슷하다. 외향적 직관 유형이 새로운 가능성을 지속적으로 찾아내면서 자신의 행복과 타인의 행복에 똑같이 무관심하고 인간적 배려에 신경을 쓰지 않듯이, 내향적 직관 유형은 이미지를 옮겨 다니면서 무의식의 풍성한 자궁 안에 들어 있는 모든 가능성을 추구하면서도 그 이미지들과 자신 사이에 어떠한 연결도 형성시키지 않는다. 겉으로 보이는 세상이 세상을 단순히 감각하기만 하는 사람에겐 도덕적인 문제가 되지 않듯이, 내적 이미지의 세계는 직관 유형에게 전혀 도덕적 문제가 되지 않는다. 두 유형 모두에게 그것은 미학적인 문제이고 지각의 문제이다. 이 때문에 내향적 직관 유형은 자신의 육체적 존재나 그 육체적 존재가 타인에게 미치는 영향에 대해서는 거의 의식하지 않는다. 이런 내향적 직관 유형을 보면서 외향적 유형의 사람은 이런 식으로 말하곤 한다. "저 사람에겐 현실이 존재하지 않아. 저 사람은 쓸데없는 공상에 빠져 있어."

삶의 창조적 에너지가 아주 풍성하게 엮어내는 무의식적 이미지들에 대한 지각은 즉시적 효용이라는 관점에서 본다면 당연히 무익하다. 그러나 이 이미지들이 생명에 새로운 잠재력을 불어넣을 수 있는 세계관을 표현하고 있기 때문에, 바깥 세상에서 보면 이상하기 짝이 없어 보이는 이 기능도 정신 조직 전체엔 반드시 필요하다. 한 국민의 정신적 삶에 그런 유형의 사람들이 반드시 필요한 것과 똑같은 이치이다. 이 유형이 존재하지 않았더라면, 아마 이스라엘에 어떠한 예언자도 존재하지 못했을 것이다.

내향적 직관은 선험적으로 물려받은 무의식의 토대에서 생겨나는 이미지들을 이해한다. 그 성격상 깊은 본질을 경험하는 것이 불가능한 이 원형들은 인류의 전체 조상들이 경험한 정신적 기능들이 침전된 결과물이다. 유기적인 생명의 전반적인 경험들이 축적되어 일백만 번도 더 반복되며 유형들로 압축된 것이 바로 이 원형들이다. 따라서 이 원형들 안에는 원시 시대 이후로 이 지구상에서 일어난 모든 경험이 함축되어 있다. 자주 일어나고 치열한 경험일수록 이 원형 안에 보다 분명하게 새겨져 있다. 따라서 칸트의 표현을 빌리면, 원형은 직관이 지각하고 그렇게 지각하면서 창조한 이미지의 '누메논'(Noumenon: 物自體)일 것이다.

무의식이란 것이 정신적인 '침전물'처럼 거기에 그렇게 가만히 놓여 있는 것이 아니라 우리와 함께 공존하면서 일반적인 사건들과 내적으로 연결된 가운데 끊임없이 변형을 겪고 있기 때문에, 내향적 직관은 이런 내적 과정들에 대한 지각을 통해서 세상에서 벌어지고 있는 일들을 이해하는 데 가장 중요한 자료를 공급할 수 있다. 내향적 직관은 훗날 실제로 일어나는 사건들에서뿐만 아니라 심지어 다소 불명확한 윤곽 안에서도 새로운 가능성을 미리 볼 수 있다. 내향적 직관의 예언적 통찰은 원형들, 말하자면 경험 가능한 온갖 것들의 전개를 지배하는 법칙을 상징하는 원형들과 내향적 직관의 관계에 의해 설명된다.

내향적 직관 유형

내향적 직관이 강하게 되면, 이 직관의 특이한 본질이 특이한 유형의 사람을 낳는다. 한쪽에 영감을 따르는 몽상가와 예언가가 있고, 다른 한쪽에 예술가와 기인(奇人)이 있다. 예술가는 직관의 지각적 성격에 스스로를 한정시키는 이 유형의 정상적인 대표자로 여겨질 수 있다. 대체로 보면 직관 유형은 지각에서 멈춘다. 직관이 그의 중요한 문제이고, 창조적인 예술가인 경우에는 자신의 지각을 구체화하는 것이 중요한 문제이기 때문이다. 그러나 기인은 몽상적인 어떤 관념에 만족하며 그 관념에 자신을 완전히 맡겨버린다. 자연히 직관의 강화는 개인이 물질적인 현실로부터 초연하게 한다. 내향적 직관 유형은 심지어 가까운 사람에게도 수수께끼 같은 존재가 될 수 있다. 만약에 내향적 직관 유형이 예술가라면, 그는 작품에 현실과 많이 동떨어지고 이상한 것을 표현할 것이다. 그의 작품은 온갖 색깔로 반짝거리고, 불길한 기운을 풍기고, 진부하고, 아름다우면서도 괴상하고, 장엄하면서도 변덕스럽다. 만약에 내향적 직관 유형이 예술가가 아니라면, 그는 오해 받는 천재, "타락한" 위인, 똑똑 바보, "심리" 소설의 주인공 같은 사람일 것이다.

직관 유형은 지각을 도덕적 문제로 여기는 경향을 거의 보이지 않는다. 지각을 도덕적 문제로 보려면 판단 기능을 강화해야 하기 때문이다. 그럼에도 불구하고, 판단 기능을 조금만 분화시키면 직관적 지각을 순수하게 미학적인 영역에서 도덕적인 영역으로 이동시킬 수 있다. 따라서 이 유형도 미학적 차이로 인해 다양한 모습을 보이게 된다. 미학적 영역이 내향적 직관 유형의 특징임에도 말이다. 직관 유형이 자기 자신을 자신의 비전과 연결시키거나, 단순한 지각과 그 지각의 미학적 구성과 평가만으로 더 이상 만족하지 못하게 되거나, '이것이 나 자신이나 세상에 무슨 의미를 지니지?'라거나 '이 비전에서 나 자신이나 세상을 위한 것이 뭐가 나올 수 있을까?'라는 질문에 직면할 때, 도덕적 문제가 일어난다.

자신의 판단을 억압하거나 직관 기능이 판단을 속박하고 있는 순수한 직관 유형은 절대로 이런 질문을 던지지 않는다. 왜냐하면 그가 관심을 쏟는 유일한 문제는 지각의 "기술"이기 때문이다. 그는 도덕적 문제에 대해서 이해할 수 없다고, 심지어 부조리하기까지 하다고 생각하며 자신의 생각이 혼란스런 비전에 깊이 빠져드는 것을 가능한 한 허용하지 않는다.

도덕적으로 경도된 직관 유형이라면 이야기가 크게 달라진다. 그런 직관 유형은 자신의 비전의 의미에 대해 깊이 생각하며, 그 비전의 미학적 가능성들을 개발하는 것보다는 그 비전의 고유한 의미에서 나오는 도덕적 효과에 관심을 더 많이 기울인다. 도덕에 신경을 쓰는 직관 유형은 판단력을 갖고 있기 때문에 자신이 한 사람의 인간으로서, 그리고 한 사람의 온전한 인간 존재로서 자신의 비전에 어느 정도 개입하고 있으며, 또 자신의 비전이 지각의 대상으로만 남지 않고 주체의 삶에 직접 개입하기를 원한다. 그러면서 그는 자신의 비전을 자신의 삶으로 녹여내야 한다고 느낀다.

그러나 그가 자신의 비전에 지나치게 의존하는 경향을 보이기 때문에, 그의 도덕적 노력은 한쪽 방향으로 치우치게 된다. 그는 자신과 자신의 삶을 상징적인 것으로 만든다. 그와 그의 삶은 사건들의 내적 및 영속적 의미에는 적응되어 있지만 당장의 현실에는 적응되어 있지 않다. 따라서 그는 자기 자신으로부터 현실에 미칠 영향력을 박탈하는 꼴이 된다. 그 이유는 그가 주변 사람들에게 이해 불가능한 존재로 여겨지기 때문이다. 그의 언어는 현재 쓰이고 있는 언어가 아니고 지나치게 주관적이다. 그의 주장은 이성의 설득력을 결여하고 있다. 그는 오직 고백을 하거나 선언만 할 뿐이다. 그의 목소리는 "광야에서 울부짖는 자의 목소리"이다.

내향적 직관 유형이 가장 강하게 억누르는 것은 대상에 대한 감각이며, 이 억압이 그의 전체 무의식에 영향을 미친다. 그 같은 억압이 그 보상으로 외향적인 감각 기능을 일으키는데, 이 기능은 미발달한 상태이다. 이 무의식의 성격에 대한 묘사로는 저급하고 원시적인 상태에 있는 외향적 감각 유형이라는 표현이 가장 적절할 것 같다. 본능성과 무절제가 감각 인상에 대한 특별한 의존성과 더불어 이 감각의 두드러진 특징이다. 이것이 직관 유형의 의식적 태도가 보이는 고상한 외양을 보상해준다. 말하자면 의식적 태도에 약간의 무게를 더하는 것이다. 그리하여 완전한 "승화"가 봉쇄된다.

그러나 만약에 의식적 태도의 강제적 과장을 통해서 내적 지각에 완전히 종속되는 일이 벌어진다면, 무의식적 태도가 반대편으로 넘어가면서 충동적인 감각들을 일으킬 것이다. 이 충동적인 감각들이 대상에 과도하게 의존하는 성격은 의식적 태도와 정면으로 맞선다. 이런 경우에 나타나는 신경증의 형태는 건강염려증 징후들과 감각 기관의 과민증, 특별한 사람이나 대상과의 강박적 연결을 동반하는 강박 신경증이다.

내향적인 비합리적 유형들에 대한 요약

방금 설명한 두 가지 유형은 외부의 판단을 거의 허용하지 않는다. 내향적이고, 따라서 표현 능력이나 욕구를 거의 갖고 있지 않기 때문에, 내향적 감각 유형과 내향적 직관 유형은 외부의 판단이 들어설 여지를 거의 내주지 않는다. 그들의 중요한 활동이 내면으로 향하고 있기 때문에, 밖으로 드러나는 것은 유보적인 태도와 비밀성, 공감의 부족, 불확실성, 그리고 근거 없는 당혹감뿐이다. 무엇인가가 겉으로 드러날 때, 그것은 대체로 열등하고 상대적으로 무의식적인 기능들이 간접적으로 표현된 것이다. 그런 표현은 자연히 이 유형에 호의적이지 않은 온갖 편견을 낳게 된다. 따라서 이 유형들은 대부분 평가 절하되거나 적어도 오해를 받는다.

판단력이 부족하여 자기 자신조차도 제대로 이해하지 못한다는 점에서 본다면, 그들은 당연히 자신들이 대중으로부터 끊임없이 과소평가되고 있는 이유도 잘 이해하지 못한다. 그들은 사교적인 모습을 보이려는 자신의 노력이 사실은 열등하다는 점도 보지 못한다.

그들의 시야는 아주 많은 주관적인 사건들에 의해 가려져 있다. 내면에서 일어나고 있는 일들이 그들을 완전히 사로잡고 있는 것이다. 그러다 보니 그들은 자신이 전하려 하는 내용이 자신의 경험을 거의 담고 있지 않다는 사실을 깨닫지 못한다. 그들의 의사소통이 단편적이고 에피소드 중심이기 때문에, 주변 사람들이 그들을 이해하기 위해선 대단한 이해력과 선의(善意)가 필요하다. 또한 그들의 의사소통에는 설득력을 발휘할 개인적 따스함이 전혀 느껴지지 않는다. 반대로, 이 유형들은 거칠고 거부하는 듯한 태도를 보인다. 그들 자신은 이에 대해 잘 모르거나 그럴 뜻이 없는데도, 어쨌든 외부 사람들에게는 그런 식으로 비친다. 내면에서 지각되는 것을 설득력 있는 언어로 옮기는 것이 대단히 어려운 일이라는 사실을 깨닫기 시작할 때, 우리는 그런 사람들을 다소 정당하게 평가하고 그들에게 인내심을 베풀 수 있을 것이다. 그럼에도 인내심을 발휘한다는 이유로 그들에게 의사소통의 필요성까지 면제해줘서는 안 된다. 그렇게 할 경우에 그들에게 오히려 엄청난 피해를 입힐 것이기 때문이다. 운명이 내면의 비전에 취한 사람들 앞에 그들을 냉철하게 만들 외적 곤경을 준비해두었을 것이다. 그들로부터 인간적인 고백을 끌어낼 수 있는 유일한 것이 바로 그들의 개인적 곤경일 때가 종종 있다.

외향적이고 합리적인 관점에서 본다면, 이 유형들은 아주 쓸모 없는 인간처럼 보인다. 그러나 그보다 높은 관점에서 본다면, 그들은 다양한 생명으로 넘쳐나는 이 세상이 외적으로만 존재하는 것이 아니라 내적으로도 존재한다는 사실을 보여주는 생생한 증거들이다. 이 유형들은 틀림없이 한쪽 방향으로 치우친 자연의 표본이지만 이 시대의 지적 유행에 눈이 멀기를 거부하는 사람들에겐 훌륭한 본보기가 된다. 그들은 자신들만의 방식으로 교육자가 되고 문화의 촉진자가 된다. 그들의 삶은 말 그 이상으로 많은 것을 가르치고 있다.

그들의 삶으로부터, 특히 그들의 가장 심각한 단점인 소통 능력의 부재로부터, 우리는 우리 문명의 가장 심각한 실수 하나를, 말하자면 언어적 진술에 대한 광적 믿음과, 말과 방법을 통한 가르침에 대한 과대평가를 이해할 수 있을 것이다. 아이는 틀림없이 부모의 숭고한 훈계에 인상을 받는 것처럼 보일 것이지만, 아이가 그런 말을 통해서 교육을 받는다고 생각하는 것이 과연 옳은가? 실제로 아이를 교육시키는 것은 부모의 삶이며, 부모가 말과 제스처로 추가로 더하는 것은 오히려 아이를 혼란스럽게 만들 뿐이다. 선생에게도 똑같이 해당되는 말이다.

그러나 오늘날엔 방법에 대한 믿음이 너무 강하다. 그러다 보니 방법만 훌륭하다면 선생은 모든 면에서 정당화되는 것처럼 보인다. 열등한 사람은 절대로 훌륭한 선생이 되지 못한다. 그럼에도 열등한 사람도 탁월한 방법이나 수다의 재능 뒤로 자신의 치명적인 열등을 숨길 수 있으며, 이런 경우 이 열등이 은밀히 학생들을 망쳐놓게 된다.

당연히, 나이가 든 학생은 유익한 방법에 대한 지식 그 이상을 원하지 않는다. 왜냐하면 그 학생이 이미 강력한 방법을 신뢰하는 사회의 전반적 태도와 타협해 버렸기 때문이다. 이 학생은 멍청한 머리로 어떤 방법을 앵무새처럼 그저 외우기만 하는 학생이 최고의 학생으로 여겨진다는 사실을 이미 배운 것이다. 주위의 모든 환경이 그에게 성공과 행복은 외부에 있고 또 정확한 방법만 알면 욕망의 안식처에 닿을 수 있다고 가르치고 있다. 아니면 그의 종교 선생의 삶이 내면의 비전이라는 보물에서 비롯되는 행복을 보여주고 있는가? 비합리적인 내향적 유형들은 확실히 완벽한 인간성을 갖춘 선생은 아니다. 그들에겐 이성도 부족하고 합리적인 윤리도 부족하다. 그러나 그들의 삶은 다른 가능성을, 말하자면 우리의 문명에 아주 부족한 내면적 삶을 가르쳐주고 있다.

d. 주요 기능과 보조 기능

지금까지의 설명에서 나는 이 유형들이 실제 생활에서 순수한 형태로 자주 나타난다는 인상을 독자들에게 전하겠다는 생각을 절대로 품지 않았다. 이 유형들은 이를테면 공통적이고 전형적인 특징을 보여주는, 영국의 인류학자이자 심리학자인 프랜시스 골턴(Francis Galton)이 관심을 두었던 가족 초상화와 비슷하다. 그러다 보니 가족의 특징들이 과도하게 강조되는 반면에 개인의 특징들이 부당하게 간과되고 있다. 보다 면밀히 들여다보면, 분화가 가장 잘 된 기능 외에도 그것보다 덜 분화된, 부차적 중요성을 지닌 또 다른 기능이 언제나 의식에 자리 잡고 있으면서 결정에 영향력을 행사하고 있다는 사실이 확인된다.

그 뜻을 보다 명료하게 전하면 이렇다. 모든 기능의 산물은 의식적인 것일 수 있다. 그러나 우리가 어떤 기능의 "의식"에 대해 말할 수 있는 경우는 꽤 제한적이다. 그 기능의 활용이 의지의 통제 아래에서 이뤄지고 있고, 동시에 그 기능의 지배적인 원칙이 의식의 방향성에 결정적인 역할을 하고 있을 때에만 기능의 의식에 대해 논할 수 있을 뿐이다. 예를 들면, 사고가 단순한 회고에 그치지 않고 사고의 결론이 절대적 유효성을 지닐 때가 그런 경우다. 그래서 논리적 결과는 추가적인 증거의 뒷받침을 받지 않고도 하나의 동기로서, 그리고 실제 행동에 대한 보증으로서 유효하다.

경험에 비춰볼 때, 이 같은 절대적인 우월은 언제나 한 가지 기능에만 가능하다. 왜냐하면 똑같이 독립적인 다른 기능의 간섭은 필히 다른 태도를 낳을 것이고, 이 태도는 부분적으로 첫 번째 기능과 모순되는 모습을 보일 것이기 때문이다. 그러나 명확한 목표를 갖는 것이 의식적 적응 과정에 반드시 필요하기 때문에, 똑같은 힘을 지닌 두 번째 기능이 존재할 가능성은 당연히 배제된다. 따라서 이 다른 기능은 현실에서 확인되는 바와 같이 오직 부차적 중요성만을 지닐 수 있을 뿐이다. 이 다른 기능이 부차적인 중요성을 지니는 이유는 이 기능이 일차적 기능과 달리 그 자체로 절대적으로 신뢰할 수 있는 요소가 되지 못하고 보조적이거나 보상적인 기능으로서만 효력을 발휘하기 때문이다. 당연히 이 기능들은 보조적인 것으로 보일 수밖에 없으며, 보조적인 기능의 본질은 지배적인 기능에 반대하지 않게 되어 있다.

예를 들어, 감정은 사고와 함께하는 이차적인 기능으로는 절대로 나서지 못한다. 왜냐하면 감정이 성격상 사고에 매우 강하게 맞서기 때문이다. 사고가 진정한 사고이고 또 원래의 원칙에 충실하다면, 그 사고는 감정을 엄격히 배제해야 한다. 물론 사고와 감정이 똑같은 수준에서 이뤄지는 개인도 있다. 이런 개인들의 경우에는 사고와 감정이 의식에 똑같은 동력으로 작용할 수 있다. 그러나 이런 사람들에게는 분화된 유형이 전혀 없고 오직 상대적으로 미발달한 사고와 감정이 있을 뿐이다. 그러므로 기능들이 똑같이 의식적이거나 똑같이 무의식적인 상태는 원시적인 사고방식의 두드러진 특징이다.

경험에 비춰보면, 부차적인 기능은 언제나 그 본질이 일차적인 기능과 반대는 아니더라도 확연히 다른 기능이다. 따라서 일차적인 기능으로서의 사고는 부차적인 기능으로서의 직관과 짝을 이룰 수 있고 감각과도 똑같이 짝을 이룰 수 있다. 그러나 이미 관찰한 바와 같이, 감정과는 절대로 짝을 이루지 못한다. 직관도 감각도 사고와 적대적이지 않으며, 또 사고의 짝으로 배제될 필요까지는 없다. 왜냐하면 직관과 감각은 감정과 달리 사고와 반대되는 기능이 아니기 때문이다. 감정은 판단 기능으로서 사고와 경쟁을 벌이지만, 직관과 감각은 사고를 지원할 수 있는 지각 기능이다. 그러나 직관과 감각이 사고와 같은 수준의 분화에 도달하기만 하면, 두 가지 기능은 태도의 변화를 초래할 것이고 또 이 태도 변화는 사고의 전체 추세와 모순을 일으킬 것이다. 직관과 감각 기능은 판단의 태도를 지각의 태도로 바꿔놓을 것이다. 따라서 사고에 반드시 필요한 합리성의 원칙이 지각의 비합리성을 위해 억눌러질 것이다. 그렇다면 보조적인 기능은 자율성을 전혀 내세우지 않고 지배적인 기능에 이바지하는 한에서만 유용하다고 할 수 있다.

현실 속에서 만나는 모든 유형을 보면, 의식적인 일차적 기능 외에도 모든 면에서 일차적 기능의 본질과 다른, 상대적으로 무의식적이고 보조적인 기능이 있다는 원칙이 두루 통한다. 일차적 기능과 보조적 기능의 결합은 아주 익숙한 그림을 그려낸다. 예를 들면, 실용적인 사고와 감각은 서로 부드럽게 결합하고, 사색적인 사고는 직관과 결합하여 순조롭게 나아가고, 예술적인 직관은 감정의 가치 평가의 도움을 받아 이미지들을 선택하고 표현하며, 철학적 직관은 강력한 지성의 도움을 받으며 철학적 비전을 이해 가능한 사상으로 체계화한다.

마찬가지로 무의식적 기능도 의식적 기능과 비슷한 방식으로 서로 결합한다. 예를 들면, 의식적이고 실용적인 사고와 짝을 이루는 것은 무의식적 직관과 감정의 태도일 것이다. 이때 직관과 감정의 태도 중에선 감정이 직관보다 조금 더 강하게 억제된다. 이 같은 특이 사항들은 오직 그런 환자들을 실제로 치료하는 사람들의 관심사이겠지만, 그런 사항들에 대해 알아두면 매우 유익하다.

나는 정신과 의사가 극단적인 사고 유형의 환자를 대상으로 환자의 무의식에서 직접적으로 감정 기능을 끌어내 발달시키려고 노력하는 예를 자주 관찰했다. 그런 시도는 반드시 실패하게 되어 있다. 왜냐하면 그것이 의식적 관점을 지나치게 침범하기 때문이다. 그럼에도 불구하고 그 같은 침범이 성공하게 된다면, 환자가 충동적으로 정신과 의사를 의지하는 현상이 나타나게 된다. 왜냐하면 환자가 관점이 없는 상태에 있는 까닭에 정신과 의사의 관점을 자신의 관점으로 받아들이기 때문이다. 그러나 발달 과정이 보조적 기능을 통해, 예를 들어 합리적인 유형의 경우에 비합리적인 기능을 통해 전개될 때, 무의식과 가장 강력히 억압된 기능에 접근할 수 있는 방법이 저절로 드러나게 된다. 이렇게 되면 환자는 자신에게 일어나고 있는 것들과 가능한 것들을 보다 폭넓게 보게 된다. 그러면 그의 의식은 무의식의 침해로부터 충분히 보호된다. 거꾸로, 무의식의 영향을 완화하기 위해, 비합리적인 유형은 의식에 있는 합리적인 보조 기능을 더욱 강하게 발달시킬 필요가 있다.

무의식적 기능들은 미발달한 동물적 상태로 존재한다. 따라서 그 무의식의 기능들이 꿈과 공상에서 상징을 통해 나타날 때 대체로 두 마리의 동물이나 괴물 사이의 싸움이나 조우로 표현된다.